當代亞洲民族問題

洪泉湖———主編

五南圖書出版公司 印行

主編序

　　在全球化來臨的時代，大家都強調要有國際觀，但就臺灣來說，我們真的很欠缺國際觀。我們不但不了解歐美各國的歷史文化與政經利害，甚至不了解我們所處的亞洲。因此，我們應該透過研究、出版，讓更多的國人了解亞洲各國的情勢。在 1990 年代共產主義勢力逐漸消退之後，世界各地並未因而獲得和平，亞洲亦然。其中重要的原因之一，是族群衝突的興起。例如：中東或西亞有以巴（Isreal vs. Palestine）衝突、有庫德族（Kurds）的問題和 ISIS 的問題；南亞有斯里蘭卡（Sri Lanka）的坦米爾人（Tamil）問題；東南亞有菲律賓摩洛人（Moro）的問題，有緬甸的克欽族（Kachin）和羅興亞人（Luoxingya or Rohingya）的問題；有馬來西亞、印尼的華人問題；有中國的新疆維吾爾族問題和西藏問題等等，這些問題必須得到某種程度的解決，亞洲才有和平和安全的希望，至少也要有所了解，才能知其安危。

　　政府近年來推動新南向政策，希望能替臺商找到一條替代中國大陸市場的通路，為臺灣的外貿經濟和學校招生找到一條出路。但新南向政策若要可行，必須對東南亞及南亞地區有所了解才行，如果對於這些地區的族群衝突、政經安全不理解，國人的投資乃至安全問題，哪能有所保障？中國大陸近年來推動一帶一路，希望能透過對沿途國家的協助帶動其經貿發展，從而提升自己在國際上的影響力，同時也開發了這些國家的市場需求。起初在兩岸關係較和諧時，中國也願意讓臺灣搭一帶一路的便車，但近幾年來，兩岸關係趨於緊張，臺灣應該已不被歡迎了。但民間的投資，似乎仍可靜悄悄的進行，只不過國人仍得了解這些地區的和平與安危，才能評估投資的風險。

　　本人在兩、三年前亦曾邀請十四位學者共同撰寫十四篇論文，介紹和分析當代歐洲各國的民族運動，專書出版後，獲得學界的熱心關注，可見國人對歐洲民族問題是有興趣的，那麼我們做為亞洲人，似乎應該更關心亞洲的民族問題才對。臺灣位於亞洲，可是國人對於亞洲各國的歷史文化、政經發展，一向不太關心，對於其族群問題，也未能予以了解，這是非常不恰當的態度。如果今後我們想立足臺灣，關懷亞洲，放眼世界，實在應該了解一下亞洲的民族問題。因為從這些族群衝突的個案，可以進一步理解這些國家的社會現況、政經局勢與和平安危問題，然後我們才知道該如何跟他們合作與相處。

民族問題（民族衝突）的原因是多元的，每個民族衝突案例發生的原因各自不同，但歸納起來不外是文化的差異與歧視、政治權力的分配不公、經濟資源的爭奪、社會階層間的歧視、歷史恩怨的糾結、族國認同的歧異、領土糾紛的矛盾，以及國際局勢的影響等。但世界各國處理這些民族衝突的手段，卻大致相同，也就是被統治、處於弱勢的民族，大多以情緒性的訴求來團結族人，用暴動或游擊等暴力的手段來對抗統治民族；而擁有政經權力的統治民族也往往以鎮壓或屠殺的方式來回應。結果就必然造成烽火連天、死傷遍地，廣大的民眾不是大量地犧牲，就是淪為一波一波的難民。接下來，又會產生社會的動亂，及國際間的爭端，當然也少不了弱勢民族的再反抗與復仇。這樣真是冤冤相報何時了！

本書由十五位學者分工合作撰寫而成，每人就一個或兩個亞洲民族問題的案例進行介紹與分析，這些學者都是分別在各大學相關系所任教的教授，他們的專長領域包括：民族研究、區域研究、歷史學、阿拉伯研究、伊斯蘭研究、政治學、國際政治、人類學或民族學、文學及文化等領域，因此從本書各篇論文，也可以看到不同學術領域對民族研究的觀點。但因亞洲民族問題並不只這些個案，因此主編特別再寫一篇當代亞洲民族問題綜論，除了簡要介紹這十四篇專論之外，也介紹了其他尚未提及的民族問題案例，例如：土耳其和伊朗境內的庫德族、斯里蘭卡的坦米爾人、泰國北部的華裔（孤軍後代）、印尼的東帝汶、中國大陸境內的新疆和西藏問題，以及臺灣境內的臺獨問題等，使本書所涵蓋的亞洲民族問題更爲周全。同時，也指出民族問題形成的主因，以及對民族問題的觀察，管窺之見，或可參酌。

本書之出版，特別感謝參與撰寫論文的十四位教授，願意在研究和教學之餘，特別撥冗參加本專書之寫作。尤其在寫作期間，不辭辛勞，參加三次的工作坊和一次的論文發表會，這些論文都在發表會之後，先行依評論人之建議進行論文修改，然後再由本工作坊以「雙向匿名」的方式送請外審，回審之後再依審查人意見修正通過。同時，也感謝事業有成的社會賢達靜心中小學家長會彭錦光會長、臺大補習班李俊德主任、啓裕國際公司李婉菁董事長、圓融法律事務所胡原龍大律師等，熱心捐款贊助，本專書才得以順利出版！當然，對於五南圖書出版公司願意合作出版學術性著作，使國人多一個機會認識我們所居住的亞洲，同表感謝！

主編　洪泉湖

元智大學兼任教授

人文社會學院前院長

2020.08.08

目　錄

主編序

第一篇　總　論

第二篇　西亞篇

第三篇　中、北亞篇

第四篇　南亞篇

第五篇　東南亞篇

第一篇

總　論

Chapter 1

當代亞洲民族問題綜論

洪泉湖[*]

---

[*] 元智大學社會暨政策科學學系兼任教授、人社院前院長。曾任國立清華大學副教授，國立臺灣師範大學副教授、教授，中華民國族群與多元文化學會理事長。

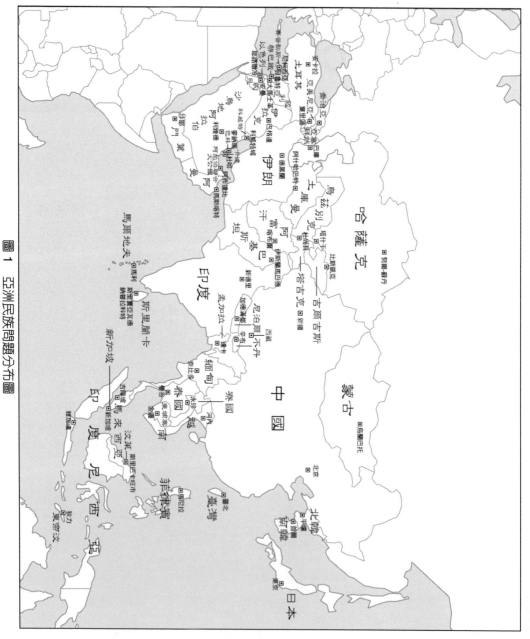

圖 1　亞洲民族問題分布圖

壹、前言

亞洲是全球最大的一洲，總面積有 4,458 萬平方公里，約占全球陸地總面積的 30%，人口總數約有 41.4 億人（2019 年統計），占全世界總人口數 77 億的 53.7%。如以民族來計，大約有 1,000 個民族，應當也是全球各大洲之首。如果以古文明來說，全世界所謂的六大古文明，[1]包括：古埃及文明、古巴比倫文明、古印度文明、古羅馬文明、古希臘文明和古中國文明，其中就有三個是在亞洲。由此可見，亞洲是世界上面積最大、人口最多、民族數目最繁，文化最豐富多元的地區。

在這麼一塊複雜的大地上，各民族及其文化之相互差異與衝突，應是必然的，各民族之間爲了爭奪資源或反抗壓迫，而產生爭端，也勢必屢見不鮮。即以當前的情況而言，亞洲各國所發生的民族問題，受到國際間矚目者，至少有二、三十件以上的案例。本專書選了其中十四個案例來加以研究。茲將這些案例先加以簡要說明、補充，並將未能入選之案例，也稍加介紹，使本書更爲周全。

貳、亞洲重要民族問題預覽

茲依地理位置的分布，由西亞、中亞、南亞和東南亞的順序，將這十四個民族衝突案例，說明如下：

一、以色列與巴勒斯坦

以色列和巴勒斯坦之爭，其實源自古代。所謂巴勒斯坦（Palestine），大約是今日的敘利亞南部、約旦西部和以色列這一帶。最早的居

1　不計入南美的瑪雅（Maya）、印加（Inca）和阿茲特克（Aztec）古文明。

民是迦南人（Canaanites），後來有希伯來人（Hebrews）來此居住，並建立以色列王國，後又有巴比倫人入侵，導致猶太人流亡。西元前六世紀波斯征服了巴比倫，恢復了猶太人的自治，允許重建耶路撒冷。但到了羅馬帝國時期，龐培征服了巴勒斯坦，設為帝國的一省，後來猶太人反抗羅馬，但被敉平，猶太人再度被殺或被販售為奴，一直到東羅馬的君士坦丁大帝，才將基督教合法化。

西元七世紀中葉，阿拉伯人入侵巴勒斯坦，從此伊斯蘭教在此地區發展，但同時容許基督教和猶太教的發展。後來又歷經土耳其人、埃及人和鄂圖曼土耳其帝國之統治。直到十九世紀末，歐洲民族主義興起，也激發了猶太人的復國主義（Zionism），種下今日的以色列和巴勒斯坦阿拉伯人之爭。

在第一次世界大戰時，英國為了爭取猶太人的支持，答應在戰爭勝利後讓猶太人回到巴勒斯坦建國，但又同時答應阿拉伯人可以脫離鄂圖曼土耳其帝國而獨立，這就種下了以巴之爭端。果不其然，當猶太人在1948年宣布以色列建國後，馬上引發多次的以阿戰爭，巴勒斯坦甚至組織游擊隊，對抗以色列。[2] 1988年，巴勒斯坦國成立，[3] 承認以色列建國，因而獲得約旦河西岸和加薩走廊兩地，只不過因耶路撒冷歸屬問題和屯墾區的爭執，雙方的衝突至今仍時有所聞。

2　參閱林載爵（2009），〈巴勒斯坦的歷史糾結〉，http://lovegeo.blogspot.com/2011/06/blog-post_20.html，取用日期：2020年6月11日。

3　巴勒斯坦人在2009年的統計為1,070萬人，其中390萬居住在巴勒斯坦國內，120萬在以色列，500萬在阿拉伯國家，60萬在其他國中。（維基百科：http://zh.wikipedia.org/index.php？title，以下有關人口之統計，皆同）
王健等譯，Ilan Pappe著（2009），《現代巴勒斯坦史》。上海：上海人民出版社。

二、北賽普勒斯問題

賽普勒斯島（Cyprus）位於地中海東部，其北、東兩側爲土耳其，東側還有敘利亞，西北爲希臘，但距離較遠。島上分爲南北兩部分，南賽爲希臘人，信奉東正教，與希臘關係密切，人口約 85 萬人；北賽是十六世紀以後才從土耳其移住此地，信仰伊斯蘭教，親近土耳其，人口約 34 萬人。在第一次世界大戰後，賽島成爲英國殖民地，而於 1960 年爭取獨立，此時南北仍是一個整體。但北賽的土耳其人擔心自己的宗教信仰和文化將被壓縮乃至消失，乃主張「兩族、兩區的聯邦」，南賽的希臘人則無法贊同，他們只認同希臘文化。

1974 年土軍曾入侵賽島，造成賽島兩族更進一步區隔彼此的文化、宗教與政治立場，北賽乃於 1983 年宣布獨立，但只有土耳其一國承認。2004 年聯合國曾介入調解，並舉行公民投票，仍未能解決彼此的爭議，不過，近年來雙方倒有緩慢和解的現象。[4]

三、伊拉克的庫德族

庫德族（Kurds）是全世界沒有建立自己國家的少數民族中，人口數最多的一族。它分布於伊拉克、敘利亞、伊朗和土耳其的交界處。伊拉克的庫德族居住於伊拉克北境，人口約爲八百萬人（一說爲五、六百萬人）。

在十至十二世紀時，庫德族至少曾建立了七個王國，如：沙達迪德王朝（Shaddadids）、拉瓦迪德王朝（Rawadid）、阿尤布王朝（Ayyu-bid）等，可惜自十三世紀以後便不斷受到異族的侵略，且一直受到強權的統治，包括土耳其、波斯、阿拉伯，乃至英、法、俄等國，以致一直

---

4 唐玉禮（2019），〈難解的族群對立之談北賽普勒斯〉。臺北：亞洲民族問題研討會論文。

無法再建立自己的國家。[5]

　　庫德族當然希望有機會能獨立，但它分布於不同國家之內，使得力量分散，而他們內部的策略錯誤，也往往導致一再的失敗。例如：當1970年代伊拉克統治庫德地區時，海珊總統曾允許庫德自治，但庫德族要求更多的自主，乃招致壓迫，此時它又向伊朗求援，更導致伊拉克政府的反感，以致在1980年的兩伊戰爭中被夾殺，甚至在1987-1988年遭到伊拉克的化武攻擊。到了2005年伊拉克頒訂新憲法，再度允許庫德族自治，2017年也允許庫德族舉行獨立各投，結果雖然獲得通過，但伊拉克政府反悔而加以凍結。歐美各國也基於各自的戰略需求，以及避免土耳其、伊朗和敘利亞的抗議，而沒有加以支持。

四、敘利亞的庫德族

　　敘利亞境內的庫德族，大約有170萬人，居住於敘利亞東北部。在二次大戰結束後，敘利亞獲得獨立，境內的庫德族曾一度占有若干政治地位，但稍後敘利亞政府即改採鎮壓政策，或把庫德族當做反抗土耳其的棋子。到了1957年，鑒於阿拉伯民族主義高漲，敘利亞庫德族也成立了庫德族民主黨，以替庫德族的利益發聲。2012年，更因敘利亞內戰，庫德族的民主聯盟黨（Democratic Union Party）趁機迅速占領了伊拉克東北部的庫德人主要居住地區，並獲得自治權，這是敘利亞庫德人政治權力的一大勝利。[6]

　　但由於庫德族內部的政治目標並不一致，因此無法團結族一致對外。在2014至2016年的對抗伊斯蘭國（ISIS）的過程中，庫德族的軍

5　崔進揆（2019），〈少數民族的悲歌──伊拉克庫德人的問題〉。臺北：亞洲民族問題研討會論文。

6　張景安（2019），〈敘利亞庫德族：從殖民、獨立、獨裁到革命〉。臺北：亞洲民族問題研討會論文。

隊雖然相當勇猛，因而獲得成功，但也因此威脅到土耳其的安全，土耳其果然於 2016 年和 2018 年兩次藉故入侵敘利亞北部，與敘利亞聯軍對峙。2019 年美國總統川普（Donald J. Trump）宣布將從敘利亞撤軍，更使打擊 ISIS 有功的庫德族，直接受到土耳其入侵的威脅。[7]

五、吉爾吉斯的民族問題

吉爾吉斯（Kyrgyz, Kirgiziya）是蘇聯解體後獨立的中亞五國之一，[8] 境內的民族主要是吉爾吉斯人，有 73.5 萬人，其次是烏茲別克人。由於天山的阻隔，使得北部的吉爾吉斯伊斯蘭教信仰比較世俗化，宗教領袖地位不高，而南部的烏茲別克伊斯蘭教信仰比較保守；北部比較富裕、現代化，而南部則顯得比較貧窮。再者，在 1991 年吉爾吉斯獨立時，由於當初國界的劃分與民族界線有異，因此爭奪土地也就形成了吉爾吉斯人與烏茲別克人民族衝突的導火線。

2010 年，吉爾吉斯南部發生了動亂，主要還是吉爾吉斯和烏茲別克兩族間的土地爭執，結果使得烏茲別克族更覺得自己受到歧視。此外，還有吉爾吉斯境內的俄羅斯族，由於人口更少，所以在吉爾吉斯獨立後，他們不是回到俄羅斯，就是要求雙重國籍，所幸俄語因還有實用性，而被保留下來，但在吉爾吉斯「去俄羅斯化」與「主體民族化」的政策壓力下，俄羅斯族還是覺得備受排擠。[9]

六、俄羅斯的民族問題

俄羅斯的民族，據統計有 176 個，其中主體民族爲俄羅斯人，有 1

7 王慶宇（2019），〈美突撤軍敘利亞引動亂 川普：那不是我的國界〉。聯合新聞網：https://udn.com/news/story/120785/4110617

8 另四國是哈薩克、烏茲別克、塔吉克和土庫曼。

9 藍美華（2019），〈後共時期吉爾吉斯的民族問題〉。臺北：亞洲民族問題研討會論文。

億 1 千萬人，占總人口數的 81.5%，主要的少數民族有烏克蘭人、韃靼人、車臣人、亞美尼亞人、亞塞拜然人、哈薩克人、白俄羅斯人等。[10] 俄羅斯境內的民族問題很多，包括：北高加索有車臣、印古什、達吉斯坦、北奧塞梯等地的問題，伏爾加烏拉爾區有韃靼、卡爾梅克等地的問題，西伯利亞東部有圖瓦、哈卡斯等地的問題。本文僅以國際上比較關注的車臣和韃靼兩個問題來加以說明。

車臣（Chechen）位於裏海和黑海之間、高加索山北側，人口以車臣族為多，大約有 103 萬人，占全國人口總數的 93.5% 左右（2002 統計），第二大族是俄羅斯人，但只有 4 萬人，占 3.7%，因此它的問題不在內部，而是它想從自治共和國升格為真正的獨立共和國。1991 年，車臣宣布獨立，結果招來俄羅斯 1994 年的進攻，不過由於當時俄方內部並無共識，因此成效不彰。由於車臣游擊隊以綁架人質方式要求俄方談判，俄方於 1999 年再次發動車臣戰爭，擊潰了車臣游擊隊，直到 2009 年，車臣戰爭才告結束，但車臣獨立的問題，並沒有得到根本的解決。

韃靼（Tatar）位於伏爾加河中游，境內韃靼人約有 200 萬，占 52.9%，俄羅斯人約 136 萬，占 35.9%，其他民族占 7.5%（2002 年統計）。韃靼曾被蒙古入侵，成為金帳汗國（欽察汗國）的附庸，後分裂出成立喀山（Qazan）汗國，喀山汗國曾於 1445 年擊敗莫斯科大公國，後因內訌反被莫斯科大公國占領，成為屬國，後再因反叛莫斯科，於 1552 年被滅。

二十世紀以後，韃靼成為蘇聯底下的自治共和國，1990 年更改國名為韃靼斯坦共和國，因其未使用暴力，俄羅斯與之簽署條約，使韃靼

---

10 此處所說的俄羅斯，是指舊蘇聯解體後的俄羅斯，此處的民族人口數是2012的統計人口。

具有某些主權國特權，此條約於 2017 結束。[11]

七、印度的喀什米爾問題

所謂的喀什米爾（Kashmir），其實有廣義和狹義之分。廣義的喀什米爾是指印度西北、巴基斯坦東北及與中國西藏新疆交界的地區，總面積達 23 萬平方公里，為臺灣的 6.4 倍，分別由印度、巴基斯坦和中國管轄。狹義的喀什米爾是指住喀什米爾山谷一帶，說喀什米爾語的原居民族，人口約有 1,254 萬人。本文所指的是印度所管轄的部分，包括喀什米爾河谷、查謨（Jammu）及拉達克（Ladakh）。[12]

在第二次世界大戰前，喀什米爾土邦採大君統治，但當時的大君是印度教徒，其居民卻大多為伊斯蘭教徒。當 1947 年印度與巴基斯坦分治時，大君決定加入印度，引起巴基斯坦的反抗，導致印巴發生三次戰爭（1947-1971），最後決定分成三部分，分別由印度、巴基斯坦和中國管理。

就印屬喀什米爾而言，印度政府一向採嚴屬管理的政策，導致喀什米爾人的反抗，1990 年代以後，年輕一代的喀什米爾人逐漸由喀什米爾認同改為伊斯蘭認同，這樣更能取得伊斯蘭世界的支持，因此反印態度更為激烈。鄰邦巴基斯坦對此當然加以鼓勵、利用，但也不願意積極支持，只希望他們主張自治，而非獨立，因為巴基斯坦也擔心巴屬喀什

---

[11] 崔琳（2019），〈俄羅斯聯邦民族問題及其政策〉。臺北：亞洲民族問題研討會論文。

[12] 方天賜（2019），〈印度的喀什米爾問題分析〉。臺北：亞洲民族問題研討會論文。

喀什米爾河谷的人口總為689萬人，其中96.4%為伊斯蘭教徒；查謨的人口總為538萬人，其中33.5%為伊斯蘭教徒，62.6%為印度教徒；拉達克的人口總為27萬人，其中46.2%為伊斯蘭教徒，39.7%為佛教徒。（2011年的統計）

米爾呼應提出獨立的要求。[13]

八、印度的錫克族

錫克族（Sikh）居住於印度西北的旁遮普（Punjabi）但他們是因從十五世紀以來即信奉錫克教而得名，與旁遮普境內的其他居民不同，這些居民分別信仰了伊斯蘭教、印度教、基督教等。錫克族在印度有2,082 萬人（另外在美國和其他國家約有 600 萬）（2008 年的統計）。

在英國殖民統治時期，錫克族大體上是服從政府的，但自 1870 年以後，印度人興起「印度化」風潮，使得錫克族也產生自覺，開始反抗殖民政府。英國爲了攏絡錫克族，還引入保障法，讓錫克族得以參與政治。錫克族在印度獨立時，大多選擇成爲印度公民，但因其錫克族信仰中主張平等，強調自主文化認同，並爭取政治權力分配，甚至反對種姓制度，因此與印度教徒的關係趨於緊張。[14]

1947 年，東西旁遮普分別劃入印度和巴基斯坦，導致空前大移民，信伊斯蘭教者紛紛往西加入巴基斯坦，信仰印度教和錫克教者往東加入印度。在 1,450 萬人的移民過程中，據報導有 1,200 萬人無家可歸，喪生者也超過 50 萬人。1984 年，印度政府爲鎮壓錫克族的暴亂，不惜派軍攻占錫克族認爲最神聖的「金廟」，結果總理甘地夫人（Indira Gandhi）被錫克衛士刺殺，全國陷入大亂，後因國會議員拉吉夫·甘地（甘地夫人之子）出面呼籲全國團結，才穩住局面，但錫克族至今仍是印度不確定的因素。

---

13 方天賜，前揭文。

14 劉堉珊（2019），〈宗教、族群與國家──印度錫克教社群的認同政治與跨國離散〉。臺北：亞洲民族問題研討會論文。

九、緬甸的克欽族

緬甸（Burma, Myanmar）是一個少數民族眾多的國家，全國的主體民族是緬族（Bamar, Burman），而獲得政府承認的少數民族，則有134個。緬甸政府將所有135個民族分成八大族群，即緬族、克欽、克耶、克倫、欽族、孟族、若開族和撣族。克欽族群包括12個民族，其中的景頗族、傈僳族，與中國雲南的少數民族相同。[15]

克欽族（Kachin）居住於緬甸北部克欽邦，人口約85至100萬人，主要信仰基督教，是緬族以外最強盛的民族。1947年有緬甸各邦向英國爭取獨立，翁山將軍依據《彬龍協議》（*Panglong Agreement*）同意將克欽邦、撣邦等地劃為自治區。1961年，克欽族因不滿緬甸政府獨重佛教，而進行武裝抗爭。1962年尼溫發動軍事政變，走社會主義公有路線及一黨專政，引起少數民族恐慌。1974年更新頒憲法，否決少數民族自決權，因此雙方關係惡化。到了1990年代，雙方才展開一連串的停火協議。[16]

由於泰國和中國基於國際經濟的考量而改採親近緬甸政府的策略，使得克欽族等少數民族團體受到擠壓，緬甸政府乃以民主與和解等號召，要求反抗組織卸除武裝、制定新憲，這當然引起克欽族等反抗組織的憂慮與反對，結果雙方再度陷入交戰。2011年，登盛（Thein Sein）就任總統，積極處理民族衝突問題，直到2013年，終於達成了全國性的協調。但截至2019年，緬甸政府與克欽族間的武裝衝突還是不斷發生。

---

15 至於緬甸的華人，除果敢族外，其他華人的族裔身分則尚未獲緬甸政府的承認。

16 施欣妤、孫采薇（2019），〈以克欽族為例，評析緬甸少數民族政策〉。臺北：亞洲民族問題研討會論文。

十、緬甸的羅興亞族

緬甸的羅興亞人（Rohingya）居住於緬甸西部的若開邦（Rakhine），人口約有150萬人。他們的原居地是孟加拉，信奉伊斯蘭教。緬甸的羅興亞人大部分是在英國殖民時期，由英國殖民政府鼓勵到緬甸來從事開墾的，因此給予它們更多的自治權，結果若開邦的佛教徒反而變成了次等公民。

第二次世界大戰時，為了阻止日軍侵略，英軍找羅興亞人組織了一支軍隊抗日，結果他們反而是屠殺若開佛教徒，形成一種種族清洗。緬甸獨立後，軍政府曾給羅興亞人公民權，印巴的分治，又導致更多的孟加拉（東巴）難民湧入若開邦，結果於1948年引發與若開邦佛教徒之反感而爆發衝突，羅興亞人則要求獨立，甚至併入孟加拉，以致軍政府於1982年取消羅興亞人的政治權利。2011年登盛總統上任，羅興亞人與佛教徒的對立升溫，次年發生大規模衝突，導致十多萬羅興亞人逃離緬甸，成為海上難民。

2013年，緬甸佛教徒成立激進組織「馬巴塔」（MaBaTha），大規模展開多次的反伊斯蘭行動。為了控制局面，東南亞國協、聯合國、美國等也召開特別會議，要求緬甸解決羅興亞難民問題。不意這又激起激進伊斯蘭團體的反彈，於2016年成立「羅興亞救世軍」（ARSA），並引發與政府軍的爭戰，再次導致羅興亞人的逃亡。全民聯政府（National League for Democracy, NLD）的翁山蘇姬（Aung San Suu Kyi）雖是諾貝爾和平獎得主，但也礙於經濟發展的需求、佛教徒的支持、個人反對暴力的理念，以及軍方的強硬立場，而無法解決緬甸此一困局。[17]

---

[17] 孫采薇（2019），〈緬甸的羅興亞難題〉。臺北：亞洲民族問題研討會論文。

十一、泰國南部的穆斯林問題

泰國也是一個多民族的國家，共有 20 多個民族，主體民族是泰族，約有 5,000 多萬人，占全國總人口的 75%，華人約有 1,000 萬人，占 14%，馬來族約 140 萬人，占 2.3%，其餘還有緬族、高棉族、苗族、瑤族、克倫族等。

泰國的馬來穆斯林，居於泰南的北大年（Pattani）、亞拉（Yala）和陶公（Narathiwat）三省，此地在歷史上曾建立過七個王國，1776 年被暹羅（泰國）以軍事征服，而成爲泰國的屬國，但因暹羅以整合與同化進行統治，乃引起這些穆斯林的反抗。

1910 年，新泰皇拉瑪六世瓦吉拉兀（King Vajiravudh）因留學英國，受西方民族主義之影響，深信必須促進暹羅的民族自覺，方能邁向現代化，尤其當時受孫文影響的泰國華人軍官發動政變欲另建共和國，於是他特別提倡「泰語」、「佛教」和「泰王」作爲泰國的民族資產，以此來建構「泰國性」。[18] 這引起了泰南馬來斯林的疑懼，因爲他們也有自己馬來語、伊斯蘭教和蘇丹，泰國性的提倡，無疑必然壓抑甚至消滅了馬來性（或伊斯蘭性），因此起而反抗。從 1960 年代就出現過「北大年民族解放陣線」（Barisan National Pember-Basan Patani），不斷提出自治甚至獨立的要求。泰國政府爲了弭平這些抗爭，避免馬來西亞、印尼等國對泰南馬來人的支持，從 1980 年代以後逐漸改採和平、自治、多元文化的政策，希望能保住泰南穆斯林的認同。尤其是 1999 年泰國頒布「國家分權法案」，落實地方自治，這應是泰南穆斯林所願見的。[19]

---

[18] 白曉紅譯（Chris Harman著）（2001），《民族問題的重返》。臺北：前衛出版社。

[19] 趙中麒（2019），〈建構泰國性與泰南穆斯林衝突〉。臺北：亞洲民族問題研討會論文。

十二、馬來西亞的華巫問題

馬來西亞包括西馬和東馬。西馬是指馬來半島南端的 11 個州（和 2 個直轄市），東馬則是婆羅洲上的沙巴和砂拉越 2 個州。本文所談的華巫問題，主要是以西馬爲主。馬來西亞的主體民族爲馬來人，大約有 1,419 萬人，占全國總人口的 54.6%；華人則有 639 萬人，占 24.6%。其他則爲印度族、依班族、卡達山族等。

馬來西亞從十六世紀起，前後受到葡萄牙、荷蘭和英國殖民。第二次世界大戰期間，在英軍操控利用下，馬來人和華人之間開始產生了矛盾，而戰後的復建與開發工作，又把華人規劃在「新村」中，使之與馬來人或印度人隔離。再者，英國又提出建立一個團結的多族群聯邦計畫，預定給予華人、印度人公民權，這就激起保守馬來民族主義者的激烈反對，認爲馬來人可能反而會變成次等民族。於是，馬來保守民族主義者籌組「巫人統一組織」（巫統，UMNO），然後結合了華人政商菁英所組成的「馬來西亞華人公會」（馬華公會，MCA），以及印度人所籌組的「印度國民大會黨」（國大黨，MIC），一方向英國爭取獨立，另一方面則求取在自治選舉中的勝利。1957 年，英國終於在這種局勢下未經任何衝突即允許其獨立。

獨立後的馬來西亞，巫統中年輕的馬來菁英開始提出「馬來人的特殊地位」論。這對華人造成很大的壓力，1969 年終於暴發「五一三事件」。巫統和華人族群發生流血衝突，結果巫統取得優勢地位。此後從 1970 到 2010 年，馬來人的權利保障、馬來語的定位、伊斯蘭教的地位等都獲得兌現，並認爲馬來人特殊地位的入憲，乃是華人、印度人換取公民權的「社會契約」。直到 2018 年巫統在選舉中失敗，獲勝的「希望聯盟」（Barisan Harapan）才提出族群平等的主張，但華巫關係已遍體麟傷。[20] 不僅如此，伊斯蘭教也因而坐大，導致穆斯林和非穆斯林之間，仍然相當緊張，這使得馬來西亞走入「種族化」的死胡同中。

十三、印尼的華人問題

印尼的全稱是印度尼西亞（Indonesia），由 17,508 個島嶼所組成，是全世界最大的島嶼國家，全國人口總數約為 2.64 億人（2017 年統計），共有 300 多個民族，主體民族是爪哇人，占全國人口總數的 42%，約 1 億多人，非爪哇人之中，比較大的民族有巽他族、普吉斯族、馬都拉族和馬來族。印尼華人雖有政治、經濟上的影響力，但人口只占 1.2% 左右，約 300 萬至 400 萬左右。（另一統計認為華人占 3-4%，約有 800 萬人）

印尼的原住民族（爪哇人等）在幾千年前就移入此地，在十三世紀末、十四世紀初時，爪哇曾建立了龐大的「滿者伯夷」（Majapahit）王國，隨後阿拉伯人帶來了伊斯蘭教，逐漸成為印尼的主要宗教。在十六世紀到二十世紀，印尼成為荷蘭的殖民地，二次大戰結束後，基於美、比、澳三國的支持，荷蘭終止了對印尼的殖民，印尼獲得獨立。[21]

在荷蘭殖民時期，華人在印尼成為「中間人」，幫荷蘭東印度公司傳遞訊息，經辦商務，卻成了爪哇人的眼中釘，荷蘭政府甚至對之實施隔離，以免華人與爪哇人結合抗荷。印尼獨立後，則實施民族化、印尼化的政策，把華人列為「非原住民」，加以歧視。蘇卡諾總統的「建國五原理」（Pancasila）雖然主張民主與包容，但到了蘇哈托總統時，因為反共，結果導致反華、排華，於是政策又回到強制性同化，再度把華人框在經濟領域。長期以來，華人一直被認為是他者，是經濟動物，甚

---

20 林開忠（2019），〈五一三事件與馬來西亞華巫族群關係之種族化〉。臺北：亞洲民族問題研討會論文。

21 蔡百銓譯（R. Cribb, C. Brown著）（1997）《印尼當代史》。臺北：國立編譯館。

是貪婪狡詐的，這樣的歧視，是印尼華人不可承受之重。[22]

　　一直到 1998 年蘇哈托下臺後的改革時期，哈比比總統才逐漸廢除各項歧視性政策，例如：取消「本土主義」、開放華語補習、允許華人組織政黨、准許華人辦報、通過反歧視法案等等。不過，這些政策法是否會永續性地執行？而華人究竟是應該藉此良機積極推動華人文化？還是應該放棄族裔認同、加入跨族群的融合？恐怕仍陷於三思之中。[23]

十四、菲律賓的摩洛人

　　菲律賓的民族包括 13 個支族，包括：他家祿人（Tagalog）、米沙鄢人（Bisaya）、伊洛戈人（Ilocano）、宿霧人（Cebuano）等，目前人口總數約有 9,300 萬人。十四世紀阿拉伯人及馬來人抵達菲律賓，也把伊斯蘭教傳到菲南的蘇祿（Sulu），並傳播到民答那峨（Mindanao），甚至建立蘇丹政權。[24]

　　摩洛人（Moro）及居住於蘇祿群島、民答那峨、巴拉望（Palawan）等地的穆斯林，包括的支族有：蘇祿人、巴拉望人、薩馬爾人、馬京達瑙人等，人口約有 600-700 萬人，占菲律賓全國人口總數的 5-10% 左右。「摩洛」是十六世紀西班牙人入侵菲律賓時對他們的稱呼，因為他們的外貌、宗教信仰都像非洲東北角茅利塔尼亞（Mauritania）的居民摩爾人（Moors），西班牙用 Moro 這個字稱呼有一個用意，就是它背後有海盜、奴隸、不文明之意。可以用它來爭取當時天主教徒的支持。

---

22 張碧君（2019），〈印尼的「華人問題」與印尼華人的歷史經驗〉。臺北：亞洲民族問題研討會論文。

23 孫治本（2001），《全球化與民族國家：挑戰與回應》。臺北：巨流圖書公司。

24 據史料計載，明朝初年永樂帝曾封旅菲僑領許柴佬為呂宋總督，永樂15年（1417年）蘇祿王親率使團到北京拜見明成祖，回程時因病死於山東德州途中，其子東王家屬後代均留德州守墓。今德州有很多穆斯林，恐與此有關。

在西班牙殖民的三百多年時間內，曾大力摧毀伊斯蘭文明，殺害摩洛人。因此，在 1578 年至 1876 年之間，多次發生天主教徒與摩洛人的戰爭。1898 年美國與西班牙發生戰爭，西班牙戰敗，把摩洛人居住區連同菲律賓劃給美國。一開始美國也是以強制的方式統治，但摩洛人不服，美國才改用談判的方式讓摩洛人自治。二次世界大戰後，美國讓菲律賓宣布獨立，仍將摩洛人地區劃歸菲律賓。

1972 年菲律賓可馬可仕總統大舉向南方用兵，展開殺戮，摩洛人乃組織「摩洛民族解放陣線」（Moro National Liberation Front），宣布南方獨立，受到政府多次的武力鎮壓，後經對方談判，政府願意承認穆斯林自治區，但並未落實，而引發區內年輕穆斯林組織更激進的「摩洛伊斯蘭解放陣線」，以致二十多年間衝突不斷。2003 年美國 911 事件後，菲律賓更以「反恐」名義清剿摩洛游擊隊。直到 2018 年，杜特蒂（Duterte）總統才再度答應兌現摩洛人的自治。[25]

參、亞洲其他民族問題概述

前文述及亞洲的民族問題很多，除了上列 14 個國家或地區所涉及的 17 個民族問題外，至少還有以下 8 個也相對重要的民族問題，茲簡要補充敘述如下。

首先，是庫德族。庫德族不僅分布於前述的伊拉克北部和敘利亞的東北部，也居住在土耳其的東部、東南部和中西部，人口多達 1,400 萬人。在 1923 年的《洛桑條約》（Treaty of Lausanne）之後，土耳其境內的庫德人喪失了自治地位，而且權利未獲保障，於是展開了反土耳其的運動，但為土耳其軍隊所鎮壓，甚至連土地也被掠奪。到了 1980 年

---

25 徐雨村（2019），〈菲律賓摩洛人的族群關係與自治〉。臺北：亞洲民族問題研討會論文。

代，庫德人又開始反抗，進行恐怖攻擊，土國仍然採取嚴苛的壓制。直到 2002 年，由於土國想加入歐盟，方改採尊重和包容的政策，但 2019 年美國宣布將從敘利亞撤軍，致使土耳其又找到可以攻擊庫德族的機會，土國境內庫德族的未來命運，再度陷入危機之中。[26]

伊朗的庫德族，則居位於伊朗西北部，人口約 650 萬人。伊朗政府並未對庫德族殘暴，但仍會把庫德族當作政治工具，利用它來對付土耳其。例如在 1980–1988 年的兩伊戰爭期間，伊朗就贊助伊拉克境內的庫德族去反抗伊拉克，到了 2004 年伊朗、土耳其和美國又將庫德族視為恐怖分子。因此，其自治或獨立的願望仍遙遙無期。

在印度半島東南方的斯里蘭卡（Sri Lanka，古稱錫蘭）境內有兩個主要民族，一是僧伽羅人（Sinhalese），人口約為 1,096 萬人，占73.8%；另一是坦米爾人（Tamil），人口約為 267 萬人，占 18%。前者來自印度北部，是佛教徒，居住於斯里蘭卡的中南部；後者則來自印度南部，是印度教徒，而居住於斯里蘭卡的北部和東部。這兩個先後來自印度的民族，在英國殖民期間就產生過磨擦。1970 年代初，坦米爾人不滿於執政的僧伽羅人的不公平對待，乃要求自治，甚至激進派組織了「坦米爾之虎」（Tamil New Tigers），要求獨立，因而發生內戰。2009 年坦米爾之虎被政府軍打敗，才結束了三十多年的戰爭，但他們間的矛盾，並沒有完全化解。

泰國除了前述的泰南穆斯林問題外，其實還有另一個族群問題。在1949-1954 年期間，中華民國政府與中共解放軍發生大規模的內戰，政府軍的一部分軍隊因敗退而進入泰緬邊境，後來被稱為「孤軍」。這一批軍人和軍眷合計有七、八萬人，加上後來由中國陸續逃來的民眾合計約有一、二十萬人之多。由於緬甸政府向聯合國抗議，這批軍人有一部

---

[26] 陳牧民（2016），〈由歷史角度看土耳其庫德族的問題與現況〉，《臺灣國際研究季刊》，第12卷第1期，頁79-96。

分撤至臺灣。後來因為受泰國政府之邀，協助訓練泰國軍隊，並出征掃蕩苗共、泰共，即被泰皇賜給泰國居留權，但其第二代和第三代則逐漸產生認同的變遷。第一代孤軍完全認同中華文化，效忠中華民國政府，但第二代則開始思考為了生存，為了能被泰國主流社會所接受，必須接受泰國的教育、學習泰國語言和文化。第三代面臨中國已經強大，而全球化的時代也已經來臨，所以更需進一步地學習泰語和泰文化，並要設法取得泰國社會的接納，臺灣乃至中華民國政府對他們來說，已逐漸成為他們不得不放棄的歷史記境。泰國政府為了國家認同與現代化的需求，也進一步加強他們的泰文和英文教學，而取消華文教學。[27]

前文曾述及的印尼，除了其內部的華人問題之外，也有一個已經成為「過去」的民族問題，即就是東帝汶（East Timor）問題。東帝汶在印尼爪哇島的東方、蘇拉威西島（Sulawesi）的東南方，原先是葡萄牙的殖民地，人口約 127 萬人，信奉的是天主教。當葡萄牙於 1974 年宣布放棄殖民主義時，印尼即趁機占領東帝汶，但由於印尼軍警在占領期間恣意掠奪當地天然資源，又因宗教文化不同而歧視東帝汶人，因此遭致強烈地反抗，但由於澳洲、美國等國家均採取冷淡態度，東帝汶人的獨立運動可為備極艱辛。

直到 1996 年，獨立運動領袖霍塔（Josè M. Horta）與併肩作戰的大主教貝洛（Carlos F. X. Belo）同時獲得諾貝爾和平獎，東帝汶的獨立運動才開始為世人所關心，在葡萄牙的要求下，聯合國開始積極推動和平談判。1998 年，印尼蘇哈托政府因長期執政，政府官員又貪汙無能，導致人民發動大規模示威，蘇哈托只有下臺，新上任的總統哈比比為了爭取國際認同，乃開始推動民主化，允許東帝汶公投獨立。次年，

---

[27] 徐榮崇（2015），〈面對家鄉——泰北華人的跨界與認同〉。臺北：僑委會委託研究案部分成果報告。

https://www.ocac.gov.tw/ocac/

東帝汶終於獲得獨立。但獨立之後的東帝汶，經濟仍然一蹶不振，政治也仍爭鬥不停。[28]

再者，中國大陸也有嚴重的民族問題。一是新疆獨立的問題，一是西藏獨立的問題。新疆是中國境內少數民族聚居的地方，最大的少數民族是維吾爾族（Urgur），人口有 720 多萬人，占 47.5%，遍佈全疆，但以南疆爲多。據傳是古代中國北方的「丁零」部落，唐代時曾建回紇王國，信奉伊斯蘭教。另外，漢族占 30% 左右，其他 45 個少數民族全占 22.5%。

根據歷史記載，新疆在西元七世紀中葉曾被唐朝征服，並消滅了當時的西突厥，設置安西、北庭兩個大都護府。但新疆被正式併入中國版圖，則是十八世紀中葉的清乾隆時代，故稱之爲「新疆」。在民國時期，新疆雖引蘇聯勢力介入派系的利益爭奪，甚至提出建立「東土耳其斯坦」的主張，後因派系不合並未成功。中華人民共和國成立後，將新疆定爲「新疆維吾爾自治區」，但因 1950 年代提倡西北大開發，中央政府調動漢族入疆，而新疆的維吾爾族等少數民族則有不少人離開新疆到都會地區工作，因此人口比例發生了變化。

1962 年中蘇關係惡化後，蘇聯開始煽動維吾爾族、哈薩克族等提倡分離主義，中國政府即派駐「生產建設兵團」，以回應蘇聯的挑撥，從此新疆即斷斷續續發生過多起的暴亂，試圖爭取獨立的機會。但自從美國 911 恐攻事件後，結合全球共同反恐，而中國則將新疆維吾爾族自治區的暴亂定義爲「恐怖攻擊」，而成爲全球反恐的對象之一，這樣看來他們的獨立願望更是遙不可及了。[29]

---

[28] 東帝汶在獨立之前，內部本就有印尼派、自治區和獨立派，獨立後又未能走向民主法治之路，因此政客之間，尤其是軍方，老是為政策和利益之不同而爭鬥。
許建榮（2018），〈東帝汶獨立運動與國際因素〉，《臺灣國際研究季刊》，第 14 卷第 3 期，139-155 頁。

[29] 維基百科：http://zh.wikipedia.org/wiki

　　至於西藏，這是中國的另一個民族問題。西藏在唐代時為「吐蕃」，曾是與大唐並立的帝國，於十三世紀方被元朝征服，十七世紀中葉西藏的達賴喇嘛和班禪先後受清朝冊封，到了十八世紀三十年代正式成為大清的一部分。在國民政府統治初期，西藏曾宣布獨立，但未成功。中華人民共和國成立後，將西藏劃為「西藏自治區」，但未久即發生騷動。

　　西藏的主體民族是藏族，人口有 243 萬人，占自治區總人數的就 92.77%，漢族只有 15.8 萬人，占 6%，其他少數民族 40 多個少數民族，但人口均極少。藏族信奉藏傳佛教，傳統上實施政教合一制，這些都與漢族乃至中央政府間，有著極大的差異。1955 年，由於駐西藏的解放軍並沒有確實兌現《和平解放西藏十七條協議》，且直接進行土地改革、徵收糧食、改革宗教等，藏人認為完全無法接受，達賴喇嘛乃於 1959 年率眾逃至印度，在達蘭薩拉（Dharmsāla）成立流亡政府，主張「西藏獨立」。到了 1980 年代以後中國中央政府才開始修復寺廟，解除部分宗教禁令，並將重要寺廟列為重點文化加以保護。但因其仍實施嚴格的管理，因此在 1995 年以前，仍有暴亂發生。不過，1980 年以來的大量修建高級佛學院、發展教育、開辦藏文雜誌，並從事各項經濟建設，似乎已漸漸使西藏穩定了下來。至於達賴喇嘛，因年事已高，近年來已不再主張獨立，而希望落實自治，但此一願望將來是否實現，則有待觀察。[30]

　　最後，臺灣也有族群問題。在臺灣，一般不稱「民族」而使用「族群」兩字，因為如果使用「民族」來作為區分，則臺灣的「本省人」包括：閩南人、客家人都是漢人，「外省人」中大部分也是來自中國大江南北的漢族，但他們彼此之間操不同的語言，擁有不同的歷史記憶，

[30] 跋熱‧達瓦才仁譯（M. C.Van Walt Van Praag著），《西藏的地位》。臺北：雪域出版社。

乃至政治經濟資源的掌控也不同，因而產生的矛盾。這些現象也就不易
解釋清楚為什麼同樣是漢族，卻有著不同的族群認同乃至國家認同？
另外，臺灣的原住民族南島語系，但他們目前已被政府所承認的 16 個
族，也都不是「民族」，而是部落或部落聯盟，並沒有「民族認同」。
因此，只有使用「族群」這個概念，才可以解釋臺灣各個群體內部的
結構與認同，以及各個「族群」之間的歷史記憶、族群差異與族群權
利。[31]

　　臺灣的族群問題，一是本省人（閩、客）與外省人（1950 年代從
中國大陸來台者）之間權力分配不公平問題，但經過民主化過程和時空
環境的變遷，本省人透過選舉和公職人員考試，已能公平掌握到政治權
力。二是原住民族與漢族之間的族群歧視、權利不平等、文化剝奪等問
題，但透過憲法增修條文與原住民族各項法律的訂定，這些問題基本上
已經相當程度獲得改善。[32] 目前臺灣最大的族群問題，是統獨問題，這
就牽涉到族國認同。由於二戰後的國共內戰，當時主政的國民黨政府敗
戰，而把中華民國政府播遷到臺灣，戰勝的共產黨旋即成立中華人民共
和國，臺灣海峽自此兩岸分裂分治。從 1950-1971 年，中國大陸歷經三
面紅旗（1960-1964）和文化大革命（1966-1976），經濟發展也還沒有
展開，因此當時中國大陸給臺灣人民的印象就是嚴厲、肅殺和貧窮落
後，因此極少人會認同中國。但在國民黨政府的教育下，大多數臺灣人
還是認同中華文化，認同「我是中國人」，對於國家認同，則期許未來
的兩岸統一。尤其是 1978 年底，鄧小平提出「改革開放」、「經濟學
臺灣」，更贏得臺灣人的肯定。

　　不過，1971 年中華民國被迫退出聯合國，以及 1979 年元月起美國
與中國建交並與臺灣斷交，使得臺灣人民認為不但兩岸統一已無望，而

---

31 王甫昌（2003），《當代臺灣社會的族群想像》。臺北：群學出版公司。
32 林柏年（2006）。《臺灣原住民族的權利與法制》。臺北：稻香出版社。

且「中華民國」更難以立足於國際社會，因此有相當一部分臺灣人認為臺灣要自救，必須放棄「中華民國」的稱號，不與中共爭中國代表權，再則加緊臺灣認同，以有別於中國，並團結人心，這樣的想法自此擴散開來。而臺灣自 1987 年 7 月解除戒嚴，恢復民主自由制度，尤其是定期選舉各級民意代表及政務首長，使得「臺灣獨立」的主張，聲勢日漲。根據國立政治大學選舉研究中心的統計，在「國家認同」方面，從 1994 年到 2019 年來看，贊成統一的人，從 20% 降為 11.4%，贊成獨立的人，從 11.7% 增為 25.7%，贊成維持現狀的人，從 48% 增為 57.3%。沒意見的人從 20.5% 降為 6.1%。[33] 換句話說，近二十五年來，臺灣民眾贊成「維持現狀」的人，固然一向最多（接近六成），但贊成「統一」的人少了近9個百分點，而贊成「獨立」的人則多了一倍以上。至於「族群認同」方面，從 1992 年到 2019 年來看，認為「我是中國人」者，從 25.5% 降為 3.6%，認為「我是臺灣人」者，從 17.6% 增為 56.5%，認為「我是臺灣人，也是中國人」者，從 46.4% 降為 36.5%。[34] 簡單地說，近三十年來，臺灣民眾的族群認同產生了更大的變化，「中國人認同」者急降了 21.9%，甚至連「我是臺灣人，也是中國人」者也降了近 10%，而「臺灣人認同」者，已陡升至近 39%。

　　贊成臺灣獨立的人雖然愈來愈多，但不表示臺灣獨立有望，因為臺灣民眾贊成維持現狀的人還是最多，而中國已經強大，它極力反對臺獨，這將使得臺獨無法取得國際的支持，而美國和日本在與中華民國斷交後，也許還是臺獨的同情者，但不可能成為真正的支持者。

---

[33] 政治大學選舉研究中心（2019），〈臺灣民眾統獨立場趨勢分析〉（1944-2019），載：https://esc.nccu.edu.tw/course/news.php?Sn=167，取用日期：2020年6月16日。

[34] 同前註。

肆、民族問題的成因

從本文所討論的亞洲二十幾個案例來看，所謂民族問題經大多是民族衝突的問題，而民族衝突發生的原因，大概可以歸納爲下列六大原因：

一、族國認同的歧異

例如：巴勒斯坦人認爲巴勒斯坦這個地方本來就是巴勒斯坦人的，至少是阿拉伯人的，怎麼可以讓猶太人在此建立以色列國？而以色列人則認爲巴勒斯坦是上帝賜給猶太人的土地，猶太人理當在此建立以色列國。車臣人認爲舊蘇聯解體後，車臣人應該可以像其他 15 個共和國那樣，建立屬於車臣人的國家，韃靼人也有類似的看法。緬甸的羅興亞人從孟加拉移民到緬甸開墾，既然受到若開邦佛教徒的打壓，何不乾脆建立另一個屬於自己的伊斯蘭國家？同樣地，東帝汶人認爲東帝汶不是印尼的一省。新疆維吾爾族和西藏藏族中也有很多人不承認他們是中國人（漢人），所以主張獨立，這都是族國認同的歧異所致。[35]

二、文化差異與歧視

例如以色列和巴勒斯坦之爭，宗教的不同與相互歧視，即是很重要的原因。緬甸羅興亞人的問題、泰國南部的穆斯林問題、馬來西亞的華巫問題、印尼的華人問題、印度坦米爾人和僧伽羅人問題，東帝汶人和爪哇人問題，維吾爾族、藏族與漢人之間的問題等等，都是由於宗教和文化的差異與歧視所產生的。

---

[35] 張珍立譯，S. Lash, M. Featherstone著（2009），《肯認與差異：政治、認同與多元文化》。臺北：國立編譯館。

三、歷史記憶的陰影

例如：巴勒斯坦和以色列之間，隱藏著千百年來多少相互征戰殺伐，導致難以解開的仇恨；印度的錫克族則有聖殿金廟被攻占的恥辱；緬甸的若開邦佛教徒在二戰期間，曾在英國殖民者的曲意安排下，被羅興亞人屠殺，難怪緬甸佛教徒對羅興亞人也視之為寇仇。菲律賓摩洛人也有同樣的歷史恩怨，在西班牙殖民統治時，支持天主教殺害摩洛伊斯蘭教徒，甚至到了馬可仕總統時代，也發動戰爭，攻擊摩洛人。這些歷史記憶，是不容易被忘懷的。坦米爾人對僧加羅人發動游擊戰，東帝汶人對印尼發動恐攻，新疆的「生產建設兵團」和西藏達賴出走印度，也都是重要的歷史印記。

四、政經利益的爭奪

人類的相互衝突，不外在爭奪各種生存所需的資源，包括權力、土地、水源、礦產、糧食等等，族群之間的爭鬥，也大體上也如此。例如：緬甸羅興亞族要的是自治甚至獨立；馬來西亞和印尼的華人，需要的是平等對待和公民參與；而印尼（爪哇）人所要的則是政治上主導的權力，和經濟上的保障，但它調派軍警到東帝汶鎮壓暴亂，只知道到處掠奪，不知建設，又必然引起反抗。

五、領土糾紛的矛盾

有些國家的建立，牽涉到它的領土，可能發生爭執。例如：以色列建國，立即受阿拉伯聯軍的攻擊，因為阿拉伯人認為巴勒斯坦地區都是他們的領土，以色列不應該在那裡建國；而巴勒斯坦人宣布建國，也是經過與以色列一連串的會議與協議，才能以約旦河西岸和加薩作為它的領土。吉爾吉斯境內的吉爾吉斯人和烏茲別克人也一直為雙方的交界點而爭執不休。

六、國際局勢的變化

如果一個民族希望建立一個獨立的國家，那不只是牽涉到它國內的因素，還會受到國際局勢變遷的影響。例如：巴勒斯坦之建國，第一個外在關鍵就是以色列的反應，以及它背後美國的態度，再者當然是它周邊阿拉伯各邦是否能團結一致地給予支持。簡而言之，想尋求獨立的民族，必須考慮到有友邦或國際社會的同情甚至支持，才可能發動。反過來說，民族衝突的任何一方，如果得不到國際社會的同情，或失去原有的支持，則其主張願望就難以實現。例如：東帝汶主張要獨立之所以能夠成功，主要因素之一是印尼政府的弱化，另一因素就是葡萄牙請求聯合國出面調停，以及美國、澳洲由冷漠轉而支持之故。

伍、結語：民族問題成敗的觀察

環顧當代亞洲民族問題，雖可謂此起彼落、方興未艾，但能成功者究竟幾何？其實並不樂觀。因為在一個國家內提倡獨立，不但會引起另一個民族的反制，也勢必傷害到該一國家的領土與主權之完整，絕大多數的主權國家都不可能予以同意。因此，這種獨立的訴求是成是敗，至少可以從下列三項觀察點來加以檢驗：

一、「天時」的觀點

所謂「天時」，就是指國際形勢是否對我有利？以及對手目前的強弱與否？例如：以色列的建國，或印度、巴基斯坦的分治，都是在二戰結束後由列強的安排才能達成的。緬甸的羅興亞人的分離運動，是因他們被迫淪為幾十萬的難民，在這個講求人權的時代，自會引起國際的矚目。東帝汶的獨立運動，最後是因為印尼內部的動亂及其不得不實施民主化所帶來的機會。而印尼華人和馬來西亞華人的地位之所以獲得改善，一是因中國的崛起，讓華人有了隱形的靠山，二是因印尼和馬來西亞需要加入東南亞經貿組織，善待華人將有助於其國內穩定及國際形象。

反而言之，車臣、韃靼訴求獨立，沒趕上 1990 年代的蘇聯解體風潮，如今俄羅斯已穩定復興，車臣、韃靼要獨立已無機會了。[36] 敘利亞的庫德族，本來是協助敘利亞和美國打擊伊斯蘭國（ISIS），哪知成功後美國卻宣布要撤軍，這將使伊斯蘭國有喘息的機會，可是敘利亞庫德族卻失去了要求獨立的時機。

二、「地利」的觀點

所謂「地利」，是指訴求獨立者所處之位置，是否對自己有利？周邊友邦是否支持？例如：巴勒斯坦國所處的位置，周邊都是阿拉伯國家，且都堅決支持其獨立建國；伊朗的庫德族是相對有利的，因為伊朗政府對其境內庫德族是最溫和包容的；泰國南部的穆斯林，由於周邊的印尼和馬來西亞都是以伊斯蘭教為主的，所以對泰南穆斯林特別支持。

反而言之，伊拉克境內的庫德族則處境艱難，伊拉克政府不是歧視、鎮壓他們，就是利用他們來打擊敵國。再者，庫德族分布於伊拉克、敘利亞、伊朗和土耳其，力量分散，處境各有不同，因此很難團結，何況這四個國家，沒有一個國家願意讓庫德族獨立，頂多可以考慮自治而已。車臣和韃靼處於俄國境內，而俄國目前的國勢已逐漸恢復，絕無可能允許其獨立。緬甸克欽族是基督教徒，處在緬甸這個以佛教為主的國家內，想要獨立，是幾乎不可能的。

---

36 胡逢瑛（2013）《俄羅斯再次崛起？》。臺北：秀威資訊科技公司。

三、「人和」的觀點

所謂「人和」，是指訴求獨立者內部的團結與否，以及其外部是否有同情者甚至支持者？例如：巴勒斯坦之建國，初期是以恐怖主義的手段來爭取，但並未能獲得世人之同情，但最後在與以色列、美國多次和平談判後，終於獲得建國的機會；伊朗的庫德族，由於伊朗政府比較寬容，所以庫德族雖沒有獨立的機會，但有自治之可能；泰國南部的穆斯林，則因爲周邊國家印尼和馬來西亞的支持，也可以獲得自治的機會；至於泰北的華人，曾因協助泰皇平亂，獲得居留泰國的許可，而泰國政府也利用現代化、全球化的趨勢，溫和地誘導泰北華人學習泰國語言文化，以逐漸融入泰國社會，甚至認同泰國。

反而言之，如前所述，庫德族因分散於各國，處境又各有不同，而他們也經常被利用來作爲打擊敵國的棋子，使其更容易陷入「被背棄」的窘境。車臣曾以恐怖手段對付俄國，韃靼則力量不足，他們如主張獨立，都會觸及俄國的國家主權問題，因此都難以引發各國人士的支持。

第二篇

西亞篇

Chapter *2*

以色列與巴勒斯坦衝突概論

包修平[*]

[*] 國立暨南國際大學歷史系助理教授。研究領域：以巴衝突、現代中東歷史、伊斯蘭運動研究、華人穆斯林。

壹、前言

　　以色列與巴勒斯坦間的衝突（以下簡稱「以巴衝突」）不僅是中東區域的核心議題，也經常成為全球矚目的焦點。以巴衝突由來已久，不過隨著時空環境變化，雙方間的衝突模式不全然相同。以巴衝突的歷史大致分為三個階段。

　　第一階段為以色列與阿拉伯國家間的衝突（1948-1967）。這一個時期，巴勒斯坦人力量薄弱，缺乏統一領導，僅能將收復家園的願望託付周邊的阿拉伯國家。從 1948 年到 1967 年，以色列與阿拉伯國家發生多起衝突與戰爭，然而阿拉伯國家並未幫巴勒斯坦人收復失土，反而是其領土遭到以色列軍隊的占領。[1]

　　第二階段是以色列與巴勒斯坦解放組織（Palestine Liberation Organization, PLO，以下簡稱巴解）間的衝突（1960s-1980s）。以阿拉法特（Yasser Arafat）為首的巴解，主張武裝行動是收復巴勒斯坦家園的唯一手段。從 1960 年代晚期到 1980 年代初，巴解分別以約旦與黎巴嫩為基地，在以色列邊境從事游擊戰，或是在境外從事綁架、暗殺及劫機等行動。以色列政府面對巴解的攻勢，則採取更強大的軍事活動予以反制。[2]

---

[1] 例如1967年的六日戰爭（Six-Day War），以色列在六天內，分別擊潰埃及、敘利亞與約旦的聯軍，並占領埃及的西奈半島、敘利亞的格蘭高地，巴勒斯坦人居住的加薩、西岸與東耶路撒冷。今日以色列仍占領格蘭高地、兼併東耶路撒冷與控制加薩與西岸的主要通道。有關1967年六日戰爭過程與其影響，請參閱Wm. Roger Louis, and Avi Shlaim eds., (2012). *The 1967 Arab-Israeli War: Origins and Consequences.* Cambridge: Cambridge University Press.

[2] 例如1982年以色列入侵黎巴嫩，最終迫使巴解撤離黎巴嫩。請參見Yezid Sayigh (1997). *Armed Struggle and the Search for State: The Palestinian National Movement, 1949-1993.* Oxford: Oxford University Press, pp. 522-543.

　　第三階段是以色列與哈馬斯（Hamas）間的衝突（1987年迄今）。巴解與以色列間的衝突，在1993年雙方簽署和平諒解協定後告一段落，巴解承認以色列的合法性，願意與以色列和平共存，預計在加薩（Gaza）與西岸地區（West Bank）建立一個主權獨立的巴勒斯坦國（圖2）。以巴衝突看似緩解，但仍有其他巴勒斯坦武裝團體不斷向以色列發動攻勢，其中以哈馬斯最具代表性。哈馬斯於1987年底成立後，繼承巴解過去的政治思維，堅信軍事抵抗是收復巴勒斯坦家園的唯一手段。從2002年到2004年，哈馬斯成員連續在東耶路撒冷、西岸與加薩攻擊以色列軍人及屯墾者，並滲透至以色列境內從事自殺炸彈活動，造成上百名以色列人死亡。哈馬斯武裝團體在2007年6月占領加薩之後，不時向以色列投擲火箭，造成以色列社會的恐慌，並引發歐美國家的譴責。以色列政府則以「自衛」為名封鎖加薩，並對加薩發動多次大規模的轟炸行動，讓加薩陷入人道危機。

　　一般大眾對以巴衝突有刻板的印象，不過近年來，不少專精以巴衝突的學者，已不再討論「衝突」本身，而是探究衝突背後錯綜複雜的歷史、社會與政治因素。

　　本文依據最新學術的研究成果，探討與以巴衝突有關的重要歷史背景及議題。首先介紹以色列建國的意識形態，即猶太復國主義（Zionism）興起之背景與其早期歷史的發展。第二，檢驗第一次世界大戰之後，英國對巴勒斯坦的治理如何影響日後的以巴衝突。第三，討論巴勒斯坦民族主義運動的特色與發展，如何從武裝活動轉變為和平訴求。第四，分析以巴嘗試和平共存的歷史與其評價。第五，概述近20年來的以巴關係。最後則是結論。

圖2　當前以色列、巴勒斯坦形勢圖

貳、猶太復國主義的興起與早期歷史發展（1880s－1910s）

在談論以巴衝突時，必須先理解以色列建國意識形態「Zionism」與其早期的歷史發展。Zionism 可譯為「猶太復國主義」或「錫安主義」。[3]有關猶太復國主義的學術文獻非常豐富，但卻有不同的定義與詮釋。例如支持以色列的「猶太虛擬圖書館」（Jewish Virtual Library），對猶太復國主義定義如下：

> 「1890 年一位歐洲猶太人內森‧比爾本（Nathan Birnbaum）使用猶太復國主義的詞彙。猶太復國主義是一個民族主義運動，代表猶太人回歸家園與在以色列土地上恢復猶太人主權。支持猶太復國主義理念的人，來自不同背景的猶太人，包含左派、右派、宗教信徒與世俗主義者，他們攜手合作，最終在 1948 年建立以色列國。以色列建國後，以色列國防軍（Israel Defense Forces）保護以色列的發展與猶太民族的安全。」[4]

至於不認同上述定義的猶太學者，對猶太復國主義則有截然不同的解釋。例如：探討以巴衝突根源最具權威的歷史學者怡蘭‧帕北（Ilan Pappé）認為猶太復國主義是歐洲民族主義運動的一環，其受到十九世紀中、後葉歐洲反猶思潮的影響，致力於拯救遭到迫害的猶太人，但後來轉變成殖民主義，在巴勒斯坦土地上執行他們認為的猶太民族復興版本。[5]帕北另外挑戰猶太復國主義的猶太人回歸概念。他指出「猶太人回歸」這個概念並不是由猶太復國主義者所獨創，而是受到歐洲基督新教的影響。十六世紀歐洲新教徒認為猶太人回歸聖地之後，彌賽

---

[3] 本文採用「猶太復國主義」一詞代替「錫安主義」。錫安主義是Zionism的直譯。錫安（Zion）一詞來自舊約聖經，指耶路撒冷及以色列之地（Eretz Israel），是猶太教徒的聖殿之地。請參閱Tremper Longman III & Peter Enns eds., (2008). *Dictionary of the Old Testament: Wisdom, Poetry and Writing*. Illinois: Inter Varsity Press, p. 936。

[4] Jewish Virtual Library, "Zionism: A Definition of Zionism,"https://www.jewishvirtuallibrary.org/a-definition-of-zionism，取用日期：2019年7月7日。

[5] Ilan Pappé (2004). *A History of Modern Palestine*. Cambridge: Cambridge University Press, pp. 35-36.

亞將再次復活與降臨，開啓末日的到來。[6]

　　猶太學者們對猶太復國主義本質的爭論不一，但他們皆同意今日以色列的成立是與猶太復國主義本身的兩個重要概念有關，即「以色列之地」（Eretz Israel）與「阿利亞」（aliyah）二個概念。「以色列之地」係指猶太人居住之地，其範圍包含今日的巴勒斯坦、約旦、黎巴嫩與敘利亞等地。西元一世紀，羅馬人驅離猶太人之後，即使猶太人長期不在這塊土地上生活，但這些離散的猶太人仍主張對這塊土地享有主權。因此，「以色列之地」適用不同時空背景。例如：復國主義歷史學家使用「拜占庭時期下的以色列」、「十字軍東征下的以色列」或是「鄂圖曼時期統治下的以色列」，藉此強調「以色列之地」的概念是有延續性。[7]

　　另一個與猶太復國主義有關的重要概念是阿利亞。阿利亞原意爲上升，該詞早期帶有宗教意涵，係指猶太教徒登上耶路撒冷的聖殿山崇拜上帝。不過阿利亞在十九世紀末發展出兩種新的意涵。第一種指猶太人移民到「以色列之地」的行爲。第二種泛指 1882 年到 1939 年間，歐洲猶太人移民到「以色列之地」的歷史。[8]

　　十九世紀猶太復國主義在歐洲的興起，主要係回應當時歐洲政治與社會歧視猶太人的現象。當時猶太人在歐洲各地普遍受到歧視，特別生活在東歐的猶太人時常遭受到迫害，甚至屠殺。[9] 1894 年法國發生的「德雷福斯事件」（Dreyfus affair）被視爲猶太復國主義發展的轉折點。當時具有猶太背景的法國軍官德雷福斯被指控通敵德國，此讓猶太復國主

6　Ilan Pappé (2017). *Ten myths about Israel.* Verso: London, pp. 10-13.

7　Baruch Kimmerling (1995). "Academic history caught in the cross-fire: The case of Israeli-Jewish Historiography," *History and Memory*, Vol. 7, No. 1, p. 48.

8　Baruch Kimmerling (1995). "Academic history caught in the cross-fire: The case of Israeli-Jewish Historiography," pp. 48-49.

9　Ilan Pappé (2017). *Ten Myths about Israel*, p. 24.

義者認爲儘速回歸「以色列之地」乃是結束反猶的必要手段。[10]

　　早期推動猶太復國主義運動的代表性人物赫茲爾（Theodor Herzl, 1860-1904），原本是一位作家與新聞記者，但看到當時歐洲反猶風潮，乃轉變成爲猶太復國主義的主要推手。1894 年法國「德雷福斯事件」之後，赫茲爾認爲猶太人繼續留在歐洲已經無望，即使選擇同化，仍面臨主流社會的歧視。赫茲爾指出猶太人唯有離開歐洲，回到以色列家園，這股反猶風潮才會結束。赫茲爾的核心思想可從其 1896 年出版的《猶太國》（*The Jewish State*）中得知。他在該書開宗明義提到歐洲從中世紀以來的反猶思潮，以及猶太人如何在歐洲受到各式各樣的歧視與攻擊。這本書並深入分析反猶主義的根源與影響，最後提出拯救猶太人的具體計畫，例如：建立公司、轉移人口、吸收技術人員及從事政治工作等計畫。[11]

　　赫茲爾在推動回歸家園運動初期，並未得到大多數猶太銀行家與企業家的支持。猶太菁英認爲赫茲爾的想法異想天開且不切實際。赫茲爾的理念反倒在東歐的猶太社區，例如：在波蘭、俄國與羅馬尼亞得到響應。這些地區的猶太人生活貧困，又遭遇社會與政治上的歧視，因此當聽到赫茲爾宣揚回歸以色列與重建家園的構想時，產生了希望與熱情，他們將赫茲爾視爲新的大衛王。[12]

　　1897 年赫茲爾在瑞士的巴塞爾（Basle）召開首屆猶太復國主義大會。歐洲各地認同猶太復國主義理念的猶太人紛紛來到巴塞爾。第一次大會決議猶太人將於以色列土地上建立猶太人的庇護之地。1898 年第二次大會進一步決議設立「猶太殖民信託」（The Jewish Colonial

---

[10] Edward Siad (1979). "Zionism from the Standpoint of its Victims," *Social Text*, No. 1, p. 23.

[11] 請參見1988年的英文翻譯版本。Theodor Herzl (1988). *The Jewish State*. New York: Dover Publications.

[12] Ilan Pappé (2004). *A History of Modern Palestine*, p. 37.

Trust），作為日後開墾巴勒斯坦的資金來源。[13] 除了赫茲爾推廣猶太復國主義運動外，當時歐洲其他地區的猶太人也以實際行動移民至「以色列之地」。第一次世界大戰之前，共發生兩批猶太移民浪潮（1882-1903 與 1904-1914），分別移民到巴勒斯坦從事開墾與定居。特別在二十世紀初期，第二批猶太移民者建立了 12 個屯墾區（Yishuv），其中特拉維夫（Tel Aviv）是猶太屯墾者第一個建立的城市，為日後 1948 年以色列建國打下基礎。[14]

參、英國政府對猶太復國主義者的支持（1917-1948）

歐洲猶太屯墾者在巴勒斯坦迅速發展的另外一項原因，主要係與英國政府在第一次世界大戰期間的鼎力相助有關。1917 年 11 月 2 日，英國外交部長貝爾福（Arthur Balfour）代表英國政府向猶太復國主義代表羅斯柴爾德爵士（Walter Rothschild）發出一項聲明，支持猶太人回到巴勒斯坦建立「民族家園」（National Home for the Jewish People）。這項聲明史稱《貝爾福宣言》（*Balfour Declaration*）。《貝爾福宣言》正文短短 67 個字，卻被視為是以巴衝突的開端。一般認為，英國政府發布《貝爾福宣言》與戰略考量有關。[15]《貝爾福宣言》公布五天之後，英國軍隊征服巴勒斯坦的加薩，隨後在 12 月 11 日進入耶路撒冷，展開長達兩年多的軍事占領。1920 年 4 月，英法等戰勝國在義大利的聖雷

---

13 Jewish Virtual Library, "Zionist Congress: First to Twelfth Zionist Congress, 1897-1921," https://www.jewishvirtuallibrary.org/first-to-twelfth-zionist-congress-1897-1921，取用日期：2019年7月7日。

14 Ilan Pappé (2004). *A History of Modern Palestine,* pp. 52-55.

15 Ilan Pappé (2004). *A History of Modern Palestine*, pp. 67-68.

莫（San Remo）開會，會議最終決議巴勒斯坦交由英國託管。[16]

英國託管下的巴勒斯坦，是歐洲猶太人在巴勒斯坦發展的黃金時期。歷史學者拉施德・哈立迪（Rashid Khalidi）指出，英國託管巴勒斯坦的法律條文有助於猶太人在巴勒斯坦的移民與開墾。英國政府將1917 年的《貝爾福宣言》併入成爲巴勒斯坦託管法律的一部分，例如該法律第 2、4、6、7、11 與 22 條皆提到保障猶太人的政治、社會與經濟權益。[17] 換句話說，英國鼓勵與保障歐洲猶太人在巴勒斯坦建立民族家園。然而，英國管理巴勒斯坦的法律並未使用「巴勒斯坦人」或「阿拉伯人」的字眼，而是使用「非猶太社群」（Non-Jewish communities）來代替。哈立迪認爲，英國人雖然保障巴勒斯坦人的民事與宗教權益，但未能與猶太人一般，享有對等的政治權利。[18]

英國統治巴勒斯坦的前十年，歐洲猶太人移民數量激增。猶太移民者在巴勒斯坦發展的目標明確，譬如建立專屬的猶太屯墾區、政治與經濟機構、國民教育制度，以及提供猶太大眾醫療與法律服務。不過隨著猶太移民人數增加，猶太屯墾者積極從事政治、宗教與經濟等活動，讓巴勒斯坦人備受威脅。1929 年 8 月，由於猶太人與巴勒斯坦人在耶路撒冷哭牆（Wailing Wall）禮拜的問題無法達成共識，雙方爆發血腥衝突，死亡人數各達上百人之上。此後，猶太屯墾者與巴勒斯坦人間的矛盾即難以化解。[19]

---

[16] Baruch Kimmerling and Joel Migdal (2003). *The Palestinian People*. Cambridge: Harvard University Press, p. 80.

[17] The Council of the League of Nations (16th September, 1992), "Mandate for Palestine and Memorandum by the British Government Relating to its Application to Transjordan."

[18] Rashid Khalidi (2007). *The Iron Cage: The Story of the Palestinian Struggle for Statehood*. Oxford: Oneworld Publication, pp. 32-33.

[19] Basheer Nafi (1998). *Arabism, Islamism and the Palestine Question, 1908-1941: A Political History*. Reading: Ithaca, p. 95; Alex Winder (2012). "The Western Wall Riots of 1929: Religious Boundaries and Communal Violence," *Journal of Palestine Studies*,

　　1930 年代，巴勒斯坦人爆發兩起反抗英國當局的重大事件。第一起是 1935 年卡薩姆（Iz al-Din al-Qassam）的反抗事件。卡薩姆不是巴勒斯坦人，而是來自敘利亞的宗教學者。卡薩姆在 1918 年時，曾率領他的學生與支持者反抗法國在敘利亞的占領。卡薩姆反抗失敗後，被迫轉移到巴勒斯坦的海法（Haifa）。卡薩姆在海法期間，教導當地村民識字，並學習伊斯蘭知識，因而逐漸累積了群眾基礎。當時英國統治下的農村地區出現貧瘠化的問題，巴勒斯坦的地主將土地轉賣給猶太屯墾者，導致許多農民失去可耕之地。根據英國官方統計，30% 的農民沒有固定的經濟來源，生活十分不穩定。卡薩姆吸收這些貧窮的農民，向他們灌輸反抗英國治理及反對猶太屯墾者的意識。1933 年，卡薩姆招募上百位支持者，向猶太屯墾者及英國士兵發動游擊戰。然而，卡薩姆並未能扭轉局勢，1935 年卡薩姆與其支持者遭到英軍的殺害。[20]

　　卡薩姆的死亡震撼了當時巴勒斯坦的社會，上千人參加他在海法的葬禮，並將他視爲抵抗英國與猶太屯墾者的指標性人物。卡薩姆死後，巴勒斯坦社會逐漸凝聚反抗英國統治的共識。1936 年 4 月由巴勒斯坦仕紳階級組成的「阿拉伯高級委員會」（Arab Higher Committee）宣布大規模的罷工活動，但後來罷工活動變調，單純的示威抗議轉變成爲巴勒斯坦人與英國當局及猶太屯墾者之間的血腥衝突。巴勒斯坦人在 1936 年到 1939 年間的集體反抗，是英國在戰間期（Interwar period）所遭遇的最大反抗活動。英國最後憑藉其強大的軍事優勢，摧毀巴勒斯坦人的城鎮，並鎮壓了反抗人士。估計 3 年的衝突造成 5 千名巴勒斯坦人的死亡及 1 萬 4 千名以上的人員受傷。[21]

Vol. 42, No. 1, pp. 6-23.

[20] Ilan Pappé (2004). *A History of Modern Palestine,* p. 104; Basheer Nafi (1997). "Shaykh 'Izz al-Din Al-Qassam: A Reformist and a Rebel Leader," *Journal of Islamic Studies,* Vol. 8, No. 2, pp. 185-215.

[21] Ted Swedenburg (1988). "The role of the Palestinian Peasantry in the Great Revolt 1936-

由於 1935 年到 1939 年巴勒斯坦人的集體反抗活動，迫使英國不得不修改移民政策。1939 年英國政府發表白皮書，放棄其過去對《貝爾福宣言》的承諾，轉為限制猶太人移民的數量。該白皮書規定，1939年之後的五年，每年僅准許一萬多名猶太人移入巴勒斯坦。在此之後，歐洲的猶太人若想移民至巴勒斯坦，必須經過巴勒斯坦人同意。[22] 英國政府限制猶太人的移民數量，讓猶太復國主義者相當不滿。隨著 1942年納粹德國種族淨化猶太人的消息傳開後，在巴勒斯坦的猶太屯墾者因無力拯救其在歐洲的猶太同胞，開始將英國視為敵人。1940 年代，猶太武裝團體攻擊英國政治人物及軍隊。英國撤離巴勒斯坦的最後幾年，猶太武裝團體發動超過五百起以上的恐怖攻擊。其中 1946 年 7 月 22日，英國行政總部駐紮在耶路撒冷的大衛王飯店（King David Hotel）遭到猶太武裝分子的炸彈襲擊，造成 90 多人的死亡，這讓英國政府決心撤離巴勒斯坦。[23]

1947 年 2 月，英國政府宣布準備撤離巴勒斯坦，並將棘手問題交由聯合國處理。同年 5 月，聯合國組成的「巴勒斯坦問題特別委員會」（United Nations Partition Plan for Palestine, UNSCOP）提出分治計畫，將巴勒斯坦分成三個部分。第一部分為巴勒斯坦人所有，占巴勒斯坦土地的 42%；第二個部分為猶太人所有，占巴勒斯坦 56%；至於耶路撒冷則由聯合國管理。[24] 聯合國大會於 1947 年 11 月 29 日通過上項分治計

1939" in Edmund Burke and Ira Lapidus, eds., *Islam, Politics, and Social Movements*. Berkeley: University of California Press, pp. 189-90; Jamil Hila (2010). "Reflections on contemporary Palestine History" in Ilan Pappé and Jamil Hilal, eds., *Across the Wall: Narratives of Israeli-Palestinian History*. London: I.B. Tauris, pp. 189-193.

[22] The Secretary of State for the Colonies to Parliament (1939). "Palestine Statement of Policy," London: H.M. Stationery Office.

[23] Samih Farsoun and Christina Zacharia (1997). *Palestine and the Palestinians*. Boulder, Westview Press, p. 110.

[24] Ilan Pappé (2006). *The Ethnic Cleansing of Palestine*. Oxford: Oneworld, p. 35.

劃，而成爲聯合國第 181 號決議案。[25]

　　聯合國大會通過 181 決議後，巴勒斯坦人與猶太屯墾者之間的衝突加劇，社會秩序瀕臨崩潰邊緣。巴勒斯坦人出現大量的流亡潮，周邊的阿拉伯國家動員軍隊，準備與猶太復國主義者決戰。至於猶太復國主義者，也整合內部勢力，做好全面戰爭的準備。1948 年 5 月 14 日，猶太復國主義者的領導人宣布成立以色列國，沒有多久，埃及、約旦、敘利亞及伊拉克等阿拉伯國家組成聯軍向以色列宣戰。以色列與阿拉伯諸國於 1949 年 3 月達成停火協議，而最終以色列透過戰爭占領了 78% 的巴勒斯坦土地，比 1947 年聯合國所分配的領土還多出 22%。

　　1948 年這場戰爭造成巴勒斯坦的難民問題，將近八成以上的巴勒斯坦人（約 75 萬人）遠離家園成爲難民，難民分散在周邊的阿拉伯國家，至今這些難民與難民的後代仍無法回歸家園。不少研究以巴衝突的歷史學者認爲，巴勒斯坦難民是今日以巴衝突的核心根源。若巴勒斯坦難民無法回歸家園，以巴雙方將不會有眞正和解的一天。[26]

肆、巴勒斯坦民族主義組織發展（1948–1988）

　　1948 年以色列的建國，意味著猶太復國主義者從 1880 年代以來的努力，終於獲得回報。長期在歐洲被歧視的猶太人，總算有一塊安身立命之地，不再仰人鼻息。但對於巴勒斯坦人而言，以色列的建國可謂是一場大災難，摧毀巴勒斯坦人的建國機會，過去既有的政治、社會、經濟及文化基礎不復存在。巴勒斯坦人將此現象稱爲納可巴（*nakba*），

---

[25] General Assembly (1947). "Resolution 181 (II). Future government of Palestine," United Nations, https://unispal.un.org/DPA/DPR/unispal.nsf/0/7F0AF2BD897689B785256C330061D253，取用日期：2019年7月12日。

[26] 例如以色列學者Ilan Pappé；巴勒斯坦的學者Edward Said與Rashid Khalidi等。

意爲大災難（catastrophe）。1948 年之後，納可巴形塑了巴勒斯坦人的集體認同，只要認同自己是巴勒斯坦人，皆會有被猶太復國主義者驅離、壓迫及揹負悲傷的等負面情緒。即使今日散布在加薩、東耶路撒冷、西岸、以色列境內與海外的巴勒斯坦人，每當看到以色列軍事占領及壓迫其他巴勒斯坦人時，納可巴的集體歷史記憶便會不斷湧現，而與 1948 年其先人遭遇的不愉快經驗連結。[27]

貝魯特美國大學教授康士坦丁・祖瑞克（Constantine Zurayk）大概是第一位闡述納可巴社會意義的學者。祖瑞克被譽爲二十世紀中期最具影響力的阿拉伯知識分子。雖然他是敘利亞人且來自基督教家庭，卻十分關注巴勒斯坦發展。1948 年 8 月，他出版一本書《災難的意義》（Ma'anna al-Nakba），專門探討以色列建國前後，巴勒斯坦社會的劇烈轉變。[28] 祖瑞克認爲以色列的建國，不僅是所有巴勒斯坦人的災難，也同爲其他阿拉伯人的災難。祖瑞克深入分析巴勒斯坦人的失敗原因。他認爲納可巴的出現是因爲巴勒斯坦人與其他阿拉伯人缺乏現代政治機制，以至於難以擺脫外國的掌控。因此，他主張阿拉伯人必須達成政治與領土統一，以及進行經濟與社會的現代化，才能改變這個困境。[29]

祖瑞克的思想影響到年輕世代的巴勒斯坦民族主義者。1950-1960 年代，巴勒斯坦民族主義者遍布在埃及的開羅、敘利亞的大馬士革及黎巴嫩的貝魯特等大城市。他們除了求學之外，並積極參與公眾事務，向阿拉伯世界宣揚解放巴勒斯坦的必要性。然而他們力量薄弱，無力獨自

---

[27] Ahmad Sa'di (2002). "Catastrophe, Memory and Identity: Al-Nakbah as a component of Palestinian Identity," *Israel Studies*, Vol. 7, No. 2, pp. 175-198.

[28] Constantine Zurayk (1956). *The Meaning of the Disaster*. Beirut: Khayat's College Book Cooperative, translated by The Palestinian Revolution, 2016.http://learnpalestine.politics. ox.ac.uk，取用日期：2019年7月11日。

[29] 相關內容請見牛津大學的線上課程"The Nakba Generation," *Teach the Revolution*, http://learnpalestine.politics.ox.ac.uk/teach/week/2，取用日期：2019年7月11日。

推動民族解放運動，只能依附阿拉伯國家領導者。[30] 1950 年代，海外雖然出現許多巴勒斯坦民族團體，但沒有一個能真正具有代表性的團體。1960 年代，在埃及總統納瑟（Gamal Abdel Nasser）的推動下，不同的巴勒斯坦民族團體開始整合。1964 年 1 月，巴解成立，首屆主席舒凱里（Ahmad al-Shuqairi）是英國託管巴勒斯坦時期一位知名的律師與民族主義者。他在 1950 年代擔任阿拉伯聯盟的助理祕書長，在巴勒斯坦人當中享有很高的聲譽。1964 年 5 月，各地巴勒斯坦的代表來到東耶路撒冷召開首次巴勒斯坦民族會議（Palestine National Council, PNC），並頒布《巴勒斯坦民族憲章》（*Palestinian National Covenant*），從此巴勒斯坦民族解放運動朝向一體化的發展。[31]

巴解在 1967 年六日戰爭之後，出現突破性的進展。1967 年 6 月 5 日到 10 日，以色列空軍在極短時間內擊潰敘利亞、埃及與約旦的空軍。另一方面，以色列陸軍迅速占領巴勒斯坦剩餘的土地，東耶路撒冷、西岸與加薩，並征服埃及的西奈半島與敘利亞的戈蘭高地。由於阿拉伯國家的慘敗，過去依附阿拉伯各國的巴勒斯坦青年，不再對這些阿拉伯領導人抱有太多的期望，於是紛紛組成武裝團體，依附在巴解的架構下，期盼透過游擊戰的方式，收復所有巴勒斯坦的土地。1967 年後，游擊戰成為巴解的主要特徵。1968 年，巴解重新修改組織章程，新增三個條款，強調人民解放戰爭的重要性、巴解擁有獨立的自主性質及不受阿拉伯國家的控制。[32]

---

[30] Helga Baumgarten (2005). "The Three Faces/Phases of Palestinian Nationalism, 1948-2005," *Journal of Palestine Studies*, Vol. 34, No. 4, pp. 27-28.

[31] Helena Cobban (1984). *The Palestinian Liberation Organisation: People, Power and Politics*. Cambridge: Cambridge University Press, pp. 29-31.

[32] The Palestinian National Charter: Resolutions of the Palestine National Council, July 1-17, 1968, https://avalon.law.yale.edu/20th_century/plocov.asp，取用日期：2019年7月11日。

　　早期最具代表性的巴解武裝團體為法塔（Fateh）與「解放巴勒斯坦人民陣線」（PFLP，以下簡稱「人陣」）。[33] 這些武裝團體最初的策略是滲透占領區，在以色列控制的西岸與加薩建立根據地之後，再向以色列軍人發動游擊戰。然而巴解武裝團體的這項策略並沒有成功，時常遭到以色列軍情人員的查獲，於是巴解武裝團體將陣地轉移到約旦。約旦在 1967 年與 1970 年間，成為巴解的大本營。根據統計，巴解武裝團體在 1967 年向以色列發動 97 次攻勢、1968 年提升到 916 次、1969 年提升到 2,432 次、1970 年 8 月之前達 1,887 次。[34]

　　由於約旦境內有七成的巴勒斯坦人，巴解在這些巴勒斯坦人居住的難民營提供教育與福利設施，享有廣大的群眾基礎。約旦王室因此害怕巴解在約旦的影響力與日俱增，會威脅王室的統治基礎。另一方面，巴解武裝團體如人陣等組織經常藐視約旦主權，批判約旦國王胡笙過於親近西方。1970 年 9 月，人陣在約旦境內劫持三架國際班機，最後用炸彈炸毀飛機。人陣的暴力行動成為約旦鎮壓巴解游擊隊的導火線，最後導致約旦軍隊與巴解游擊隊爆發大規模的衝突。八天的戰爭中，巴解游擊隊傷亡慘重，三千多名人員死亡。最後在埃及總統納瑟調停下，巴解撤出約旦，將陣地轉移到黎巴嫩。[35] 巴解自此喪失在約旦的基地，是其成立以來首次最大的挫敗。由於這場衝突發生在九月，這起事件又稱「黑色九月」（Black September）。

　　黑色九月改變巴解的性質，不再以游擊戰為主要戰略。雖然巴解在

---

[33] 法塔字面意義為征服與勝利，全名為「巴勒斯坦民族解放運動」（Palestinian National Liberation Movement），是巴解最大的組織。人陣是巴解第二大組織，屬於馬克思主義性質的團體。請參見"Dreaming Revolution: Clandestine Networks and Public Associations, 1951-1967," Teach the Revolution, http://learnpalestine.politics.ox.ac.uk/teach/week/4，取用日期：2019年12月1日。

[34] Samih Farsoun and Christina Zacharia (1997). *Palestine and the Palestinians*, p. 182.

[35] Ilan Pappé (2004). *A History of Modern Palestine*, pp. 194-195.

黎巴嫩時期（1870-1982）也從事游擊戰活動，但僅侷限在黎巴嫩地區。再者，巴解在 1970 年代打破黎巴嫩內部脆弱的宗教派系平衡，成為黎巴嫩各派系的麻煩製造者。1970 年代之後，巴解不再完全仰賴軍事手段，逐漸將注意力放在外交活動方面。[36]

1970 年代後，巴解雖然主張透過武裝方式解放所有的巴勒斯坦土地，但隨著時間流逝，巴解的宣傳內容逐漸轉變，不再堅持武裝抵抗的必要性，甚至曾在 1988 年承認以色列的合法性，同意有條件與以色列和平共存。1988 年 11 月，巴勒斯坦民族議會發表政治方案（the political program）與獨立宣言（Declaration of Independence），闡明巴解的願景。[37]

1988 年巴解的轉變，主要可以從下面幾點觀察：

首先，巴解接受聯合國安理會 242 與 338 號決議案，作為其參與中東和平會議與以色列談判的法律基礎。1967 年六日戰爭後，聯合國安理會通過 242 號決議案，呼籲會員國必須履行聯合國憲章，在中東建立公正與持久的和平。242 號決議案主要的原則為「以色列軍隊撤離其於最近衝突所占領之領土」以及「終止一切交戰地位之主張或狀態，尊重並承認該地區每一國家之主權、領土完整及政治獨立，與其在安全及公認之疆界內和平生存，不受威脅及武力行為之權利」。另外，在 1973 年以色列與埃及戰爭之後，聯合國安理會通過的 338 號決議案，再次重申當事國必須停火，立即執行 1967 年的 242 號決議案。這兩個安理會的決議案成為日後以巴和談的基礎。

其次，巴解承認 1947 年聯合國大會 181 決議案的分治計畫，這是

---

[36] Yezid Sayigh (1997). *Armed Struggle and the Search for State: The Palestinian National Movement, 1949-1993*, pp. 530-532.

[37] Samih Farsoun and Christina Zacharia (1997). *Palestine and the Palestinians*, pp. 205-206.

巴勒斯坦建國的法理基礎。第三，巴解承認以色列的合法性。第四，未來巴勒斯坦國將以聯合國安理會決議案爲基礎，領土範圍包含西岸與加薩地區，並以東耶路撒冷作爲首都。第五，爲了達到巴勒斯坦建國目標，巴解必須透過外交與其他和平解決爭端方式與以色列達成共識。第六，巴解拒絕一切恐怖主義，包含個人、團體與國家的恐怖主義。不過人民有權抵抗外國的殖民主義、軍事占領與種族歧視等行爲。[38]

1988 年巴勒斯坦民族議會發佈的獨立宣言與政治方案，代表巴解放棄過去武裝抵抗以色列的戰略，不再堅持收復所有巴勒斯坦領土，轉爲願意與以色列談判，爭取在剩餘 22% 的土地上建立巴勒斯坦國。

伍、以巴和平共存的嘗試（1988-2000）

1988 年巴解的轉變並未立即得到以色列的信任。以色列仍將巴解視爲恐怖組織，直到 1991 年 1 月海灣危機結束之後，情勢才有所轉變。[39] 1991 年 10 月，在美國主導下，阿拉伯國家與以色列領導人在西班牙馬德里召開國際和會。美國呼籲雙方必須以聯合國安理會 242 與 338 決議案爲基礎，只要以色列撤離 1967 年占領的土地，即西岸、加薩與東耶路撒冷，那麼阿拉伯國家須承認以色列的合法地位。[40]

馬德里和會結束後，以色列與阿拉伯國家、巴勒斯坦代表在 1991 年底到 1992 年期間，進行多邊及雙邊談判，但由於巴勒斯坦政治內部分歧，哈馬斯（Hamas）、伊斯蘭聖戰組織（Islamic Jihad）強力反對

---

[38] Muhammad Muslih (1990). "Towards Coexistence: An Analysis of the Resolutions of the Palestine National Council," *Journal of Palestine Studies*, Vol. 19, No. 4, pp. 25-26.

[39] 1990年8月，伊拉克入侵科威特，導致海灣地區出現政治危機。1991年1月，在聯合國授權下，美國為首的聯軍成功將伊拉克軍隊逐出科威特。

[40] William Quandt (2005). *Peace Process: American Diplomacy and the Arab-Israeli Conflict since 1967*. Washington: The Brookings Institution, pp. 301-313.

巴解代表參與談判，加上 1992 年 12 月，以色列政府強制驅離 415 位巴勒斯坦人的行動，導致雙方談判並無突破性的進展。[41] 一直到1993年春天，在挪威政府安排下，以色列政府與巴勒斯坦代表在挪威首府奧斯陸舉行多次祕密談判，最後雙方達成初步協議，並將談判結果告知美國政府。[42]

　　1993 年 9 月 13 日，以色列總理拉賓（Yitzhak Rabin）與巴解主席阿拉法特，在美國總統柯林頓的見證下，在白宮草坪簽署《臨時自治政府安排原則宣言》（*Declaration of Principles on Interim self-Government Arrangements*, DOP）。根據這份宣言，以色列將逐步撤出加薩與部分西岸土地，交由新成立的巴勒斯坦當局管理。另一方面，以色列與巴勒斯坦當局在五年過渡期間內，須完成最終地位談判，包含結束耶路撒冷地位之歸屬、巴勒斯坦難民回鄉權、拆除猶太屯墾區，以及安全與邊界等爭議性議題。待這些爭議性問題妥善處理後，以巴雙方最後再簽署最終和平協議。這份宣言開啓以巴和平進程（Peace Process），由於和平進程談判始於挪威的奧斯陸，亦稱為奧斯陸和平進程（Oslo Peace Process）。[43]

　　奧斯陸和平進程為兩國方案（Two-State Solution）的實踐開端，即以色列承認巴解是巴勒斯坦人的唯一合法代表；巴解承認以色列合法地位，願意放棄暴力手段，建立主權獨立的巴勒斯坦國與以色列和平共

---

[41] 哈馬斯與伊斯蘭聖戰組織屬於「伊斯蘭主義」（Islamism）性質的團體，主張透過武裝活動收復失土，從成立至今仍未承認以色列的合法性。由於哈馬斯軍事組織在1992年底殺害6名以色列軍人，導致以色列政府大規模的報復，驅逐415位巴勒斯坦人到無人居住的黎巴嫩山區。請參見Beverley Milton-Edwards, "Political Islam in Palestine in an environment of Peace?" *Third World Quarterly*, Vol. 17, No. 2, 1996, pp. 202-203。

[42] Seth Anziska (2018). *Preventing Palestine: A Political History from Camp David to Oslo*. Princeton: Princeton University, p. 282.

[43] Ilan Pappé (2004). *A History of Modern Palestine,* pp. 243-244.

存。以巴和平進程的開展，使以色列總理拉賓、外交部長佩雷斯（Shi-mon Peres）與巴解主席阿拉法特於 1994 年共獲諾貝爾和平獎。三人得獎理由是「努力爲了中東創造和平」。[44] 以巴內部雖有反對聲浪，不過多數民眾對於和平進程寄予厚望。根據民意調查，65% 的以色列民眾支持此和平進程，僅有 13% 的人強力反對。[45] 巴勒斯坦則有 68.6% 的民眾表達支持，反對人士占 27.8%。[46]

　　1993 年 9 月的《臨時自治政府安排原則宣言》僅爲以巴和平進程提供一個框架，至於如何執行和平進程的細節，則由日後以巴雙方制定的協定規範。1993 年到 2000 年之間，以巴兩方簽署多項協議，其中又以 1995 年 9 月的《西岸與加薩臨時協議》（*Interim Agreement on the West Bank and the Gaza Strip*）最具爭議性，進而影響今日以巴雙方間的關係。[47] 根據這份協議，西岸分成 A、B、C 三區。A 區由巴勒斯坦當局（PA）管理、B 區域由以巴共管、C 區域則由以色列單獨控制。巴勒斯坦當局管轄的 A 區與 B 區，僅占西岸土地的 38%，且受到以色列隔離牆與屯墾區的包圍，在這些區域內的巴勒斯坦人城鎮分散不連貫，既使未來巴勒斯坦如期建國，將會是個破碎的國家。至於以色列控制的 C 區域（占西岸 62% 的土地）享有司法管轄權，可透過特權與法律強制徵收巴勒斯坦土地，逐步擴充猶太屯墾區域。[48]

---

[44] "The Nobel Peace Prize 1994," Nobelprize.org: The official web site of the Nobel Prize, https://www.nobelprize.org/prizes/peace/1994/summary/，取用日期：2019年7月11日。

[45] Avi Shlaim, "The Oslo Accord," *Journal of Palestine Studies*, Vol. 23, No. 3, p. 34.

[46] JMCC, "Opinion Poll No. 3," 23 September 1993 On Palestinian Attitudes to the PLO-Israel Agreement, http://www.jmcc.org/documentsandmaps.aspx?id=503，取用日期：2019年12月1日。

[47] 這份協議又稱為《第二奧斯陸協議》（*The Oslo II*）。

[48] Sara Roy (2004). "The Palestinian-Israeli Conflict and Palestinian Socioeconomic Decline: A Place Denied," *International Journal of Politics, Culture, and Society*, Vol. 17, No. 3, pp. 369-470.

　　以巴和平進程在 1995 年之後未能有重大的突破，一般認爲係受到兩方內部極端勢力的反對。例如：巴勒斯坦的哈馬斯與伊斯蘭聖戰組織在 1994-1996 年發動自殺炸彈攻擊，造成以色列 120 多名軍人與平民死亡。[49] 由於哈馬斯等團體的恐怖攻擊，以色列右派指責工黨領導的政府對於巴勒斯坦人讓步太多。1995 年 11 月 4 日，一位以色列極右派人士，在一場集會當中暗殺以色列總理拉賓。拉賓的死亡爲和平進程蒙上了一層陰影。1996 年 5 月，以色列舉行國會大選，選出的右派利庫德黨（Likud）更重挫和平進程。新上任的以色列總理內坦雅胡（Benjamin Netanyahu）表示不再對巴勒斯坦人有任何領土上的讓步。[50]

　　內坦雅胡不願遵守和平進程的相關協議，許多巴勒斯坦人感到憤怒與挫折。在內坦雅胡任內，以色列在占領區內建立更多的屯墾區，且封鎖巴勒斯坦人主要通道的舉動，導致巴勒斯坦人對和平進程支持率下降。[51] 內坦雅胡上臺後，其所推行的強硬政策既沒有替以色列人民帶來和平，也未享有安全。1998 年 12 月，內坦雅胡面臨政治困境，解散國會提前舉行大選，和平進程處於停滯狀態。[52]

　　1999 年 5 月，以色列工黨贏得國會大選，其領導人巴拉克（Ehud Barak）成爲新任以色列總理。巴拉克上任後，加速與巴勒斯坦當局的

[49] Israel Ministry of Foreign Affairs (Sept 1993). "Suicide and Other Bombing Attacks in Israel Since the Declaration of Principles," http://www.mfa.gov.il/mfa/foreignpolicy/terrorism/palestinian/pages/suicide%20and%20other%20bombing%20attacks%20in%20israel%20since.aspx，取用日期：2019年7月11日。

[50] William Quandt (2005). *Peace Process: American Diplomacy and the Arab-Israeli Conflict Since 1967*, pp. 358-362.

[51] Moshe Ma'oz (2002). "The Oslo Peace Process: From Breakthrough to Breakdown," in Robert Rothstein eds., *The Israeli-Palestinian Peace Process: Oslo and Lessons of Failure-Perspectives, Predicaments and Prospects*. Sussex: Sussex Academic Press, p. 139.

[52] Dennis Ross (2005). *The Missing Peace: The Inside Story of the Fight for Middle East Peace*. New York: Farrar, Straus and Giroux, pp. 256-268.

談判。同年 9 月，以色列與巴勒斯坦當局簽署《沙姆沙伊赫備忘錄》（*Sharm el Sheikh Memorandum*），根據該備忘錄，以色列將撤離西岸部分的軍隊，另外以巴兩方預計在 2000 年 2 月，達成最終地位談判的框架協議，並於 9 月 13 日簽署以巴和約。[53]

1999 年 11 月 8 日，以巴開啓最終地位談判。之後的三十多輪談判，以巴兩方因歧見太大而無進展。雙方的歧見在於邊界劃分、水資源分配、耶路撒冷主權歸屬、巴勒斯坦難民回歸權等核心問題。[54]2000 年 7 月 3 日，巴解中央委員會宣布，無論最終地位談判結果爲何，巴勒斯坦當局將在 2000 年 9 月 13 日結束臨時自治，宣布成立巴勒斯坦國。以色列警告若阿拉法特片面宣布建國，以色列將徹底占領西岸。爲避免以巴兩方失控，美國總統柯林頓邀請以巴兩方領導人來到大衛營（Camp David）[55] 舉行高峰會談，徹底解決最終地位談判議題。[56]

2000 年 7 月 11 日，以巴兩方領導人在大衛營進行會晤。會談之初，以巴兩方毫無交集，巴拉克堅持以色列不會撤退到 1967 年邊界，也拒絕巴勒斯坦難民回歸家園，並不拆除猶太屯墾區及不放棄東耶路撒冷。而阿拉法特要求以色列必須撤出占領區，包含東耶路撒冷，並要建

---

[53] Mouin Rabbani (2001). "A Smorgasbord of Failure: Oslo and the Al-Aqsa Intifada," in Roane Carey, eds. *The New Intifada: Resisting Israel's Apartheid.* London: Verso, p. 69.

[54] Manuel Hassassian (2002). "Why did Oslo fail? Lessons for the future," in Robert Rothstein eds., *The Israeli-Palestinian Peace Process: Oslo and Lessons of Failure-Perspectives, Predicaments and Prospects*, p. 126.

[55] 大衛營（Camp David）位於美國華盛頓特區附近的馬里蘭州，是美國總統的度假之地。1978年9月18日在美國主持之下，以色列與埃及在大衛營展開談判，簽署以埃和平條約框架。以埃兩方並於1979年3月26日在華盛頓簽署和平協定，建立正式外交關係。請參見Dilip Hiro (1996), *Dictionary of the Middle East.* London: Macmillan Press, pp. 61-62。

[56] Dennis Ross (2005). *The Missing Peace: The Inside Story of the Fight for Middle East Peace*, pp. 591-549.

立一個以東耶路撒冷爲其首都的巴勒斯坦國。高峰會進行一週後，巴拉克向阿拉法特讓步，甚至提出以巴共管東耶路撒冷的構想，而阿拉法特則一再強調放棄耶路撒冷的阿拉伯領導人還沒出生。以巴兩方在最終地位的談判上遲遲無法達成協議，最後 7 月 25 日，柯林頓宣布終止高峰會議。觀察家認爲大衛營的失敗，嚴重打擊以巴兩方對和平進程的信心。[57]

　　1993 年 9 月《臨時自治政府安排原則宣言》的簽署到 2000 年 7 月大衛營高峰會的失敗，以巴兩方從原有互信轉爲猜忌。2000 年 9 月 28 日，以色列反對黨的領袖夏隆（Ariel Sharon）在大批安全人員守護下，到耶路撒冷參訪伊斯蘭第三聖地阿克薩清眞寺（Al-Haram Al-Sharif），藉此宣示阿克薩清眞寺曾是猶太聖地的所在地。然而，巴勒斯坦人認爲，夏隆的參訪是對巴勒斯坦主權與伊斯蘭信仰的挑釁，隔日巴勒斯坦人向以色列警方及在哭牆祈禱的猶太人投擲石塊，其間 7 名巴勒斯坦人遭以色列警方殺害，許多人也因而受傷。緊接著，巴勒斯坦人的抗議活動從耶路撒冷蔓延到西岸與加薩地區，自此引發長達五年之久的血腥衝突。這起事件被稱爲阿克薩抗爭運動（Al-Aqsa Intifada），代表了和平進程的終結。[58]

陸、對和平進程的評價

　　一般認爲和平進程的終止與巴勒斯坦人激進組織與以色列右派強力反對有關。不過若進一步了解以巴和平進程的演變，便會發現和平進程

---

57 Dennis Ross (2005). *The Missing Peace: The Inside Story of the Fight for Middle East Peace*, pp.650-711; William Quandt (2005). *Peace Process: American Diplomacy and the Arab-Israeli Conflict since 1967*, p. 369.

58 Ilan Pappé (2004). *A History of Modern Palestine,* p. 265.

的終止並非如上述描繪的如此簡化。以色列歷史學者阿飛・西蘭（Avi Shlaim）認爲和平進程失敗有兩個主因。第一，1993 年的《臨時自治政府安排原則宣言》對爭議性議題，例如：耶路撒冷、巴勒斯坦人難民回歸權、猶太人屯墾區與邊界等，並無具體規範。這些爭議性議題一直拖到談判規定的截止期限之前，以巴雙方才開始願意談判。可以預料，以巴雙方難以在短時間內，對爭議性議題達成具體共識。另一方面，巴勒斯坦人願意放棄歷史上 78% 的巴勒斯坦土地，選擇在剩下 22% 的土地上建國。然而和平進程相關協議並未保證在五年過渡期後，巴勒斯坦人擁有一個主權獨立的國家，這點讓巴勒斯坦人相當失望。[59]

西蘭表示和平進程崩潰的第二個原因，在於以色列政府破壞和平進程精神。自從 1996 年利庫德黨上臺後，以色列牢牢掌握東耶路撒冷，並在西岸持續擴建非法猶太屯墾區與隔離牆。西蘭指責利庫德黨沒有意願與巴人談判，和平進程反倒成爲利庫德黨在西岸從事殖民的遮羞布。[60]

相較於西蘭指責以色列右翼是破壞和平進程的元凶，長期研究巴勒斯坦政治與經濟的莎拉・羅伊（Sara Roy）指出，以色列的左右兩派政黨與巴勒斯坦當局，是造成和平進程失敗的罪魁禍首。羅伊表示，和平進程對巴勒斯坦政治、經濟與社會產生負面影響。例如：以色列經常在巴勒斯坦人居住的城鎮與往來通道間執行宵禁與封鎖政策，嚴重打擊巴勒斯坦人經濟發展。至於以阿拉法特爲首的巴勒斯坦當局，早已放棄原有民族解放的初衷，壟斷政治與經濟資源，甚至選擇與以色列共謀，深

---

59 Avi Shlaim (12 September 2013). "It's now clear: the Oslo peace accords were wrecked by Netanyahu's bad faith," *The Guardian*, https://www.theguardian.com/commentis-free/2013/sep/12/oslo-israel-reneged-colonial-palestine，取用日期：2019年7月12日。

60 Avi Shlaim (12 September 2013). "It's now clear: the Oslo peace accords were wrecked by Netanyahu's bad faith," *The Guardian*, https://www.theguardian.com/commentis-free/2013/sep/12/oslo-israel-reneged-colonial-palestine，取用日期：2019年7月12日。

化以色列在西岸與加薩的占領。[61] 羅伊表示和平進程最終帶給巴勒斯坦人的是集體幻滅感。巴勒斯坦人將此不滿情緒透過 2000 年 9 月的阿克薩抗爭運動一次釋放出來。

柒、以巴和平進程的停滯（2000-2019）

　　2000 年 9 月阿克薩抗爭運動的爆發，代表巴勒斯坦人對過去七年和平進程的否定。阿克薩抗爭運動對今日以巴關係產生深遠的影響。阿克薩抗爭運動的前兩年，以巴雙方血腥衝突不斷。巴勒斯坦各派系武裝團體攻擊以色列在占領區內的據點與人員，甚至滲透以色列國土境內，在咖啡廳、飯店與公車上從事自殺炸彈，對以色列社會構成極大的震撼。以色列方面，利庫德黨領導人夏隆自其於 2001 年 3 月成為總理後，採取以暴制暴的政策，摧毀巴勒斯坦當局的安全機構與行政中心，同時動用坦克與空軍，摧毀巴勒斯坦武裝分子的家園，占領巴勒斯坦人居住的城鎮，或是投擲炸彈與導彈定點暗殺重要反抗領導人。[62]

　　以色列多次的軍事行動，造成巴勒斯坦政治、社會與經濟的崩潰，此導致許多巴勒斯坦人在沒有其他選擇情況下，只能依賴於武裝活動。那段時期，巴解旗下的軍事組織，以及不隸屬於巴解的哈馬斯與伊斯蘭聖戰組織，對以色列從事多起自殺炸彈活動。這些自殺炸彈活動受到西方國家的嚴厲譴責，但卻得到七成以上巴勒斯坦人的支持。[63]

---

[61] Sara Roy (2001). "Palestinian Society and Economy: The Continued Denial of possibility,"*Journal of Palestine Studies*, pp. 5-20.

[62] Ramzy Baroud (2006). *The Second Palestinian Intifada: A Chronicle of A People's Struggle.* London: Pluto Press, pp. 22-35.

[63] Poll No.40 (April 2001)."On Palestinian Attitudes towards Politics including the Current Intifada," *Jerusalem Media and Communication Centre*.http://www.jmcc.org/document-sandmaps.aspx?id=459，取用日期：2019年7月12日。

　　阿克薩抗爭運動在 2003 年 4 月出現轉折。在美國外交壓力下，巴勒斯坦當局主席阿拉法特願意釋出部分權力，轉移給新成立的巴勒斯坦總理。馬和穆德・阿巴斯（Mahmoud Abbas）成為巴勒斯坦第一位總理後，美國、歐盟、俄羅斯和聯合國四方（Quartet）正式公布《路線圖》（*Road Map*）和平方案。《路線圖》是 2000 年以來最重要的和平倡議，其目的在恢復以巴間的談判，並結束雙方的衝突。《路線圖》要求巴勒斯坦人放棄恐怖主義，並規定在 2005 年建立有臨時邊界的巴勒斯坦國。此外，《路線圖》也要求以色列停止在加薩與西岸擴建屯墾區，並撤除 2001 年 3 月建立的屯墾區。[64]《路線圖》雖然由美國、歐盟、俄羅斯和聯合國四方聯合公布，但這份和平方案其實仍由美國主導。《路線圖》公布之後，6 月 4 日，巴勒斯坦總理阿巴斯與以色列總理夏隆在約旦阿卡巴（Aqaba）會面，商討如何結束衝突。6 月 27 日，巴勒斯坦各派系在埃及調停之下，片面宣布停火 3 個月。[65]

　　2004 年 11 月阿拉法特過世沒多久，再次舉行巴勒斯坦當局領導人選舉，前總理阿巴斯在 2005 年 1 月贏得六成選票，成為第二任民選的巴勒斯坦領導人。阿巴斯當選之後，首要任務便是與以色列及美國協商，設法讓哈馬斯及其他巴勒斯坦人派系結束對以色列的敵對狀態。[66] 2005 年 2 月 8 日，巴勒斯坦與以色列兩方達成共識，停止敵對狀態。然而 2006 年 1 月的巴勒斯坦立法議會選舉，不願與以色列妥協的哈馬斯，出乎眾人意料成為選舉大贏家，在 132 席巴勒斯坦立法議會席次

---

64 Lucy Dean eds., (2005). *The Middle East and North Africa 2006*, 52nd. London: Routledge, p. 913; "The Roadmap: Full text," (30 April 2003). *BBC,* http://news.bbc.co.uk/1/hi/world/middle_east/2989783.stm，取用日期：2019年7月12日。

65 停火內容請見 "Texts: Palestinian truces," *BBC Monitoring*, June 29, 2003, http://news.bbc.co.uk/1/hi/world/middle_east/3030480.stm，取用日期：2019年7月12日。

66 Graham Usher (2005). "The Palestinians after Arafat," *Journal of Palestine Studies*," Vol. 34, No. 3, pp. 46-49.

中，贏得過半數的 74 席，首次取得執政權。[67]

　　哈馬斯在 2006 年 3 月組成政府，但因國際社會的制裁，以及與前執政黨法塔在內政議題及對以色列外交談判的爭論，讓巴勒斯坦政治陷入嚴重的分裂。此外，以色列針對巴勒斯坦採取分而治之策略，一方面要求哈馬斯解除武裝及承認以色列的合法性；另一方面以色列情報單位與法塔、美國密謀推翻哈馬斯政府。[68] 在加薩的哈馬斯武裝部隊感受到各方壓力，最終為了自保，在 2007 年 6 月率先驅逐法塔在加薩的勢力，從此巴勒斯坦政治上形成哈馬斯控制加薩、法塔統治西岸的局面。這兩大政治派系近 10 年雖然有數次和談，但雙方對於如何與以色列談判，以及在巴勒斯坦政治權力分配的問題上，依舊無法達成共識，巴勒斯坦民族解放運動陷入瓶頸。[69]

　　2007 年 6 月哈馬斯控制加薩之後，面臨以色列與埃及的雙重封鎖。阿巴斯領導的巴勒斯坦當局，在西岸大規模逮捕哈馬斯成員及相關慈善機構，並與以色列、美國、埃及合作計畫削弱哈馬斯在加薩的統治基礎。不少專家認為哈馬斯在加薩面臨了失序及無政府的狀態，最後將走向崩潰的結局。但事實剛好相反，哈馬斯不但很快恢復秩序，而且在加薩建立強而有力的統治。哈馬斯迅速穩定加薩秩序，將加薩打造成抵抗

[67] 有關哈馬斯如何取得政權，請參見 Ziad Abu-Amr (2007). "Hamas: from opposition to rule," in Jamil Hilal eds., *Where Now for Palestine? The Demise of the Two-State Solution*. London: Zed Books, pp. 167-186。

[68] "Meeting Minutes: 2nd Quadrilateral Security Meeting," Palestine Papers, 2 April 2007, http://transparency.aljazeera.net/en/projects/thepalestinepapers/20121822533171669.htm，取用日期：2019年8月29日；David Rose (April 2008). "The Gaza Bombshell," *Vanity Fair*, https://www.vanityfair.com/news/2008/04/gaza200804，取用日期：2019年8月29日。

[69] Ali Abunimah (19 September 2017). "Hamas bends over backwards yet EU retains snub," The Electronic Intifada, https://electronicintifada.net/blogs/ali-abunimah/hamas-bends-over-backwards-yet-eu-retains-snub，取用日期：2019年7月13日。

的基地，此有別於西岸阿巴斯爲首，力主與以色列談判的巴勒斯坦當局。哈馬斯成爲中東地區具有影響能力的非國家行爲者，特別在阿拉伯之春時期（2011-2013），跟土耳其、卡達與穆斯林兄弟會執政下的埃及關係緊密，深受這三國外交的支持與經濟的援助。但在 2013 年 7 月埃及軍事政變之後，哈馬斯在加薩的治理面臨前所未有的困境。一方面，埃及軍方、沙烏地阿拉伯與阿拉伯聯合大公國指責哈馬斯支持埃及的穆斯林兄弟會從事「恐怖活動」；另一方面，哈馬斯過去重要的援助國，敘利亞的阿賽德（Bashar al-Assad）政權與伊朗，因哈馬斯在敘利亞內戰問題上，選擇支持同樣屬於遜尼的敘利亞穆斯林，而不再提供哈馬斯軍事與資金上的援助。[70]

　　哈馬斯在治理加薩期間，與以色列發生三起大規模的衝突。[71] 哈馬斯使用自製的火箭投擲到以色列境內。雖然哈馬斯的火箭射程不遠，殺傷力不如一般正規的火箭，但造成以色列社會的恐慌。2007 年到 2014 年，哈馬斯的火箭攻勢估計造成以色列近百人的死亡及 1,200 人的受傷。以色列則對加薩進行大規模的空襲，估計造成巴勒斯坦 3,700 多人的死亡及 16,000 多人的受傷。[72] 以色列對哈馬斯的報復規模，已經超越一般認知的「自衛」定義。歷史學者怡蘭・帕北指出，以色列政治與社會長期以來具有「尚武」（militarisation）的特質，爲了保障以色列的整體安全，必須剷除任何威脅以色列的外來勢力。以色列建國之後，即將有武裝抵抗意識的巴勒斯坦團體視爲「恐怖組織」，從過去阿拉法特

---

70 阿薩德政權所屬的阿拉維派（Alawite）與伊朗政權的第十二伊瑪目派（Twelvers），皆屬於伊斯蘭的什葉信仰。包修平（2016年），〈哈馬斯的抵抗理念與實踐〉，《新世紀宗教研究》，15卷1期，頁164-165。

71 哈馬斯與以色列的三次大規模衝突分別發生在2008年底到2009年初、2012年11月與2014年7-8月這三個時期。

72 包修平（2018），〈哈馬斯在加薩：非國家行爲者應對封鎖危機之解析〉，《歐亞研究》，第3期，國立中興大學國際政治研究所，頁109。

領導的巴解至今日的哈馬斯皆然。因此以色列對哈馬斯採取高度的報復手段，甚至不惜影響到一般巴勒斯坦平民的生活，這些報復行為都是可以預期的。[73]

　　以色列大規模的報復，重創加薩經濟與社會的發展，導致哈馬斯在2014年之後已大幅減少對以色列的火箭攻勢。[74] 但由於川普當選美國總統，打破過去歷任美國總統慣例，公開承認耶路撒冷為以色列首都，遷移美國大使館至耶路撒冷、凍結聯合國照顧巴勒斯坦難民的經費以及承認位於西岸的猶太屯墾區合法化等種種行徑，更讓以巴之間的和平遙遙無期，美國能否成為公正的調解者備受質疑。[75] 過去力主和談的阿巴斯

---

[73] Ilan Pappé (2009). "De-terrorising the Palestinian national struggle: the roadmap to peace," *Critical Studies on Terrorism*, Vol. 2, Issue, 2, pp. 127-146.

[74] 哈馬斯在2014年之後，雖然與以色列仍有多起小規模軍事衝突，但鑑於2007年至2014年期間，以色列對加薩發動多次大規模的轟炸與封鎖行動，嚴重破壞加薩的經濟與社會發展，這導致哈馬斯強調以外交手段方式，透過埃及、土耳其與卡達等國的協調，與以色列達成停火協議。另一方面，從2018年起，哈馬斯鼓勵「返鄉大遊行」（Great March of Return），許多難民身分的巴勒斯坦人每逢週五遊行至加薩邊境，象徵巴勒斯坦人的返鄉權利。然而以色列政府將巴人的返鄉大遊行視為恐怖行動，軍人在邊界掃射遊行的巴人群眾。根據統計，過去一年以色列軍人開槍至少造成近300名巴人死亡與3萬多人巴人受傷。Huthifa Fayyad (30 March 2016). "Gaza's Great March of Return protests explained," Al-Jazeera, https://www.aljazeera.com/news/2019/03/gaza-great-march-return-protests-explained-190330074116079.html，取用日期：2019年8月29日。

[75] 川普在2016年提名為共和黨總統候選人期間，曾明確表示假如他當選為美國總統，將會承認耶路撒冷為以色列首都，並考慮將美國大使館從特拉維夫（Tel Aviv）遷移至耶路撒冷。川普成為美國總統後，或許受到以色列遊說團體與基督教福音教派的影響，在2017年12月正式宣布承認耶路撒冷為以色列首都，並在2018年5月完成美國大使館遷移的計畫。川普此舉引發美國國內與國際的爭議，被認為無助於處理以巴間的爭端。Andrew Hanna and Yousef Saba (15 December, 2016). "Will Trump move the U.S Embassy to Jerusalem?" *Politico*, https://www.politico.com/story/2016/12/trump-us-embassy-jerusalem-232724，取用日期：2019年8月29日。

政府，也因為美國對於以色列的偏袒，轉而尋求聯合國的支持，但基於國際政治的現實，其實際成效有限，僅僅獲得到國際社會的同情。

捌、結語

　　本文梳理以巴衝突相關的重要歷史議題。十九世紀末興起的猶太復國主義與第一次世界大戰期間，英國對猶太復國主義的鼎力支持，可視為以巴衝突的遠因。猶太復國主義的興起主要係回應當時歐洲的反猶風潮，持復國主義思維的猶太人認為繼續留在歐洲已經無望，因此推動返回「以色列之地」運動。第一次世界大戰期間，英國政府發布《貝爾福宣言》，明確支持猶太人在巴勒斯坦的土地上建立猶太民族之家。歐洲的猶太人在英國治理巴勒斯坦初期大量移入，讓當地巴勒斯坦人感受生存威脅，因此在 1930 年代發動大規模反猶移民與反英國示威活動，但在英國政府強力鎮壓之下以失敗告終。1948 年猶太復國主義者宣布成立以色列，旋即周邊阿拉伯國家與以色列交戰。以色列透過戰爭獲取更多土地，造成大量巴勒斯坦難民的出走，成為日後以巴衝突的核心原因。

　　1950 年代，流亡在海外的巴勒斯坦青年開始推動民族解放運動，這股運動在 1967 年之後有突破性的進展，吸引大量青年男女加入。巴解早期堅信武裝活動是收復家園的唯一方式，然而事後證明無助於失土之收復，反而成為西方國家認證的「恐怖分子」與阿拉伯國家所認為的「麻煩製造者」。巴解在 1980 年代晚期宣布轉型，願意以談判取代暴力，與以色列和平共處。1993 年到 2000 年的「和平進程」可視為以巴和平共存的實驗階段，但由於以色列政府無意真正撤離 1967 年所占領的土地，以及巴勒斯坦當局的貪腐無能，導致巴勒斯坦人於 2000 年爆發集體抗爭。2000 年之後，哈馬斯成為巴勒斯坦新興的政治勢力。哈馬斯繼承早期巴解收復家園的思維，但由於武裝解放的主張與自殺炸彈的記錄，成為以色列首要的敵人。

綜合上所述，以巴衝突是一個長期結構性的問題，主要在於以巴雙方民族主義的對立、土地歸屬的認知不同及巴勒斯坦人無法獲得應有的權益有關。未來以巴雙方若能重新開啟談判，必須認真考量耶路撒冷的歸屬權、巴勒斯坦難民的回歸，以及猶太屯墾區拆除等結構性的問題，這些問題不解決，和平將難有真正到臨的一天。

以巴衝突大事記

1882-1903 年	·歐洲第一波猶太移民潮至巴勒斯坦。
1897 年	·首屆猶太復國主義大會於瑞士召開，會議決議在以色列土地上建立猶太人的庇護之地。
1904-1914 年	·歐洲第二波猶太移民潮至巴勒斯坦。
1917 年	·英國政府發布《貝爾福宣言》。英國外交部長貝爾福代表英國政府，支持猶太人回到巴勒斯坦建立「民族家園」。
	·英國軍事占領耶路撒冷，建立臨時管理機構，隨後將鄂圖曼帝國時期的三個行政區域整併，稱為巴勒斯坦。
1919-1923 年	·歐洲第三波猶太移民潮至巴勒斯坦。
1920 年	·英國派出首任行政長官赫伯特·珊繆爾管理巴勒斯坦。
1924-1929 年	·歐洲第四波猶太移民潮至巴勒斯坦。
1929 年	·巴勒斯坦人與猶太人流血衝突，雙方各造成上百人死傷。
1929-1939 年	·歐洲第五波猶太移民潮至巴勒斯坦。
1935 年	·卡薩姆反抗英國失敗。
1936 年	·巴勒斯坦人大罷工，抗議英國允許大量歐洲猶太人移入巴勒斯坦。
1939 年	·英國政府發布白皮書，限制猶太移民數量。
1946 年	·猶太武裝組織摧毀英國在耶路撒冷行政總部。
1947 年	·聯合國大會第 181 決議案，巴勒斯坦分成阿拉伯國與猶太國兩個國家。
1948 年	·以色列建國、第一次以阿戰爭，造成巴勒斯坦難民問題。
1964 年	·巴勒斯坦解放組織成立。

1967 年	・第三次以阿戰爭，以色列占領加薩、東耶路撒冷、西岸、西奈半島與戈蘭高地。
1970 年	・黑色九月，約旦王室與巴解軍事衝突。巴解撤離至黎巴嫩。
1988 年	・巴解發布獨立宣言，願意接受聯合國安理會決議案與以色列和平共存。
1991 年	・西班牙馬德里和會，商討中東和平議程。
1993 年	・以色列工黨政府與巴解簽署《臨時自治政府安排原則宣言》，開啓和平進程。
1994 年	・巴勒斯坦當局（PA）成立，管理加薩與部分西岸土地。
1995 年	・以色列與巴解簽署《西岸與加薩臨時協議》，西岸分割成 A, B, C 三區。
	・以色列總理拉賓遭到以色列極右派人士暗殺身亡。
1996 年	・阿拉法特當選成為首任巴勒斯坦當局主席。
	・首次巴勒斯坦立法議會選舉，阿拉法特所屬的法塔大勝。
	・以色列國會大選，右派利庫德黨勝選。內坦雅胡擔任總理，和平進程陷入停滯。
1999 年	・以色列國會大選，工黨勝選。巴拉克擔任總理，加快與巴勒斯坦當局的談判。
2000 年	・美國大衛營的最終地位談判失敗。
	・阿克薩抗爭運動爆發。
2003 年	・聯合國、美國、歐盟與俄羅斯公告《路線圖》和平方案。
	・阿巴斯擔任首任巴勒斯坦當局總理。
2004 年	・阿拉法特過世。
2005 年	・阿巴斯當選為第二任巴勒斯坦當局主席。
2006 年	・哈馬斯贏得第二次立法議會選舉，組成新任巴勒斯坦當局政府。
2007 年	・哈馬斯軍事組織占領加薩，巴勒斯坦政治陷入分裂。
2009 年	・哈馬斯與以色列戰爭（一）
2012 年	・哈馬斯與以色列戰爭（二）
2014 年	・哈馬斯與以色列戰爭（三）
2017 年	・美國總統川普承認耶路撒冷為以色列首都。
2019 年	・美國國務院承認西岸的猶太屯墾區合法存在。

Chapter *3*

難解的族群對立 —— 談北賽普勒斯

唐玉禮*

* 國立政治大學國家發展研究所助理教授

難解的族群對立——談北賽普勒斯

壹、前言

　　賽普勒斯、或是塞浦路斯呢？依據我國外交部網站[1]位於歐洲地區有一國家名為賽普勒斯共和國（Republic of Cyprus），是歐洲聯盟的會員國之一；國際上常談論的賽普勒斯，即是該國。2013年發生金融危機、接受歐盟紓困、並擬對銀行客戶存款徵稅，即是該國。本文依循外交部用法，中文譯名使用賽普勒斯。

　　賽普勒斯島（以下簡稱賽島）位於地中海東部（如圖3），面積是9,251平方公里，北與土耳其隔著地中海相望，東鄰（由北往南）敘利亞、黎巴嫩、以色列，西邊是希臘之克里特島，處於歐亞非三大文明交匯之位置，自古即為兵家必爭之地，島上居民主要是希臘人，歷經亞述、埃及、波斯、羅馬、拜占庭帝國與威尼斯共和國之統治，英格蘭國

聯合國緩衝區　　　　　尼科西亞　北賽普勒斯
　　　　　　　　　　　　　　　　　　　聯合國緩衝區
希臘屬賽普勒斯
　　　　　　　　　　　　　　英國屬地
英國屬地

圖3　南、北賽普勒斯區位圖

1　中華民國外交部網站https://www.mofa.gov.tw/CountryInfo.aspx?CASN=FB01D46934 7C76A7&n=9C9CC6640661FEBA&sms=26470E539B6FA395&s=28AB1D16ECF7E6 3C，取用日期：2019年6月30日。

王理查一世（Richard I）於 1191 年曾短暫地占領過賽島，1571 年成爲鄂圖曼土耳其帝國的領土，1878 年柏林會議英國從鄂圖曼帝國手中取得賽島行政權，1914 年英國是以占領敵人交戰國領土爲名併吞賽島，1925 年又因《洛桑條約》（*The Treaty of Lausanne*, 1923）賽島正式成爲英國殖民地，之後爭取獨立運動，直到 1960 年 8 月 16 日才正式獨立建國。[2]

島上有兩股內部之政治勢力，位於島的南邊是賽普勒斯共和國（Republic of Cyprus），係信仰東正教的希臘族，被國際社會所承認，於 1960 年 8 月 16 日脫離英國殖民而獨立、同年 9 月加入聯合國，早期對賽島政治地位主張回歸希臘（*enosis*, union with Greece），與希臘結盟，行文中會以南賽、或希臘族、或賽國指稱之。島的北邊是北賽普勒斯，居民是以信仰伊斯蘭教的土耳其族爲主，對賽島政治地位主張傾向分立（*taksim,* partition or divide or separate），於 1983 年成立「土耳其北賽普勒斯共和國」（Turkish Republic of Northern Cyprus，以下簡稱 TRNC），在國際上僅有土耳其一個國家承認之，故在政治、經濟與軍事上均依賴土耳其，行文中會以北賽、或土族指稱之。南北兩邊的基本資料整理如表 1。

2　關於賽普勒斯早期歷史，並請參閱維基百科條目：賽普勒斯；Salem, Norma (1992). "The Constitution of 1960 and its Failure". In *Cyprus : A Regional Conflict and its Resolution*, ed. by Norma Salem. London : Macmillan Press. P. 117; Geldenhuys, Deon(2009). *Contested States in World Politics*. Basingstoke: Palgrave Macmillan. pp. 170-171. [electronic resource]

表1　賽普勒斯島南北兩政治勢力之基本資料整理

	賽普勒斯共和國	土耳其北賽普勒斯共和國	備　註
地理面積	5,896 平方公里	3,355 平方公里	
人口數	84 萬 7 千人	34 萬 2 千人	2018 年數據
主體民族	希臘族	土耳其族	
宗教信仰	希臘正教	伊斯蘭教遜尼派	
語　言	希臘語	土耳其語	

資料來源：維基百科條目—賽普勒斯，取用日期：2019 年 7 月 10 日；EU website, https://europa.eu/european-union/about-eu/figures/living_en#tab-0-1，取用日期：2019 年 7 月 10 日；WB website https://data.worldbank.org/country/cyprus?view=chart. 取用日期：2019 年 7 月 10 日。

其實，賽島實質上的政治分立，早在 1963 年即已發生，成為國際社會中所稱的賽普勒斯問題（Cyprus problem），隔年 3 月 27 日聯合國維和部隊抵達賽島。因此，島上尚有兩方外部勢力，一是聯合國駐賽普勒斯維持和平部隊（The United Nations Peacekeeping Force in Cyprus, UNFICYP，簡稱「聯賽部隊」），駐守在隔開南北賽之間的緩衝區即綠線（Green Line），賽島也是聯合國維和部隊駐守最久的分裂地區，自 1964 年進駐至今已超過 56 年，首都尼科西亞（Nicosia）亦一分為二，南北兩邊均以此為首都，是歐洲地區目前僅存的分裂的首都；另一則是英國在此的兩個軍事基地：亞克羅提利（Akrotiri，在南邊）、德凱利亞（Dhekelia，在北邊）。

從第三者角度觀察，也是本文寫作目的，要探討賽島衝突與其問題的原因與癥結：是何種爭執、恩怨、或堅持、或價值，會讓一個小島上的兩個民族對峙至今，進一步了解弱勢的少數民族的訴求以及政府對策，本文雖是以談北賽為主，但牽涉與南賽間的互動，全文行文仍須兼顧南北賽部分。由於賽普勒斯問題的中文文獻少，多是外文資料，無論是從歷史角度與國際關係、或衝突解決、或人類學（anthropology）、或社會持續衝突[3]（protracted social conflicts）、社會心理學等相關途徑剖析賽島問題癥結與解決之道，不僅要了解過去歷史與國內各個政治勢力之立場，還有地區大國和國際強權之利益考量，然而被寄予厚望之國際機制，[4]反而凸顯出國際調停的困境，因為聯合國維和部隊駐守賽島至今未撤離；而從南北兩邊的政治主張來看，南邊的希臘族主張回歸希臘，顯示出認同希臘文化與希臘共和國，也以此為目標；土族則主張分離，以確保自身安全與財產；而在國際社會斡旋調停過程所提出之倡議：兩區、兩自治體、權力共享的聯邦制，採取一種協商式民主，卻又一直無法讓兩造簽下協議，《安南方案》（*Annan Plan*）最終也功虧一簣，筆者同意阿納斯塔索（Harry Anastasiou）之見解，賽島問題之癥結出在政治領導者的一種族群中心式的民族主義（ethno-centric nationalism）。[5]因此，本文是以民族主義觀點來觀察，提出兩個問題來重新彙整過往之歷史：一是賽島是誰的？會專注於賽島內部兩大成員身分與認同之差異，二是為何兩造之衝突難解？將釐清外部勢力對賽島情勢發展的作用。本文發現，從歷史脈絡下關注宗教、血緣、語言等社會文化特質，在「國家統治權、經濟資源分配與文化挫折感」等層面之競逐之中，[6]對兩造依然未能達到統一之共識發揮了重大影響。同時要說明的是，由於本文主要在談北賽，故在兩大族裔有歧見的用詞，是以北賽立場使用相關詞

---

[3] Mandell, Brian(1992). " The Cyprus Conflict: Explaining Resistance to Resolution." In *Cyprus : A Regional Conflict and its Resolution*, ed. by Norma Salem.

[4] 張棋炘指出，國際安全機構是一良好制度性工具，可用來解決族群衝突。張棋炘（2010），〈國際安全機構對族群衝突的干預〉，政治大學外交研究所博士論文。

[5] Anastasiou, Harry (2007). "Nationalism as a Deterrent to Peace and Interethnic Democracy: The Failure of Nationalist Leadership from the Hague Talks to the Cyprus Referendum". In *International Studies Perspectives*, May 2007, Vol. 8(2). pp. 190-205.

[6] 杜子仁（2000），〈塞浦路斯族群衝突與國家建構之困境〉，淡江大學歐洲研究所碩士論文。

彙，或是兩方俱呈方式。

貳、賽島是誰的？

誰才是賽島的主人呢？這是一種民族主義式的問題，因為一個地區的主體民族應成為一個國家，一般在少數民族分離運動中會出現「我者」對「特定領土」主張其正當性，俾於主張民族自決和領土主權。但是由誰來認定呢？怎樣才算是達成建立國家呢？要先成立一個有治理能力的政府？或先由該民族舉行公民複決，表達出民族整體的自由意志？而除了主體民族宣稱之外，需要其他國家的承認嗎？只能主體民族主張建立國家嗎？該地區其他的少數民族的？就賽島上的兩大民族：希臘族和土耳其族來說，哪一族對賽島主權具有正當性呢？是以人口多寡來論？還是先來後到呢？還是誰住得久，或是統治得久呢？還是地理位置呢？

一、賽島的人口狀況

賽島上的主體民族最早是希臘族在此居住，在拜占庭帝國統治時期受其基督教信仰影響，其後是以東正教為族群的主要信仰；西元 1571 年成為信仰伊斯蘭教的鄂圖曼帝國勢力範圍，然由於統治者蘇丹對勢力範圍內各民族實施一種名為「米列特」（*millet*）」的宗教暨政治的社群制度，主要實施在四種民族社群上即穆斯林、希臘人、亞美尼亞人、猶太人，各群體各享有其特有權利與自治地位，實踐各自宗教律法、本族語言之教育權與文化權，[7] 並未被剝奪賽島希臘族原有信仰與母語學

---

[7] 關於米列特，請參閱鄭之書譯，伯納·路易斯（Bernard Lewis）著（1998），《中東──自基督教興起至二十世紀末（下）》，臺北：麥田出版，頁376-379、492-493、498、505-509。

習，事實上，米列特制度是有助於希臘族延續其自拜占庭帝國以來的希臘正教領袖的領導、文化延續與民族團結。[8]換言之，賽島上最早進入與占據人數優勢的是希臘人與其宗教暨文化。然而，鄂圖曼帝國雖給予各民族自治地位，但對於賽島的人口結構是有作為的，最先是有規劃的從安納托利亞遷入土耳其的農夫與工匠到賽島，之後則將一些罪犯與放高利貸者驅逐到賽島上，移民事宜一直持續到十九世紀末期，在賽島上形成一個穩定的穆斯林社群，1831 年第一次人口普查結果顯示，穆斯林人口占島上全體居民之 35%。[9]

　　1960 年 8 月賽普勒斯獨立，建立賽普勒斯共和國。此時島上仍屬一整體，在 1974 年之前、或是說長達 400 年之間，兩大族裔居住之分布是混居、有交流互動，可以說是相對較為和諧的、社會容忍度高，但並無文化上之整合與通婚，1974 年 7 月之後兩大族群的正式且人為的硬邊界沿著語言、宗教與政治立場來劃分。[10]依據1960 年當時人口普

8　Olin, Mary N.(2012). *Through the Eyes of Greek Cypriots and Turkish Cypriots: The Perception of Cyprus*. p. 12；Isachenko, Daria(2012). *The Making of Informal States: Statebuilding in Northern Cyprus and Transdniestria*. New York：Palgrave Macmillan. p. 36.[electronic resource]

9　Hatay, Mete(2015). "'Reluctant' Muslims? Turkish Cypriots, Islam, and Sufism ". In *The Cyprus Review*, Nicosia, Fall 2015. Vol. 27(2). p. 49; Soysal, Mümtaz(1992). "Political Parties in the Turkish Republic of Northern Cyprus and their Vision of 'the Solution'". In *Cyprus : A Regional Conflict and its Resolution*, ed. by Norma Salem. p. 39; Ioannides, Christos (1992). "Changing The Demography of Cyprus: Anatolian Settlers in the Turkish-Occupied North". In *Cyprus: Domestic Dynamics, External Constraints,* eds. by Ioannides, Christos P. & Van Coufoudakis. New Rochelle, N.Y. : Aristide D. Caratzas. p. 19.

10　Fisher, Ronald J.(1992). "Introduction: Understanding the Tragedy of Cyprus Pages". In *Cyprus : a Regional Conflict and its Resolution,* ed. by Norma Salem. p. 2 ; Geldenhuys, Deon(2009). *Contested States in World Politics*. p. 171; Joseph, Joseph S.(2010). "Cyprus: Domestic Ethno-political Conflict and International Politics". In *Pathways from Ethnic*

查，賽島總人口共 572,707 人，其中希臘族 447,901 人、占 78.2%，土耳其族 103,822 人、占 18.13%，還有 20,984 人是更少數之民族，例如：亞美尼亞族、拉丁族和馬龍派信徒（Maronites）。[11]1974 年 7 月之後，土耳其派兵進入賽島以保護島上土耳其族，進一步強制島上兩大族裔之人口遷移，造成希臘族從北方遷到南方有 17 萬 4,700 人的難民，土族由南往北有 4 萬 5 千名難民；[12] 土國軍隊常駐在賽島的數量則在 27,000-35,000 名之間。[13] 因此，土國為充實北賽人口數，自 1974 年以來到 1988

Conflict: Institutional Redesign in Divided Societies, ed. by John Coakley. New York: Routledge. p. 118.

[11] Joseph, Joseph S.(2010). "Cyprus: Domestic Ethno-political Conflict and International Politics". In *Pathways from Ethnic Conflict : Institutional Redesign in Divided Societies*, ed. by John Coakley. pp. 118, 135.

[12] 1974年7月土國軍隊進入與占領賽島北方，究竟牽動兩大族裔多少人民離開家園，文獻所載之數據不一，L. N. Christofides 認為希臘族有17萬難民，另有1,600名失蹤；J. R. Rudolph Jr. 指出，先是居住在北方之希臘族往南撤，約有10-15萬名之間，1,613名希臘人下落不明，在南方之土族則有4-5萬名往北遷移，到1990年代一般認為，留在北方的希臘族不超過600人，留在南方的土族則不超過100人；D. Geldenhuys則指出希臘族難民有16萬人，土族有4萬5千名難民；S. Balderstone記載是希臘族難民有18萬，土族難民7萬1千人。本文係採用C. Ioannides的希臘族難民數據，但該文未記載土族難民，故採用Geldenhuys一文的土族難民數據。請參閱 Christofides, Louis N.(1992). "Economic Dimensions of the Cyprus Dispute", In *Cyprus : A Regional Conflict and its Resolution*, ed. by Norma Salem. p. 189; Ioannides, Christos (1992). "Changing The Demography of Cyprus: Anatolian Settlers in the Turkish-Occupied North". In *Cyprus: Domestic Dynamics, External Constraints.* pp. 20,32.; Geldenhuys, Deon(2009). *Contested States in World Politics.* pp. 177; Rudolph, Joseph R.(2008). *Hot Spot : North America and Europe.* Westport, Conn.: Greenwood Press. p. 41; Balderstone, Susan(2010). "Cultural Heritage and Human Rights in Divided Cyprus", In *Cultural Diversity, Heritage and Human Rights: Intersections in Theory and Practice*, eds. by Michele Langfield, William Logan and Máiréad Nic Craith. New York: Routledge. pp. 227-228.

[13] Christofides, Louis N.(1992). "Economic Dimensions of the Cyprus Dispute". p. 190.

年為止，土國共先後移居約 7.4 萬人（settler）到北賽，其中 2,000 人是公職人員與其家人，1 萬人是退役軍人與其家屬，6.2 萬人則是來自安納托利亞高原的農夫。[14] 依據 TRNC 之統計，1987 年的總人口是 165,035 名，其中在地的土族不到 10 萬人、約 9 萬 8 千人，餘者多是從土國移居到北賽；對此，就土國觀點視其為正當作為，但從希臘族與國際社會之觀點會質疑，既然國際上譴責土國 1974 年入侵賽島，為何對土國移居土耳其人到被占領的北賽，卻不加以責難或是制裁呢？[15] 同時，於 1974 年從北方被迫南遷的希臘難民，其遺留在北方的財產與家園早已被土族所利用與使用，要如何歸還或賠償，至今是南北和平談判中的棘手問題。

　　本文彙整蒐集到的 1996、2006、2011 三次人口普查數據如表 2，觀察到北賽人口總數是呈現遞增狀態。對照 1960 年和 2018 年（見表 1）兩族人口數，希臘族增加將近 1 倍，土族則增加 3 倍多。

---

[14] Joseph R. Rudolph Jr. 一書記載土國移居者是 12 萬人，Susan Balderstone 一文記載是 6 萬人，但因 Christos Ioannides 一文記錄與說明非常清楚，故本文採取 Ioannides 的數據。Ioannides, Christos (1992). "Changing The Demography of Cyprus: Anatolian Settlers in the Turkish-Occupied North". In *Cyprus: Domestic Dynamics, External Constraints*. pp. 20-21, 25; Rudolph, Joseph R. Jr.(2008). *Hot Spot : North America and Europe*. p. 41.; Balderstone, Susan(2010). "Cultural Heritage and Human Rights in Divided Cyprus". In *Cultural Diversity, Heritage and Human Rights: Intersections in Theory and Practice*. p. 227.

[15] Ioannides, Christos (1992). "Changing The Demography of Cyprus: Anatolian Settlers in the Turkish-Occupied North". In *Cyprus: Domestic Dynamics, External Constraints*. pp. 23-25, 36.

表 2　TRNC1996、2006、2011 三次人口普查彙整

單位：人

	1996 年	2006 年	2011 年
總人口（現住人口）	200,587	265,100	286,257
具 TRNC 公民身分者	164,460	176,732	190,494
土國公民	30,702	77,731	80,550
其他國家	9,493	10,637	15,215

資料來源：http://nufussayimi.devplan.org/Census%202006.pdf; file:///C:/Users/Tang/Desktop/hatay2017-TRNC%202011census.pdf; Hatay, Mete(2017). *Population and Politics in North Cyprus*, Friedrich-Ebert-Stiftung and Peace Research Institute Oslo (PRIO). pp. 28-30.

二、賽島的地理位置

從賽島的地理位置來看，北邊海岸距離土耳其僅 40 英里（miles），西邊距離希臘是 559 英里，[16] 意即在地緣上應是靠近土耳其的，然其主體民族是希臘族，因大陸的統治者更迭，自十六世紀後半葉被納入鄂圖曼帝國勢力範圍，到十九世紀後半葉則成為英國勢力範圍，採取分而治之（divide and rule）措施管理賽島；發展到近現代，更因兩大族裔的母國：希臘與土耳其以及國際強權的利益考量，以至於賽島上兩股政治勢力，一直無法達成統一的協議，彼此不時發生紛爭，在聯合國維和部隊於 1964 年進駐，維持兩邊隔離、各自生活，但兩邊人民的生活與財產仍存在一定程度的威脅。

從時空角度看賽島，兩大族一直到 1974 年 8 月才進入「邊界式狀

16　Bahcheli, Tozun (1992). "Cyprus in the Politics of Turkey since 1955". In *Cyprus : A Regional Conflict and its Resolution*, ed. by Norma Salem. P. 62; Rudolph, Joseph R. Jr.(2008). *Hot Spot : North America and Europe*. pp. 36-37.

態」，意即南北賽和聯合國駐守之緩衝區，再加上英國兩軍事基地並存的空間分布；在 1964 到 1974 年之間，雖有聯合國駐守，但兩族裔仍可自由的相互往來；1960 年到 1963 年之間，兩大族裔更是同屬一個國家，即賽普勒斯共和國。

1974 年土國兩次（7 月 20 日、8 月 16 日）的軍事行動掌握了北方土地，約占賽島的 37%，[17] 自此賽島居民長期在分隔下生活，對各自的民族認同、宗教信仰，在各自的社會環境與教育體制之下愈形強化，反而有利於雙方政治人物各自向其人民訴求一種族群中心民族主義的主張。[18]Christou 和 Spyrou 從人類學觀點來看賽島歷史發展對當地人民留下的深刻印烙，「邊界」是一個生活上不斷面對的現象，背後隱含的是衝突與安全的競合，不信任是其潛藏人心的核心認知，此種歷史記憶一代代傳承下去，形成兩大族裔之間一道沉重難倒的牆，綠線對土族而言是和平線、也是 Attila's Line，1974 年土國軍事行動是一種快樂的和平行動，稱之爲 Operation Atilla；但對希臘族則是恥辱之線（Line of Shame）、占領線，認知上是一個相當負面的意涵。[19]

綜合上述，誰才是賽島的主人，擁有獨立自主、主權主張的正當性

---

[17] Christou, Miranda and Spyros Spyrou(2014). "What is a Border? Greek Cypriot and Turkish Cypriot Children's Understanding of a Contested Territorial Division". In *Children and Borders*, eds. by Spyros Spyrou and Miranda Christou. Basingstoke: Palgrave Macmillan. p. 133.

[18] Solomou, Emilios & Hubert Faustmann (2017). "Lessons from the Past for the Future". In *The Cyprus Review*. Nicosia. Vol. 29. pp. 217-239; Anastasiou, Harry (2007). "Nationalism as a Deterrent to Peace and Interethnic Democracy: The Failure of Nationalist Leadership from the Hague Talks to the Cyprus Referendum". In *International Studies Perspectives*, May 2007. Vol. 8(2). pp. 190-205.

[19] Christou, Miranda and Spyros Spyrou(2014). "What is a Border? Greek Cypriot and Turkish Cypriot Children's Understanding of a Contested Territorial Division". p. 134; Solomou, Emilios & Hubert Faustmann (2017). "Lessons from the Past for the Future". p. 221; 'Turkish invasion of Cyprus' from Wikipedia.

呢？希臘族雖居多數、也比土族早到賽島，居住時間亦比土耳其族久，從民族自決原則與解殖民化運動角度來看是有宣稱主權之正當性，但在英國主導下並引入兩大族裔的母國勢力進入，於 1960 年 8 月建立了國際社會承認接受的賽普勒斯共和國，此時在是兩族共治的基礎上建立之主權國家，其政局不穩，和平是脆弱的。接下來進一步分析，分裂分立的賽島情勢何以會持續至今。

參、衝突難解之剖析

觀察賽島兩族共治時間僅維持三年，兩族後來即陷入憲政危機與內戰，在外部勢力介入下形成對峙分立狀態至今。如今國際社會所稱的賽普勒斯是南邊以希臘人為主體的共和國，並順利於 2004 年 5 月加入歐盟，經濟與生活相對是自由與繁榮；居於少數的土耳其族後來在土耳其支持下，在 1983 年成立 TRNC，在財政與經濟上都接受母國援助。

二十一世紀初期，聯合國提出賽島統一的方案，各方期待甚高，然終究未能成功。事實上，2004 年《安南方案》第五版本內容，與 1960 年當時的賽普勒斯獨立建國之前，由英國、希臘、土耳其三強，加上希土兩族所簽屬的《蘇黎世暨倫敦協定》（*The London-Zurich Agreements*）之精神非常接近，還有 2014 年 2 月 11 日希土兩族共同發表之聯合聲明：[20] 共組一個包含兩族、兩區、並平等對待之聯邦，並在聯合國安理會成為正式決議。就經驗面來看，賽島過往遺留的問題並未隨時間而淡化，兩方均聲稱擔心本族人民生命財產之安全。本節擬討論賽島問題難解的關鍵，是內部因素為重，還是外力那隻看得見的手更重要；進一步要問的是兩族之間有何難解的結？為何兩族共治的國家難以持續？以及後來為何土耳其要展開軍事行動，希臘沒有反制？賽島分立對峙對

---

[20] https://undocs.org/S/RES/2369(2017)，取用日期：2019年7月18日。

北賽會比較好嗎？以下分由 1960 年代前後的獨立建國階段、TRNC 建立及其生存之道，再是二十一世紀雙方的談判與邊界開放等三節剖析之。

一、民族解放運動到獨立建國

1920 年代中期賽島上之民族解放運動展現出兩種型式，分別與其母國相關聯，即希臘族主張的回歸希臘，亟欲恢復拜占庭時期之榮光的偉大思潮以及希臘獨立運動，是一種希臘民族主義的表現，於 1930 年代全面展開，一方面係因為 1923 年《洛桑條約》簽訂新成立的土耳其共和國承繼鄂圖曼帝國，但領土已大不如前；而土耳其族展現的則是一種土耳其民族主義，才不至於因是少數而被歧視，無安全保障。[21] 然而，賽島於 1925 年正式被英國納為殖民地，殖民當局對兩族採取分而治之的統治模式不變，不但不去形塑一個賽普勒斯人統一的政治文化（a unifying Cypriot political culture）、也不設法促進兩族融合發展，甚至製造兩族之對立。[22] 賽島上的土耳其族是少數，在英國統治時期係擔任行政部門服務與警察工作為主，[23] 當面對希臘族的回歸希臘運動時，則主張與希臘分離以對，並配合英國殖民當局，壓制希臘族之回歸希

---

[21] Balderstone, Susan(2010). "Cultural Heritage and Human Rights in Divided Cyprus". In *Cultural Diversity, Heritage and Human Rights: Intersections in Theory and Practice*, eds. by Michele Langfield. p. 227; Isachenko, Daria(2012). *The Making of Informal States: Statebuilding in Northern Cyprus and Transdniestria*. p. 37.

[22] Geldenhuys, Deon(2009). *Contested States in World Politics*. pp. 171-172; Joseph, Joseph S.(2010). "Cyprus: Domestic Ethno-political Conflict and International Politics". In *Pathways from Ethnic Conflict: Institutional Redesign in Divided Societies*. p. 119.

[23] Soysal, Mümtaz(1992). "Political Parties in the Turkish Republic of Northern Cyprus and their Vision of "the Solution"". In *Cyprus : A Regional Conflict and its Resolution*, ed. by Norma Salem. p. 39.

臘運動，其他的小民族則希望繼續被英國殖民，[24] 此也呼應著前文已提及，賽島上兩大族裔的政治立場分歧是沿著族群、宗教、語言、文化之邊界畫下去，也深深地割裂了賽島。

在第二次世界大戰之後，希臘族從 1949 年起到 1953 年試圖尋求聯合國的支持其回歸希臘、脫離英國殖民統治的主張均告失敗，即便希臘族的政教領袖——亦即希臘正教大主教馬卡里奧斯（Archbishop Makarios）獲得希臘總理公開支持賽島希臘族的回歸希臘主張，仍無法將塞島問題帶入聯合國；[25]1955 年馬卡里奧斯大主教發動武裝游擊行動，其武裝組織簡稱為 EOKA（Ethniki Organosis Kyprion Agoniston/ National Organization of Cypriot Fighters），土耳其族亦成立武裝組織 TMT（Türk Mukavemet Teşkilatı/ Turkish Resistance Organization），兩方衝突幾近於內戰狀態。[26]

英國面對賽島的民族解放運動之所以不願放手，有其經濟因素和地緣戰略考量，如在中東的利益與石油，尤其是在二戰之後，1948 年美國固然是在英國壓力下，對希臘族民族統一運動採取不回應立場，也有冷戰思維。[27]1955 年 4 月英國邀集希臘與土耳其舉行三國會議商討解決

---

24 Constantinou, Costas M. (2010). "Cypriot In-dependence and the Problem of Sovereignty". In *The Cyprus Review*(Nicosia). Vol. 22(2). p. 17.

25 Salem, Norma (1992). "The Constitution of 1960 and its Failure". In *Cyprus : A Regional Conflict and its Resolution*, ed. by Norma Salem. p. 118; Wolfe, James H.(1992). "The United Nations and the Cyprus Question". In *Cyprus : a Regional Conflict and its Resolution*, ed. by Norma Salem. p. 227; Tannam, Etain (2014). *International Intervention in Ethnic Conflict : A Comparison of the European Union and the United Nations*. Basingstoke: Palgrave Macmillan. p. 87.

26 Fisher, Ronald J.(1992). "Introduction: Understanding the Tragedy of Cyprus Pages". In *Cyprus : A Regional Conflict and its Resolution,* ed. by Norma Salem. p. 3.

27 Coufoudakis, Van(1992). "Domestic Politics and the Search for a Solution of the Cyprus Problem". In *Cyprus : a regional conflict and its resolution*, ed. by Norma Salem. p. 17.

賽島之衝突，會議無結果，卻也是土耳其加入賽島問題之開始，[28] 事實上，土耳其對賽島的政策在 1950 年代一向不主動也未向英國主張對賽島的所有權（proprietary）。[29] 一直到 1959 年初為止，賽島情勢更是腥風血雨，英國於 1959 年 2 月 11 日再次邀希土兩國代表，在瑞士的蘇黎世會商如何讓賽島獨立建國，[30] 三方達成協議；同月 19 日三國代表、加上賽島希臘族領袖馬卡里奧斯大主教和土族領袖庫切克（Fazil Kutchuk）聚集在倫敦，簽署是項三文件，以建立賽普勒斯共和國，即所稱的《蘇黎世暨倫敦協定》（The London-Zurich Agreement），包含基本架構和兩個條約如下：

1. 基本架構：總統制的共和國由希臘族擔任總統、土族擔任副總統，分別由兩族普選方式選出，五年一任，缺位時應由眾議院議長和副議長代行職權，並須在 45 天之內重新選舉，國旗與國慶日得依兩族各自決定與慶祝；行政權在總統與副總統，內閣有 10 位部長，7 位是希臘族 3 位是土耳其族，需由總統與副總統共同簽署人事任命，10 人組成之部長會議採絕對多數決，唯總統和副總統對部長會議決定有否決權；立法權在眾議院，採簡單多數決，由 35 位希臘族和 15 位土族組成，議長為希臘

[28] Salem, Norma (1992). "The Constitution of 1960 and its Failure". In *Cyprus: A Regional Conflict and its Resolution*, ed. by Norma Salem. p. 118.

[29] Bahcheli, Tozun (1992). "Cyprus in the Politics of Turkey since 1955". In *Cyprus : A Regional Conflict and its Resolution*, ed. by Norma Salem. p. 62.

[30] 約瑟夫指出英國之所以放手讓賽島獨立有三因素，一是兩大族裔的血腥暴力衝突，讓英國難以再統治賽島，加上國際上的解殖民化運動風潮與美國開始施壓英國，在 1954-58 希臘在蘇聯支持下，向聯合國主張賽島希臘族的平等權與自決原則，而希土兩國同為北大西洋公約組織成員，同是美國盟邦，在舊恨新仇之下，不容蘇聯製造嫌隙，影響西方集團之團結。Joseph, Joseph S. (2010). "Cyprus: Domestic Ethno-political Conflict and International Politics". In *Pathways from Ethnic Conflict : Institutional Redesign in Divided Societies*, ed. by John Coakley. pp. 120-121。

族、副議長為土族；各自組成族群法庭（Communal Chamber）處理其宗教教育文化教學個人地位與徵稅；公共服務部門由占 70% 希臘族和 30% 土族組成，但若一地方的族群多數接近於 100%，則由該族群出任組成。

2. 《保證條約》（*Treaty of Guarantee*）：由三強做出保證，確保賽島兩大族裔不與他國聯合或自行分離出去。

3. 《聯盟條約》（*The Treaty of Alliance*）：防禦性公約，允許希臘與土耳其長期駐軍，前者派駐特遣隊人力 950 人，後者派駐 650 人。

4. 在建立賽國的以上所述條約之中，還包含英國掌控兩軍事基地包含主權的聲明。[31]

上述條約與賽普勒斯共和國憲法於 1960 年 8 月 16 日正式簽署、並立即生效。

由《蘇黎世暨倫敦協定》很清楚可知，英國主導下的處理原則是採族群二元主義[32]：即兩區、兩族、兩自治體，以權力共享之原則去配置國家與政府各部門的職務與位置，然而由於三強雖為解決賽島問題必須擔負保證責任與履約，但背後仍然是國家利益考量，三強之保證無濟於事，賽島依舊是區域大國和國際大國的禁臠，像是希臘、土耳其可以派駐特遣隊在島上，英國更積極、掌握享有主權的兩軍事基地，占賽島

---

[31] Documents Relating to the Founding of Cyprus, Including the Treaty of Guarantee, 1959. http://www.hri.org/Cyprus/Cyprus_Problem/p_zurich.html，取用日期：2019年7月20日；Salem, Norma (1992). "The Constitution of 1960 and its Failure". In *Cyprus : A Regional Conflict and its Resolution*, ed. by Norma Salem. p. 118。

[32] Joseph, Joseph S.(2010). "Cyprus: Domestic Ethno-political Conflict and International Politics". In *Pathways from Ethnic Conflict: Institutional Redesign in Divided Societies*. p. 122.

3%的面積，以維護其在地中海的戰略優勢。[33]至於賽國憲法更是引起希臘族之不滿，因爲該憲法看似公平、實則僵固，尤其是族群二元主義對兩族的人事安排與分別計算之多數決，希臘族認爲更是違反平等與民主原則，又不准以任何形式去修正其基本之政治架構，像一緊身衣（strait-jacket）般束縛著賽國；權力共享只是片面的提高土族地位、保證其安全，完全禁絕回歸希臘主張，形式上建立一個獨立國家、擁有主權（the national territory, sovereignty and independence of the republic），但無法運作。對土族而言，蘇黎世暨倫敦文件所形塑之憲政秩序是一種聯邦式共治有利於土族自成一個多數而自治，當然認爲憲法是好的。[34]然而，實情是意圖解決賽島兩族衝突的蘇黎世暨倫敦文件不但沒解決衝突，使賽島情勢更加複雜，因爲既不具備正義、也不可行，[35]賽國國家主權並不完整，名義上是獨立、實際上是依賴國家，根本就是現實政治下妥協（a realpolitik compromise）的產物，是一個勉強的共和國（a reluctant

---

[33] Olin, Mary N.(2012). *Through the Eyes of Greek Cypriots and Turkish Cypriots: The Perception of Cyprus*. p. 12.

[34] Salem, Norma (1992). "The Constitution of 1960 and its Failure". In *Cyprus : A Regional Conflict and its Resolution*, ed. by Norma Salem. P. 119; Rudolph, Joseph R. Jr.(2008). *Hot Spot : North America and Europe*. pp. 39; Geldenhuys, Deon(2009). *Contested States in World Politics*. p. 174; Joseph, Joseph S.(2010). "Cyprus: Domestic Ethno-political Conflict and International Politics". In *Pathways from Ethnic Conflict: Institutional Redesign in Divided Societies*. p. 122-124; Tannam, Etain (2014). *International Intervention in Ethnic Conflict : A Comparison of the European Union and the United Nations*. p. 87.

[35] Coufoudakis, Van(1992). "Domestic Politics and the Search for a Solution of the Cyprus Problem", In *Cyprus : A Regional Conflict and its Resolution*, ed. by Norma Salem. pp. 18, 36.

republic），[36]是一個先天上就功能障礙的國家（a dysfunctional state）。[37]

二、陷入內戰與TRNC之建立

賽國這樣一個在國際勢力介入下建立的新興獨立國家，和平是脆弱的，才3年左右希族領袖要求修憲，但土族領袖鄧克塔什（Rauf Dentkash）不同意，並視修憲是向土族宣戰一般；1963年11月希臘族武裝團體EOKA摧毀土族村落，500餘土族被殺、上千人被迫離家。[38]憲法改革（1963）引發希土兩族間之緊張與對立、陷入內戰，英國政府在保證條約之下，建立一綠線並派軍巡邏，賽島兩族也在聯合國安理會展開攻防戰，依然是僵局，終於在1964年3月4日安理會決議（第186號）通過派遣維和部隊到賽島，23天後為數6,369人的UNFICYP登陸賽島，駐守面積占3.5%的緩衝區。[39]但希臘族內部立場分歧，馬卡里奧斯大主教與其溫和派支持者傾向漸進式的推動回歸希臘主張，但立場激進的革命派則不惜一切代價達成回歸希臘，隨著1967年12月希臘王國發生軍事政變，新上臺的軍政府（又稱上校政權）積極插手賽島事務，此時土族成立其臨時政府（the Provisional Turkish Cypriot Administration）；

---

[36] Constantinou, Costas M.(2010). "Cypriot In-dependence and the Problem of Sovereignty", *The Cyprus Review*(Nicosia) Vol. 22(2). p. 17.

[37] Joseph, Joseph S.(2010). "Cyprus: Domestic Ethno-political Conflict and International Politics". In *Pathways from Ethnic Conflict: Institutional Redesign in Divided Societies*. p. 124.

[38] Rudolph, Joseph R.(2008). *Hot Spot : North America and Europe*. Pp. 38-39; Tannam, Etain (2014). *International Intervention in Ethnic Conflict : A Comparison of the European Union and the United Nations*. p. 87.

[39] Tannam, Etain (2014). *International Intervention in Ethnic Conflict : A Comparison of the European Union and the United Nations*. p. 87; Wolfe, James H.(1992). "The United Nations and the Cyprus Question". In *Cyprus : a Regional Conflict and its Resolution*, ed. by Norma Salem. pp. 228-229.

1974 年 7 月 15 日希臘族中激進派在希臘軍方勢力介入下發動政變，推翻馬卡里奧斯大主教、使之下臺，由山姆森（Nikos Sampson）取而代之；7 月 20 日土軍依據保證條約、爲保護土族之安全派兵從賽島北方海岸進入，迅速深入賽島，在聯合國居中協調進行雙方會談，但無結果，8 月中旬土軍再次出擊，占領賽島 37% 的土地。[40] 之後，兩族人民被迫進行南北大遷移，人數變動已如前文。至此，賽島兩股政治勢力確定分立對峙，北賽土族在 1975 年 2 月 13 日成立「土耳其賽普勒斯聯邦」（Turkish Federated State of Cyprus），6 月依民族自決原則進行公民複決，表達集體的獨立意志，都不被聯合國所接受；而南邊希臘族所在的賽國，繼續保有國際承認與聯合國之席位。[41] 對於對希臘族而言，從 1974 年土軍「入侵（invade）與占領（occupy）」事件，不但體悟到母國希臘無力保護他們，更擔心土族可以在一天內占領賽島，必須和時間賽跑，希臘族必須自立自強，自此之後在雙方談判上，希臘族很堅持國際法原則、以及土軍必須完全撤出，同時不再提回歸希臘主張。[42]

　　處於國際劣勢的北賽於 1983 年 11 月 15 日成立 TRNC，俾於與希臘族以對等與共有主權之姿進行協商，首任總統鄧克塔什宣稱此舉不是要分裂賽島、且不會與他國聯合，願意與希臘族組成一個包含兩族兩

[40] Rudolph, Joseph R. Jr.(2008). *Hot Spot : North America and Europe*. Pp. 40; Geldenhuys, Deon(2009). *Contested States in World Politics*. Pp. 175-176; Christou, Miranda and Spyros Spyrou(2014). "What is a Border? Greek Cypriot and Turkish Cypriot Children's Understanding of a Contested Territorial Division". In *Children and Borders*, eds. by Spyros Spyrou and Miranda Christou. p. 133.

[41] Wolfe, James H.(1992). "The United Nations and the Cyprus Question", In *Cyprus : a Regional Conflict and its Resolution*, ed. by Norma Salem. P. 232; Rudolph, Joseph R. Jr.(2008). *Hot Spot : North America and Europe*. p. 41.

[42] Christofides, Louis N.(1992), "Economic Dimensions of the Cyprus Dispute", In *Cyprus: A Regional Conflict and its Resolution*, ed. by Norma Salem. p. 189,192.

區的聯邦新國家；[43] 但聯合國不接受土族總統的說法，因為國際社會視
1974 年 7 月土國派兵馳援土族之行為是入侵與占領，嚴重違反國際規
範，對土族成立的相關政治組織當然都不會承認之，對 TRNC 成立，
安理會以 541 號決議回應，譴責土族作為、也不會給予承認。[44] 同時，
聯合國承擔起調停賽島兩族衝突問題的任務，例如：在 1977 年 2 月就
曾協調兩方領袖馬卡里奧斯和鄧克塔什簽署了一項協議，雙方對未來賽
島政治安排達成共識：即由兩族（bi-communal）、兩區（bi-zonal）共
組的聯邦國家，後來因希臘族社會反對而失效，因為該協議未能回應到
希臘族關切的關鍵爭議：如移動自由、定居自由和個人財產權保障，
1980 年代有三次機會（1984、1986、1989），也是曙光乍現，均告失
敗。[45]1990 年代在國際情勢走向後冷戰與經濟全球化發展之中，並未帶
給南北賽之政治僵局任何正面效果，好不容易 1992 年 8 月上任 8 個月
的祕書長加里（Boutros Boutros-Ghali）再接再厲邀請南賽總統瓦希里
奧（George Vasiliou）和北賽領袖鄧克塔什會談，以前任祕書長（Javier
Pérez de Cuéllar）在 1989 年提出之整套設想（Set of Ideas）及兩區兩族
之聯邦方案為基礎，先從信心建立措施開始，以增進雙方信任，1994
年再次會談，仍無結果。[46]

　　不被國際承認的 TRNC，自成立以來僅土國承認之，並一直接受土
國援助與貸款、也是貿易往來的主要對象，貨幣為土耳其里拉；對外關
係上，鄧克塔什總統一向是主張北賽之獨立與爭取國際地位，在主要大

---

[43] Geldenhuys, Deon(2009). *Contested States in World Politics*. p. 178.

[44] Geldenhuys, Deon(2009). *Contested States in World Politics*. p. 179.

[45] Tannam, Etain (2014). *International Intervention in Ethnic Conflict : A Comparison of the European Union and the United Nations*. p. 89.

[46] 邱智皇（2006），〈賽普勒斯加入歐盟之研究〉，頁87；Tannam, Etain (2014). *International Intervention in Ethnic Conflict : A Comparison of the European Union and the United Nations*. p. 90。

國與伊斯蘭國家設置半官方之代表處，並在土國協助下加入亞洲地區的「經濟合作組織」（the Economic Cooperation Organization, ECO）、是其會員國，以及「伊斯蘭會議組織」（the Organization of the Islamic Conference, OIC）的觀察員。[47]

　　TRNC 自身之經濟條件並不佳，早在 1963 年底兩族因憲政秩序紛爭時，土族即退出政府部門使得土族在公部門工作者面臨失業，當年國民平均所得還有 500 美元，隔年即降為 130 美元。[48]1970 年代中期之後國際上的經濟制裁[49]、並禁止民航航班飛往北賽，包括希臘與歐洲一些國家加入制裁行列，多少不利於北賽的對外貿易、投資與旅遊業，從 1964 年以來，即已開始依靠土國接濟的北賽，在成立 TRNC 之後完全依賴土耳其財政支援，包括基礎設施和建立國營企業，因此，整體發展是由政府部門橫跨工業、旅遊業和農業部門進行的，還有運輸、教育、電力、水，即便到 1985 年雖略有改善，但經濟表現遠落後於南賽，北賽人口 160,999 人、GNP 國民平均所得 1,269 元、通膨率 43%，南賽人口 544,000 人、GNP 國民平均所得 4,346 元、通膨率 5%；1996 年北賽國民平均所得增加到 4,222 美元、通膨率 87.5%，南賽國民平均所得則為 13,600 美元。[50]TRNC 出口產品有農產品（柑橘類水果、土豆）、工

---

47 邱智皇（2006），〈賽普勒斯加入歐盟之研究〉，頁121; Geldenhuys, Deon(2009). *Contested States in World Politics*. p. 180。

48 邱智皇（2006），〈賽普勒斯加入歐盟之研究〉，國立政治大學外交研究所碩士，頁65。

49 依據維基百科英文版內容，國際社會對北賽之經濟制裁之並非全面而嚴格，從1974到1994年之間有英德等一些國家會進口北賽農產品水果，但在1994年7月歐洲法院裁決會員國不得進口北賽產品，此後對北賽經濟是一沉重打擊。請參閱'Embargo against Northern Cyprus' from Wikipedia，取用日期：2019年9月27日。

50 南賽在經濟發展上的優勢，固然得利於其人民原本多從事商業活動，還有就是1972年與歐盟前身即歐洲共同體簽署聯繫協定之後到1995年之間，獲得來自歐體四次的財政援助，而TRNC主要依賴土耳其1998年預算93億6千萬土耳其里拉，

業品（水泥和服裝）等商品，主要是輸往土耳其。[51]

三、二十一世紀之發展──從《安南方案》談起

　　二十一世紀之後最讓關心賽島議題的各界振奮的是聯合國祕書長安南（Kofi Annan, 1938-2018，任期 1997.1-2006.12）所提出的促成賽島統一的方案全稱是「全面解決賽普勒斯問題」（The Comprehensive Settlement of the Cyprus Problem），[52] 即《安南方案》（*Annan Plan*），安南自己都說該方案是一妥協產物，[53] 結合賽普勒斯共和國申請加入歐洲聯盟（European Union）即將生效之前夕，期盼能在賽普勒斯共和國入盟前先取得南北兩邊民意支持統一，賽島得以一整體入盟，最終解決賽島長期分裂局勢，於 2004 年 4 月 24 日分別對兩方人民進行公民複決，[54] 結

其中有41億8千萬是土國之補助。Christofides, Louis N.(1992), "Economic Dimensions of the Cyprus Dispute", In *Cyprus : A Regional Conflict and its Resolution*, ed. by Norma Salem. p. 190; Geldenhuys, Deon(2009). *Contested States in World Politics*. p. 180; Isachenko, Daria(2012). *The Making of Informal States: Statebuilding in Northern Cyprus and Transdniestria*. pp. 100-101；邱智皇（2006），〈賽普勒斯加入歐盟之研究〉，頁66、70。

[51] http://www.studyinnorthcyprus.org/?page_id=3454，取用日期：2019年9月21日。

[52] 原文請參閱https://peacemaker.un.org/sites/peacemaker.un.org/files/Annan_Plan_MARCH_30_2004.pdf，取用日期：2019年9月8日；並請參閱邱智皇（2006），〈賽普勒斯加入歐盟之研究〉，頁116。

[53] Olin, Mary N.(2012). *Through the Eyes of Greek Cypriots and Turkish Cypriots: The Perception of Cyprus*. Thesis (M. S.) of Portland State University. p. 3.

[54] 付諸公民複決的安南方案是第五版本，最初版本係於2002年11月提出；公民複決題目："Do you approve the Foundation Agreement with all its Annexes, as well as the constitution of the Greek Cypriot/Turkish Cypriot State and the provisions as to the law to be in force to bring into being a new state of affairs in which Cyprus joins the European united?" Chadjipadelis, Theodore and Ioannis Andreadis (2006). "Analysis of the Cyprus Referendum on the Annan Plan", p. 5; Geldenhuys, Deon(2009). *Contested States in World Politics*. p. 182.

果是北賽普勒斯多數支持統一，但南邊希臘族考量風險與安全議題，[55]
結果是多數否決統一，公民複決結果見表3；因此，賽島統一方案未通
過，入盟的是南邊的賽普勒斯共和國，歐盟法律不及於北賽，但歐盟官
網聲明：賽島全島屬於歐盟領土，而擁有歐盟旅行文件的北賽人民係合
於歐盟公民身分。[56]

表3　2004年4月24日安南方案公民複決之結果

	贊成（yes）	否決（no）	投票率
希臘族	24.17%	75.83%	89.18%
土耳其族	64.90%	35.09%	87%

資料來源：Chadjipadelis, Theodore and Ioannis Andreadis (2006). "Analysis of the Cyprus referendum on the Annan plan". 57th Political Studies Association Annual Conference 'Europe and Global Politics', Apr 2007, Bath, UK, p. 5, 11-13. http://www.polres.gr/en/sites/default/files/PSA2007.pdf，取用日期：2019年7月18日；Annan Plan from Wikipedia，取用日期：2019年7月18日。

　　《安南方案》推動過程與結果有多層意義，值得進一步討論，首
先從兩族對此方案的立場差異轉變和土耳其的態度，其次方案雖失敗收
場，但仍發揮促進兩方接觸之效用，再就是彙整學者的觀點。
　　土族會過半數支持《安南方案》，完全是出於經濟考量，因為南
賽長期以來的經濟水準與生活條件就高於北賽，賽島若能先統一、再

---

55 〈塞浦路斯——分分合合舉棋不定〉，《德國之聲》2004年4月27日，https://www.dw.com/zh/%E8%B5%9B%E6%B5%A6%E8%B7%AF%E6%96%AF%E5%88%86%E5%88%86%E5%90%88%E5%90%88%E4%B8%BE%E6%A3%8B%E4%B8%8D%E5%AE%9A/a-1180613，取用日期：2019年7月8日；Geldenhuys, Deon(2009). *Contested States in World Politics*. p. 184。

56 See EU website, https://europa.eu/european-union/about-eu/countries/member-countries/cyprus_en，取用日期：2019年7月10日。

入盟，意味著經濟成長與生活條件提高，但土族人民的心聲並非北賽領導人的立場，不再附和鄧克塔什總統的反對說法，並在隔年 4 月大選中，在位 12 年的總統鄧克塔什落敗，新上任領袖塔拉特（Mehmet Ali Talat）是傾向與南賽和談與支持統一的立場，原擔任外長，也是北賽負責和談的代表，當時土耳其總理艾爾多安（Tayyip Erdogan）亦是支持統一方案。[57] 希臘族否決《安南方案》是認為方案所規畫之領土配置比例不符人口比例，若自己先加入歐盟，可透過歐盟集體力量迫使北賽讓步，方案中賦予土族的否決權等權力共享設計會造成少數暴力，賽島發展將付出更高成本，簡單的說是風險與代價高過獲利，南賽總統帕帕佐普洛斯（Tassos Papadopoulos）是認為方案所提供的安全保障不足，也不符合雙方利益。[58]

《安南方案》雖失敗，但在其規劃與推動過程中，在大環境中所營造出來和解與接觸的氛圍帶動雙方關係和緩，聯合國與歐盟均呼籲終結對北賽的孤立，歐盟並積極資助北賽 2 億 5 千 9 百萬歐元，強化南北賽統一暨入盟方案的經濟誘因——北賽經濟發展，北賽領導人於 2003 年 4 月決定部分地解除禁令（lift the ban）、開放邊界與檢查哨，睽違 29 年的移動自由再現，2007 年 3 月南賽政府拆除首都尼可西亞 12 呎高牆，希冀「由增加接觸走向統一」。[59]2011 年 10 月 15 日曾有來自兩造追求賽普勒斯統一的人士發起「占領緩衝區」（Occupy Buffer Zone）的

---

57 邱智皇（2006），〈賽普勒斯加入歐盟之研究〉，頁119、122；Geldenhuys, Deon(2009). *Contested States in World Politics*. pp. 182-184.

58 邱智皇（2006），〈賽普勒斯加入歐盟之研究〉，頁119-121；Geldenhuys, Deon(2009). *Contested States in World Politics*. p. 184。

59 Geldenhuys, Deon(2009). *Contested States in World Politics*. p. 185; Rudolph, Joseph R. Jr.(2008). *Hot Spot : North America and Europe*. p. 48; Christou, Miranda and Spyros Spyrou(2014), "What is a Border? Greek Cypriot and Turkish Cypriot Children's Understanding of a Contested Territorial Division", In *Children and Borders*, eds. by Spyros Spyrou and Miranda Christou. pp. 133,140.

活動，聯合國維和部隊僅消極勸導參加占領緩衝區的人離去，無強制驅離該活動，該活動持續到 2012 年 4 月 6 日，在南賽警力驅趕下而漸弱化。[60]

在賽島上仍有一些群體期盼兩方和解進而統一的可能，雖然魯道夫二世（Joseph R. Rudolph Jr.）、歐林（Mary N. Olin）和奎斯多與斯佩羅（Miranda Christou and Spyros Spyrou）認為，兩大族裔間之分裂情勢隨著時間過去是更加強化，有形的高牆籬笆可以拆除，還有來自宗教、文化與情感等無形的隔閡阻隔著，但對下一代日常生活中，綠線對雙方造成的邊界隱含著兩大族裔各自教育體系與家庭系統對下一代的社會化，傳承各自的刻板印象與歷史記憶。[61] 奎斯多與斯佩羅更認為，綠線開放讓雙方人民自由往來，但似乎帶給青少年是更多的焦慮與矛盾，[62] 至於一些團體仍懷抱希望能解決賽島兩大族裔之間的長期對立與仇視，不僅是教育體系、媒體整個要配套調整，對過往歷史中的詮釋，不應持續製造敵人、怪物，[63] 社會層面的諸多管制也需放鬆，或許可能達成「由增加接觸走向統一」的目標。然而，賽島問題在現實中總是存在著棘手的困境，例如：難民返鄉與賠償問題，海登赫伊斯（Deon Geldenhuys）

---

60 Olin, Mary N.(2012). *Through the Eyes of Greek Cypriots and Turkish Cypriots: The Perception of Cyprus*. p. 48; 'Occupy Buffer Zone' from Wikipedia.

61 Rudolph, Joseph R. Jr.(2008). *Hot Spot : North America and Europe*. p. 49; Olin, Mary N.(2012). *Through the Eyes of Greek Cypriots and Turkish Cypriots: The Perception of Cyprus*. pp. 4,59; Christou, Miranda and Spyros Spyrou(2014). "What is a Border? Greek Cypriot and Turkish Cypriot Children's Understanding of a Contested Territorial Division". In *Children and Borders*, eds. by Spyros Spyrou and Miranda Christou. pp. 144-145.

62 Christou, Miranda and Spyros Spyrou(2014). "What is a Border? Greek Cypriot and Turkish Cypriot Children's Understanding of a Contested Territorial Division". In *Children and Borders*, eds. by Spyros Spyrou and Miranda Christou. p. 144.

63 Olin, Mary N.(2012). *Through the Eyes of Greek Cypriots and Turkish Cypriots: The Perception of Cyprus*. p. 55.

指出，1974 年之後被北賽控制的區域已經被土耳其化（turkification），當時被迫南遷的希臘族即使回到老家也認不出來了，何況其中住著當時被迫北遷的土族，由是也引出北賽內部人口組成的變動，在地的土族人口與來自土耳其的移居者之間的比例變化，會使得北賽的民意或菁英容易受到土耳其的影響。[64] 進一步的說，即能理解邱智皇對《安南方案》失敗的原因主要還是在「南北賽間長久之敵意與不信任感對於重大議題上認知之差異」。[65] 索羅摩和福斯曼（Emilios Solomou and Hubert Faustmann）從逆向分析指出，一直無法解決的賽島問題只會促使長期分立下的北賽更被土耳其化，包括人口結構轉變，在身分與認同上均受到影響，賽島爭議再不儘快解決，未來可能是與土耳其的一個省來打交道，尤其諷刺的是，竟然缺乏一個賽普勒斯人（Cypriot）的情感歸屬與認同。[66] 洛伊西德斯（Neophytos G. Loizides）從民族主義與本體性安全視角分析，賽島兩大族裔圍繞在各自的母國情感依附（attachment）中面對自身社群與他者的長期衝突，加上對和平追求卻不可得的焦慮，不斷在撕裂兩方、加深距離，一種屬於本體的情感認同與依附在哪裡，如何可能產生一種屬於雙方共同的賽普勒斯主義（Cypriotism）呢？[67]

賽島至今仍是全球政治的熱點之一，而未能在 2004 年一舉解決賽島問題，希臘族在《安南方案》上投下否決票而單獨加入歐盟，學者魯道夫二世認為殊為可惜，因為歐盟放棄手上的王牌，就是取消對南賽入盟前應先解決賽島衝突的政治要求，難以對希臘族施壓，而入盟這張王

---

[64] Geldenhuys, Deon(2009). *Contested States in World Politics*. p. 189.

[65] 邱智皇（2006），〈賽普勒斯加入歐盟之研究〉，頁124。

[66] Solomou, Emilios & Hubert Faustmann (2017). "Lessons from the Past for the Future". pp. 234-236.

[67] *Loizides, Neophytos G. (2015).* "Ethnic Nationalism and the Production of Ontological Security in Cyprus". In *Conflict Resolution and Ontological Security : Peace Anxieties*, ed. by Bahar Rumelili. New York: Routledge. pp. 71-95.

牌對土族與土國就很有效。[68] 但深究歐盟為何放棄是項政治性要求，關鍵在希臘，早在 1981 年希臘即已加入歐體，於 1990 年 7 月協助南賽申請入盟，1995 年成功地以土國申請入盟（關稅同盟）案交換歐盟取消對南賽入盟之政治要求，土國也不再反對歐盟與南賽之入盟談判。[69] 只能說，天時與人和並未站在土族與土國這邊。

　　聯合國近期推動的統一和談是 2018 年 10 月，接續 2014 年 2 月 11 日聯合聲明（The Joint Declaration）之後數次會談，遺憾的是雙方領袖表示僅在交換彼此觀點，[70] 再加上地中海東部海底油氣資源開發之爭奪，傳統的區域大國之間的利益糾結，土國總統埃爾多安（Recep Tayyip Erdoğan）更於 11 月底與利比亞（Libya）批准一項協議初步劃定海上邊界，強力展現對東地中海專屬經濟區的主導權，[71] 使賽普勒斯

---

[68] Rudolph, Joseph R. Jr.(2008). *Hot Spot : North America and Europe*. p. 43.

[69] 邱智皇（2006），〈賽普勒斯加入歐盟之研究〉，頁90。

[70] 〈相隔15個月聯合國推動賽普勒斯重啟和談〉，《中央社》2018年10月19日，https://www.cna.com.tw/news/aopl/201810190346.aspx，取用日期：2019年7月8日。

[71] 自2010年以色列先在地中海黎凡特海盆發現油氣田（Leviathan）、儲量頗豐，後又發現兩處油氣田（在以國專屬經濟海域之Tamar，和在埃及專屬經濟海域之Zohr），南賽與北賽亦爭相投入，土耳其以維護北賽海權，數次派出鑽探船或考察船進入南賽海域；在此海域之能源之爭，歐盟當然站在南賽立場譴責土國非法之行為；然專家分析東地中海油氣探勘成本高以及政治風險等因素，油氣公司參與度有限。張鵬程，〈以色列華麗轉型，朋友圈畫風突變〉，《石油商報》2018年3月13日，https://kknews.cc/finance/ypk9lbn.html，取用日期：2019年12月6日；錢伯彥，〈油氣資源新熱點：東地中海上的天然氣爭奪戰〉，《界面新聞》2019年7月14日，http://baijiahao.baidu.com/s?id=1639009678585673119，取用日期：2019年12月6日；何宏儒〈東地中海緊張升高賽普勒斯土裔提議共享資源〉，《中央社》2019年7月14日，https://money.udn.com/money/story/5599/3928787，取用日期：2019年7月18日；Hacaoglu, Selcan and Firat Kozok(2019). "Turkish offshore gas deal with Libya upsets Mediterranean boundaries". In *World Oil*, 2019.12.6. https://www.worldoil.com/news/2019/12/6/turkish-offshore-gas-deal-with-libya-upsets-mediterranean-boundaries，取用日期：2019年12月8日。

問題更形複雜，賽島持續在分立狀態。對賽島問題的僵局要如何化解或起死回生，國際危機組織（International Crisis Group）歐洲與中亞計畫主持人波普（Hugo Pope）向賽島問題相關各團體提議，非正式的考慮另一選項：讓北賽獨立與加入歐盟。[72]

肆、結語

　　賽島問題由 1963 年開始至今已經 56 年，仍在一種分裂對峙的穩定現狀中，誰是正義那一方、受迫害的一方，希土兩族裔各有立場與依據。從民族自決原則來看，希臘族人多，比其他民族早到與持續居住在賽島，比土族更具優勢宣稱其對賽島的主權，但其優勢要化成具體行動還需朋友一臂之力，當時的國際情勢還有國際強權之覬覦，於是在英國的現實主義運作下，賽島憲政秩序在不信任、無包容的條件中，實踐的是一種僵固的協商式民主，兩方各自圍繞在對母國情感依附與對他者敵視的氛圍中，既和平又焦慮。

　　北賽在母國支持下政治與安全上取得優勢，卻不利其國際地位與經濟發展，正因此種劣勢，更促使其向母國靠攏，才能保障居於少數地位的安全，故必須接納來自土耳其的移居者，以充實人口數量，但在民意傾向上則因人口結構改變亦受牽動，再加上長期由鷹派立場的領袖掌權，對希臘族和談之背後，受土耳其的利益操縱，或是鷹派領袖藉土國之名帶動內部之民意風向。整體而言，國際社會提出的解決衝突的政治方案，都是以 1959 年《蘇黎世暨倫敦協定》為雛型，就是兩區兩族

---

[72] Pope, Hugo(2014). "Divided Cyprus: Coming to Terms on an Imperfect Reality". RE-PORT 229/EUROPE & CENTRAL ASIA.(14 MARCH 2014). https://www.crisisgroup.org/europe-central-asia/western-europemediterranean/cyprus/divided-cyprus-coming-terms-imperfect-reality，取用日期：2019年7月24日。

的聯邦國家，北賽是支持此政治安排，然因 1974 年母國出兵保護之行為，進而造成南北大遷移所遺留的難民問題，北賽承擔國際譴責與孤立和經濟制裁，影響北賽當地的發展與對外貿易投資，當面對聯合國提出之安南方案，其中所附加的經濟成長與生活改善，對北賽土族是多大的吸引，加上政府決定局部開放邊界，賽島統一似乎降臨，但公民複決結果讓土族與聯合國歐盟大失所望，UNFICYP 還要駐守多久。這兩年再加上東地中海油氣之爭奪，使得賽普勒斯問題更形複雜。

　　或許國際危機組織提議讓北賽加入歐盟是一個創新思維，當然成功機率多少不可知，因為南賽與希臘勢必會阻擋，北賽還有諸多任務要達標；然而，一旦加入通過，則牽動土耳其入盟案是否會加速談判進程。看來北賽能否突破目前劣勢，至少先提振經濟發展是一重要工作，而歐盟在促進北賽經濟發展上是責無旁貸的。

Chapter 4

敘利亞庫德族：從法國託管到後伊斯蘭國時期之發展[*]

張景安[**]

[*] 本研究感謝科技部「年輕學者養成計畫」（MOST 108-2636-H-004-002）支持。

[**] 國立政治大學阿拉伯語文學系助理教授。研究專長：中東區域研究（大敘利亞地區）、難民／移民／離散、跨國主義。

圖 4　敘利亞行政區劃

壹、前言：一個較少被提及的庫德族

中東北非地區人口約4億5千萬人。[1]除阿拉伯、土耳其及波斯人爲主要較大宗之民族外，亦有爲數近三千萬庫德族人散居於土耳其（1,500萬）、伊拉克（800萬）、伊朗（550萬）和敘利亞（170萬）。[2]儘管數量上來說庫德族人口於該區域屬少數民族，但土耳其、伊拉克和伊朗庫德族之政治重要性已有許多不同研究試圖探討該民族於上述三國之狀況、民族運動和對其所在地政府之衝擊。[3]相對於媒體和學界較常報導與研究之土耳其、伊拉克和伊朗之庫德族，敘利亞庫德族則是至 2011 年革命爆發後方受到較多關注。

敘利亞庫德族較少被提及之原因，可歸咎於：(1) 其在敘利亞境內人口所占之比例相對較低。即便庫德族爲敘利亞最大之少數民族，占該國國內總人口約 10%，但相對於土耳其之庫德族占該國 19%、伊拉克庫德族占該國 15-20%、伊朗庫德族占該國 11-15% 來說，敘利亞庫德族在數量上顯得較少；[4](2) 敘利亞政府的高壓政策。除法國託管時期當權

1　"Middle East & North Africa," *Worldbank*, or see https://data.worldbank.org/region/middle-east-and-north-africa.

2　"Kurdish diaspora," *The Kurdish Project*, or seehttps://thekurdishproject.org/kurdistan-map/kurdish-diaspora/.

3　Özcan, A. K. (2005). *Turkey's Kurds: A Theoretical Analysis of the PKK and Abdullah Ocalan*. London & New York: Routledge; Vali, A. (2014). *Kurds and the State in Iran: The Making of Kurdish Identity*. New York: I.B. Tauris; Yildiz, K. (2004). *The Kurds in Iraq: The Past, Present and Future*. London: Pluto Press.

4　"The World Factbook: Syria," *CIA*, or see https://www.cia.gov/library/publications/the-world-factbook/geos/sy.html; "The World Factbook: Turkey," *CIA*, or see https://www.cia.gov/library/publications/the-world-factbook/geos/tu.html; "The World Factbook: Iraq," *CIA*, or see https://www.cia.gov/library/publications/the-world-factbook/geos/iz.html; "The World Factbook: Iran," *CIA*, or see http://unpo.org/downloads/2347.pdf.

者對敘利亞庫德族相對友善外，敘利亞政府自 1946 年獨立後至 2011 年革命爆發六十五年間，即便歷經不同政權之更迭，但不同領導人對境內庫德族皆採行各種鎮壓政策，以防止庫德族獨立或分裂。敘利亞境內之庫德族多分布於該國東北邊之哈薩克（Hasaka）省。除該省外，其他主要大城市皆有不同數量之庫德族人散居其中。

　　本章試圖探討敘利亞庫德族民族運動之背景成因及其影響。是出自什麼原因敘庫德族人進行民族運動？又是在什麼樣的一個時空背景下去影響他們的民族運動方式？那這些民族運動對敘利亞來說又有什麼樣的意義？本文將順著近代敘利亞之時間發展軸，對敘利亞庫德族人之民族運動分四階段來討論，分別為：(1) 法國託管時期（1920-1946）；(2) 獨立時期（1946-1963）；(3) 獨裁時期（1963-2010）；(4) 革命後（2011-2019）。將近代敘利亞分為此四階段來分析庫德族民族運動的原因，是因為此四階段不僅敘利亞內分別由不同之政府（或執政黨）統治，且其分別對庫德族議題採取著不同的政策。從主政者試圖聯合庫德族的託管時期，到敘利亞剛獨立時期之阿拉伯民族主義高漲，又演變成阿薩德家族視鞏固政權生存為國家主要核心政策，到最後近期的全國性的革命爆發。因此，針對此四個不同階段來探討敘利亞庫德族議題有助於了解庫德族在不同政治時空背景下之民族運動發展。本文結論指出，從庫德族不同時期所發展出的不同民族策略來看，該民族於敘利亞之民族運動，主要仍受限於當權者對少數民族之態度及區域或國際間大國角力而影響。也正是在此脈絡下，敘利亞庫德族這近一百年來，多處於一被動地位，即便於革命後敘利亞庫德族占據了近三分之一的敘利亞領土，並宣稱擁有自己的自治政府。

貳、託管時期：外來勢力與境內少數民族之聯盟（1920-1946）

一、法國託管背景

在一次大戰前鄂圖曼帝國統治下的區域，對當地各個不同民族來說，不同的民族認同並非是該時期主要衝突引爆點，因為當時在帝國的統治下，區域內主要的矛盾多是落於宗教或部族間，像是基督徒和穆斯林或部落與非部落間之分歧。[5]然而，一戰的結束，鄂圖曼帝國的瓦解，使原本帝國統治下不是那麼重要的民族議題逐漸浮上檯面。一戰結束後，英國和法國依據該兩國於 1918 年雙方私自協定之《賽克斯－皮科協定》（*Sykes-Picot Agreement*），前者占據伊拉克，後者占據敘利亞。於 1920 年，法國透過國際聯盟之背書，正式託管敘利亞。學界對法國託管敘利亞時期所採行之政策的共識是，法國政府採一聯合少數民族之策略，來抗衡當地多數的遜尼派阿拉伯人。[6]而該時期，亦因為法國託管政府與新獨立建國的土耳其共和國間之競爭關係，於土耳其國內被視為異端之庫德族民運人士，也於獨立運動的失敗後，輾轉逃亡至敘利亞。正是因為在法國託管政府於敘利亞的統治下，敘利亞的庫德族人擁有相對較多的自主性；而土耳其庫德族民運人士的轉移至敘利亞，亦間接使得敘利亞境內之庫德族漸漸發展出所謂的庫德族民族主義。即便在此時期之下，敘利亞庫德族相對於日後其他三個時期來說，擁有相對較高的自主性，但某種程度上來說，敘利亞庫德族多被作為法國託管者對敘利亞分而治之政策下之棋子。

---

5 Tejel, J. (2009). *Syria's Kurds: History, politics and society*. New York: Routledge, p. 3.

6 White, B.T. (2011). *The Emergence of Minorities in the Middle East: The Politics of Community in French Mandate Syria*. Edinburgh: Edinburgh University Press. pp. 43-76.

二、分而治之下之庫德族運動

在法國託管者進入敘利亞初期，受到來自當地人民的反對，而敘利亞北部的人民對法國託管者的反抗也比南部來的強烈；北邊以阿勒坡的敘利亞人反抗爲主，藉由聯合土耳其凱末爾主義者（Kemalists）或是結盟敘利亞境內的阿拉伯主義者抗衡法國託管者之到來。[7]而在南邊的大馬士革即便亦存在一些反法國託管的民族主義者，但因距離法國當時的競爭國土耳其較爲偏遠，不易取得外援，也使得法國在敘利亞南部所遭遇之當地反抗相對於北部來的微弱許多。[8]在面臨當地人的反抗下，法國託管者深深了解，若要削弱敘利亞當地人的反抗活動，分而治之的方式似乎是可行的。也就是在如此之背景下，於 1922 年法國將敘利亞南部的德魯茲派（Druze）和西北部的阿拉維派（Alawite）分別獨立成另外兩個省分，並將其兩個省分之行政權獨立於敘利亞其他省分之外，以此分化敘利亞境內不同派系。[9]那時於敘利亞北部的庫德族也曾向法國託管政府爭取自治權，但遭到了否決。[10]但敘利亞庫德族人的情況，在日後因其鄰國之內部暴動，而出現了改變。

於 1925 年土耳其在凱末爾（Kemal Ataturk）的領導下爆發了一場庫德族暴動（Sheikh Sait）。這場庫德族暴動的緣起，是因爲凱末爾廢除了鄂圖曼帝國長期以來的哈里發制度，並禁止於公開場合使用庫德族

---

[7] Khoury, P.S. (1987). *Syria and the French Mandate: The Politics of Arab Nationalism, 1920-45*. Princeton: Princeton University Press, pp. 104-110.

[8] *Ibid.,* p. 115.

[9] Cleveland, W. L. and Bunton, M. (2009). *A History of the Modern Middle East*. Boulder: Westview Press, pp. 219-221.

[10] Halhalli, B. (2018). "Kurdish Political Parties in Syria: Past Struggles and Future Expectations," in Emel Elif Tugdar and Serhun Al ed., *Comparative Kurdish Politics in the Middle East: Actors, Ideas, and Interests*. Cham: Palgrave Macmillan. p. 30.

語和教授庫德族語。[11] 一方面凱末爾政權尚未穩定，另一方面土耳其境內之庫德族民族意識被新政權的壓抑而激起，暴動應運而生。但在凱末爾強力鎮壓下，許多反對凱末爾主義的庫德族運動領導人，輾轉逃脫至伊拉克和法國託管下的大敘利亞地區。[12] 隨著這些土耳其的庫德族的到來，這些土裔的庫德族人較為強烈的民族意識也間接影響了在敘利亞的庫德族。

於 1927 年 10 月，這些流亡於土耳其外的庫德族民族主義者於法國託管下的黎巴嫩的 Bhamdoun 成立了庫德族政黨—Khoybun。而該政黨也於成立後開始於土耳其的 Ararat 進行反抗（1927-1931）。即便 Khoybun 於土耳其的反抗運動最後在土耳其政府的壓制下未能成功，但如此強烈的民族運動也間接的煽起了敘利亞境內庫德人的庫德族認同。[13] Khoybun 運動之失敗也改變了該政黨和成員對庫德族運動之策略，從積極式之對抗，變成由文化教育層面較溫和的方式來扎根做長期對抗。該反抗運動領導人賈拉德（Jaladet Bedir Khan）也輾轉逃難並定居於敘利亞。在 1932-1937 年間，賈拉德發行了 Hawar 雜誌，該雜誌意圖促進庫德語教育，並發展出了以拉丁字母來書寫庫德語的系統，該雜誌被視為標準化了庫德語。[14]

然而，在 1937 年後，法國託管政府和庫德族的關係轉為緊張。這是由於 1936 年底，一方面法敘條約的簽訂答應讓敘利亞獨立，並由大馬士革成為阿拉伯民族主義的中央政府；另一方面，法國政府和土耳其

---

[11] 原本在哈里發制度下，土耳其人和庫德族人至少有宗教上的連結，而不會因為種族上的歧異產生紛爭，見Zurcher, E. J. (2013). *Turkey: A Modern History*. London & New York: I. B. Tauris, pp. 170-171.

[12] Tejel, *Syria's Kurds*. p. 17.

[13] Gunter, M. M. (2014). *Out of Nowhere: The Kurds of Syria in Peace and War*. London: Hurst & Company, pp. 11-12.

[14] *Ibid.*, p. 12.

政府亦達成了邊界協定。[15] 這時原本庫德族議題的重要性，相對減低許多，這也使得庫德族人受到的重視相對減少。一開始是由於法國託管政府忽視庫德族為主的賈茲拉（Jazira）區域人民的請求，要求該區域領導人應從該區域指派而不應從外空降；之後的衝突演變為賈茲拉當地的庫德族和基督教結盟對抗阿拉伯民族主義的敘利亞政府；衝突的升高，使得法國政府以武力方式鎮壓雙方之攻擊。[16]

三、託管下之庫德族：民族主義之奠基及政治上之被利用

在法國託管下的敘利亞，其庫德族發展可歸結出幾個特徵：(1) 從不那麼重視庫德族民族主義到開始重視庫德族民族主義。原本在此區域的庫德族人從沒有很高的民族主義的鄂圖曼帝國時期，逐漸受到帝國解體後土耳其庫德族民族主義高漲之影響，而開始對庫德族民族主義自治運動參與度提升；(2) 庫德族被做為執政者政治角力的棋子。一開始法國政府為和新興土耳其領導人凱末爾進行政治角力，進而給予敘利亞北部庫德族人一定之支持。但後法國又因土耳其政府之壓力，不得不限制其統治下敘利亞境內參與 Khoybun 的庫德族人。[17] 即便如此，有趣的是，該運動的領導人賈拉德最後還是逃難至敘利亞並繼續其庫德族民族主義運動傳播。在此時期的後期，甚至是在法國政府與敘利亞境內最大宗之阿拉伯政府之談判上，對庫德族人之政策也非出於對庫德族之利益考量而有所決定。

總結而論，在此時期所顯現的是，庫德族民族主義逐漸奠基並發展的時期。即便在此期間中，庫德族人似乎獲得較多與執政者（法國託管

---

15 Tejel, *Syria's Kurds*. p. 29.

16 *Ibid.*, p. 29-34.

17 Allsopp, H. (2015). *The Kurds of Syria: Political Parties and Identity in the Middle East.* London & New York: I.B. Tauris, p. 46.

政府）之談判能力，但於後期當敘利亞內多數之阿拉伯人群起反抗法國託管政府後，庫德族人僅被執政者用於政治談判之籌碼，而初步發展的庫德民族主義也受到了冷凍。

參、獨立時期：阿拉伯民族主義作為區域主流意識形態（1946-1963）

一、獨立時期背景

甫於 1946 年獲獨立之敘利亞，國名定為敘利亞共和國（Syrian Republic），即便法理上來說為一主權獨立國家，但該國國內卻飽受多次軍事政變及不同勢力之競逐，使得國家基礎仍未穩固。另外，二戰後期開始漸漸獨立的阿拉伯國家，一方面由於各國先前的反殖民浪潮，另一方面又因以色列於 1948 年獨立建國，此類種種對阿拉伯人民的侵害，也讓阿拉伯民族主義之意識型態有了嶄露頭角的機會。該時期阿拉伯國家重要大國埃及的納瑟（Gamal Abdel Nasser）在政變後取得政權成為總統，在其鼓吹之阿拉伯民族主義獲多數阿拉伯人民之認同下，阿拉伯民族主義於五〇年代初期成為阿拉伯國家間的主流意識形態。埃及總統納瑟因其個人之政治魅力和其所擁護之阿拉伯民族主義之盛行，於阿拉伯世界廣受人民喜愛，更曾於 1958 年和敘利亞合併成為阿拉伯聯合共和國（United Arab Republic, UAR），但後因敘利亞人之反抗，於 1961 年 UAR 再度分離為原有的埃及和敘利亞兩個國家，而脫離 UAR 的敘利亞，則將原有的敘利亞共和國，增加了帶有阿拉伯主義色彩的名稱，而變成敘利亞阿拉伯共和國（Syrian Arab Republic）。

二、高漲的阿拉伯民族主義：受壓迫的小宗民族

在此期間，即便阿拉伯民族主義為阿拉伯國家的主流意識形態，

但於敘利亞共和國其前十年的獨立期間內，有兩位軍人總統在民族上皆為庫德族人，他們分別是胡賽尼（Husni Za'im, 1949.03-1949.08）和阿迪鼻（Adib al-Shiskakli, 1953.07-1954.02）。而胡賽尼和阿迪鼻之所以能夠於敘利亞初始獨立期間，分別有機會取得領導權，乃歸因於法國託管敘利亞期間，所採行之分而治之策略，將敘利亞國內不同的宗教或種族派系，分配於不同的政府職業中，例如：遜尼派阿拉伯人雖在軍隊階級中所占有之比例較低，但於政治上、軍官團、執法機構或警察中則屬多數。[18] 而庫德族於法屬託管時期之敘利亞的軍隊中，則占有一席之地。[19]

但特別的是，兩位庫德族裔的敘利亞總統並未因其本身之種族背景，而對敘利亞庫德族採特別偏好之政策；相反的，阿迪鼻總統期間，反而是限制敘利亞境內庫德族人和非穆斯林之社會及政治權利。[20] 這主要可能是因為當時敘利亞正值獨立初期，在國內不同勢力競逐下，即便上述兩位少數民族出身背景之總統，不得不把國家的統一及穩定作為主要政治目標，也因此對於其他少數的民族或宗教派系給予打壓，以求達到一個至少是表面團結安定的景象。因此，在 1946 年至 1956 年期間，敘利亞境內之庫德族並未有明顯的民族運動或組織的出現。[21]

敘利亞第一個庫德族人所組成之政治組織：敘利亞庫德族民主黨（Democratic Party of Kurds in Syria, PDKS），則是於 1957 年方成立，該黨之成立用意為替敘利亞庫德族利益發聲。[22] 該黨成立原因可歸因於

---

[18] Bou-Nacklie, N.E. (1993). "Les Troupes Speciales: Religious and Ethnic Recruitment, 1916-1946," *Journal of Middle East Studies*, Vol. 25, No. 4, p. 656.

[19] Tejel, *Syria's Kurds*. p. 44.

[20] Halhalli, "Kurdish Political Parties in Syria." p. 31.

[21] *Ibid.*

[22] Schøtt, A. S. (2017). *From the Forgotten People to World-Stage Actors: The Kurds of Syria*. Copenhagen: Royal Danish Defence College. p. 7.

當時內外部之因素，內部乃因該時期強烈的阿拉伯民族主義高漲使敘利亞庫德族深感不安，認爲須有所作爲；而外部因素乃是伊拉克境內庫德族領導人之一的賈拉勒‧塔拉巴尼（Jalal Talabani）暫時逃離至敘利亞境內並協助敘利亞內之庫德族運動。[23] 在此內外力量之交錯影響下，敘利亞第一個庫德族政黨應運而生。然而該黨於建黨之初，便爲了其政治定位而於黨內產生了不同的兩派意見，一派建議該黨應走分離主義路線，將敘利亞境內庫德族另外歸於所謂的庫德斯坦（Kurdistan），而另一派則著重強調敘利亞庫德族爲敘利亞內的小宗民族，應爭取敘利亞內之庫德族權力。[24] 然而後期卻因敘利亞與納瑟總統所領導之埃及合併爲UAR，國內之阿拉伯民族主義更加蓬勃，也間接導致了PDKS黨之庫德族民族主義逐漸衰弱。

三年敘利亞與埃及的合併，最後因爲敘利亞方面覺得整個權力受制於埃及，所以決定與埃及分離，回歸原本的兩國各自獨立。此時的敘利亞政府，爲使其政權穩固，對阿拉伯民族主義之堅持變得更加強烈，政府也更加堅定其「阿拉伯化」政策。1962年，政府對敘利亞東北邊的哈薩克省進行了爲期一天的人口普查；普查的名義，是因爲政府認爲該省許多的庫德族從土耳其非法進入敘利亞，因此需要進行普查，並把那些不能提供於1945年前有居住在該省之證明文件的人，撤銷其敘利亞國籍。[25] 該次普查後，共計於該省約12萬之庫德族人（約占敘利亞庫德族總人數五分之一）其敘利亞國籍被剝奪。[26] 而此次敘利亞政府之所以

23 Tejel, *Syria's Kurds*. pp. 49-50.

24 Schmidinger, T. (2018). *Rojava: Revolution, War, and the Future of Syria's Kurds* (M. Schiffmann, Trans.). London: Pluto Press, p. 51.

25 Allsopp, *The Kurds of Syria*. p. 21.

26 Ziadeh, R. (2009). The Kurds in Syria: Fueling Separatist Movements in the Region. *Special Report, United States Institute of Peace*, or see https://www.usip.org/publications/2009/04/kurds-syria-fueling-separatist-movements-region, p. 2.

對哈薩克省庫德族人進行人口數據上之改變，乃歸因於該時間伊拉克境內庫德族反動勢力之提升，而使得敘政府感到擔心，且哈薩克境內在天然資源上對敘利亞經濟之重要性，使得敘國政府不願該省將來不受中央政府掌控。[27] 被剝奪敘利亞國籍之庫德族人，也意味著他們在敘利亞境內不再享有一切公民應有之權力，例如財產權等等。該次人口普查後，敘利亞境內之庫德族情況，再度受到了嚴重的打擊，不僅是因爲部分敘利亞庫德族人因此成爲無國籍人士，更將原本於法國託管時期的各民族分而治之之情況，演變爲阿拉伯人主導的一個情勢。

三、獨立下之庫德族：漸受壓抑的民族

剛脫離託管統治並處於獨立初期的敘利亞，其境內庫德族之情形相較於託管時期來說，是相對差了許多，且部分庫德族甚至被剝奪其原有之國籍，成爲無國籍人士。這可歸因於該時期之政權不穩定及區域間阿拉伯民族主義盛行之原因而致。(1) 剛獨立之敘利亞因本身之政權穩定性不足，故領導人需以國家團結爲優先利益，以避免不必要之分歧。即便是在庫德族裔之總統領導下，領導人亦未將民族忠誠置於國家忠誠之前；(2) 由於區域間之阿拉伯民族主義之盛行，使得身爲敘利亞內少數民族之庫德族利益更加受到打擊；原先於託管時期所發展出之庫德族民族主義，於敘利亞國內逐漸減弱。

綜觀而論，此時期之庫德族於國內之影響力呈現下降狀況，即便期間庫德族欲藉由成立獨立政黨來鞏固本身之利益。另外，庫德族之命運於此階段，與時期相似的一點是，庫德族之命運皆受到鄰國庫德族之發展而有所影響。

---

[27] Allsopp, *The Kurds of Syria.* pp. 123-124.

肆、獨裁時期：政權的生存為國家信條（1963–2010）

一、獨裁時期背景

在 1963 年，敘利亞復興黨（Ba'ath Party）經由軍事政變取得政權。該黨意識形態以奉行阿拉伯民族主義爲圭臬，其政黨口號爲：「團結、自由、社會主義」。[28] 該政黨於敘利亞取得政權，也意味著除阿拉伯民族主義外，其他少數民族之意識型態皆將不再受到重視。在此期間內，基於敘利亞內部政權更迭情況，又可另區分爲三個次階段，分別爲：(1) 1963-1969：復興黨的不穩定政變期；(2) 1970-2000：哈菲茲（Hafiz al-Assad）政權；以及 (3) 2000-2010：巴夏爾（Bashar al-Assad）政權。在此三階段雖然領導者不同，但整個敘利亞皆處於復興黨的統治之下，故國家統治路線至少在名義上不曾脫離阿拉伯民族主義爲中心；且後兩階段同爲阿薩德家族掌控，該時期除阿拉伯民族主義之外，執政者政權之生存爲政權主要利益考量。因此，在獨裁時期，敘利亞庫德族在權力上仍舊被壓抑，並自敘利亞獨立後到 2004 年間，在阿拉伯民族主義爲政府之領導期至下，未曾爆發大規模庫德族抗議示威事件。[29] 特別的是，此時期除了爲了抑制庫德族於敘利亞內部發展的政策外，在 1970 年哈菲茲甫取得政權之際，部分庫德族人因其政治利益使然，而於敘利亞宗教領域上，取得一席之地。

---

[28] Tucker, E. (2013). *The Middle East in Modern World History*. London & New York: Routledge. p. 228.

[29] Savelsberg, E. (2014). "The Syrian-Kurdish Movements: Obstacles Rather Than Driving Forces for Democratization," in David Romano et al. (eds), *Conflict, Democratization, and the Kurds in the Middle East*. New York: Palgrave Macmillan. p. 91.

二、復興黨統治後的敘利亞：阿拉伯民族主義與家族利益的結合

在復興黨阿拉伯化政策的大旗下，敘利亞國內風聲鶴唳，無不基於鞏固多數的阿拉伯民族做出政策考量。在此情況下，即便敘利亞東北邊的哈薩克省為庫德族之一大聚集地，該省的情報領導人陸軍中尉穆罕默德（Muhammad Talab al-Hilal），針對該區域的庫德族撰寫了一份祕密報告；於其報告中，他將敘利亞境內的庫德族稱為是「我們的敵人」或是「阿拉伯民族整體中一部分的毒瘤」。[30] 從穆罕默德的報告顯示，在復興黨統治下的敘利亞，對於非阿拉伯民族的歧視，開始擴散。一開始該針對庫德族之報告雖為政權內部檯面下之討論，但自 1965 年後，敘利亞政權便將其報告納入官方政策中；這也是為何後期開始，會有所謂的「阿拉伯帶」（Arab Belt）政策。[31] 學者 Yildiz 指出，在該政策下，政府於土耳其－敘利亞及伊拉克－敘利亞邊境畫出一條綿延 375 公里長的軍事警戒線，並強迫居住於該地帶之庫德族搬遷至其他非阿拉伯人居住的地方，並於 1973 年哈菲茲統治時完成該政策。[32]

在哈菲茲初於 1970 年政變取得政權時，由於認識到其政權僅掌握軍事權力，但於敘利亞社經地位上卻處於弱勢族群，需得擴大其政權於敘利亞社會中之支持，故其採行一系列拉攏不同部門及不同族群之計畫，以鞏固自身政權穩定性。[33] 除於經濟社群方面，部分遜尼派阿拉伯

---

[30] Schøtt, *From the Forgotten People to World-Stage Actors*. p. 9; Tejel, *Syria's Kurds*. pp. 60-61; Yildiz, K. (2005). *The Kurds in Syria: The Forgotten People*. London: Pluto Press. p. 34.

[31] Schmidinger, *Rojava: Revolution, War, and the Future of Syria's Kurds*. p. 64.

[32] Yildiz, *The Kurds in Syria*. p. 36.

[33] Hinnebusch, R. (2015) "Syria's Alawis and the Ba'ath Party," in Kerr, M. and Craig Larkin (eds.), *The Alawis of Syria: War, Faith and Politics in the Levant*. Oxford: Oxford University Press. p. 114.

商人受其攏絡，在宗教社群方面，其亦拉攏兩位庫德族裔之宗教學者——科發特羅（Ahmed Kiftaru）和布提（Ramadan al-Buti），作爲其政策宣傳之用。[34] 在聯合庫德族宗教學者的同時，該手段亦被視爲是削弱庫德族本身之民族認同，而欲驅使庫德族人阿拉伯化之政策。[35] 在哈菲茲的分化領導政策下，其不僅強化了其政權的正當性，更藉由此分化派系的手段，不同族群或宗教派系無大規模之抗爭，使其政權得以穩固維繫。

在哈菲茲時期，敘利亞庫德族不僅被該政權以拉攏手段與政權達成和平狀態，敘利亞政府更利用庫德族議題，作爲其對抗區域政敵土耳其的一種手段。歐賈藍（Abdullah Ocalan）爲土耳其庫德斯坦工人黨（PKK）創始人，但於1978年間，當土耳其政府開始逮捕PKK成員時，歐賈藍逃離至敘利亞。[36] 即便歐賈藍被土耳其政府視爲恐怖分子，哈菲茲政權亦將其收容於敘國內，並容許其繼續先前的庫德族運動，但前提是不得使敘利亞庫德族反抗哈菲茲政權。[37] 在哈菲茲對庫德族議題的威逼利誘下，雖然敘利亞國內庫德族表面上看來是順從於阿薩德政權的，此看似和平的民族關係，由於未能賦予該國國內少數民族應有之權利，到了2004年，庫德族群聚之卡米夕立（Qamishli）城，仍爆發了四十年以來最龐大的反政府運動。

2004年3月，在卡米夕立舉行的一場足球賽，由於卡米夕立的庫

---

34 Stenberg, L. (2005) "Young, Male and Sufi Muslims in the City of Damascus," in Jørgen Bæck Simonsen (ed.), *Youth and Youth Culture in the Contemporary Middle East*. Aarhus: Aarhus University Press; Pierret, T. (2013) *Religion and State in Syria: The Sunni Ulama from Coup to Revolution*. New York: Cambridge Universiyt Press. pp. 46-49, 76-82.

35 Schmidinger, *Rojava: Revolution, War, and the Future of Syria's Kurds*. p. 66.

36 Mango, A. (2005). *Turkey and the War on Terror: For Forty Years We Fought Alone*. New York: Routledge. p. 34.

37 Paasche, T.F. (2015) "Syrian and Iraq Kurds: Conflict and Cooperation," *Middle East Policy*, Vol. 21, No. 1, p. 79.

德族球迷和戴爾祖爾（Dayr al-Zur）省的阿拉伯球迷，因爲雙方言語上充滿政治意味之挑釁，阿拉伯球迷言語汙辱伊拉克庫德斯坦之領導人，而庫德族球迷則讚美 2003 年小布希入侵伊拉克並消滅海珊政權，雙方因此大打出手。[38] 政府之後對庫德族示威抗議者進行強烈武力鎮壓，並逮捕幾十位庫德族示威人士，並以刑求方式對待；此次之庫德族示威暴動重要性之一，乃因爲該次示威抗議，爲當代敘利亞歷史上第一次敘利亞庫德族人公開上街抗議阿薩德政府的反抗運動。[39] 即便如此，在巴夏爾的強力鎮壓下，庫德族人的示威運動很快便又回到了平靜。

三、獨裁下之庫德族：韜光養晦

在近五十年復興黨統治下的敘利亞，以阿拉伯民族主義的擁護者之名治理著敘利亞。國家的統治階層無論是眞心誠意奉行阿拉伯民族主義與否，其一切國家政策皆須以阿拉伯民族主義爲中心；也因爲如此，身爲敘利亞內少數民族的庫德族在此階段可說是在一個自覺（甚或不自覺）的情況下，被強迫遮掩或去除其原有之民族色彩。即便於 2004 年發生了敘利亞有史以來規模最龐大的庫德族示威抗議運動，但也迅速被阿薩德政府所壓制，庫德族再度噤聲。但需特別注意的是，在此時期，雖然政府政策多以濃厚的阿拉伯民族主義色彩包裝，但若進一步去分析，可以認識到的是，在這種特定民族主義的論述背後，其實是爲了執政政權的政治利益，諸如 1965 年「阿拉伯帶」政策的劃分試圖切斷敘利亞境內庫德族和土耳其或伊拉克庫德族的連結、1970 年哈菲茲上任時與庫德族學者的妥協、及 1979 敘利亞政府爲抗衡期區域政敵土耳其而收容被土耳其政府名列恐怖分子的歐賈藍等。這段期間庫德族人於政治上的被壓抑，也可以進而解釋爲何在下個階段革命爆發後，敘利亞庫

---

[38] Tejel, *Syria's Kurds*. pp. 114-115.

[39] Savelsberg, "The Syrian-Kurdish Movements." pp. 91-93.

德族之反應於初期顯得較為保守。

伍、2011革命後：爭取自治卻仍無法脫離外力擺布[40]

一、革命時期背景

2010 年底自突尼西亞阿拉伯之春爆發後，此革命浪潮延續至其他區域內的阿拉伯國家。隔年 3 月，敘利亞內不同大城市亦有上萬位示威抗議者，如同其他歷處阿拉伯之春的國家一樣，示威者要求那些長期獨裁者改革內政或是下臺。雖然在敘利亞革命之前，該國國內早已有不同庫德族政黨存在，但這些政黨多採取保守政策不願多作表態，反倒是境內的許多庫德族青年參與了不同場次的示威抗議行動。[41] 而沉寂多年的庫德族民族運動，在敘利亞內部混亂情況，從革命演變成內戰後，開始重新浮上檯面，並掌控敘利亞境內近 30% 的土地。[42] 即便在敘利亞革命爆發後，境內庫德族人勢力似乎正處於前所未有之高點，但若進一步去分析其於衝突後興起快速之過程，便可發現其實敘利亞庫德族之政治命運，依舊不能脫離其他時期受不同國內、區域甚或國際政治壓力的箝制。

二、權力鬥爭下的得利者

庫德族政黨雖於革命第一年對國內之起義採取較被動的態度，但

---

[40] 由於自2011年後與敘利亞庫德族相關之事件繁多，但限於章節字數無法一一交代。若對此時期之事件發生先後順序有興趣者，可以參考https://rojavainformation-center.com/background/rojava-timeline/.

[41] Schøtt, *From the Forgotten People to World-Stage Actors*. p. 14.

[42] "Syria conflict: Pompeo 'optimistic' on deal to protect Kurds," *BBC*, 13 January 2019, or see https://www.bbc.com/news/world-middle-east-46853979.

阿薩德政府認知到博取境內最大少數民族支持的重要性，並特別於敘利亞庫德族加入示威抗議活動後，於 2011 年 4 月突然宣布 49 號法令，給予在哈薩克省內自 1962 年起無國籍之庫德族人敘利亞國籍，預估近 20 萬人因該法令取得敘利亞國籍。[43] 此手段僅在一開始有略為安撫庫德族之不滿情緒，但之後還是無法達到敘利亞政府拉攏庫德族不參與反政府活動最初計畫的效果。[44] 2011 年 10 月 26 日，敘利亞境內的主要庫德族政黨，在伊拉克庫德族領導人馬蘇德（Massoud Barzani）的協助下，拋棄先前不同成見，組成庫德族民族議會（Kurdish National Council, KNC）。[45] 但是，KNC 的成立，仍舊無法代表敘境內所有庫德族人，像是敘利亞境內另一大庫德族政黨——民主聯盟黨（Democratic Union Party, PYD），便未加入 KNC。

一年後，由於敘利亞內戰白熱化，敘利亞政府軍情告急，不得不將原本派駐於哈薩克省的軍隊，全數撤出並轉移到敘利亞重要大都市以便對抗反抗軍；在此突然間的權力真空下，沉寂已久的 PYD 迅速占據了敘利亞東北部的庫德族主要居住地區，並享有事實上的自治（de facto autonomy）。[46] 有學者指出，其實這是敘利亞政府的離間政策，故意讓親 PKK 的 PYD 於土敘邊界取得領導權，一方面可以表達對土耳其政府支持敘利亞革命的不滿，進而牽制土耳其政府；另一方面可以

---

[43] Hossino, O. and Ilhan Tanir (2012). The Decisive Minority: The Role of Syria's Kurds in the Anti-Assad Revolution. *A Henry Jackson Society Report*, or see https://henryjacksonsociety.org/wp-content/uploads/2012/03/The-Decisive-Minority.pdf; "Syria Grants Nationality to Stateless Kurds," *Equal Rights Trust*, 8 April 2011, or see https://www.equalrightstrust.org/news/syria-grants-nationality-stateless-kurds.

[44] 1Schmidinger, *Rojava: Revolution, War, and the Future of Syria's Kurds*. p. 112.

[45] Carnegie Middle East Center. The Kurdish National Council in Syria, 15 February 2012, or see https://carnegie-mec.org/publications/?fa=48502.

[46] Gunter, *Out of Nowhere*. p. 121.

藉此分化反抗敘利亞政府聯盟間的信任。[47]但無論如何，PYD於2012年中之後得以取得敘利亞大片領土，已可被視為是自敘利亞建國以來境內庫德族政治權力的一大躍進。也就是在PYD占據敘利亞東北部後，PYD和KNC間緊張的關係逐漸浮上檯面。兩黨間關係緊張，可歸因於其各自背後的支持勢力來源屬敵對關係所致，KNC受土耳其和伊拉克庫德斯坦政府的支持，而PYD則是受到土耳其境內恐怖組織PKK支持。[48]從這點來看，敘利亞境內庫德族不僅沒有一致的民族方向，甚至其各自組織所發展的政治路線，亦是受其背後贊助者所影響。

而在2014年9月，當伊斯蘭國（Islamic State of Iraq and al-Sham, ISIS）勢力擴張至敘利亞北部的科巴尼（Kobani）後，西方以美國為首的聯軍聯合附屬於PYD的武裝團體人民保護部隊（People's Protection Units, YPG），共同對抗ISIS於敘利亞境內之擴張；但由於YPG和PKK間強烈之連結，美國對YPG的支持使土耳其深感芒刺在背。[49]也是由於土耳其的不滿，於2015年10月10日，另一個武裝組織敘利亞民主部隊（Syrian Democratic Forces, SDF）成立，除了YPG外，另有阿拉伯、土耳其、庫德族、亞述、亞美尼亞民族的加入，欲以此擺脫被批評為獨厚庫德族的軍事援助行動；美國得以藉此在不激怒土耳其的情況下，繼續援助其於敘利亞內對抗ISIS的活動。[50]而SDF和YPG日後亦不

[47] Hokayem, E. (2013) *Syria's Uprising and the Fracturing of the Levant*. London: Routledge. pp. 79-80.

[48] *Ibid.*, p.79; Caves (2012) Syrian Kurds and the Democratic Union Party (PYD). *Institute for the Study of War*, or see http://www.understandingwar.org/sites/default/files/Backgrounder_SyrianKurds.pdf.

[49] Stein, A. (2017) Partner Operations in Syria: Lessons Learned and the Way Forward. *Atlantic Council*, or see https://www.atlanticcouncil.org/images/publications/Partner_Operations_in_Syria_web_0710.pdf.

[50] Schmidinger, *Rojava: Revolution, War, and the Future of Syria's Kurds*. p. 111; Zarea, Y. and Sebastian Maier (2018) Recent Developments of US and Turkish Involvement in the

負眾望，對抗 ISIS 有大幅進展；但這也使得土耳其政府感到憂心，因此於 2016 年 8 月，也以對抗 ISIS 的名義，入侵敘利亞。[51] 之後，便是不同程度的 ISIS 和聯軍（包含庫德族武裝團體）／ 土耳其的衝突。而後於 2018 年 1 月 20 日，由於 YPG 於土敘邊界造成土耳其國內安全問題，土耳其政府以維護其國內安全之名再度出兵敘利亞，至今仍占據土耳其和敘利亞邊界部分區域。[52] 關於敘利亞庫德族對抗 ISIS 的戰事，則於 2019 年 3 月由 SDF 官方人士指出，他們徹底擊敗了在敘利亞的 ISIS。[53]

三、革命後之庫德族：仍舊受限於其他勢力

原本在四個主要庫德族居住的國家，敘利亞庫德族於 2011 年革命爆發前較少受到世界關注。然而在革命爆發後，內戰衝突升高，在敘利亞內的庫德族得到了有史以來各方的關注，並占據了近三分之一的敘利亞領土。從革命後敘利亞庫德族之發展所顯現的是：(1) 庫德族雖於人口屬敘利亞少數民族，但其於敘利亞國內政治中所扮演的重要性，在衝突爆發後顯得格外重要；(2) 不同庫德族之政黨或團體間並無一致的政治目標，而沒有統一的政治路線；(3) 雖然敘利亞庫德族於占領區域宣布成立自治政府，並享有一定程度之自治，但此舉並未獲得敘利亞執政

Syrian Conflict. *King Faisal Center for Research and Islamic Studies*. p. 11.

[51] Plakoudas, S. (2017) "The Syrian Kurds and the Democratic Union Party: The Outsider in the Syrian War," *Mediterranean Quarterly*, Vol. 28, No. 1, pp. 111-112.

[52] Anas, O. (2018) Implications of Turkey's Operation Olive Branch in Syria. *Indian Council of World Affairs*, or see https://icwa.in/pdfs/vp/2014/impliturkeyoperationsyria-vp22032018.pdf; Peters, A. (2018) The Turkish Operation in Afrin (Syria) and the Silence of the Lambs. *EJIL: Talk!* or see www.ejiltalk.org/the-turkish-operation-in-afrin-syria-and-the-silence-of-the-lambs/.

[53] "ISIL defeated in final Syria victory: SDF," *Aljazeera*, 23 March 2019, or see https://www.aljazeera.com/news/2019/03/isil-defeated-syria-sdf-announces-final-victory-190323061233685.html.

政府（阿薩德政府）之同意，亦未獲得國際上的支持。綜上而論，我們可以說，即便敘利亞庫德族在革命後且打擊 ISIS 有功的情況下，似乎更受各界重視且取得部分權力，但其一切政治活動仍受各自政黨或團體背後所支持的政治實體之意向而影響。

■ 陸、結語：未來在何方？

相較於其他三個庫德族主要居住的國家來說，在 2011 年革命爆發前，敘利亞庫德族所衍生的民族衝突問題相對較低且低調。總結本文中前三個階段之分析，可歸納出三個原因：(1) 人數上相較於其他國家之庫德族來的稀少；(2) 敘利亞不同政權對其生存權利之壓抑（法國託管政權在尾聲亦無支持庫德族之權利），甚至剝奪部分庫德族人國籍和財產權；(3)「阿拉伯帶」之政策將其與土耳其和伊拉克之庫德族劃分開來，使敘利亞庫德族與另外兩國之庫德族在連結上較為困難。即便如此，在史無前例的革命於敘利亞爆發後，國內陷入混亂之際，加上 ISIS 之興起，該少數民族的重要性相對地開始受到世界之關注，而敘利亞庫德族亦在西方以美國為首的支持下，在對抗恐怖組織的同時，占據了敘利亞近三分之一的土地，並宣布自治。

綜觀敘利亞庫德族自法國託管時期至今的變化，除了他們相對低調之共通點外，另一個於不同時期皆有的特色就是：敘利亞庫德族之民族運動少有主動，多為在外在因素的激發下而產生。託管時期法國政府分而治之政策、獨立時期伊拉克庫德族政治分子脫逃至敘利亞協助組成民族政黨、獨裁時期政府為其政權自身利益於初期取得政權時聯合少數庫德族宗教人士及日後收容土耳其 PKK 領導人、和革命爆發後西方為首之聯軍和區域間土耳其及伊拉克庫德族團體對敘利亞庫德族之支持，這些不同時期無論是外國政府或組織給予敘利亞庫德族之刺激，才是促使後者進行民族運動之主因。

　　由於敘利亞庫德族之民族運動乃受外部勢力所激發，而不同外部勢力各自亦有其不同之利益考量；這也間接使得敘利亞庫德族在受不同外部勢力影響後，庫德族在政治訴求上有不同之表現，多與外部勢力贊助者之政治態度或利益相符合，且受不同外部勢力影響之不同庫德族間之關係也未能達到一致。在此外部勢力因素影響敘利亞境內庫德族運動且敘利亞庫德族並無一致目標的前提下，敘利亞庫德族之政治訴求也顯得較為不明確。目前所能觀察到關於敘利亞庫德族短期發展之目標，為建立一個自治但非獨立於敘利亞中央政府之外的自治政府。

　　總的來說，敘利亞庫德族人在革命爆發後，雖可被視為是當代敘利亞發展中相對擁有較高自主權的情況；然而，反觀該民族近百年歷史，及近期之興起，該民族若欲達到完全享有自主權或是成為一個獨立的國家，是近乎渺茫的。這可歸因於庫德族分布於四個國家之中，若有任何一國內之庫德族獲得獨立，將會是牽一國而動全區域之情況，且不為土耳其及伊拉克兩中央政府所樂見的。即便美國於某種程度上提供敘利亞庫德族資源協助，但其從未支持該民族建立一個獨立之國家。

敘利亞庫德族的大事記

年份	事件
1927.10	庫德族政黨 Khoybun 於黎巴嫩成立
1957	敘利亞庫德族民主黨（Democratic Party of Kurds in Syria, PDKS）成立
1962	哈薩克省人口普查
1973	「阿拉伯帶」政策實施
2004.03	卡米夕立暴動
2011.10	庫德族民族議會（Kurdish National Council, KNC）成立
2014.09	西方以美國為首的聯軍聯合武裝團體人民保護部隊（People's Protection Units, YPG）

年份	事件
2015.10	敘利亞民主部隊（Syrian Democratic Forces, SDF）成立
2016.08	土耳其入侵敘利亞
2018.01	土耳其再度出兵敘利亞
2019.03	SDF 宣布徹底擊敗在敘利亞的 ISIS

Chapter *5*

伊拉克庫德自治與建國問題：從一戰結束至伊斯蘭國勢力瓦解

崔進揆[*]

[*] 中興大學國際政治研究所助理教授，研究專長為伊斯蘭與中東安全、美國外交與安全政策、批判恐怖主義研究等。

壹、前言

　　庫德問題可以追溯至一次世界大戰結束之後西方國家為了瓜分鄂圖曼土耳其帝國轄下領土而締結的一系列國際協定和祕密外交。1923年《洛桑條約》簽訂後，庫德人正式成為世界上最大的無國家民族，雖是區域內第四大民族，並有超過 3,000 萬的人口，但卻被迫分布在伊朗、伊拉克、敘利亞和土耳其境內，成為生活在四個國家之中的少數民族，在歷史上分別受到統治者程度不一的打壓。[1]本文探討的伊拉克庫德問題，僅是廣義庫德問題的一部分，特別針對伊拉克北部包含達戶克（Dahuk 或 Dohuk）、埃比爾（Erbil）、蘇雷曼尼雅（Suleymaniya 或 Sulaimaniya）三省在內所謂庫德斯坦（Kurdistan）地區（圖 5）的庫德人自治和獨立建國問題進行探究。

　　伊拉克庫德人自脫離鄂圖曼土耳其帝國統治後，經歷了伊拉克建國、英國託管、伊拉克正式獨立、自由軍官團政變、伊拉克復興黨（Ba'ath Party）興起、薩達姆·海珊（Saddam Hussein）執政、兩伊戰爭、第一次波斯灣戰爭、美伊戰爭、伊斯蘭國（Islamic State, IS）崛起等區域和國際性的重大事件。在過去一個世紀中，伊拉克庫德人爭取自治和獨立的歷程，實際上與伊拉克的政治發展，以及庫德人與阿拉伯人在不同時期中的互動關係有關。

　　本文先概略介紹庫德人的歷史、人口分布、宗教和語言，接著回顧近代庫德問題的起源和影響中東與庫德民族的相關國際協定，再探討庫德人自伊拉克建國和正式獨立後，就自治問題與阿拉伯人統治者的互動關係，最後則分析後海珊時期，伊拉克政府重建、憲法起草，以及國際

1　Ariav, H., McMahon, R., and Sherlick, J. (2017). "The Time of the Kurds," October 4, Council on Foreign Relations. Retrieved from https://www.cfr.org/interactives/time-kurds#!/time-kurds，取用日期2019年06月28日。

社會打擊極端主義伊斯蘭國（IS）對於伊拉克庫德人推動自治和追求建國理念的影響。研究認為，地理位置的不利條件，伊拉克政治制度和憲法設計，當前國際社會和主權國家普遍反對分離主義等因素，皆為伊拉克庫德人獨立建國之路設下重重障礙。另，2017 年 9 月庫德斯坦獨立公投和當前庫德斯坦地區政治、經濟發展狀況顯示，如何有效地在伊拉克的憲政架構下爭取最大程度的自治，或許才是伊拉克庫德人最務實的政策。

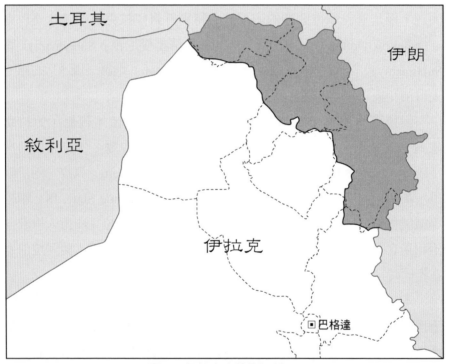

圖 5　伊拉克庫德斯坦地區

貳、庫德民族：歷史、分布、宗教、語言

庫德人（Kurds）泛指居住在庫德斯坦（Kurdistan）地區的原住民族。根據 2014 年美國中央情報局（Central Intelligence Agency, CIA）的統計，全球庫德人口近 3,000 萬人，主要分布在伊拉克（550 萬）、伊朗（810 萬）、土耳其（1,470 萬）和敘利亞（170 萬）。[2] 做爲一個獨特的民族，庫德人被視爲是千百年來古提（Guti）、庫爾提（Kurti）、麥迪（Mede）、馬德（Mard）、卡杜奇（Carduchi）、古迪內（Gordyene）、阿迪安拜內（Adianbene）、齊拉（Zila）、哈迪（Khaldi）等部族演進，以及印歐民族約莫在四千年前遷徙至札格羅斯（Zagros）山區的結果。[3] 目前仍無明確的研究指出庫德民族的歷史和起源究竟源自何時與何地，但庫德人與居住在英國高地的蘇格蘭人極爲相似，皆有屬於自己的民族史，且一般認爲庫德斯坦地區居住有超過 800 個不同的部族。[4]

若欲了解「庫德」（Kurd）和「庫德斯坦」（Kurdistan）等詞彙的由來，必須由歷史的脈絡中找尋答案。「庫德」一詞最早是在西元七世紀阿拉伯人征服美索不達米亞地區時被用來專指居住在區域內的遊牧民族，而「庫德斯坦」，亦即「庫德人之地」，則可追溯至十二世紀塞爾柱土耳其王儲桑達加（Saandjar）以「庫德斯坦」爲名在今日伊朗境內的庫德斯坦（Kurdistan 或 Kordestan）創立行省的歷史。[5] 歷史上庫德斯坦所涵蓋的地理範圍會因時代不同而略有差異，但不論差異如何，伊朗、伊拉克、敘利亞、土耳其等四國境內山岳交會處皆大多涵蓋

2 Ariav, H., McMahon, R., and Sherlick, J., "The Time of the Kurds."
3 Yildiz, K. (2007). *The Kurds in Iraq: Past, Present and Future*. London, the United Kingdom: Pluto Press, p. 7.
4 *Ibid.*
5 *Ibid.*

在其中，且一般認為「庫德斯坦」主要以塔魯斯（Taurus）和札格羅斯（Zagros）山為骨幹，向南延伸至美索不達米亞平原，並沿北和東北方綿延至亞美尼亞和安納托利亞地區。[6]

　　庫德民族的語言和宗教受到歷史、地理和人口分布的影響。中東地區的庫德人多為穆斯林，宗教認同以遜尼伊斯蘭（Sunni Islam）為多數，而庫德人改信伊斯蘭教的歷史則可追溯至西元十二至十六世紀。[7]除了宗教信仰外，不同於區域內的阿拉伯人，庫德人擁有自己的語言、文化和風俗習慣，且嚴格來說庫德人並非單一語言的民族，其日常慣用語會因地域的不同而呈現語言多元化的特色。[8]大部分的庫德人使用庫滿志（Kurmanji）語，庫滿志語通用於居住在土耳其、敘利亞、前共產蘇聯、北伊朗和伊拉克宰伯（Zab）河北部的庫德人，而另一主要方言索拉尼（Sorani）語，亦或庫迪（Kurdi）語則被居住在伊拉克宰伯河南部和伊朗庫德斯坦省的庫德人所使用，其他次方言尚有克滿沙亥（Kirmanshahi）語、類基（Leki）語、古拉尼（Gurani）語和札札（Zaza）語。[9]一般而言，庫滿志語和索拉尼語的使用者彼此間並無語言溝通上的障礙，但其他次方言的使用者則容易出現溝通不易的狀況。同時，居住在土耳其和伊拉克境內的庫德人也習慣在母語中夾雜有大量的土耳其文和阿拉伯文。[10]

6　*Ibid.*

7　*Ibid.*

8　*Ibid.*

9　Yildiz, *The Kurds in Iraq*, p. 7; Aziz, M. (2011). *The Kurds of Iraq: Ethnonationalism and National Identity in Iraqi Kurdistan*. London, the United Kingdom: I. B. Tauris & Company, Limited, pp. 50-53.

10　Yildiz, *The Kurds in Iraq*, p. 8; Aziz, *The Kurds of Iraq*, pp. 50-53.

■ 參、伊拉克庫德問題起源

　　近代庫德問題可以追溯至第一次世界大戰結束之後歐洲列強進入中東，並瓜分鄂圖曼土耳其帝國勢力範圍的歷史談起。一戰期間，鄂圖曼土耳其加入奧匈帝國和德國組成的同盟國陣營，在戰爭後期，以英國為首的西方國家開始協議商定戰後秩序與瓜分鄂圖曼土耳其帝國領土的計畫，英國更在 1915 年至 1917 年間締結了三個影響區域秩序至鉅的協定。為加速鄂圖曼土耳其帝國的瓦解，英國政府自 1915 年起便透過通信的方式，尋求與麥加的謝里夫侯賽因‧本‧阿里（Sharif Husayn ibn' Ali of Mecca）締結同盟的可能性，並承諾將於戰後協助麥加謝里夫在阿拉伯半島建立一個阿拉伯王國。[11] 此外，英國亦提供資金、糧食和武器等援助予謝里夫和受鄂圖曼土耳其統治近四世紀的阿拉伯人，藉此換取阿拉伯人群起反抗鄂圖曼土耳其的意願，而著名的《侯賽因‧麥克馬洪通訊協定》（The McMahon-Hussein Correspondence）便於此期間簽訂。[12] 根據《侯賽因‧麥克馬洪通訊協定》的內容，戰後新建立的阿拉伯王國領土將涵蓋阿拉伯半島的大部，但排除部分敘利亞境內與法國利益攸關的地區，如：西大馬士革（Damascus）、霍姆斯（Homs）、哈馬（Hama）和阿勒坡（Aleppo），至於英國在美索不達米亞地區伊拉克巴格達（Baghdad）和巴斯拉（Basra）的權利則由英國和阿拉伯兩國共管。[13] 雖然阿拉伯民族主義的訴求受到當時英國政府的重視，但包含庫德人在內的其他少數民族權益則在英國與阿拉伯人結盟的政策下被刻意漠視或忽略。

　　英國主導簽訂的第二個協定為《塞克斯‧皮科協定》（Sykes-Picot

---

11 Rogen, E. (2018). *The Arabs: A History*. New York: Penguin, p. 189.

12 *Ibid.,* pp. 189-190.

13 *Ibid.,* p. 190.

Agreement），該協定由前法國駐貝魯特總領事查爾斯·弗朗索瓦·喬治—皮科（Charles Francois George-Picot）和英國代表馬克·塞克斯（Mark Sykes）爵士簽訂。[14]《塞克斯·皮科協定》將英國、法國、俄羅斯的勢力引進中東，且根據該一協定，英國在美索不達米亞，特別是巴格達和巴斯拉等地區得「依照其要求建立直接或間接的行政管理或控制」，法國則在《侯賽因·麥克馬洪通訊協定》中曾被提及之部分敘利亞境內領地享有與英國類似的行政、管理權，而英、法控制區的中間地帶則爲兩國各自的勢力範圍，巴勒斯坦被認定由「國際共管」。另，俄羅斯在安納托利亞地區東部的領土疆界亦在《塞克斯·皮科協定》中被確認。[15]英國提出的最後一個協定是1917年11月2日的《貝爾福宣言》（*Balfour Declaration*），該宣言以英國外相阿瑟·詹姆士·貝爾福（Arthur James Balfour）命名，英國政府首度公開支持世界猶太復國主義組織（The World Zionist Organization），並承諾將在戰後支持猶太人於巴勒斯坦地區建立自己的民族家園。[16]《貝爾福宣言》不僅與《侯賽因·麥克馬洪通訊協定》和《塞克斯·皮科協定》中英國對阿拉伯人的承諾，以及關於巴勒斯坦國際共管地位的內容相違，亦忽視除了猶太人和阿拉伯人外，其他包含庫德人在內的少數民族自決權利。

　　除了前述英國主導的三個戰時協定，戰後的《色佛爾條約》（*Treaty of Sèvres*）和《洛桑條約》（*Treaty of Lausanne*）更直接影響了庫德人的權益和命運。一戰以前，波斯帝國或是鄂圖曼帝國的統治者皆透過讓庫德人過著半自治生活的方式來維持帝國秩序的穩定和疆域的完整；一戰結束後，國際間因盛行民族自決原則的風潮，使得庫德人首次有機會被國際社會所重視，並進而推動建立獨立國家的計畫。美國總統

---

14 *Ibid.*, p. 191.

15 *Ibid.*, p. 192.

16 *Ibid.*, pp. 192-193.

威爾遜為表示其對民族自決的支持在其十四點原則中曾明確表示鄂圖曼帝國下非土耳其裔的少數民族其自治發展的機會應被確保不受到任何的干擾。[17] 因受到民族自決風潮的影響，一戰的勝利國在 1920 年的《色佛爾條約》中提出建立一個獨立庫德國家的可能性。《色佛爾條約》第 62 條明確指出在條約生效後的六個月內，法國、義大利和英國應該任命一個專責的委員會來處理庫德地區的自治問題，而此庫德地區涵蓋範圍東至幼發拉底地區，南至亞美尼亞，北到敘利亞和美索不達米亞，同時區域內其他少數民族的安全亦應受到保障。[18] 此外，條約第 64 條更指出在條約生效一年後，若庫德人欲尋求獨立，則在國際聯盟的推薦下，土耳其應該同意庫德人的訴求。[19] 另，根據條約內容，英國將接受國際聯盟的任命成為鄂圖曼美索不達米亞行省的託管國。

　　1920 年《色佛爾條約》關於戰後區域秩序的規定，令許多土耳其人感到不滿，認為土耳其的權利被西方列強犧牲，是故，在條約簽訂後的數年間，土耳其境內爆發革命的浪潮，土耳其民族主義者，在凱末爾的領導下重新與西方列強簽訂新約。庫德人當時為了確保自身的利益，透過向國際聯盟和英國提出訴求的方式，要求國際聯盟和英國必須在 1923 年《洛桑條約》的議定過程中重視和承認庫德自治的權利。[20] 然而，受到土耳其民族主義的影響，以及英國對於庫德民族自決的不確定和本國利益優先的考量下，《洛桑條約》最終忽視了庫德人尋求自治和建立獨立國家的訴求。[21] 條約內容最後僅提及宗教弱勢團體的權利應當受到

---

17 Yildiz, *The Kurds in Iraq*, p. 10.

18 Aziz, S. (1998). "The Kurdish Issue in Iraq: Tragedy and Hope," *Intellectual Discourse*, Vol. 6, No. 1, pp. 71-72.

19 *Ibid.,* p. 72.

20 Yildiz, *The Kurds in Iraq*, p. 10.

21 鄧峰譯，MacMillan, M.著（2019），《巴黎和會：締造和平還是重啟戰爭？重塑世界新秩序的關鍵180天》，臺北：麥田出版社，頁536-548。

保護的原則，而《色佛爾條約》劃定的庫德自治區則重歸土耳其、伊朗和1921年剛立國不久的伊拉克管轄。[22] 受到《洛桑條約》的影響，庫德人自此成為散布在伊拉克、伊朗、敘利亞和土耳其境內的少數民族，至今仍無法擁有獨立的家園，並在歷史上遭受四國統治者不同程度的壓迫。

肆、復興黨與海珊統治期間庫德與阿拉伯族群關係

伊拉克在1932年獲得國際聯盟的承認，正式脫離英國的託管，成為阿拉伯世界令人稱羨的獨立國家，而伊拉克也是國際聯盟26年歷史中唯一被接受，並且成功獨立，最終結束託管地位的成員。[23] 庫德領袖穆拉・穆斯塔法・巴札尼（Mullah Mustafa Barzani）在伊拉克獨立至1958年自由軍官團發動政變期間崛起，並以強勢又具個人領導魅力的風格來推動伊拉克的庫德民族運動。巴札尼曾因組織地方性的庫德抗爭運動而被伊拉克阿拉伯人政府軟禁在蘇雷曼尼亞地區，但當庫德民族於1943年二度發動抗爭運動時，巴札尼再次被中央政府流放至伊朗。[24] 巴札尼流亡伊朗期間適逢共產蘇聯支持的庫德「馬哈巴德共和國」（Mahabad Republic）在伊朗北部成立，以及庫德民主黨（Kurdish Democratic Party, KDP）於1945年在伊朗成立之際。[25] 庫德民主黨後來分裂成伊拉克庫德民主黨（KDP）和伊朗庫德民主黨（KDPI），巴札尼和其領導的庫德民主黨在日後的伊拉克庫德民族運動中扮演關鍵的角色，影響伊拉克政局至鉅。[26]

---

[22] 鄧峰譯，MacMillan, M.著（2019），《巴黎和會》，頁536-548。

[23] Rogen, *The Arabs: A History*, p. 234.

[24] Yildiz, *The Kurds in Iraq*, pp. 15-16.

[25] *Ibid.*, p. 16.

[26] *Ibid.*

1958 年伊拉克發生阿布杜・卡林・卡辛（Abd al-Karim Qasim）為首的自由軍官團政變，軍事政變結束費瑟國王（King Faysal）的統治，伊拉克由王權走向共和政體。[27] 伊拉克政變後，巴札尼和其親信得以重返伊拉克，並繼續推動伊拉克庫德民族的自治運動。卡辛就任伊拉克總統之初，伊拉克政府和庫德人曾經維持短暫的和諧關係，庫德人哈立德・那格沙邦迪（Khalid Naqshabandi）亦曾被任命為伊拉克「主權會議」（sovereignty council）的三人成員之一。[28] 然而，隨著庫德自治運動的推展，伊拉克政府決定不再容忍任何形式的庫德自治，且庫德陣營內部也出現分歧的意見，部分人士支持伊拉克政府，部分人士則反對阿拉伯人政府的壓迫，其中反對派人士巴札尼和其領導的庫德民兵組織庫德敢死隊（Peshmerga），便在此背景之下占領伊拉克北部和伊朗的邊界地帶，並展開與伊拉克政府間的長期軍事抗爭，雙方衝突不斷。[29]

1963 年伊拉克政局遭逢驟變。政變上臺的卡辛政府遭到復興黨推翻，復興黨在意識形態上採取社會主義和世俗主義的路線。[30] 新上任的復興黨政府為鞏固領導權威，採取高壓的手段來整肅異己，期間許多庫德人遭到殺害。儘管二度遭逢政變的伊拉克政局呈現動盪不安的狀態，但庫德人仍決定和復興黨政府就自治地位問題展開對話，然最終因為庫德人堅持摩蘇爾（Mosul）和吉爾庫克（Kirkuk）兩城市必須劃歸在庫德自治區內導致雙方談判破局。[31] 摩蘇爾對於伊拉克庫德人而言具有重

---

[27] Calculli, M. and Legrenzi, M. (2016). "Middle East Security: Conflict and Securitization of Identities," in L. Fawcett (Ed.), *International Relations of the Middle East*. Oxford, the United Kingdom: Oxford University Press, pp. 218-238.

[28] Yildiz, *The Kurds in Iraq*, p. 16.

[29] *Ibid.*, pp. 16-17.

[30] Sluglett, P. (2016). "The Cold War in the Middle East," in L. Fawcett (Ed.), *International Relations of the Middle East*. Oxford, the United Kingdom: Oxford University Press, pp. 72-74.

[31] Yildiz, *The Kurds in Iraq*, p. 17; Aziz, *The Kurds of Iraq*, pp. 70-71.

伊拉克庫德自治與建國問題：從一戰結束至伊斯蘭國勢力瓦解

要的意義，歷史上也是庫德人在伊拉克北部主要的城鎮；吉爾庫克對庫德人而言有民族、歷史、和文化的特殊情感，向來被視為是庫德人的「耶路撒冷」，且因吉爾庫克蘊含豐富的油田，故為伊拉克石油出口和國家財政的重要來源。[32]

事實上，伊拉克在非復興黨總統阿布杜·沙蘭·阿利夫（Abd al-Salam Arif）和阿布達爾·拉赫曼·巴札茲（Abdel Rahman al-Bazzaz）主政期間，曾試圖透過談判的方式與庫德人商討自治的問題，巴札茲更在 1966 年 6 月公開發表宣言，強調伊拉克境內阿拉伯和庫德民族共存的特色，並暗示只要庫德人不危及伊拉克的完整性，將允許其獲得自治的地位，可惜巴札茲的宣言並未得到復興黨和政府官員的支持。[33]1968 年復興黨重新取得政治主導地位後，雖亦主張與庫德人展開和談，但雙方仍因吉爾庫克的歸屬問題而陷入僵局。[34]當伊拉克政府和庫德人的和談數度破局後，伊拉克政府開始對庫德人採取軍事性的壓制手段，並在庫德控制區內採行所謂的「阿拉伯化」（Arabisation）政策，希望藉此平衡庫德自治區內阿拉伯與庫德人口比例失衡的問題。[35]伊拉克政府在庫德自治區推動「阿拉伯化」的政策要一直持續到 2003 年薩達姆·海珊政府被美、英兩國軍事推翻後才停止。

針對庫德自治的問題，伊拉克政府曾在 1974 年針對庫德問題頒布特別的自治法。在海珊統治期間，伊拉克庫德人對於社會和經濟方面的事務具有自治權，庫德自治區的居民亦可以透過選舉的方式組成行政和立法會，並享有一定程度的行政與立法權利。[36]此外，根據自治法，埃

---

32 Yildiz, *The Kurds in Iraq*, p. 17.

33 *Ibid.*

34 *Ibid.*

35 *Ibid.*, pp. 17-20.

36 McDowall, D. (2011). *A Modern History of the Kurds*. London, the United Kingdom: I. B. Tauris & Company, Limited, pp. 335-336.

比爾（Erbil）為庫德自治的中心，自治區內教育制度採阿拉伯文和庫德語雙語並行的制度。[37] 儘管庫德人的部分權利在1974年的自治法中受到重視和規範，但巴札尼拒絕接受仍必須聽命於伊拉克中央政府控制的自治，同時伊拉克政府對於關鍵性的吉爾庫克地位問題亦未作出讓步和妥協。[38] 巴札尼的堅決抵抗遭致海珊政府的軍事壓制，伊拉克庫德民族乃轉而向伊朗尋求援助，並藉由和伊朗的合作來對抗海珊政府的打壓。[39]

1980 年代伊朗和伊拉克因為阿拉伯河（Shatt El-Arab Waterway）的主權歸屬問題爆發長達八年的戰爭。八年戰爭期間，伊朗共計將近 30 萬士兵陣亡，伊拉克則約有 37.5 萬軍士喪生，兩國戰爭費用更高達 2,000 億美元。[40] 兩伊戰爭除了對伊拉克和伊朗造成人力和財政上的沉重負擔，伊拉克庫德人更因被控通敵而捲入兩國的戰爭，並遭到海珊政權使用化學武器殘殺，著名的安法爾大屠殺（Anfal Genocide）便在兩伊戰爭期間發生。[41]

安法爾大屠殺主要發生在 1987 至 1988 年間伊拉克政府針對境內庫德村落所發動的一連串軍事行動，初期主要打擊對象為庫德斯坦愛國聯盟（Patriotic Union of Kurdistan, PUK）和其領導人賈拉勒·塔拉巴尼（Jalal Talabani），因為伊拉克政府指控兩者有伊朗特工的背景，後來巴札尼領導的庫德民主黨也成為伊拉克政府整肅的對象。[42]1987 年 3 月

---

[37] *Ibid.*, p. 336.

[38] *Ibid.*, pp. 336-337.

[39] *Ibid.*, pp. 337-338.

[40] Korany, B. (2016). "The Middle East Since the Cold War: The Multi-Layered (In)security Dilemma," in L. Fawcett (Ed.), *International Relations of the Middle East*. Oxford, the United Kingdom: Oxford University Press, p. 88.

[41] Rogen, *The Arabs*, p. 556.

[42] Yildiz, *The Kurds in Iraq*, pp. 25-26.

至 1988 年 5 月期間，海珊政府為了阻斷境內庫德人對於庫德敢死隊的支持，在戰爭中使用化學武器針對哈拉巴加（Halabja）、賽森納（Sayw Senan）和巴迪南（Badinan）等地區的庫德村落和居民進行攻擊，造成至少 3,000 個村落被毀，150 萬人流離失所，18 萬人被殺的人道災難。[43] 此外，化學武器本身亦對環境造成永久性的傷害，而發動戰爭的伊拉克指揮官阿里‧哈珊‧馬吉德（Ali Hassan al-Majid）因此事件被稱為「化學阿里」（Chemical Ali），後來在 2003 年的美伊戰爭中被英美聯軍逮捕，2010 年因被控違反戰爭和人類罪名遭處決。[44] 海珊政權在兩伊戰爭期間殘暴對待庫德人的作法受到國際社會和人權團體的關注，國際輿論在戰後亦普遍同情庫德人。

　　1990 年代初期，伊拉克以邊界糾紛、戰爭債務和石油產量的因素為由，發動軍事入侵科威特的行動。針對伊拉克入侵科威特的事件，聯合國安理會授權美國組成多國部隊將伊拉克驅逐出科威特，以維持區域的安全和穩定。[45] 波斯灣戰爭結束後，伊拉克境內的庫德人發動對抗海珊政府的運動，但遭到海珊政府的軍事鎮壓，約 150 萬庫德難民湧向伊拉克與伊朗、土耳其的邊界地區。[46] 為了應因伊拉克北部的庫德人道危機，在聯合國、英國、美國的主導下，伊拉克北部北緯 36 度線以北的地區被劃為「禁航區」（non-fly zone），美、英兩國軍機定期在禁航區內巡弋，用意在為庫德人提供安全的庇護所，使其免於受到海珊政府的持續壓迫。[47] 聯合國劃定禁航區的做法讓伊拉克的庫德人得以在國際社

---

[43] Yildiz, *The Kurds in Iraq*, pp. 25-30; Rogen, *The Arabs*, p. 556.

[44] Yildiz, *The Kurds in Iraq*, p. 26.

[45] Korany, B. "The Middle East Since the Cold War," p. 88; Rogen, *The Arabs*, pp. 555-575.

[46] Pan, E. (2005). "Iraq: The Kurd's Agenda," February 2, Council on Foreign Relations. Retrieved from https://www.cfr.org/backgrounder/iraq-kurds-agenda，取用日期：2019 年7月10日。

[47] McDowall, *A Modern History of the Kurds*, pp. 375-376.

會的監管下有機會落實自治，英、美兩國也同意只要庫德地區的自治選舉不危及伊拉克的領土完整和政治統一，將原則同意針對「庫德斯坦區域政府」（Kurdistan Regional Government, KRG）設立問題所舉行的選舉，以填補海珊政權在 1991 年 10 月自伊拉克北部撤軍後在埃比爾、達戶克和蘇雷曼尼亞所留下的權力真空狀態。[48]

然而，1992 年 5 月的庫德自治選舉卻造成庫德陣營內部兩大政治勢力庫德民主黨和庫德斯坦愛國聯盟的分裂，選舉結果難分軒輊，雙方在「庫德斯坦國家議會」（Kurdistan National Assembly）取得相等的席次。[49]兩陣營的政治角力在 1994 年更由議會選舉延伸至伊拉克北部蘇雷曼尼亞的土地控制權問題，最後雙方兵戎相向。庫德民主黨和庫德斯坦愛國聯盟在 1994 年的衝突，以及衝突所導致的人道危機，吸引國際社會的關注，美國、法國、愛爾蘭、土耳其、伊朗甚至伊拉克在衝突期間都介入調停，伊拉克中央政府和伊朗亦成為雙方尋求結盟、相互制衡的對象。[50]1998 年 9 月，雙方代表巴札尼和塔拉巴尼在柯林頓政府的調停下於美國首府華盛頓會面，並宣布達成多項重要的決定，包括：譴責庫德內部的鬥爭行為；放棄透過暴力或尋求外力介入的方式來解決歧見；遵守聯合國安理會第 688 號決議案對庫德人權的尊重與維護；自治區經濟收益的共享；以及庫德斯坦愛國聯盟和庫德民主黨在埃比爾、達戶克和蘇雷曼尼亞等庫德三省的土地控制和所有權問題。[51]

---

48 Yildiz, *The Kurds in Iraq*, p. 44.

49 Yildiz, *The Kurds in Iraq*, p. 45; McDowall, *A Modern History of the Kurds*, pp. 381-382.

50 Yildiz, *The Kurds in Iraq*, pp. 48-49; Ahmed, M. (2012). *Iraqi Kurds and Nation-Building*. New York: Palgrave Macmillan, pp. 8-9.

51 Yildiz, *The Kurds in Iraq*, p. 50.

伍、後海珊時期伊拉克庫德問題與國際反恐

　　2001 年 9 月 11 日，19 名恐怖分子挾持四架民航班機發動恐攻，兩架攻擊了紐約世貿雙子星大樓，一架撞向美國國防部五角大廈，另一架則墜毀在賓州的近郊。事件發生後，美國政府指控賓拉登和蓋達組織為恐怖攻擊事件的主謀，並在 2001 年和 2003 年分別發動了代號「持久自由」（Operation Enduring Freedom）和「伊拉克自由」（Operation Iraqi Freedom）的軍事行動，相繼推翻了阿富汗塔利班（Taliban）和伊拉克的海珊政權。海珊政權被推翻後，伊拉克啟動了戰後重建的工作，其中亦包括新政府的建立和新憲法的起草。伊拉克國家重建和新憲起草的過程實際上充滿了遜尼、什葉、和庫德等主要政治勢力的競合，各方針對聯邦制度、石油收益分配、水資源和宗教問題進行激烈的辯論。[52] 在美國短暫的軍事占領後，伊拉克臨時政府於 2004 年 6 月成立，2005 年 8 月推出永久憲法草案，10 月將新憲法交付全民公投。[53]

　　伊拉克的新憲法其實揭示了許多要點，亦是庫德人和阿拉伯人，以

---

[52] 什葉伊斯蘭和遜尼伊斯蘭的分歧，最初出現在先知穆罕默德死後伊斯蘭世界政教領袖哈里發的繼承人資格問題。對於什葉伊斯蘭而言，只有和先知具有血緣關係的第四任哈里發阿里（Ali ibn Abi Talib）和其後代子嗣才有資格擔任哈里發，但對於遜尼伊斯蘭而言，血緣因素並非哈里發人選的唯一考量，凡是認同伊斯蘭教，願意遵守先知言行，並經公議決定後的人皆有資格成為哈里發。什葉伊斯蘭和遜尼伊斯蘭在近代的爭議則可以追溯至1979年伊朗的伊斯蘭革命，以及伊朗革命後與沙烏地阿拉伯在伊斯蘭世界的領導地位之爭，兩伊戰爭（1980-1988）期間沙烏地阿拉伯曾支持伊拉克對抗伊朗。Sergie, M., McMahon, R., Sherlick, J., Ariav, H. (2014). "The Sunni-Shia Divide," June 24, Council on Foreign Relations. Retrieved from https://www.cfr.org/interactives/sunni-shia-divide#!/sunni-shia-divide，取用日期：2019年12月09日。

[53] Hamasaeed, S. and Nada, G. (2019). "Iraq Timeline: Since the 2003 War," July 9, United States Institute of Peace. Retrieved from https://www.usip.org/publications/2019/07/iraq-timeline-2003-war，取用日期：2019年7月14日。

及其他少數民族折衝、談判與妥協後的成果，其中包括：(1) 伊拉克爲
一聯邦、獨立、自主的國家；(2) 伊拉克將採用共和、代表、議會和民
主的政體；(3) 伊斯蘭教是伊拉克法定的宗教，但保障其他宗教信仰和
實踐的自由；(4) 伊拉克的國家特色是多民族、多宗教和多教派；(5) 官
方語言爲阿拉伯文和庫德語，但允許伊拉克人在兩種官方語言之外使
用其他母語來教育子女；(6) 軍隊不得干政，亦不允許國家軍隊外其他
武裝團體或民兵組織的成立；(7) 國民議會保障婦女至少四分之一的席
次。[54]

　　持平而論，伊拉克新政府的成立和新憲法的起草皆納入庫德人的
意見和看法，雖然庫德獨立建國的理想無法在後海珊時期被實踐，但庫
德人仍積極參與伊拉克戰後重建的工作，並在新政府體制中確保自身的
權利和利益，亦維持相當程度的自治，例如：在自治區內擁有自己的行
政、立法和司法系統，而庫德敢死隊仍可持續維護自治區的安全與治安
工作。另，憲法也保障庫德斯坦地區和區域政府爲聯邦的一部分，且新
政府承認庫德區域政府（KRG）自 1992 年成立以來已通過，或是已對
外簽署的各項法律。[55] 庫德人積極參與戰後重建的態度也反映在 2005 年
10 月新憲公投的參與和投入。根據伊拉克獨立選舉委員會（The Inde-
pendent Electoral Commission of Iraq, IECI）和聯合國的統計觀察，相較
於其他各省，北方庫德三省埃比爾、達戶克和蘇雷曼尼亞的居民相較於
其他遜尼和什葉人士具有較高的投票意願，更有超過九成五的民眾普遍
支持新憲法。[56] 雖然伊拉克在新政府成立和制憲後面臨了嚴重的內戰和
教派衝突，後來更有伊斯蘭國極端主義的威脅，但在聯邦制的規劃和庫

---

54 "Iraq's Constitution of 2005," February 22 2019, Constitute. Retrieved from https://www.
constituteproject.org/constitution/Iraq_2005?lang=en，取用日期：2019年7月14日。

55 "Iraq's Constitution of 2005."

56 Yildiz, *The Kurds in Iraq*, pp. 135-136.

德區域政府的治理下，庫德斯坦地區的發展和治安卻是相對穩定、安全的，而庫德人亦未完全放棄建國的理想。

2014年國際社會推動打擊恐怖極端主義團體伊斯蘭國的行動為伊拉克的庫德人開啓了再一次推動自治和獨立建國的機會，庫德問題亦因為庫德敢死隊在反恐戰爭中的傑出表現而受到國際社會的關注。事實上，伊斯蘭國的崛起與2003年的侵伊戰爭、伊拉克的戰後重建、治理，以及歐巴馬政府2011年的伊拉克撤軍計畫有關。[57]2003年3月小布希政府以伊拉克擁有大規模毀滅性武器、支持恐怖主義並與蓋達組織關係密切為由，發動侵略伊拉克的戰爭，並透過軍事的手段推翻海珊政府。[58]根據小布希政府的計畫，戰後的伊拉克將在美國的協助之下被建設為中東地區民主的典範，並期盼伊拉克政權移轉（regime change）的經驗能帶動中東地區的政治改革與轉型，進一步促進區域的和平與穩定。然而，戰後的伊拉克非但沒有如美國政府所願成為中東民主的典範，反而因為什葉伊斯蘭政府的治理和貪腐問題陷入嚴重的教派衝突與內戰，伊斯蘭國便在此一背景之下快速崛起，全盛時期的控制區域更涵蓋伊拉克和敘利亞大部分的國土。[59]

伊斯蘭國在阿布・巴卡・巴格達迪（Abu Bakr al-Baghdadi）於2014年6月宣誓為哈里發和組織最高領袖後，開始在控制區內落實各項政治和宗教的理念，包含建立疆域橫跨伊拉克、敘利亞等地的政教合一國家，奉行嚴格的伊斯蘭教法（al-Sharia），婦女日常生活必須穿戴頭巾，以及開徵各種稅收等。[60]此外，宗教認同為遜尼伊斯蘭的伊斯蘭

---

[57] Byman, D. (2015). *Al Qaeda, The Islamic State, and The Global Jihadist Movement: What Everyone Needs to Know*. Oxford, the United Kingdom: Oxford University Press.

[58] Freedman, L. (2004). "War in Iraq: Selling the Threat," *Survival*, Vol. 46, No. 2, pp. 7-49.

[59] Byman, D. (2016). "Understanding the Islamic State—A Review Essay," *International Security,* Vol. 40, No, 4, pp. 127-165.

[60] Byman, "Understanding the Islamic State," pp. 127-165.

國對於異教徒的包容程度甚低，包含庫德人在內的少數民族皆是伊斯蘭國攻擊的對象，其對待什葉穆斯林更不惜以殘酷的手段相待，還積極鼓吹暴力主義和個人英雄主義。[61] 伊斯蘭國種種極端的行徑使得其雖在發展之初受到許多遜尼穆斯林的支持，但崛起後四處樹敵，以及欲透過暴力手段來恢復伊斯蘭中世紀哈里發制度的野心，皆令許多中東國家的政權感到恐懼，即便蓋達組織都特別發表聲明，強調該組織與伊斯蘭國理念相悖，並表達對其理念和實踐方式的不認同。[62]

為處理伊斯蘭國對國際和區域安全所構成的威脅，歐巴馬政府在2014 年 9 月公布新的反恐戰略，誓言將削弱最終摧毀伊斯蘭國所代表的恐怖極端主義。[63] 歐巴馬政府新反恐戰略的特色強調以空襲為主的反恐戰爭，且相較於過去美軍在反恐戰爭中承擔大部分地面戰鬥的主力，在對抗伊斯蘭國的行動中，美國逐漸轉型成為輔助者的角色，而區域內的盟友則取代美國成為攻擊的主力，美國僅對盟友提供裝備、訓練和軍事指導的工作。[64] 在歐巴馬政府新反恐戰略的調整、規劃和執行下，庫德人和庫德敢死隊無疑已成為美國和國際反恐聯盟在伊拉克戰場中最主要的合作對象，包含美國、德國在內等國家皆對庫德軍隊提供武器、訓練和空中火力的支援。然而，庫德軍隊並非一開始就為美國所看重，且其參與的戰事亦非一向都很順遂，主因在於美國堅持落實所謂的「一個伊拉克政策」（One Iraq Policy），刻意提防庫德分離運動在內戰和伊

---

[61] *Ibid.*

[62] *Ibid.*

[63] Obama, B. (2014). "Statement by the President on ISIL," September 10, The White House. Retrieved from https://obamawhitehouse.archives.gov/the-press-office/2014/09/10/statement-president-isil-1，取用日期：2019年7月16日。

[64] Jackson, R. and Tsui, C. K. (2016). "War on Terror II: Obama and the Adaptive Evolution of American Counterterrorism," in J. Holland & M. Bentley (Eds.), *The Obama Doctrine: A Legacy of Continuity in U.S. Foreign Policy?* Abingdon, UK; New York, US: Routledge, pp. 70-83.

斯蘭國勢力擴張的情勢中壯大，進而威脅伊拉克領土、主權的完整性。政治上的特意考量也連帶影響了美國對庫德人的軍事援助，導致庫德軍隊在初期對抗伊斯蘭國的戰事中因缺乏外援，又裝備不精等因素，連番失利。[65]

　　庫德軍隊由弱勢轉爲強力出擊的關鍵點與 2014 年 8 月伊斯蘭國先後奪下辛加（Sinjar）、埃比爾近郊和摩蘇爾水壩等戰略要地相關。地理位置緊鄰敘利亞的辛加向來爲少數民族亞茲迪人（Yezidis）居住、活動的城市，過去一直爲庫德人所控制。[66] 伊斯蘭國占領辛加後，殘酷處決數百名亞茲迪人，由辛加出逃的難民和相關的人道危機引起國際社會的嚴正關切。[67] 另，埃比爾素來是庫德自治的政治中心，對於庫德自治的象徵意義重大，伊斯蘭國勢力進逼埃比爾讓庫德人擔憂埃比爾的失守將連帶衝擊對於自治區的控制權。[68] 最後，摩蘇爾水霸爲伊拉克第一大壩，伊斯蘭國占領水壩後威脅將破壞相關集水設施與基礎建設，使得包含巴格達在內的下游城鎮居民感到莫大的恐慌。[69] 面對伊斯蘭國的步步進逼，歐巴馬政府最終決定調整所謂的「一個伊拉克政策」，並提出軍事援助庫德敢死隊的計畫，開始派遣軍事顧問和特種部隊至前線增援庫德軍隊。庫德軍隊在接受國際援助後，開始扭轉戰局，不僅收回前述各戰略要地，亦協同美國和伊拉克政府軍逐步收復遭伊斯蘭國占領的失地。[70]

---

[65] Isakhan, B. (2017). "The Iraqi Kurdish Response to the 'Islamic State'," in G. Stansfield and M. Shareef (Eds.), *The Kurdish Question Revisited*. Oxford, the United Kingdom: Oxford University Press, pp, 442-443.

[66] Isakhan, "The Iraqi Kurdish Response to the 'Islamic State'," p. 443.

[67] *Ibid.*

[68] *Ibid.*

[69] *Ibid.*

[70] *Ibid.*, p. 445.

　　得利於庫德敢死隊的奮勇作戰，歐巴馬政府和國際社會推動的反恐戰爭於 2017 年獲得重大的進展，伊拉克政府並於年底宣布全國解放，庫德敢死隊更一戰成名，不僅讓庫德斯坦自治區免於戰火的蹂躪，更協助反恐盟軍在伊拉克境內掃蕩伊斯蘭國勢力。庫德人在國際反恐中的貢獻為自身取得戰後訴求自治和建國的機會，因慮及國際社會和美國的支持可能在伊斯蘭國勢力被削弱後不如以往，庫德人乃積極籌劃在 2017 年 9 月推動獨立公投。儘管國際社會對於庫德斯坦獨立公投存有疑慮，且周邊國家如伊朗、敘利亞和土耳其亦持反對的意見，但伊拉克的庫德人仍在國際社會強大的壓力之下於 9 月 25 日舉行投票。選舉結果顯示，在將近 450 萬的合格選民中，共有超過 72% 的庫德人參與了投票，共計 92.73% 的選民投票贊成，約 7% 的選民反對。[71] 雖然公投僅具有「諮詢」性質，不具備任何法律效力，又被伊拉克政府宣布違法、違憲，但伊拉克庫德人透過選票和集體意志的展現，重新喚起國際社會對於伊拉克庫德問題的重視。然，由於公投僅具「諮詢」性質，且包含美國和歐盟等大多數國家都不支持庫德斯坦獨立，庫德斯坦自治政府在公投結束的一個月內宣布凍結獨立公投的結果與相關進程，強調願以伊拉克憲法為前提，在尊重伊拉克主權完整的架構下，針對庫德斯坦自治問題與巴格達政府進行談判，庫德斯坦精神領袖馬紹德・巴札尼（Masoud Barzani）更於 11 月 1 日辭去庫德斯坦自治政府總統一職。[72]

---

[71] McKernan, B. (2017). "Kurdistan Referendum Results: 93% of Iraqi Kurds Vote for Independence, Say Reports," September 27, *Independent*. Retrieved from https://www.independent.co.uk/news/world/middle-east/kurdistan-referendum-results-vote-yes-iraqi-kurds-independence-iran-syria-a7970241.html，取用日期：2019年7月16日。

[72] Coker, M. (2017). "Kurdish Leader Quits, Latest Fallout from Much-Criticized Independence Vote," October 29, *The New York Times*. Retrieved from https://www.nytimes.com/2017/10/29/world/middleeast/iraq-kurds-masoud-barzani.html，取用日期：2019年7月17日。

　　整體而言，庫德斯坦2017年9月公投的象徵意義大於實質的意義，而各國對於庫德斯坦公投不表支持和贊成，其實反應了國際政治現實的一面。庫德斯坦周邊國家土耳其、伊朗、敘利亞境內皆有庫德人口的分布，三國政府憂慮獨立公投將對境內的庫德和少數族裔造成影響，助長境內分離主義勢力的發展，故皆明確表態不支持伊拉克的庫德斯坦獨立公投。在庫德斯坦公投發動前，土耳其和伊朗更配合伊拉克政府的要求加強控管邊境交通，並對庫德斯坦發布飛航管制，目的就是要孤立庫德斯坦，向獨立公投的發動者和支持者施壓，亦有藉此嚇阻境內庫德分離主義的政治動機。[73] 然而，在處理伊斯蘭國威脅和境內庫德問題時，土耳其、伊朗、敘利亞三國政府實際上又面臨了決策的窘境。原因在於遜尼激進勢力的伊斯蘭國對於什葉的伊朗和阿拉維派主政的敘利亞政府皆構成了政權穩定的挑戰，兩國除了擔憂伊斯蘭國領土擴張的問題外，同時也憂慮伊拉克什葉穆斯林過去遭到迫害的狀況會在各自境內發生，但在伊斯蘭國的議題上卻又迫切需要聯合庫德人來對抗伊斯蘭極端勢力，因此雖然各國政府與境內庫德民族長期處於緊張的關係，最終仍選擇在反恐議題上採取策略性的合作，共同對抗伊斯蘭國。然而，就在伊斯蘭國的威脅自2017年起逐漸降低後，土耳其、敘利亞和伊朗在庫德問題上的困境紛紛浮現，因為在反恐戰爭中政治實力和軍事力量皆增強的庫德人，似乎已取代伊斯蘭國成為各國內政、反恐和邊境安全最大的隱憂。

　　除了區域內的國家，國際社會對於庫德斯坦獨立公投亦普遍抱持負面的態度。美國雖在國際反恐和打擊伊斯蘭國的軍事行動中支持伊拉克

---

[73] Gumrukcu, T. and Karadeniz, T. (2017). "Kurdish Independence Referendum: Turkey, Iran and Iraq Unite in Opposition to 'Kexit' Vote," September 22, *Independent*. Retrieved from https://www.independent.co.uk/news/world/middle-east/kurdish-independence-referendum-iraq-turkey-iran-opposition-kexit-vote-kurdistan-erdogan-a7960641.html，取用日期：2019年7月17日。

的庫德人，亦協助其提升裝備、訓練和情報的取得，但就獨立公投的議題，美國則更傾向支持伊拉克政府的主張，強調現階段伊拉克維持領土完整和政治統一的必要性。美國支持伊拉克的政治統一可由反恐和國內政治的考量來分析。自2003年的美伊戰爭起，美國政府已投入大量的經費和人力來支援伊拉克的前線作戰，以及戰後的國家重建工作，而如何結束伊拉克戰爭，讓美軍儘速撤離中東更是小布希、歐巴馬和川普三任政府重要的工作。再者，自美國發動侵伊戰爭至2017年止，已有超過4,000名美軍在伊拉克戰爭中陣亡，[74] 美國民眾對於政府出兵海外，甚至犧牲士兵寶貴生命普遍感到失望和不滿。是故，在打擊伊拉克境內伊斯蘭國的階段性任務即將完成之際，美國自然不希望此時的伊拉克又因為庫德獨立問題陷入分裂，讓極端恐怖主義勢力在伊拉克境內再起，徒增未來反恐的困難度。

另，關於歐盟的立場，歐盟國家不支持庫德斯坦公投主因在於部分成員國同樣面臨著境內分離主義運動的問題，許多國家擔憂庫德斯坦獨立公投將連帶影響境內的分離主義勢力，欲起而效尤。對於歐洲國家和歐盟而言，歐債問題和英國脫歐已衝擊歐盟的整合和運作，歐盟成員內部甚已出現疑歐和脫歐的聲音，因此維持歐盟的完整、統一和運作是當時大多數歐洲國家的主流意見。歐盟國家對2017年10月西班牙加泰隆尼亞獨立公投持反對的主張可見分離主義運動並不受歐盟和歐洲國家的歡迎，打擊極端主義、維持成員國主權獨立和領土完整才是歐盟國家的首要考量，伊拉克庫德人的政治訴求再次被國際社會漠視。

---

[74] "Numbers of US Soldiers killed in the Iraq war from 2003 to 2009," June 4 2019, Statista. Retrieved from https://www.statista.com/statistics/263798/american-soldiers-killed-in-iraq/，取用日期：2019年7月18日。

陸、結語

　　伊拉克庫德民族的歷史真實反映了過去一個世紀以來西方列強勢力進入中東，並與中東地區民族、國家互動的過程。一次世界大戰結束之後，英國、法國、俄羅斯透過《塞克斯‧皮科協定》、《色佛爾條約》和《洛桑條約》私自決定了戰後國際秩序和各自在中東地區的勢力範圍，雖然戰後國際間盛行民族自決的風潮，但庫德民族並未像區域內的阿拉伯人或是猶太人得到西方國家的明確承諾，最終成立獨立的國家。1923 年的《洛桑條約》更直接忽視庫德人民族自決的權利，迫使庫德人必須散布在伊朗、伊拉克、敘利亞和土耳其四國境內，成為世界上最大的無國家民族。

　　伊拉克建國後，境內的庫德人仍不放棄希望，致力推動實踐完全自治的機會，但最終皆難以擺脫伊拉克中央政府的掌控，進而成為獨立於阿拉伯人之外的國家。1990 年代初的波斯灣戰爭結束後，庫德人在聯合國和英國、美國劃定禁航區的政策下首度有機會擺脫海珊政府的壓迫，並實踐實質的自治，但庫德陣營內部的庫德民主黨和庫德斯坦愛國聯盟卻因彼此政治權力和對伊北土地控制權的問題而陷入內戰，內部鬥爭和外國勢力的介入重挫了庫德民族的團結，亦連帶影響了自治和建國的進程，雙方衝突後來在美國的調停之下才趨於和緩。2003 年的美伊戰爭讓庫德人有機會參與國家重建和憲法起草的工作，庫德人的利益也被載入伊拉克的新憲法之中，惟在聯邦制下，庫德人還是僅能維持自治的地位。2017 年 9 月，因為庫德敢死隊在國際打擊伊斯蘭國的軍事行動中貢獻卓著，庫德人趁勢發動獨立公投，但又一次遭到國際社會的背叛。受到公投失敗的影響，庫德精神領袖馬紹德‧巴札尼辭去總統一職，而庫德斯坦也因為伊拉克和周邊國家聯手祭出的經濟緊縮政策，使得經濟發展受限。雖然受到外界的打壓和強大壓力，伊拉克庫德人對於自治的實踐卻從未停歇。2018 年 9 月，庫德斯坦議會進行公投後的第一次選舉，庫德民主黨成爲議會第一大黨，象徵著馬紹德‧巴札尼在辭職後對於庫德斯坦自治仍然具有影響力。[75]

　　2019 年庫德斯坦對外關係獲得明顯的改善，主因在於庫德人意識到公投議題讓伊拉克政府和周邊國家施行對於庫德自治區的經濟和交通封鎖，而相關國家的反制措施並不利於自治區的發展和長治久安，故積極尋求突破外界的封鎖。6 月內西爾凡‧巴札尼（Nechirvan Barzani）就任庫德斯坦區域政府總統，包含伊拉克中央政府、伊朗、土耳其，以及庫德反對勢力皆派員出席內西爾凡‧巴札尼的就職典禮，[76] 而這也意味著庫德斯坦已逐漸突破公投後伊拉克中央政府和周邊國家對其所施行的經濟報復，並有效改善彼此的關係。爲了突破公投後的困境，庫德人在 2018 年 10 月曾協助阿迪爾‧阿布‧馬赫迪（Adil Abul-Mahdi）順利成爲伊拉克中央政府的總理，而阿迪爾‧阿布‧馬赫迪爲回報庫德人的支持，上任後任命馬紹德‧巴札尼的親信法德‧侯賽因（Fuad Hussein）爲中央政府的財政部長，並重啓中央對於庫德區域政府的預算援助，庫德和伊拉克中央政府關係的改善亦連帶影響與伊朗和土耳其的雙邊關係。[77] 庫德斯坦的飛航管制被解禁，對伊朗、土耳其和敘利亞的貿易也恢復正常，庫德斯坦生產的天然氣預計在 2022 年可經由土耳其順利輸往歐洲，並供應伊拉克其他城鎮的需求，經濟未來可望獲得大幅度的提升和改善。[78]

---

[75] "Two Years after a Disastrous Referendum, Iraq's Kurds are Prospering", June 15 2019, *The Economist*. Retrieved from https://www.economist.com/middle-east-and-africa/2019/06/15/two-years-after-a-disastrous-referendum-iraqs-kurds-are-prospering，取用日期：2019年7月20日。

[76] *Ibid.*

[77] *Ibid.*

[78] *Ibid.*

　　總結研究，伊拉克庫德自治和建國進程之所以在過去一世紀以來遭遇重重的挫折，除了一戰歷史因素的驅使外，亦與庫德斯坦的地理位置，以及伊拉克在不同時期中所面臨複雜的內、外情勢相關。就地理位置而言，庫德斯坦不僅位居內陸，周遭還被伊拉克、伊朗、土耳其和敘利亞四國環繞，而鄰國態度和地理位置條件確實限制了庫德斯坦自治和獨立的發展。庫德斯坦若與周邊國家關係不睦，縱使能獲得國際社會承認爲獨立的國家，但實際上也形同被鄰國在政治和經濟上孤立，深鎖於內陸，且人員和重要物資若無法順利流通，則庫德斯坦民生、經濟便無法獲得充分的發展。再者，伊拉克的政治制度和憲法設計爲聯邦制，故庫德斯坦自治和獨立議題涉及伊拉克的憲政問題。歷史上阿拉伯人主政的政府皆不贊成庫德斯坦脫離伊拉克獨立，僅願給予境內庫德人一定程度的自治，而庫德陣營內部過去對於自治、獨立和權力分配問題亦曾出現嚴重的歧見，甚至兵戎相向，因此憲政制度的設計和庫德內部的整合問題實乃過去影響庫德斯坦發展的主要限制條件和內部關鍵因素。最後，國際社會輿論和關鍵國家的態度亦是影響庫德自治和獨立的重要外部因素。2017 年公投的經驗證實，若周邊國家和國際社會皆不支持，則庫德斯坦實難成爲各國所認可的獨立國家，而當前國際社會反對分離主義的氛圍亦不利庫德斯坦獨立之路的發展。

　　綜合前述地理條件和內外部因素與國際局勢的發展，或許伊拉克的庫德民族必須思考如何在現行政治制度下維持庫德斯坦地區最大程度的自治才是當前較爲務實可行的政策，而庫德陣營亦可透過自治的實施來凝聚內部的共識，並就未來是否持續採行自治亦或是推動獨立建國的議題來進行思辨。畢竟在外部形勢和條件皆不利推動獨立建國的情況下，若庫德陣營又出現分裂和衝突，那麼庫德民族一世紀以來所取得的政治成果將受到直接的衝擊。

第三篇

中、北亞篇

Chapter *6*

後共時期吉爾吉斯的民族問題

藍美華[*]

[*] 國立政治大學民族學系副教授，主要研究蒙古近現代史、蒙古社會與文化、民族問題。

圖6　吉爾吉斯區域圖

壹、前言

　　蘇聯解體後，原境內加盟共和國紛紛獨立，吉爾吉斯也不例外，於1991年8月31日正式獨立為吉爾吉斯共和國，並於1992年3月2日成為聯合國的一員。獨立後，中亞的哈薩克、烏茲別克、吉爾吉斯、土庫曼、塔吉克諸國中，哈薩克境內俄羅斯人占該國人口比例和哈薩克人相近，甚至還稍多於哈薩克人，所以仍與俄羅斯維持密切關係；而其他四國可以選擇政教合一的伊朗模式或是政教分離的土耳其模式，他們都選擇了後者，成為穆斯林國家，而非伊斯蘭國家。

　　與中亞其他國家相較，吉爾吉斯原本是最被看好能成為民主國家的，但沒過幾年，民主實驗失敗，和鄰國一樣，也踏入專制政體的行列中，並在2005年與2010年爆發了嚴重的政治動盪，其中不同地區與不同民族間的矛盾與衝突扮演了相當重要的角色。所以，本文想以吉爾吉斯為例，討論後共時期的民族問題，說明其發生的原因、衝突的癥結所在、弱勢民族的基本訴求、政府當局的立場與對策，並對該民族問題的發展過程加以分析，以其能進一步判斷其發展前景。

貳、吉爾吉斯人與烏茲別克人

　　根據吉爾吉斯政府的統計，該國目前的人口數量為638.95萬人，其中吉爾吉斯人占73.49%，烏茲別克人占14.72%，俄羅斯人占5.46%。[1] 吉爾吉斯90%以上居民信仰伊斯蘭，多數屬遜尼派。[2] 而根據

---

[1] "5.01.00.03 Total population by nationality," Dynamic Tables, Population, National Statistical Committee of the Kyrgyz Republic, http://www.stat.kg/en/statistics/naselenie/, accessed July 7, 2019.比例為筆者根據人口數計算而成。

[2] "Religions," People and Society, Kyrgyzstan, The World Factbook, https://www.cia.gov/library/publications/the-world-factbook/geos/kg.html, accessed July 7, 2019.

1999 年的人口調查，各族占人口比例分別爲吉爾吉斯人 64.9%，烏茲別克人 13.8%，俄羅斯人 12.5%。[3] 和現在的數字相比，俄羅斯人占比從 12.5% 大降至 5.46%，吉爾吉斯人比例從 64.9% 大幅提升至 73.49%，雖然烏茲別克人占比從 13.8% 小升至 14.72%，但和吉爾吉斯人相比，則無疑是個少數民族了。

　　吉爾吉斯的民族問題主要與居住在西南部奧什（Osh）地區的烏茲別克人有關。吉爾吉斯人與烏茲別克人的矛盾早在蘇聯時期即已存在，但在莫斯科的控制下仍維持著表面和諧，直到戈巴契夫改革時期才出現烏茲別克人要求奧什自治或併入烏茲別克共和國的呼聲，背後的關鍵因素是爲了爭取奧什地區短缺的土地。爲了對付烏茲別克人的要求，當地的吉爾吉斯人也組織起來，雙方在獨立前就發生不少衝突。[4] 早在 1990 年雙方爲了土地分配問題就曾引發激烈衝突，造成數百人死亡。[5] 這場 1990 年 6 月的奧什—烏茲根（Uzgen）騷亂開始於將土地重新分配給當地居民的衝突，並繼續在幾個地方進行野蠻的種族清洗。在奧什開始的民族暴力原是一個與土地重新分配有關的孤立事件，但在許多農村和城市地區卻變成了屠殺。暴力事件的參與者沒有正式的領導或準備，是不受控制的人群基於恐懼和順從而產生的偏執行爲。後來，蘇聯軍隊到來，阻止了後續的衝突。[6]

---

[3] "Population of Kyrgyzstan," Facts about Kyrgyzstan, http://worldfacts.us/Kyrgyzstan. htm, accessed July 8, 2019.

[4] "Kyrgyzstan," 1UpTravel, http://www.1uptravel.com/country-guide-study/kyrgyzstan/ kyrgyzstan11.html, accessed July 7, 2019.

[5] "Kyrgyzstan: Refugee Influx Could Heighten Social Tensions," posted September 28, 2001, RelifWeb, https://reliefweb.int/report/afghanistan/kyrgyzstan-refugee-influx-could-heighten-social-tensions, accessed July 7, 2019.

[6] Nicole Bisig, "Working with Conflicts in Kyrgyzstan: PCIA Based on an Analysis of the Conflict Situation in Southern Kyrgyzstan," Helvetas Kyrgyzstan (March 2002), p. 7. https://docplayer.net/83919812-Working-with-conflicts-in-kyrgyzstan-pcia-based-on-an-

吉爾吉斯的烏茲別克人幾乎都居住在西南部的費爾干納河谷（Fergana Valley），1990年代上半葉，人數約55萬，當地還住有約120萬的吉爾吉斯人。[7]根據對該地區最大都市（也是吉爾吉斯第二大都市）奧什市的人口調查，數據如下：[8]

表4　總數與主要民族占比

年	人口總數（人）	吉爾吉斯人	烏茲別克人	俄羅斯人
1989	229,120	29.1%	40.9%	18.4%
1999	232,432	44.4%	44.7%	5.4%
2009	258,111	47.9%	44.2%	2.5%

從以上這些數字變化，可以看到俄羅斯人的急遽減少，吉爾吉斯人的比例提升，但烏茲別克人雖然比例降低，但仍占有奧什市近半人口。

費爾干納河谷位於烏茲別克、吉爾吉斯與塔吉克三國交界處，自古以來人口密集，是中亞人口密度最大、農業開發最多的地區之一。烏茲別克人與塔吉克人在低地從事灌溉農業，吉爾吉斯人則在山區放牧。由於國界與民族劃分並不一致，因此在蘇聯瓦解後當地許多居民對其所屬國家並不認同。[9]吉爾吉斯獨立以來，以吉爾吉斯人為主的政府對國內的烏茲別克人一直存有疑慮，認定他們是分離主義者，在政策上也多加歧

analysis-of-the-conflict-situation-in-southern-kyrgyzstan.html, accessed July 7, 2019.

[7]　Glenn E, Curtis, ed. *Kyrgrzstan: A Country Study* (Washington: GPO for the Library of Congress, 1996), Population, Society, Country Studies, http://countrystudies.us/kyrgyzstan/13.htm, accessed July 7, 2019.

[8]　Natsionnal'nyi statisticheskii komitet Kyrgyzskoi Respubliki, *Perepus' naseleniia i zhilishchnovo fonda Kyrgyzskoi Respubliki 2009 goda*, kniga III (v tablitsakh) Regiony Kyrgyzstana, gorod Osh, 26-27; https://web.archive.org/web/20110810174213/http://212.42.101.100:8088/nacstat/sites/default/files/%D0%B3%D0%BE%D1%80%D0%BE%D0%B4%20D0%9E%D1%88.pdf.比例為筆者根據人口數計算而成。

[9]　Glenn E, Curtis, ed. *Kyrgrzstan: A Country Study*, Population.

視，使得民族衝突難以避免。當俄語被認定爲官方語言時，也曾提過將
烏茲別克語認定爲官方語言，但至今並未實現，往後實現的機會看來也
不大。

在吉爾吉斯，基本上地方政府比起中央政府更能顯現出族群與性別
的多元性，可是奧什市議會卻非如此。烏茲別克人在奧什市占了近一半
人口，但在 2012 年的市議會選舉中，45 席中只有 9 席是烏茲別克人。
根據 2010 年之後的研究，雖然在私下訪談中，烏茲別克人自認很少參
與政治，但卻有 80% 參與選舉投票，選舉期間的主動性並不低於其他
族群。儘管如此，他們並不認爲自己在政治過程中具有重要性，有一半
的烏茲別克人不確定自己的利益是否在國會中獲有代表性。[10] 烏茲別克
人不僅在當地仍然未能獲得與人口比例相當的立法權力，他們對國會中
能否有代表自己的聲音也不信任。

參、南北問題

與烏茲別克人與吉爾吉斯人的民族矛盾相似的還有吉爾吉斯歷史
上一直存在的南北問題。吉爾吉斯受東西橫亙的天山從中隔絕，分爲南
北兩部分；北部以楚河河谷爲核心，包含楚河州、伊塞克湖州、塔拉
斯州、納倫州和首都比斯凱克（Bishkek），總人口約 301 萬；南部以
費爾干納河谷及周邊地帶爲主體，包含賈拉拉巴德州、奧什州、巴特肯
州，總人口約338萬。[11] 北方以畜牧爲主，宗教性較弱；南方人口主要居

---

[10] Erica Marat, "Kyrgyzstan's Experiments with Democracy," *Central Asia in the Era of Sovereignty: The Return of Tamerlane?* edited by Daniel L. Burghart and Theresa Sabonis-Helf (Lanham, Maryland: The Rowman & Littlefield, 2018), p. 423.

[11] "5.01.00.17 The number of resident population," Dynamic Tables, Population, National Statistical Committee of the Kyrgyz Republic, http://www.stat.kg/en/statistics/naselenie/, accessed July 8, 2019.南北人口數是筆者根據資料加總而來。

住在費爾干納河谷，以農業為主，宗教性堅強。不同的經濟形態和生產格局，導致吉爾吉斯南北之間矛盾與碰撞不斷，不同部族之間常為爭奪水源、土地等經濟物資而鬥爭。此外，為抵禦外敵、保持本部族的完整和統一，吉爾吉斯人養成了尚武好鬥的個性。這種個性，又成為南北不同部族之間利益衝突的催化劑。

無論是帝俄還是蘇聯政府，都極為看重費爾干納河谷得天獨厚的農業環境，將這個地區設定為糧倉和人力補給的基地；通過興修大壩、水庫、運河等水利設施，最大限度地利用天山的水資源來灌溉農作物。而北方的楚河河谷，因著交通、物流等方面的優勢，容易得到工業資本的青睞，被賦予了發展現代工業的經濟使命。到二十世紀七〇年代初，在吉爾吉斯的社會總產值中，工業占比超過 55%，農業占比不足 25%，這大致反映了南北方在國家經濟中的權重。「南農北工」成為吉爾吉斯經濟的基本態勢，一直延續至今。

作為國家的主體民族，吉爾吉斯人絕大多數信奉伊斯蘭，屬遜尼派。儘管信仰相同，但不同地區的吉爾吉斯人對伊斯蘭的認同卻有鮮明的差別。他們對伊斯蘭的虔誠度，由北向南遞增，世俗化程度則由北向南遞減。對伊斯蘭的態度，也是吉爾吉斯南北社會文化分野的基礎。

南部費爾干納河谷及周邊的奧什和賈拉拉巴德（Jalal-Abad），在經濟和文化上與烏茲別克聯繫密切，宗教氛圍濃厚。八至九世紀，伊斯蘭就已傳入費爾干納河谷；十一世紀，奧什成為重要的伊斯蘭學術中心。現代以來，一些境外的宗教極端組織，甚至在蘇聯解體前就開始了對吉爾吉斯南部的滲透。二十世紀九〇年代之後，伊斯蘭在這裡的傳播更是空前活躍。相反地，吉爾吉斯北部的居民雖然名義上皈依了伊斯蘭，但他們對伊斯蘭的理解比較膚淺。北部地方伊斯蘭沒有較大的派別和勢力，宗教首領的社會地位不高，清真寺的數量較少，規模較小，而且宗教儀式不甚嚴格規範。

帝俄時代斯拉夫文明的介入、蘇聯時期無神論思想的影響，使得北方與傳統保守的南方相比，具備了更爲世俗化和現代化的特質。這種對比，在南北之間造成刻板印象：南方吉爾吉斯人是虔誠的穆斯林，而北方吉爾吉斯人則顯得缺乏敬畏；貧窮的南方被視爲毒品貿易、伊斯蘭極端勢力的大本營，相對富裕的北方則被視爲俄羅斯人和哈薩克人的殖民地。[12]

　　早在蘇聯時期，爲平衡吉爾吉斯南北政治勢力，中央政府採取了南北輪流坐莊的方式，在一定程度上緩解了雙方的政治矛盾。[13]吉爾吉斯獨立後也持續這種南北輪莊的權力格局，在同一時間段內，作爲國家元首的總統與作爲政府領導的總理必須來自南北不同的地域，總統一職也由南北不同地域的人輪流擔任。這種安排雖然沒有法律明文規定，卻是約定俗成，被各種政治勢力默契又嚴格地執行，是南北不同利益群體之間爭鬥，進而妥協的產物。它既是長久以來吉爾吉斯政局動盪的誘因，也是南北分歧難以彌合的體現。[14]2011年吉爾吉斯的總統參選人塔實耶夫（Kamchubek Tashiev）指出：「如果你不知道什麼是氏族〔部族〕，你就無法理解吉爾吉斯的民主」，在南部選南部人，在北部就選北部人；沒有眞正的選舉平臺，也沒人會爲了政見而投票。[15]不過，也有學者認爲，目前這種南北地方主義在日常政治中並不明顯，在國會議事中也很少公開提及南北的不同，只有在政治危機（政治逮捕、政權替換、選舉）出現時，才會發揮作用。[16]可見，吉爾吉斯的南北問題在必要時，

---

12 楊健，〈吉爾吉斯斯坦的南北之爭〉，搜狐，2018年5月5日發布，http://www.sohu.com/a/230523383_260616，取用日期：2019年7月8日。

13 徐曉天，〈「民主孤島」的悲劇——吉爾吉斯斯坦政局動盪原因分析〉，《和平與發展》，2010年第4期（總第116期），頁28。

14 楊健，〈吉爾吉斯斯坦的南北之爭〉。

15 "Interview with Roza Otunbayeva (Part Two): After the 2010 revolution," posted June 4, 2018, Topchubashov Center, http://top-center.org/interviews/521-interview-with-roza-otunbayeva-part-two-after-the-2010-revolution.html, accessed July 8, 2019.

16 Erica Marat, "Kyrgyzstan's Experiments with Democracy," pp. 425-426.

仍有其重大影響力。地方主義與部族主義問題從嚴格的意義上說是一個民族的內部問題，但由於其具有與民族問題相似的特點，即爲本地域或部族的利益而鬥爭，也成爲困擾吉爾吉斯穩定的類民族問題。

肆、俄羅斯人問題

從俄羅斯人在吉爾吉斯獨立後人口占比的急速下降，可以明顯看出俄羅斯人問題的存在。不過，俄羅斯人問題不僅在吉爾吉斯存在，在其他獨立後的中亞國家也存在，這和蘇聯瓦解，境內各加盟共和國紛紛獨立，原來作爲主體民族的俄羅斯人在俄羅斯除外的獨立國協內的其他國家變成了少數民族，進而離開出走有密切關聯。

俄羅斯人問題可以分爲：大規模出走、雙重國籍、俄語地位、去俄羅斯化與主體民族化等幾項。

一、大規模出走

由於蘇聯時期號召西部先進地區支援中亞建設，大量的俄羅斯人被遷往吉爾吉斯支援當地工農業的發展，而這些移民的科學文化素質普遍高於當地居民，因此很快占據了吉爾吉斯政治、經濟、文化各領域建設的主要位置。除工業外，在醫療、科研、教育等多領域上，俄羅斯人已成爲吉爾吉斯建設的主力軍。此外，在吉爾吉斯權力機構中，俄羅斯人也掌控著重要位置。

在吉爾吉斯人的歷史土地上，俄羅斯人卻享有更高的社會地位，這嚴重刺激了主體民族的民族自尊心。隨著蘇聯後期經濟發展遲緩，地區矛盾逐步加深，以及戈巴契夫的民主改革放寬了民族自決的權利，吉爾吉斯人對境內俄羅斯人的不滿情緒迅速高漲。蘇聯後期，隨著戈巴契夫對少數民族語言文化政策態度的轉變，蘇共開始強調民族語言平等與自由發展。1989 年 9 月蘇共中央全會通過《黨在當前條件下的民族政策》，提出「承認具有加盟共和國和自治共和國名稱的民族的語言為國語是適宜的」。在此背景下，中亞各加盟國掀起「國語化」運動。吉爾吉斯於同月 23 日頒布了語言法，規定吉爾吉斯語為國語。這一政策打擊了俄語在吉爾吉斯的語言地位，刺激了俄羅斯等俄語民族的不滿情緒。[17]

　　1991 年吉爾吉斯的獨立更激發了吉爾吉斯人空前的民族主義情感，迫使吉爾吉斯政府選擇了以民族自我中心的方式去處理各種社會問題：在法律上確定主體民族至高無上的地位；在幹部人事制度上採主體民族化，各部、議會以及州級領導位置主要由主體民族擔任，而在地方機關的各單位主管也必須是主體民族。

　　隨著吉爾吉斯的獨立，作為主體民族的吉爾吉斯人地位上升，當地的俄羅斯人享受不到蘇聯時期所擁有的特殊地位並遭受排擠，因此出現了大規模出走回遷運動。由於大部分俄羅斯人掌握各種專業知識和先進生產技術，俄羅斯人出走嚴重破壞獨立後吉爾吉斯的經濟發展與國家建設。[18]

二、雙重國籍

　　吉爾吉斯獨立之初，俄羅斯人因感到自己處境惡化，在紛紛外遷的同時也開始積極尋求保護，開展爭取雙重國籍的運動。中亞俄羅斯人的要求得到俄羅斯政府的支持。1993 年 12 月，俄羅斯修改憲法承認雙重國籍，並對中亞國家施加壓力，要求中亞國家也實行雙重國籍。俄羅斯人問題不僅影響吉爾吉斯政局穩定、民族和諧，也影響吉爾吉斯與俄羅

17　曲鴻渤，《吉爾吉斯斯坦民族政策研究》，黑龍江大學碩士論文（2017年3月），頁25-26。

18　曲鴻渤，《吉爾吉斯斯坦民族政策研究》，頁30-31。

斯的關係。由於吉爾吉斯人在該國人口中的比例占有絕大多數，俄羅斯人比例相對不高，讓國內俄羅斯人擁有雙重國籍不會對本國造成太大負面影響，在一定程度上還有利於緩解民族矛盾，因此在權衡利弊後，吉爾吉斯政府在俄羅斯人雙重國籍的問題上做出了讓步。[19]

三、俄語地位

蘇聯時期政府大力推廣俄語，使各加盟共和國主體民族語言受到不同程度的排擠。獨立後，在民族主義復興思潮促進下，語言問題首先成為爭取主權運動和「主體民族優先」政策的一項重要內容。一些俄語報紙被停止發行，電臺、電視臺俄語節目播出時間、數量大大減少，取而代之的是吉爾吉斯語節目和報導。吉爾吉斯獨立後，將吉爾吉斯語訂為國語，並以憲法的形式予以確認。同時，憲法也強調了俄語作為族際交流語言的地位。經過多年實踐，2000 年 5 月 25 日通過了吉爾吉斯《官方語言法》，俄語作為吉爾吉斯共和國官方語言的地位得到承認，與國語同樣使用。雖然政府將吉爾吉斯語訂為國語，但無論從社會基礎還是使用範圍上看都與其國語地位不相符合；反而俄語作為族際交流使用的第一語言在吉爾吉斯具有廣泛的社會基礎。因此，政府大力推動吉爾吉斯語的運動不可避免地會遭到俄羅斯人反對，引發民族間的矛盾。[20]

吉爾吉斯獨立後，很多公民前往俄羅斯工作，如果他們懂俄語，就可以在工作方面享有競爭優勢。因此，吉爾吉斯不同於其他鄰近國家，在蘇聯解體後已經過一個世代，仍然將俄語作為第二語言，甚至是第一語言。但對於許多吉爾吉斯人來說，外國和前占領者的語言比他們自己

---

[19] 石麗娜，《吉爾吉斯斯坦民族問題與中亞地緣政治》，陝西師範大學碩士論文（2007年4月），頁12。

[20] 石麗娜，《吉爾吉斯斯坦民族問題與中亞地緣政治》，頁12-13。

的語言地位更高，是無法接受的。[21] 在過去十年中，也曾有多次提議加強使用吉爾吉斯語，甚至取消俄語作爲官方語言的地位。2010 年動亂後的臨時總統奧通巴耶娃（Roza Otunbayeva）在 2011 年 6 月的演講中，公開支持促進國語吉爾吉斯語的發展。她表示，吉爾吉斯語尚未恰當地確立爲國語，它的地位仍居劣勢。[22] 2019 年初，吉爾吉斯反對派人物貝克納札羅夫（Azimbek Beknazarov）告訴記者，他與其他 47 個反對派政治團體的代表一起起草了一項法律，要求在 11 月舉行全民公投，取消俄語作爲官方語言的地位。但到目前爲止，俄語作爲官方語言的地位仍未動搖，部分原因源於擔心其官方地位的終結將導致近 50 萬名說俄語的吉爾吉斯人中會有許多人離開，使得國家失去一些訓練有素的專家。[23] 雖然俄語地位一事可能被當成政爭的工具，但支持降低俄語地位的呼聲的確日益升高。

四、去俄羅斯化與主體民族化

隨著吉爾吉斯的獨立，吉爾吉斯人開始當家作主，政府也通過各種方式強化主體民族意識，弘揚主體民族文化。經過獨立初期一段短暫的平靜期，民族主義情緒在一部分吉爾吉斯人心中被點燃，出現一股去俄羅斯化浪潮。「去俄羅斯化」就是通過恢復本民族文化傳統，消除種種

---

[21] Paul Goble, "Russian Language Losing its Position in Kyrgyzstan--and Moscow May be as Well," *Eurasia Daily Monitor* 16.9 (January 28, 2019), The Jamestown Foundation, https://jamestown.org/program/russian-language-losing-its-position-in-kyrgyzstan-and-moscow-may-be-as-well/, accessed July 11, 2019.

[22] "Language a Sensitive Issue in Kyrgyzstan," posted June 25, 2011, RadioFree Europe/RadioLiberty, https://www.rferl.org/a/language_a_sensitive_issue_in_kyrgyzstan/24246394.html, accessed July 11, 2019.

[23] Paul Goble, "Russian Language Losing its Position in Kyrgyzstan--and Moscow May be as Well."

俄羅斯特徵的影響，消除社會生活各方面的俄羅斯化傾向。這種「主體民族化」的傾向在一定程度上也得到政府的鼓勵。許多蘇聯時期城市、街道的名稱被改回歷史上曾經使用過的名稱或者被重新命名，如：首都伏龍芝改回歷史上的名稱比斯凱克。此外，憲法規定，只有通曉吉爾吉斯語的公民才有資格出任總統。該國還推行幹部主體民族化，獨立後政府機關的要職，如：總統、總理、議會議長、外交部長、國防部長等職位均由吉爾吉斯人擔任。因此，在獨立初期，吉爾吉斯高漲的民族主義熱情對該國非主體民族造成了不小的心理壓力和不安情緒。非主體民族出於自我保護的心理對吉爾吉斯人產生一定的牴觸情緒，一系列民族矛盾衝突由此而生。[24]

以上幾個和俄羅斯人相關的問題多是在蘇聯瓦解、吉爾吉斯獨立初期就出現的。雖然吉爾吉斯政府同意雙重國籍，也將俄語訂為官方語言，也盡量和俄羅斯維持友善關係，但國內經濟情況不佳，加上民族主義高漲以及「主體民族化」的政策，還是讓很多俄羅斯人選擇出走。不過，也因為俄羅斯人的比例降低，俄羅斯人與吉爾吉斯人間的民族衝突就不易產生。

伍、2005年的鬱金香革命

吉爾吉斯獨立以來，曾發生兩次嚴重的政治動盪，一次是 2005 年的鬱金香革命，一次則是 2010 年吉爾吉斯南部的騷動。

鬱金香革命，也被稱為第一次吉爾吉斯革命。吉爾吉斯於 2005 年 2 月 27 日舉行了議會選舉。選舉的結果是總統阿卡耶夫（Askar Akayev）的人馬獲得勝利，但選舉不公的批評隨之而來，歐洲安全與合作組織（Organization for Security and Cooperation in Europe, OSCE）

---

24 石麗娜，《吉爾吉斯斯坦民族問題與中亞地緣政治》，頁13-14。

等外國觀察員也認爲此選舉作弊，國家發生了動亂。3月3日，反對派領導人奧通巴耶娃的公寓發生炸彈爆炸，阿卡耶夫和他的政府否認涉及此事。抗議活動從南方開始，很快到達首都比斯凱克，3月10日，吉爾吉斯人民運動領導人巴基耶夫（Kurmanbek Bakiyev）加入抗議活動。示威者在比斯凱克的議會大樓外紮營。3月19日，三千人參加了比斯凱克的抗議活動，次日，抗議者占領了吉爾吉斯南部的所有城市。儘管發生了群眾抗議，但阿卡耶夫於3月22日拒絕與抗議者進行談判。3月24日，阿卡耶夫與家人一起逃到哈薩克，後來又到了俄羅斯，於4月3日辭職。[25] 吉爾吉斯獨立後，原本被西方認爲是中亞的民主之島，但鬱金香革命迫使掌權長達14年的阿卡耶夫宣布下臺。學者出身的阿卡耶夫不能算是獨裁領導，但執政太久，家族掌握全國利益，已成爲人民公敵，失去民心跟政黨鬥爭是鬱金香革命爆發的主因。[26] 大規模起來抗議的吉爾吉斯公民已經無法忍受阿卡耶夫腐敗、不寬容和專制的政權。

獨立之初，吉爾吉斯曾在西方贏得了很高的讚譽。當時，吉爾吉斯雄心勃勃地想把自己建成「中亞的瑞士」，在阿卡耶夫的領導下，引進西方國家的競爭性民主政治制度，在二十世紀九〇年代初，這個中亞小國曾是美國眼中的民主發展模範。當時，剛剛從解體的蘇聯脫離出來的各國都在積極尋找新的角色和身分，阿卡耶夫的領導班子開始尋求和西方建立良好關係；作爲回報，它從西方獲得了上億美元的援助和貸款。阿卡耶夫一度對西方政治模式十分推崇，希望按照西方三權分立、自由市場經濟的模式改造吉爾吉斯。然而，他很快發現，在民主制度下，自

---

25 "What was the Tulip Revolution?" WorldAtlas, https://www.worldatlas.com/articles/what-was-the-tulip-revolution.html, accessed July 17, 2019.

26 〈吉爾吉斯鬱金香革命總統逃莫斯科〉，公視新聞網，https://news.pts.org.tw/article/14328?NEENO=14328，取用日期：2019年7月17日。

己的權力太弱，改革難以順利推行；他必須跟舊體制的既得利益者、地方主義和部族主義鬥爭。阿卡耶夫轉而主張實行強有力的總統制，並通過公民投票得以實現。[27]

　　對吉爾吉斯來說，先是經歷了由部族社會一躍成為「民族國家」的跳躍式發展，但隨後的民族國家建設在原蘇聯框架內並沒有跟進，並不是一個穩健且良性的進步。吉爾吉斯被稱為「民族國家」，僅僅是停留在口頭和形式上而已。部族主義和地方主義的問題仍舊存在，吉爾吉斯激進的民主化使其失去了漸進式改革的可能性；一個外來的民主制度是建立在以部族主義和地方主義為基礎的國家之上，政治權力的爭奪不是以法律和政策為基礎，而是以地域、部族、派系和政治領袖為核心，這才是吉爾吉斯出現社會、政治動盪的制度性原因。[28] 也就是說，1991 年後，吉爾吉斯的政治文化（部族政治、南北分立的社會結構、民族心理、歷史經驗和傳統等）是民族的、傳統的，卻在形式上照搬了西方式政治制度（議會民主、市場經濟等），兩者之間存在某種脫節和分裂。[29]

　　每當革命席捲俄羅斯的後院時，美國組織就會被指責是背後的影武者，2003 年 11 月喬治亞的「玫瑰革命」以及 2004 年 11 月至 2005 年 1 月烏克蘭的橙色革命是如此，而美國將 2005 年 3 至 4 月吉爾吉斯的鬱金香革命認為是民主化浪潮的一部分，且自己在推動上是有所貢獻

27　石晨葉、昝濤，〈失序的吉爾吉斯——內部撕裂與大國較力中的新國家〉，《文化縱橫》2010年第3期（2010年6月號），頁116；文化縱橫，http://old.21bcr.com/a/zazhiwenzhang/2010niandisanqi/2010/0612/863.html。取用日期：2019年7月17日。

28　石晨葉、昝濤，〈失序的吉爾吉斯——內部撕裂與大國較力中的新國家〉，頁118。

29　侯艾君，〈中亞現代化的若干問題與思考：以吉爾吉斯為例〉，《俄羅斯學刊》第2卷總第11期（2012年第5期），頁33-34。

的。[30] 俄羅斯在這場政治動盪中一直是站在吉爾吉斯政府這一邊，並對外來對革命的支持感到懷疑；阿卡耶夫被推翻後，俄羅斯爲他提供政治庇護，並允許他在莫斯科大學承擔學術工作。[31] 雖然2005年美國成功推動鬱金香革命，但總體上俄羅斯在吉爾吉斯的影響力還是遠高於美國，除了雙方深厚的歷史淵源外，俄羅斯堅決維護自己在該地區的利益，而吉爾吉斯境內也持續存在著親俄集團。[32]

　　吉爾吉斯雖無資源，但地緣戰略位置重要，因而成爲大國博弈的戰場，從這裡也蘊藏著吉爾吉斯的生存之道。俄羅斯在吉爾吉斯獨立後，於2003年和吉國政府簽訂使用從蘇聯時期就長期使用的坎特（Kant）基地，[33] 而美國則因爲在阿富汗軍事行動的需要，從2001年開始使用瑪納斯（Manas）空軍基地。這種作法既可與美俄維持平衡關係，高額的租金和巨大的投資回報也是吉爾吉斯財政收入的重要來源。不過，俄羅斯對美國在吉爾吉斯擁有軍事據點一事如鯁在喉，從2005年就一直希望美國可以撤出，而吉爾吉斯議會於2009年也曾要求美國退出，後因美國大幅提高租金而得以繼續租用，只是名稱由空軍基地改爲轉運中心（transit center）。2011年新上任的總統阿塔姆巴耶夫（Almazbek Atambayev）聲明，在2014年約滿後將收回此基地。他在2014年重申瑪納斯機場將只運送旅客，美國在同年只得撤出，在吉爾吉斯不再有可

---

[30] Richard Spencer, "Quiet American behind Tulip Revolution," posted April 2, 2005, The Telegraph, https://www.telegraph.co.uk/news/worldnews/asia/kyrgyzstan/1486983/Quiet-American-behind-tulip-revolution.html, accessed July 18, 2019.

[31] 朴美來，《吉爾吉斯兩次革命與美國俄羅斯的干預》，南京大學碩士論文（2011年6月），頁22。

[32] 石晨葉、昝濤，〈失序的吉爾吉斯──內部撕裂與大國較力中的新國家〉，頁117。

[33] "Kant (air base)," Wikipedia, https://en.wikipedia.org/wiki/Kant_(air_base), accessed July 18, 2019.

以使用的空軍基地。[34]

在地緣政治上，俄羅斯認爲美國軍隊離開可以讓自身重建爲中亞唯一主導力量。此外，經濟因素對吉爾吉斯的決定也起了重要作用，因爲吉爾吉斯在經濟上很大程度依賴俄羅斯，依賴它作爲吉爾吉斯重要的出口市場，也依賴很多吉爾吉斯人前往俄羅斯工作匯回的金錢。美國未來不一定會是中亞的主要參與者，但俄羅斯是重要鄰國，在該地區的影響力仍會存在。從吉爾吉斯和其他中亞國家的角度來看，把賭注押在俄羅斯身上應該是更合理與安全的選擇。[35]

有學者認爲，吉爾吉斯尙未建立眞正的公民社會，鬱金香革命根本不能算是革命，甚至不是政權的改變，而只是權力的轉移；在該期間的動員也僅是地方對特定人物的支持，而不是對議題的支持。另有學者認爲，這場政治動盪與吉爾吉斯傳統社會組織相關，尤其是與平時處於彼此穩定競爭關係中的多層次分化的各族群相關。在此期間發生的事件更多是這些不同力量之間的競爭，而不是「人民力量」和專制領導者之間的對抗。[36]

不管 2005 年的政治動盪能否算是場革命，雖然持續的時間不長，但其原因相當複雜。它涉及吉爾吉斯獨立後希望尋找建立新的民族國家的道路，但又無法擺脫傳統部族主義與地方主義的深刻影響，加上國內不同政治派系間的權力競爭，還有美俄大國在地緣政治上的角力等因

---

[34] "Transit Center at Manas," Wikipedia, https://en.wikipedia.org/wiki/Transit_Center_at_Manas, accessed July 18, 2019.

[35] Akhilesh Pillalamarri, "The United States Just Closed Its Last Base in Central Asia: What the Closure of Manas' Transit Center Means for Central Asia's Future," posted June 10, 2014, The Diplomat, https://thediplomat.com/2014/06/the-united-states-just-closed-its-last-base-in-central-asia/, accessed July 18, 2019.

[36] O. Gökhan Yandaş, "The 'Tulip Revolution' and the Role of Informal Dynamics in Kyrgyz Politics," Doctoral Thesis, Middle East Technical University, March 2011, pp. 35-36.

素。雖然這場動盪無法僅從吉爾吉斯民族或族群的角度來加以觀察，但卻展現出與民族問題相似的特點，因為民族問題的產生往往不限於相異的文化，還涉及政治、經濟、社會各層面。此外，這是吉爾吉斯獨立後十分重要的事件，所以在此加以敘述分析，有助於讀者對吉爾吉斯的理解。

陸、2010年南部的動亂

2010 年 3 月 17 日，吉爾吉斯主要反對派聯合集會，要求政府撤銷提高水電價格的決議，並將「吉爾吉斯電信」和「北方電力」公司收歸國有。該事件很快演變成全國性反政府浪潮。4 月 7 日，由於巴基耶夫政府前一天逮捕了包括前總理阿塔姆巴耶夫在內的重要反對派領袖，騷亂迅速升級並向全國蔓延。當天中午，大批示威者衝破員警防線進入首都比斯凱克。下午，近萬人聚集到總統府前，多次衝擊總統府、國防部、內務部等機構，並試圖奪取武器，與防衛的員警發生激烈衝突。當晚，反對派占領總統府，巴基耶夫像其前任阿卡耶夫一樣臨陣脫逃，其政權迅即被推翻。[37]

2010 年吉爾吉斯南部的動亂是當地吉爾吉斯人和烏茲別克人之間的衝突，主要發生在奧什和賈拉拉巴德，時間是在前總統巴基耶夫被推翻之後。5 月 19 日暴力衝突開始在賈拉拉巴德兩族人之間發生，隨後在 6 月 10 日蔓延至奧什。暴力衝突的蔓延使得由奧通巴耶娃領導的過渡政府在 6 月 12 日宣布國家進入緊急狀態。衝突導致至少數百人喪生，

---

37 莉達，〈巴基耶夫政權緣何傾刻瓦解〉，《國際資料資訊》2010年第5期，中國科學知識網，http://www.cssn.cn/gj/gj_gjwtyj/gj_elsdozy/201311/t20131101_823048.shtml，取用日期：2019年7月14日。

其中大部分為烏茲別克人，數萬人流離失所。[38] 在衝突中，南部的吉爾吉斯人可能開始意識到，受害的烏茲別克人對巴基耶夫的敵意可能會受到北部吉爾吉斯人的熱烈歡迎。無論這是真的還是假的，他們的恐懼是可以理解的。烏茲別克人一開始是處於弱勢，在衝突的最初幾天尤其如此；但情況似乎在之後產生變化，他們開始反擊報復。[39]

同 2005 年推翻阿卡耶夫的鬱金香革命一樣，導致巴基耶夫垮臺的重要原因仍是經濟私有化和自由化造成的嚴重兩極分化。在舊有的一體化市場破裂，新的一體化市場又長期不能建立起來的情況下，吉爾吉斯前後兩任總統沒有考慮本國經濟的實際情況，實行了徹底的私有化和中亞最自由化的經濟政策。這樣，外國商品大量湧入導致本國工廠大量倒閉，失業率劇增；居民中貧困人口數量逐年增長，達到社會不能忍受的地步。極端的貧富分化嚴重地削弱了政權的合法性。

這次吉爾吉斯政權更迭的另一個主要原因是巴基耶夫政府嚴重破壞了社會公正的原則。他試圖在吉爾吉斯建立「家族王朝」，在這一問題上巴基耶夫比阿卡耶夫走得更遠，他的兄弟與兒子們都占據了政府高位。總統家族及其他高級政要家族政商不分，利用政治權力獲取經濟利益。[40]

基本上可以認為，2010 年的衝突是 1990 年衝突的再次爆發，當時在暴力敵對行動消退後，衝突一直處於休眠狀態。儘管 2010 年的衝突時間不長，但它的根源源遠流長，可以追溯到蘇聯的建立及其民族政

---

38 動亂詳情與每日進展，參考 Shirin Akiner, "Kyrgyzstan 2010: Conflict and Context," Silk Road Paper, July 2016, http://silkroadstudies.org/resources/2016-Akiner-Kyrgyzstan_2010-Conflict-Context.pdf, pp. 52-56, 126-135; accessed July 14, 2019。

39 Babak Rezvani, "Understanding and Explaining the Kyrgyz-Uzbek Interethnic Conflict in Southern Kyrgyzstan," *Anthropology of the Middle East* 8.2 (Winter 2013), pp. 68-69.

40 雷琳、羅錫政，〈全球化進程中的吉爾吉斯斯坦變局與困境〉，《新疆大學學報（哲學·人文社會科學版）》39 卷 6 期（2011 年 11 月），頁 85-86。

策和領土邊界的劃分與再劃分。[41] 由於這些邊界劃分與民族界線並不相合，部分烏茲別克人口居住在與烏茲別克相鄰的吉爾吉斯境內，是該國人數僅次於吉爾吉斯人的第二大民族。

2010 年吉爾吉斯南部的吉爾吉斯人與烏茲別克人的衝突可被定義為民族－領土衝突。這是一種帶有民族性質的暴力衝突；雖然其領土性質並不像蘇聯其他民族領土衝突案件那樣突出，但它仍具有領土性質。此衝突可視為對烏茲別克人的一種片面暴力。極端民族主義的吉爾吉斯人認為種族清洗是一種公正的選擇，以便從烏茲別克「租戶」那裡拿回「吉爾吉斯土地」。但實際上，烏茲別克人原就生於這個地區，並且生活了很多世代。在這種情況下，烏茲別克人認為吉爾吉斯南部費爾干納河谷的城市是他們的歷史生活區域。吉爾吉斯人傳統上並不住在城市，但在蘇聯時期，已經將許多吉爾吉斯人遷移到費爾干納河谷的城鎮；烏茲別克人認為這侵犯了他們在該地區的民族所有權，而根據吉爾吉斯民族主義者的說法，這些地區位於吉爾吉斯，因此屬於吉爾吉斯人。[42]

在蘇聯時代，吉爾吉斯人作為掛名在共和國名稱上的民族在吉爾吉斯擔任最重要的職務。因此，雖然烏茲別克人在農業和服務業占主導地位，奧什地區和其他烏茲別克人居住的吉爾吉斯南部地區的最高官員和民兵都是由吉爾吉斯人擔任。[43] 這對烏茲別克人來說，當然是不公平的。

在獨立後阿卡耶夫擔任總統期間，烏茲別克人在吉爾吉斯南部他們集中居住的區域在地方當局有自己的代表。阿卡耶夫公民模式的民族主義傾向，以及他安撫和滿足烏茲別克人要求的政策，對於吉爾吉斯南部民族間的局勢產生了正面影響。不過，鬱金香革命之後，烏茲別克人抱

---

41 Babak Rezvani, "Understanding and Explaining the Kyrgyz-Uzbek Interethnic Conflict in Southern Kyrgyzstan," p. 61.

42 *Ibid.*, pp. 61-62.

43 *Ibid.*, p. 66.

怨受到歧視的聲音愈來愈大，並指責巴基耶夫的政府對民族關係不夠敏感。許多烏茲別克官員被南部的吉爾吉斯人取代，後者在系譜和意識形態上接近新上任的巴基耶夫總統；他擔任總統期間實施的政策確實使得南部吉爾吉斯人與烏茲別克人之間的民族競爭更加突顯，兩族間的局勢也趨於惡化。[44]

在吉爾吉斯，部族矛盾與地方主義一直是各種動盪與衝突的重要原因，2005 年「鬱金香革命」的結果是，以巴基耶夫、奧通巴耶娃等為主的南方集團聯合北方的反對派，共同推翻了以阿卡耶夫為主的北方政府。但在利用了他的北方盟友之後，巴基耶夫將他們逐一排擠，大幅加強總統權力，任人唯親，重用南方人。2010 年的政變，同樣是位居高位後又被排擠的反對派結成聯盟，共同推翻巴基耶夫的統治，其中仍湧動著南北對抗和分裂的暗流。這次動盪是從北方發起的，奧通巴耶娃等領導人是巴基耶夫時代被排擠的政治失意者，出逃的巴基耶夫則打著「南方民眾起義」的牌。[45]

雖然巴基耶夫可以從後來的騷亂中受益，但是指責他個人煽動暴力仍有待確認。混亂的吉爾吉斯會引來外國干涉，可能危及吉爾吉斯的主權和奧通巴耶娃政府的合法性。因此，可以想像他或者與他親近的人是支持此民族暴力行動的；巴基耶夫的兒子馬克西姆（Maxim）就被指控為騷亂提供資金。雖然巴基耶夫本人或其家人很可能促成了暴力的煽動，但如果沒有某些強大的當地人支持，他們也不會成功。這些當地人物不是被剝奪了他們在巴基耶夫時代相對的特權地位，就是害怕失去他們的地位。而對巴基耶夫政權不滿的烏茲別克人則是支持奧通巴耶娃的

---

[44] *Ibid.*, p. 68.

[45] 石晨葉、昝濤，〈失序的吉爾吉斯──內部撕裂與大國較力中的新國家〉，《文化縱橫》2010年第3期（2010年6月號），頁114-115；文化縱橫，http://old.21bcr. com/a/zazhiwenzhang/2010niandisanqi/2010/0612/863.html。

新政府。[46]

　　Babak Rezvani 認為，單純以文化或宗教因素不足以解釋 2010 年吉爾吉斯南部的動亂，必須在政治和領土因素中尋找主要的因果因素。導致這場衝突最突顯的因素是蘇聯民族政治制度留下的結果以及烏茲別克跨界優勢（transborder dominance）和空間因素，特別是錯綜複雜的民族地理構造。蘇聯民族政治制度讓每個大的民族有自己的加盟共和國或自治區，有助於民族意識的形成，許多吉爾吉斯人認為吉爾吉斯共和國是他們的，而不是居住其間的所有民族的；這使得民族間的矛盾與衝突更容易產生。一個民族高度集中在特定地區往往增加了分離主義的可能，吉爾吉斯的烏茲別克人就是很好的例子。烏茲別克人是中亞最大的民族，人數遠超過其他民族；因此，他們對鄰近共和國的統治者而言具有跨界優勢。許多烏茲別克的鄰國和人數較少的民族都存在一種看法，認為烏茲別克奉行一種非常民族主義、甚至沙文主義的民族政策。在空間方面，費爾干納河谷位於烏茲別克、塔吉克和吉爾吉斯三國交界處，這三國對費爾干納呈現包圍之勢，國界線犬牙交錯，形成你中有我、我中有你的複雜局面，民族分布如同拼圖一般。在吉爾吉斯部分，高地和丘陵主要生活著吉爾吉斯人，而城市中心則主要是烏茲別克人。費爾干納河谷和中亞的東南部地區一般都呈現出這種民族地理構造，因此容易發生衝突。[47]

　　2005 年被推翻的阿卡耶夫總統和 2010 年被推翻的巴基耶夫總統所治理的國家都非常相似：在進行民主體制改革方面停滯不前，在議會、司法和行政結構中沒有形成穩定的框架；經濟脆弱凋敝、民不聊生、官

---

[46] Babak Rezvani, "Understanding and Explaining the Kyrgyz-Uzbek Interethnic Conflict in Southern Kyrgyzstan," p. 70.

[47] *Ibid.*, pp. 71-76.

商勾結、裙帶關係盛行，最終被反對派利用民眾的力量而推翻。[48] 雖然國家獨立了，兩位總統也試圖改革，但基本結構難以撼動，導致兩度發生嚴重動亂。吉爾吉斯這個遠本被西方看好的內陸貧窮國家仍需持續努力，才能建設一個穩定發展的社會。

柒、問題分析

　　吉爾吉斯獨立後所產生的俄羅斯人問題、2005年鬱金香革命以及2010年南部的動亂等民族問題與政治動盪，原因均相當複雜，各有其衝突的癥結所在，而弱勢民族的基本訴求也各有不同，不同時期政府的立場與對策也不相同。

　　就俄羅斯人問題而言，蘇聯瓦解造成吉爾吉斯的俄羅斯人從占有優勢的主體民族變成少數民族是問題的基本背景。其衝突的癥結在於高唱吉爾吉斯民族主義的新政府如何維護俄羅斯人應有的權益。一部分俄羅斯人回歸俄羅斯，留在吉爾吉斯的俄羅斯人則爭取雙重國籍以及俄語繼續作為官方語言，但對於去俄羅斯化以及主體民族化的趨勢，他們卻無法改變。吉爾吉斯政府一方面引進西方民主制度，一方面持續與俄羅斯維持友善關係，通過雙重國籍，並把俄語訂為官方語言。不過，由於獨立之後吉爾吉斯經濟凋敝，不只是當地的俄羅斯人，連吉爾吉斯的年輕人都大批到俄羅斯或哈薩克工作賺錢，俄羅斯人在吉爾吉斯人口比例持續降低就成為自然的傾向。

　　2005年的鬱金香革命雖然不能算是百分百的民族問題，但對吉爾吉斯影響重大，也有助於我們理解2010年南部的動亂，有必要加以討

---

48 徐海燕，〈吉爾吉斯斯坦政府動盪簡析——「鬱金香革命」的再現？〉，《陝西教育學院學報》2010年第3期，中國社會科學網，http://www.cssn.cn/gj/gj_gjwtyj/gj_elsdozy/201311/t20131101_822980.shtml，取用日期：2019年7月18日。

論。它的背景是阿卡耶夫總統企圖引進西方競爭型民主政治制度，但發現該制度下自己的權力太弱，改革難以推行，轉而實行強有力的總統制，從積極促進各民族與區域平等和諧的推動者變成一個權力集中的大總統。絕對的權力帶來絕對的腐化，吉爾吉斯從美國眼中民主的樣板變成一個腐敗且專制的政權。議會選舉作弊引發了反對派的不滿，民眾上街抗議，美國也在背後支持這股「民主化的浪潮」，導致阿卡耶夫下臺。俄羅斯雖然支持吉爾吉斯政府，但卻無法有具體的行動，只能在阿卡耶夫出逃後給予政治庇護，在與美國的角力中，暫時吃了敗仗。鬱金香革命代表獨立初期改革的失敗，也顯示舊體制的既得利益者以及傳統部族主義與地方主義仍存在強大力量，而美俄勢力也在其間扮演一定的角色。

民族勢力與南北部族與地方主義在 2010 年吉爾吉斯南部的動亂中扮演了重要的角色。騷動一開始發生在首都比斯凱克，原因是巴基耶夫政府決議提高水電、暖氣等公共設施的價格，民眾在反對派領導下上街抗議。接著，政府卻逮捕了重要的反對派領袖，導致動亂升級，民眾占領總統府，巴基耶夫政權遭到推翻。巴基耶夫不願辭職，逃到他出身的南部賈拉拉巴德州，試圖和新的過渡政府對抗，暴力衝突開始在南部的吉爾吉斯人和烏茲別克人之間爆發，過渡政府宣布國家進入緊急狀態。烏茲別克人在巴基耶夫掌政時期受到較多的歧視，被剝奪了部分原有的權利，他們因而比較支持過渡政府。這場發生在費爾干納河谷的民族衝突，一開始烏茲別克人是弱勢的受害者，但後來開始反擊，而南部的吉爾吉斯人則害怕北方的吉爾吉斯人會和烏茲別克人合作，因而雙方的衝突擴大，造成重大的死傷與流離失所。

當巴基耶夫的支持者在南部繼續負隅頑抗，奧通巴耶娃領導的過渡政府則要求國際調查委員會調查這場族裔間的暴力事件，還請求集體安全條約組織（Collective Security Treaty Organization, CSTO）和歐洲安全與合作組織協助維和與提供安全。儘管該調查委員會與過渡政府之間存在微小的意見分歧，但後者爲前者的運作提供了充分的機會。雖然該委員會也指責一些烏茲別克社區的領導人煽動暴力，但吉爾吉斯政府拒絕其報告中不成比例地指責吉爾吉斯社區暴力行爲的某些結論。[49] 由此可知，即便是巴基耶夫下臺後的吉爾吉斯政府也比較偏向吉爾吉斯人，而非受害更嚴重的烏茲別克人，民族意識仍有其作用。

吉爾吉斯的民主制度尚未完善發展，部族主義與地方主義影響重大，選民對特定人物的支持遠比對議題的支持更加重視，人治色彩濃厚，因此政治領導人在上述民族與政治事件中扮演了不可忽視的角色。阿卡耶夫是獨立後第一位總統，也是在任最久的領導人。他生於北方楚河州，是學者出身；執政之初，雄心勃勃地想要大幅改造國家，在政治、經濟各方面引進西方制度，受到西方的讚揚與期待，但遇到困難時無法堅持改革，沒幾年就放棄了，轉而集中權力，走向專制。好的是，在鬱金香革命後他願意主動宣布辭職，讓騷亂可以很快平靜下來。

第二位總統巴基耶夫生於南方賈拉拉巴德州，是和庫洛夫（Felix Kulov）、奧通巴耶娃以和平、非暴力方式推翻阿卡耶夫的反對派領袖。但是，巴基耶夫執政後不久，革命者內部就發生分裂，他與奧通巴耶娃分道揚鑣，各立爲派，鬥爭不止。在對外關係上，巴基耶夫代表的「當權中間派」主張在俄美之間走中間路線，但更傾向於美國；而奧通巴耶娃代表的「多邊反對派」主張，不僅積極同俄羅斯、中國發展關係，還要與美國、歐盟等其他國家和地區發展關係，但更傾向於俄羅斯。巴基耶夫和阿卡耶夫一樣，試圖在政治上實行多黨政治、三權分立和自由選舉制度，在經濟上走私有化與市場經濟的路線。但結果卻是形成了以巴基耶夫爲核心的家族或集團統治，經濟改革成了少數當權者謀取私利的手段，而國內經濟發展卻是長期萎靡不振。最後，革命者成了

---

[49] Babak Rezvani, "Understanding and Explaining the Kyrgyz-Uzbek Interethnic Conflict in Southern Kyrgyzstan," p. 70.

被革命的對象。[50] 和阿卡耶夫不同的是，巴基耶夫並不願意辭職，後續引發了南部吉爾吉斯人與烏茲別克人的嚴重衝突，死傷慘重。稍後，白俄羅斯收留了巴基耶夫。

奧通巴耶娃雖然僅在 2010 年巴基耶夫下臺後擔任一年多過渡政府的總統，但她在 2005 年與 2010 年的政治事件中都扮演反對派領導人的角色，是吉爾吉斯少有的女性政治人物。她生於比斯凱克（當時稱作伏龍芝〔Frunze〕），除了吉爾吉斯語和俄語外，英、德、法等語言均很流利，在蘇聯時期與吉爾吉斯獨立後參與了許多國際外交事務。2005 年她支持巴基耶夫推翻了阿卡耶夫，2010 年她卻起來推翻了巴基耶夫。她擔任總統期間，最重要的政績之一是制定了新憲法。這部憲法由憲法委員會主席捷克巴耶夫（Omurbek Tekebayev）協助起草，並在2010 年 6 月公投通過，正式將吉爾吉斯從總統制改變爲議會制。[51] 宇山智彥將之稱作「總理—總統制」，議會地位上升，總統權力受到限制，但仍有相當的分量和影響。新憲法廢除了以前的超級總統制，確立了議會政黨制度，使得各方面的競爭開始以制度化的方式公開進行。吉爾吉斯的菁英階層代表著不同的地區利益，他們應該樂於接受議會制，把不同的政治參與者之間的對抗，轉移到議會的政黨政治之中，同時保留總統作爲仲裁者的地位。[52] 新憲法規定總統只是國家權力的象徵，任期六年，不得連任。議會爲一院制，不僅擁有立法權、組閣權，還有財政大

---

50 張英姣、孫啓軍，〈「鬱金香革命」領導者反被革命之原因〉，《人民論壇》，2010年17期（總第293期），頁260-261。

51 Bruce Pannier, "Omurbek Tekebaev, Political Pugilist at Center Of Kyrgyzstan's Storm," RadioFreeEurope/RadioLiberty, posted February 28, 2017, https://www.rferl.org/a/kyrgyzstan-tekebaev-protests-political-pugilist-/28338414.html, accessed July 19, 2019.

52 宇山智彥，〈吉爾吉斯斯坦二次革命後的政黨政治與總理—總統制：亂中有序〉，《俄羅斯研究》，2012年第5期（總第177期），頁76、82。

權，選舉每五年舉行一次。[53] 奧通巴耶娃對吉爾吉斯的民主化確實有其貢獻。

2011 年年底，4 月時遭巴基耶夫逮捕的反對派領袖阿塔姆巴耶夫當選新總統，任期從 2011 年 12 月 1 日至 2017 年 11 月 24 日。阿塔姆巴耶夫生於北方楚河州，他能贏得選舉主要得益於他擔任過渡政府總理期間在內政外交方面執行的一系列措施深得民心。此外，積極推動政體改革也為其贏得威望。2016 年 12 月，由數個政黨聯合提出的修憲案獲得通過。修憲的內容之一就是加強政府的權威性，提高總理地位，制衡總統的權力，加強對司法部門的監督；議會制得以確立，總統在國家政治生活中的地位下降。[54] 阿塔姆巴耶夫擔任總統期間，多次表現其親俄態度，宣布吉爾吉斯加入俄羅斯主導的關稅同盟（Customs Union，即歐亞經濟聯盟 Eurasian Economic Union），確保 2014 年美國軍事基地從該國撤出，並談到需要與俄羅斯建立更密切的經濟關係，因為後者僱用了至少 50 萬吉爾吉斯公民。[55] 2017 年 11 月，阿塔姆巴耶夫卸任，由生於南部奧什州、新當選的熱恩別科夫（Sooronbay Jeenbekov）接任，這是過渡時期除外，吉爾吉斯獨立後第一次總統政權的和平轉移。

熱恩別科夫原是阿塔姆巴耶夫所支持推薦的同黨總統候選人，也順利以高票當選。他在掌權後，經常稱讚阿塔姆巴耶夫的施政，甚至封贈他為「吉爾吉斯共和國英雄」。誰知不到兩年，彼此關係開始惡化。卸任的阿塔姆巴耶夫在 2018 年 3 月重新當選吉爾吉斯社民黨的黨主席，想透過前朝人脈，繼續影響政治。熱恩別科夫也開始大量撤換前朝官

---

53 楊莉，〈吉爾吉斯斯坦：實行議會制後的政局走向〉，《當代世界》，2018年第 8期，中國國際問題研究院，http://www.ciis.org.cn/2018-10/29/content_40553698. html，取用日期：2019年7月20日。

54 楊莉，〈吉爾吉斯斯坦：實行議會制後的政局走向〉。

55 "Almazbek Atambayev," Wikipedia, https://en.wikipedia.org/wiki/Almazbek_Atambayev, accessed July 20, 2019.

員，直指阿塔姆巴耶夫企圖把他變成傀儡；將阿塔姆巴耶夫勢力清除乾淨，成了熱恩別科夫的執政要務，許多前朝官員都因爲貪汙罪名遭到逮捕、起訴。2018年1月，首都比斯凱克一座剛翻新沒幾個月的火力發電廠倒塌，造成在寒冬中停電多日，引來民眾不滿，阿塔姆巴耶夫指責熱恩別科夫處置不當，但熱恩別科夫卻將問題矛頭指向阿塔姆巴耶夫，因爲發電場翻修工程費用有近三分之一的資金下落不清；多位前總理被傳喚訊問，甚至遭到拘留。5月，開始出現應該剝奪阿塔姆巴耶夫作爲前總統的豁免權的呼聲，2019年6月，這項提案通過，可以啓動對他的司法調查。熱恩別科夫當局三次傳喚阿塔姆巴耶夫不到，後者只願提供書面證詞，並聲稱若敢抓他，將以武力抵抗。8月7日吉爾吉斯當局派遣特種部隊展開逮捕阿塔姆巴耶夫的行動，但遭到武裝拒捕，接下來派遣千名鎮暴部隊，終於在8日抓到了阿塔姆巴耶夫。除了原先貪汙、濫用職權、非法圖利等多項指控外，武裝拒捕可能讓他陷入更嚴重的罪名之中。阿塔姆巴耶夫遭到逮捕後，數百名支持者立刻聚集抗議，後來遭到警方驅散。[56]後續發展值得繼續關注，但這件事也讓我們看出吉爾吉斯政治改革仍有待努力。

　　吉爾吉斯獨立後的民族問題與政治動盪，原因相當複雜，包括蘇聯時期民族政策留下的歷史、文化、人口、地理等問題，加上根深蒂固的部族主義與地方主義，在民族主義高漲、政治經濟因改革而急劇變化的時期，政府和人民都面臨調適的困難，政府轉趨強硬，人民因爲經濟困頓與無法獲得政策上公平合理的對待，對政府不滿，在反對派人物領導下，起而抗爭，甚至推翻了兩位總統。幸好，經過多次修改，針對原有制度的弱點，吉爾吉斯有了更適合自己的憲法，應該讓前進的步伐可以

---

56 李忠謙，〈當現任總統出動特種部隊逮捕前總統—吉爾吉斯「微型內戰」背後的恩怨情仇〉，風傳媒，2019年8月10日，https://www.storm.mg/article/1576717，取用日期：2019年8月31日。

較爲穩健。不過，近來前任總統遭到逮捕一事，又讓吉爾吉斯的後續發展蒙上一層陰影；這是反腐打貪，還是權力與利益之爭，仍待釐清。

捌、結語

　　當我們提到「民族問題」一詞，便會想到定義的問題。究竟何謂「民族問題」？簡而言之，這個詞指的是不同民族間產生的矛盾或負面關係，程度從弱到強包括民族間的偏見、歧視，制度性的歧視或意圖同化對方，甚至彼此間的武裝衝突、報復性的滅族行動等等。筆者針對民族問題個案研究時，發現問題產生的主要背景或時機包括殖民、移民、大國分裂、獨立建國、國家統一；在文化或制度範疇涉及宗教、土地、語言、政治制度、教育、經濟、公民身分與國籍、少數民族與原住民權益；而國族主義的建構往往會與原有的民族主義有所牴觸，國界劃分與離散形成的跨境民族也常使得民族問題更加複雜。每個民族問題產生的原因往往涉及多個層面，非單一因素足以解釋。也就是說，民族問題是相當錯綜複雜，是各種條件環境互動下造成的。[57]

　　從上面所述來看，吉爾吉斯獨立後民族問題涉及的因素就包括蘇聯時期的殖民與移民、大國分裂（蘇聯瓦解）、（吉爾吉斯）獨立建國，在文化與制度範疇上主要涉及土地、語言、經濟、國籍、少數民族權益，而蘇聯時期人爲的國界劃分造成跨境民族和吉爾吉斯交錯的民族地理構造，獨立後民族國家的建構首重主體民族化，欠缺將各民族融合成國族的努力。因此，民族問題在吉爾吉斯自然難以避免，從偏見、歧視、制度性的歧視到武裝衝突都發生了，不過倒算不上有報復性的滅族行動。

---

57 藍美華，〈民族問題中的民族因素——從「民族問題」教學經驗談起〉，《蒙藏季刊》，第23卷第3期（2014年9月），頁79-81。

　　吉爾吉斯境內有 80 多個民族，吉爾吉斯、烏茲別克和俄羅斯人是人數最多的三個民族，也是民族問題較易涉及的對象。蘇聯時期的殖民、移民以及獨立後民族國家的建構造成了俄羅斯人問題，人為畫界形成南部費爾干納地區吉爾吉斯人與烏茲別克人易生衝突或是衝突容易擴大的基礎，而尚未成熟的民主政治制度、以及根深蒂固的部族主義與地方主義讓掌權者輕易落入貪汙、專制、裙帶主義（nepotism）的黑洞。儘管吉爾吉斯的政治領導人多有引入西方成熟政治和經濟制度的理想，但傳統的文化、態度和價值觀與西方外來制度背後的精神無法契合，學習的往往是表象，而非真正的底蘊，造成畫虎類犬的情況。

　　事實上，吉爾吉斯不需要一味學習西方制度，或許應該從自己國家內不同民族的歷史、文化、社會制度與傳統出發，尋找必定曾經存在的多元包容、互利共存的正面互動經驗，再根據聯合國提出的 17 項永續發展目標（Sustainable Development Goals, SDGs），透過教育，建構適合自己國家發展的道路。不過，發展需要人才與資金，吉爾吉斯即應將消除貧窮、優質教育、體面工作與經濟成長、減少不平等、和平正義與健全的司法等項目訂為主要目標，其中消滅貧窮更是當務之急。雖然道路迢遙，但在 2010 年南部的民族衝突平息後，吉爾吉斯有了更適合的憲法，政治和經濟發展也都較為穩定；孰知好景不常，近期又發生前任總統遭到逮捕的事件，政治紛亂再起。如前所述，吉爾吉斯的民族問題原因複雜，但和政治領導人的權力鬥爭與派系利益關係密切，如果其政治菁英能夠大公無私且具同理心，民族關係應該可以改善，民族問題也可隨之減少或控制在可接受的範圍內。

Chapter *7*

俄羅斯聯邦的民族問題及其政策

崔琳[*]

[*] 淡江大學歐洲研究所副教授。

壹、前言

　　俄羅斯位於歐亞大陸之間，其獨特的地理位置從古羅斯開始便有許多民族進出歐亞平原，而沙皇歷時數百年的領土擴張，以及蘇聯時期的民族政策更加劇了俄羅斯境內民族之複雜性。儘管蘇聯時期共產黨宣稱一百多個民族已經融合成一個「蘇維埃民族」，但諷刺的是，民族問題卻為蘇聯解體的關鍵因素之一。由於承襲了多元民族的特性，獨立後的俄羅斯聯邦也面臨到嚴重的民族問題——過去的制度遺緒及後共轉型時期所歷經的困難，加劇了境內各民族在政治、社會與經濟方面的差異，導致民族離心力和地區分離主義情緒高漲。經歷了葉爾欽總統的憲政制度和民族政策的確立，以及普丁總統的改革，民族分離運動雖然已不復見，不過多元民族因素依舊影響著群眾的日常生活。

　　目前俄羅斯聯邦有 8 個聯邦區，中央聯邦區、西北聯邦區、伏爾加聯邦區、南部聯邦區、北高加索聯邦區位於歐洲地區，而烏拉爾聯邦區、西伯利亞聯邦區和遠東聯邦區則位於亞洲（圖 7）。每個聯邦區包含若干個聯邦主體，分為共和國、州、自治州、自治區、邊疆區和聯邦直轄市，雖然名稱不同，但法律地位平等。在全國 85 個聯邦主體（federal subjects）中，以民族命名的自治行政區有 26 個，其中包含 21 個共和國、4 個自治區 1 個自治州（表 5）。這些地區雖然以主體民族（titular nation）來命名，但在其中也混居著一定比例的俄羅斯族或其他鄰近民族。例如：位於北高加索的阿迪格共和國（Republic of Adygea），阿迪格族大約只占 1/4，有將近 64% 是俄羅斯族；而唯一的自治州—猶太自治州（Jewish Autonomous Oblast），猶太人口僅占全州 1.0%，9 成以上是俄羅斯族。此外，依據 2010 年的人口統計資料，目前俄羅斯聯邦境內共有 194 個民族，其中俄羅斯族占國家總人口的 80%，其次為韃靼人 3.9%、烏克蘭人 1.4%，[1] 其餘的少數民族總合僅爲總人口數一成，儘管韃靼人爲境內第二大民族，但其與俄羅斯族的比例差距甚遠，於境內分布地區、數量亦十分稀少。本章旨在探討俄羅斯聯邦的民族問題及其政策。首先解釋蘇維埃制度對民族問題所造成的影響，進而說明俄羅斯聯邦獨立後的民族問題，以及俄國政府在葉爾欽時期和普丁的民族政策的制定與改變，最後透過民調資料觀察現今俄羅斯社會中的民族關係現況與群眾的認知。

圖 7　俄羅斯聯邦行政區劃（聯邦區）

1　 "Всероссийская перепись населения 2010 г. ", *Демоскоп Weekly*, http://www.demo-scope.ru/weekly/ssp/rus_nac_10.php (2019.07.17).

表 5　俄羅斯聯邦以民族命名的自治行政區

聯邦區	聯邦主體
西北部	卡累利阿共和國（Republic of Karelia）
	科米共和國（Komi Republic）
	涅涅茨自治區（Nenets Autonomous Okrug）
伏爾加	巴什科爾托斯坦共和國（Republic of Bashkortostan）
	楚瓦什共和國（Chuvash Republic）
	馬里埃爾共和國（Mari El Republic）
	莫爾多瓦共和國（Republic of Mordovia）
	韃靼斯坦共和國（Republic of Tatarstan）
	烏德穆爾特共和國（Udmurt Republic）
南部	阿迪格共和國（Republic of Adygea）
	卡爾梅克共和國（Republic of Kalmykia）
北高加索	車臣共和國（Chechen Republic）
	達吉斯坦共和國（Republic of Dagestan）
	印古什共和國（Republic of Ingushetia）
	卡巴爾達—巴爾卡爾共和國（Kabardino-Balkar Republic）
	卡拉恰伊—切爾克斯共和國（Karachay-Cherkess Republic）
	北奧塞提亞—阿蘭共和國（Republic of North Ossetia-Alania）
烏拉爾	漢特—曼西自治區（Khanty–Mansi Autonomous Okrug）
	亞馬爾—涅涅茨自治區（Yamalo-Nenets Autonomous Okrug–Yugra）
西伯利亞	阿爾泰共和國（Altai Republic）
	哈卡斯共和國（Republic of Khakassia）
	圖瓦共和國（Tuva Republic）
遠東	布里亞特共和國（Republic of Buryatia）
	楚科奇自治區（Chukotka Autonomous Okrug）
	猶太自治州（Jewish Autonomous Oblast）
	薩哈共和國（雅庫特）（Sakha〔Yakutia〕Republic）

貳、「民族─國家聯邦體制」的建立及其問題

　　蘇維埃社會主義共和國聯盟（蘇聯）繼承了沙皇俄國的多民族結構，列寧及其所領導的蘇維埃政權把解決民族問題視為最重要的任務之一，且將民族政策之核心建立在「民族自決」與「大民族要補償小民族曾經受到的不公正待遇」兩項重要原則上─以民族劃分行政區域，除了加盟共和國和行政區域的名稱是以當地主體民族來命名，建立由各個獨立的蘇維埃民族共和國所組成的聯盟之外，並在憲法中述明共和國公民不分民族、宗教、地域，皆享有平等權利，希望藉此解決蘇聯內部的民族問題。[2]因此整個蘇聯是以民族政治自治為基礎，在大聯邦中有小聯邦，即在作為蘇聯主體的加盟共和國內部又有民族自治共和國、民族自治州和自治區等不同層次的民族自治實體。然而，聯盟的實際運作過程並不如預期發展，憲法所規定的民族平等與聯邦制度原則被破壞，國家治理逐漸朝向高度中央集權的單一體制轉化，不僅蘇共成為控制國家政治與經濟生活的主要權力機關，俄羅斯的黨中央機關也成為蘇共中央，凌駕於其他加盟共和國之上，違背了平等原則。蘇聯階梯式的管理模式，以及對各主體區別待遇的方法，加重了民族間的矛盾，也引起了各主體與聯盟之間的分歧與對抗。1977 憲法中賦予一些民族名義上的國家體制，亦即一些居住在以自己族名命名的共和國內的民族（主體民族）享有受高等教育與學費優待、在政治權力和經濟機構中就業保障等特權，但這也使居住在該共和國境內的非主體民族，或是不居住在自己自治區域的主體民族無法獲得這些保障與優待。[3]此外，蘇聯 1924

---

[2]　Gregory Gleason (1990), *Federalism and Nationalism: The Struggle for Republic n Rights in the USSR, Colorado*: Westview Press, pp. 19, 52.

[3]　Cristiano Condagnone, Vassily Filippov (2000), "Equity, Exit and National Identity in a Multinational Federation: The 'Multicultural Constitutional Patriotism Project' In Russia", *Journal of Ethnic and Migration Studies*, Vol. 26, No. 2, p. 266.

年、1936年、1977年的憲法中都明文規定各加盟共和國是構成蘇聯的主體，有不容侵犯的主權，但是1977年憲法卻又同時限制了加盟共和國的主權，對於主權和民族自由分離權的相關法律條文規定不完善，且該權利在實踐中被嚴重侵犯，為各加盟共和國發展民族主義預留了空間。[4]

蘇聯建立之後為了快速發展工業化，縮短各共和國中民族之間的差距，中央將俄羅斯族以及少數民族遷移至落後地區，[5]導致該地區原有的社會政治、經濟運作遭到改變；另一方面，由於俄羅斯幹部和技術人員比例高於其他民族，亦使得其他民族對政府和俄羅斯族的不滿情緒與日俱增。此外，在史達林時期當局曾以各種名義強制遷移了二十多個少數民族，有多達150萬左右的少數民族被迫離開家鄉，從蘇聯南方遷徙到落後的中亞地區，數以千計的人在遷徙途中或因不適應新環境而死亡。[6]

1928年蘇聯政府開始實行集體化政策，原希望藉此降低生產成本，但由於該政策沒有考量到各民族傳統文化，也未顧及各加盟共和國自身經濟特點與經濟自主權，因此引發各地農民抵制，也嚴重損害了民族利益，造成各民族對體制和蘇聯中央不滿。在教育方面，自1920年代開始實行「本土化」政策，包括：重用非俄羅斯族之菁英、推廣母語教育、保障少數民族在學術機構以及地方政府的名額等，[7]此舉加速了一

---

4 崔琳（2014），〈從族裔聯邦主義到公民中央集權：俄羅斯聯邦民族政策之研究〉，《歐洲國際評論》，第10期，頁4。

5 Yuri Slezkine (1994), "The USSR as a Communal Apartment, or How a Socialist State Promoted Ethnic Particularism", *Slavic Review*, Vol. 53, No. 2, p. 414.

6 Kristen Benites (2002), "Repatriation of Ethnic Group", *Human Rights & Human Welfare*, http://www.du.edu/korbel/hrhw/researchdigest/russia/repatriation.pdf (12.07.2019), p. 89.

7 Cristiano Codagnone and Vassily Filippov (2000), "Equity, exit and national identity in a multinational federation: the "multicultural constitutional patriotism" project in Russia", *Journal of Ethnic and Migration Studies*, Vol. 26, No. 2, pp. 264-265.

些民族的族國建造的過程，也使各民族的自我意識更加發展，雖然三○年代後蘇共中央開始限制少數民族使用母語，甚至將俄語定爲官方語言，但也促成了各民族的動員。從 1960 年代到 1980 年代，全蘇聯各民族教育水準的差異縮小，到 1980-1981 年時，像布里雅特、亞庫特、卡爾梅克、卡巴爾達、哈薩克這些非俄羅斯族的學生比例甚至比俄羅斯族還高，再次造就許多民族菁英。[8]上述在經濟和教育方面的政策強化了非俄羅斯族的自我意識，並隨著蘇聯後期政治經濟形勢的惡化，和民族菁英們對政府所推行的政策的不滿與抵制愈演愈烈，最終成爲蘇聯解體的原因之一。

參、俄羅斯聯邦獨立後的民族問題

獨立後的俄羅斯聯邦在社會主義制度瓦解和社會經濟惡化的狀況下，諸多自治共和國發布主權宣言，宣告自身的主權地位，其中以北高加索、伏爾加烏拉爾地區、以及西伯利亞東部的問題較爲嚴重：

一、北高加索

高加索位於黑海與裏海之間，以高加索山脈爲界，分爲南高加索和北高加索兩部分，北高加索爲俄羅斯聯邦領土，包括：車臣、達吉斯坦、印古什、北奧塞提亞、卡拉恰伊－切爾克斯、阿迪格、卡巴爾達－巴爾卡爾等民族自治共和國，以及克拉斯諾達爾邊疆區（Krasnodar Krai）和斯塔夫羅波爾邊疆區（Stavropol Krai）的南部，不僅地勢險要，民族文化也相對複雜，因此北高加索也是俄羅斯民族衝突的主要地區，其中最嚴重的是車臣共和國的分離主義。

---

8 Kappeler, Andreas; translated by Alfred Clayton (2001). *The Russian empire a multiethnic history*, London, and New York: Routledge. p. 384.

車臣共和國面積約 17,000 平方公里，戰略位置重要，不僅透過陸上交通工具接壤南高加索的格魯吉亞、亞美尼亞、亞塞拜然，以及土耳其和伊朗，其亦爲裏海與黑海的陸上走廊，由巴庫（Baku）至新俄城（Novorossisk）的石油管線便是從車臣共和國經過。自十九世紀俄羅斯帝國擴張至高加索地區時，車臣民族便激烈反抗沙皇統治。由於車臣民族始終保持著以部落爲基礎的社會結構，傳統觀念與現代社會難以融合，1930 年至 1939 年反對俄羅斯的伊斯蘭教信仰活動在車臣興起，並抵制史達林的集體化和蘇維埃政策。第二次世界大戰期間，史達林以高加索援助納粹德國爲由，於 1944 年 2 月廢除了車臣－印古什共和國，並將其居民流放到哈薩克斯坦北部。[9] 雖然 1956 年他們返回家鄉，但民族領土的邊界和構成都發生了極大變化。戈巴契夫的改革揭開了各民族舊時積怨的傷疤，1991 年，車臣藉由民族意識與宗教信仰凝聚境內向心力並發表獨立宣言，但俄羅斯聯邦拒絕承認其地位，於 1994 年發動了第一次車臣戰爭。1999 年 8 月，車臣武裝入侵鄰近的達捷斯坦，故俄國政府於同年 10 月發動第二次車臣戰爭。雖然車臣的分離運動被弭平，但殘餘的激進分子在俄羅斯各地卻發動了一系列血腥的恐怖攻擊行動，而兩次戰爭也造成上萬名死傷。

此外，北高加索地區也有民族共和國彼此之間的緊張與衝突。在二十世紀四〇年代因爲史達林的民族流放政策，導致被流放民族的領土重新分配給鄰近行政區，爾後赫魯雪夫於 1957 年再度恢復這些被流放民族的領域時，回歸的民族便與流放後移入的民族發生了領土糾紛，甚至在蘇聯解體期間發生武裝衝突，例如：印古什與北奧塞提亞，因爲普瑞哥羅德尼（Prigorodny）和馬爾格別克斯基（Malgobeksky）兩個地區的領土爭議，爭吵了數十年後，最終在 1992 年爆發武裝衝突，使原本

---

9 "Chronology for Chechens in Russia", *refworld*, https://www.refworld.org/docid/469f38d12.html (2019.08.03).

在信仰與文化存有歧異的兩個民族關係更加惡化。[10] 類似爭議也出現在達捷斯坦共和國北部和南部的諾蓋人、庫米克，和列茲金人之間——任一民族的領土統一或獨立的訴求均有可能引發連鎖效應，牽扯到其他民族，使爭議更加複雜。

在雙民族的自治共和國中，也因文化差異和歷史因素，以及蘇維埃的錯誤政策出現分裂問題，導致較弱勢的民族希望自另一個較大、占優勢的民族獨立出來，如 1991 年切爾克斯欲從所屬的卡拉恰伊－切爾克斯共和國中獨立、卡巴爾達－巴爾卡爾共和國也有類似爭議。這兩個相鄰的共和國在 1922 年以「自治州」名義建立，然而蘇維埃行政區域劃分卻將相近的族群切割，與另一族群合併，導致同源於欽察突厥人（Kipchak Turks）、語言相近，且居住在高加索北麓西北區的卡拉恰伊人，與山區東南部的巴爾卡爾人分開，分別與西高加索語系、自稱為阿迪格族（Adyghe）的切爾克斯人和卡巴爾達人，[11] 交叉合併為「卡拉恰伊－切爾克斯自治州」和「卡巴爾達－巴爾卡爾自治州」。1992 年 1 月俄羅斯總統葉爾欽原本接受卡拉恰伊－切爾克斯共和國各自獨立，同意在俄羅斯聯邦境內重建卡拉恰伊自治州和切爾克斯自治州，但共和國的大多數民眾在 3 月 28 日的公投中反對共和國分裂。

最後，在俄國獨立後經濟惡化，以及車臣激進分子恐怖行動的影響下，許多民族共和國中的居民遷移至以俄羅斯族為多數人口的克拉斯諾達爾，和斯塔夫羅波爾兩個邊疆區，這些移民受到當地俄羅斯族的歧視與排斥，也導致族群關係更形緊張。[12]

---

10 信奉東正教的基督徒在北奧塞提亞占主導地位，而印古什民族則是伊斯蘭信仰。

11 卡巴爾達人是切爾克斯族的分支，儘管蘇聯將切爾克斯人劃分到四個不同名稱的行政區域，即：阿迪格共和國中的阿迪格人，卡拉恰伊－切爾克斯共和國的切爾克斯人，在卡巴爾達－巴爾卡爾共和國的卡巴爾達人，以及克拉斯諾達爾邊疆區的夏普速格（Shapsugians）人，基本上都是同屬阿迪格民族。

12 Valery Stepanov (2000), "Ethnic tensions and separatism in Russia", *Journal of Ethnic*

二、伏爾加烏拉爾地區

伏爾加河流域中最著名的分離運動便是來自韃靼共和國。韃靼斯坦為俄羅斯經濟最成功的地區之一，其源於蒙古人建立的金帳汗國，其後再分成韃靼斯坦、喀山、克里米亞汗國，統稱為韃靼人。1487 年俄羅斯攻下喀山汗國後成為俄羅斯帝國控制下的領土。儘管在十六世紀納入俄國版圖中，韃靼人仍舊能夠保持旺盛的伊斯蘭精神文化生活。韃靼斯坦為俄羅斯境內第二大的產油區，雖有豐富能源，但共和國境內經濟卻不見起色：韃靼斯坦總統每月薪水僅有 20 美元，俄羅斯僅以當時世界油價之二分之一（9 美元）向韃靼斯坦採購石油。時任韃靼斯坦總統沙伊米耶夫（Mintimer Shaimiev）曾言：這就是為什麼我們想要獨立，但我們不想要與莫斯科中央對抗。[13] 因此，韃靼人未訴諸暴力，而是選擇與莫斯科簽屬雙邊條約放棄激進的分離主義，積極發展經濟獨立。這樣的情況下，儘管韃靼共和國中的韃靼人（48.5%）和俄羅斯人口（43.3%）比例相當，但韃靼人在共和國境內擔任重要官員的比例超過80%，且境內民族也未爆發流血衝突。然而，共和國政局及經濟穩定反倒促使少數激進派提出「大韃靼斯坦」主義，旨在將所有韃靼人凝聚為一個新的韃靼斯坦共和國，因而威脅到鄰近具有超過百萬韃靼人口巴什基爾共和國，[14] 並且擴及到楚瓦什共和國和馬里埃爾共和國以及烏里揚諾夫斯克州，牽動著韃靼族、巴什基爾人以及當地俄羅斯民族之間的關

---

and Migration Studies, Vol. 26, No. 2, pp. 308-315.

[13] "Chronology for Tatars in Russia", *refworld*, https://www.refworld.org/docid/469f38d434.html (2019.08.03).

[14] 巴什基爾人為突厥民族，在俄羅斯聯邦獨立初期共和國中的巴什基爾人占21.9%，韃靼人則占總人口28.5%，俄羅斯族則是39.3%。此外在韃靼斯坦共和國以及俄羅斯的彼爾姆邊疆區、車里雅賓斯克州、奧倫堡州、庫爾干州、斯維爾德洛夫斯克州、薩馬拉州和薩拉托夫州也有不少巴什基爾人。

係互動。[15]

　　在伏爾加河流域南部的卡爾梅克共和國[16]也曾經在史達林時期被流放，並同樣遭受領土被分割到達捷斯坦以及阿斯特拉罕州的命運。因此在 1991 年，卡爾梅克民族主義者便不斷在阿斯特拉罕州提出領土主張，造成了卡爾梅克族和俄羅斯族（占有 90% 人口）之間的緊張關係，甚至更進一步受到當地同樣提出歷史領土訴求的哥薩克人反對。[17]

三、西伯利亞東部

　　西伯利亞地處邊疆，無論是語言或宗教信仰皆與俄羅斯文化差異甚鉅，蘇聯政府長時間採取中央殖民統治，強制當地接受俄羅斯文化並破壞當地文化核心的寺廟和學校，使得西伯利亞地區對俄羅斯向心力低，而史達林時期的強迫遷徙政策，導致該地區俄羅斯族比例甚高，甚至高於原生民族，影響原生民族之權利，乃致俄羅斯獨立後這些原住民的自我認同提升，甚至否認自己的俄羅斯國家認同，其中以圖瓦共和國的情勢較為嚴重。圖瓦在清朝時被稱作阿爾泰烏梁海或唐努烏梁海，是一個使用突厥語的民族，原本是蒙古烏梁海部落的人，與科里亞克族與楚科奇人等族接近，後來逐漸突厥化。1914 年圖瓦被沙皇征服，成為俄羅斯的保護國，1921 年在蘇聯的控制下成立圖瓦人民共和國，直到 1944

---

[15] Valery Stepanov (2000), "Ethnic tensions and separatism in Russia", *Journal of Ethnic and Migration Studies*, Vol. 26, No. 2, pp. 315-318.

[16] 卡爾梅克人是在伏爾加河下游西部衛拉特蒙古人（土爾扈特部），該共和國是歐洲大陸唯一以佛教為主的地區，其中信奉藏傳佛教的卡爾梅克人占 53.3%，俄羅斯人占 33.5%。

[17] 「哥薩克」是突厥語的「自由人」。在十三到十六世紀為了逃避蒙古人的統治，或是不願成為農奴而逃到俄羅斯南部，包括頓河流域、第聶伯河下游和伏爾加河流域等地區的斯拉夫人，由於英勇善戰，故在俄羅斯歷史上哥薩克騎兵一直是沙俄的重要武力之一。當代的哥薩克人仍居住在俄羅斯、烏克蘭等地，且一直保持著族群的傳統。

年才併入蘇聯的俄羅斯蘇維埃聯邦社會主義共和國，享有自治州的權利。蘇聯末期，由於農村地區失業率和城市中心犯罪率的上升，圖瓦地區不僅出現了分離主義訴求，俄羅斯族與圖瓦族之間的流血衝突也不斷爆發，媒體報導皆傾向將衝突視為反俄情緒的高漲，許多俄羅斯族人口為避免遭受波及便逐漸外移。[18] 而在俄羅斯族人口將近八成的哈卡斯共和國中，[19] 主體民族哈卡斯人希望可以建立哈卡斯民族認同及政府，因此引發族群關係緊張。[20]1729 年此區成為俄羅斯帝國的一部分，自此許多原住民逐漸放棄了他們的游牧生活方式，也皈依了俄羅斯東正教信仰，且俄羅斯族也不斷向此地區移民。在蘇維埃政權建立後，俄羅斯族持續移入，1930 年 10 月卡哈斯自治州建立。由於西伯利亞地區經濟發展落後，俄羅斯當局透過經濟援助拉攏當地政府，共和國在高度依賴莫斯科補助的情形下，境內民族分離主義無法進一步發展。

肆、俄羅斯聯邦民族政策

一、葉爾欽：族裔聯邦體制之建立

1990 年代初期基於中央的弱勢導致地方共和國勢力坐大，各地區紛紛提出主權宣言，而總統與國會之間的權力鬥爭又進一步提供了地方行政首長與中央談判的籌碼，故類似蘇聯時期的民族聯邦制於 1992 年

---

[18] Stefan Sullivan (1995), "Interethnic relations in post-Soviet Tuva", *Ethnic & Racial Studies*, Vol. 18, pp. 71-72.

[19] 從西元六世紀起，古代葉尼塞吉爾吉斯民族（Yenisei Kyrgyz）在現代哈卡斯共和國領域為主要游牧民族，至十四世紀被蒙古人擊敗後，此地區的多數人口便向中亞遷移到現在的吉爾吉斯斯坦，因此吉爾吉斯斯坦人，哈卡斯人和阿爾泰人同為古代葉尼塞吉爾吉斯民族後代。

[20] Valery Stepanov (2000), "Ethnic tensions and separatism in Russia", *Journal of Ethnic and Migration Studies*, Vol. 26, No. 2, pp. 319.

3 月 21 日，由中央與各聯邦主體（車臣、韃靼除外）所簽訂的聯邦條約所採用。聯邦條約實際上保存了蘇維埃時期的民族聯邦體制，並重申共和國主權，但 1993 年新憲通過後，情況有所轉變。俄羅斯聯邦憲法開宗明義宣稱俄羅斯聯邦主權及於其領土，不可破壞其領土完整，且憲法中規定聯邦由各平等的主體組成，共和國具主體地位，同樣爲聯邦組成之一部分，其中也肯定了各民族平等與文化多元之精神，包含：以多元民族爲內涵的公民的理念、保障民族語言的使用、民族籍屬之尊重、宗教與文化之自由與平等。

族裔聯邦體制賦予地方更大的自主權以平緩境內分離主義，爲了得到各聯邦主體的支持，民族政策的制定亦爲中央與地方共和國協商之結果，包括了 1996 年的《俄羅斯聯邦民族政策構想》（Conception for the Nationalities Policy of the Russian Federation）和《俄羅斯聯邦民族文化自治法》（Federal Law of the Russian Federation about the national and cultural autonomy）。

《俄羅斯聯邦民族政策構想》原本主張將民族文化自治視爲與民族區域自治同等重要且扮演制衡角色的原則與機制，但此舉卻威脅到共和國的菁英的權力，因此施加壓力，主張民族文化自治權利只是民族區域自治的補充，故新的政策綱要中出現了「民族文化自治原則不損及俄羅斯聯邦憲法賦予其主體的權利」的條文。在該政策中俄國政府不再使用蘇聯時期的「民族」（nation）以及「主體民族」（titular nation）名詞，而以「人民」、「族裔文化社群」（ethno-cultural community）取而代之。[21]《俄羅斯聯邦民族政策構想》也彰顯了多元文化的愛國主義精神，主張「在人權、公民權和自由暨承認其最高的價值的基礎上，保障俄羅斯各民族的社會經濟發展和民族文化發展，並鞏固俄羅斯公民及精

---

21 崔琳（2014），〈從族裔聯邦主義到公民中央集權：俄羅斯聯邦民族政策之研究〉，《歐洲國際評論》，第10期，頁49。

神道德……在精神文化領域要形成並擴展精神統一、民族友誼理念、族際和諧思想，培育俄羅斯愛國主義；傳播俄羅斯聯邦各民歷史與文化知識。」以及「在歐亞民族文化空間內保存俄羅斯境內斯拉夫、突厥、高加索、芬蘭─烏戈爾、蒙古及其他各族的歷史文化遺產，進而發展各民族特性與傳統，尊重社會中各文化之價值」。[22]

《俄羅斯聯邦民族文化自治法》也有類似於民族政策的辯論立場，俄國政府中的民族部和杜馬的民族事務委員會，分別制定了所屬的民族文化自治法案，兩案的差別主要是在權利主體的認定：民族部主張依法律賦予族裔社群作為權利主體的地位；而杜馬的民族事務委員會則主張個別公民才是權利主體。最終通過的《俄羅斯聯邦民族文化自治法》是這兩種版本的結合，所以該法開宗明義將民族文化自治定義為俄國公民透過社會團體，界定自己民族籍屬，以實現其文化自決的一種方式（第一章第一條），亦即該法所賦予的個體權利的實現是透過集體為之。該法也強調，參與民族文化自治活動與否不能作為限制俄羅斯公民權利的理由；同樣，民族籍屬也不能作為參與或不參與民族文化自治活動的理由；民族文化自治權利並不是民族區域自決權；實施民族文化自治權利亦不應損害其他民族共同體的利益。[23]

然而，聯邦制權力下放的精神卻逐漸弱化中央的權力，加速了地方民族勢力崛起，甚至通過與俄羅斯聯邦憲法原則相違背的共和國憲法，以分離主義最為高漲的車臣共和國為例，當局為解決車臣日益激升之獨立意識，透過兩次戰爭始平緩車臣的分離勢力。而族裔聯邦體制造成共和國內的非主體民族權益受損，且住在各共和國中的俄羅斯族認為自身

---

[22] Концепция государственной национальной политики Российской Федерации, http://www.mid.ru/ns-osndoc.nsf/0e9272befa34209743256c630042d1aa/c6d37e91be20bfc8c325707b004a2574?OpenDocument (2010.11.12)

[23] 崔琳（2014），〈從族裔聯邦主義到公民中央集權：俄羅斯聯邦民族政策之研究〉，《歐洲國際評論》，第10期，頁50。

的民族認同被抹滅、母語被忽視，且擔心在未來俄羅斯族會出現近一步的同化等問題，[24] 導致俄羅斯族的民族主義和排外主義激升。

二、普丁：去族裔化政策

普丁就任之前，俄羅斯中央與地方相互關係明顯失衡，嚴重威脅著俄羅斯國家和社會的統一，直到 1990 年代末期仍有超過 3500 條的地方法規與聯邦法規相違背，[25] 甚至一些地方對聯邦法律經常拒不執行。此外，由於中央和地方之間關於劃分管轄物件和權力條約的簽訂，以及部分地區被允許的特殊權利，如獲得民族共和國地位（韃靼共和國、巴什基爾共和國）或集中了大量的經濟資源（莫斯科）等因素，各地區之間的政治、經濟關係的不對稱性也逐漸擴大。[26] 行政方面，地方領導人禁止轄區內民眾組織抗議活動，但卻又能動員抗議活動向中央施壓；在經濟上，包括國家資源所有權，在很大程度上轉到地方行政部門的控制之下，他們在俄羅斯經濟政策制訂中扮演著「否決集團」的角色；這也包括對預算資源的控制，1998 年的俄羅斯財政預算中，地方份額占了近60%，同時中央控制的財政資源的份額縮減。不僅地方的政治過程，幾乎完全由地方菁英控制，在聯邦選舉中地方菁英也成為重要角色，並藉此迫使中央作出讓步。[27] 為解決這些問題普丁開始「去族裔」式的民族

---

[24] Rhiannon J. Price (2007), "Russian Nationalism: Creating a Civic Identity", *Groundings, Glasgow University Dialectic Society,* http://eprints.gla.ac.uk/3726/1/price3726.pdf (2019.7.12), p. 9.

[25] Путин, Владимир (2000), "Послание Федеральному Собранию Российской Федерации", *Президент России,* http://kremlin.ru/events/president/transcripts/21480 (2019.7.22).

[26] 弗拉基米爾·格爾曼（2009），郝薇薇譯，〈中央—地區—地方自治：當代俄羅斯的中央再集權政策〉，《俄羅斯研究》，第4期，頁73。

[27] 崔琳（2014），〈從族裔聯邦主義到公民中央集權：俄羅斯聯邦民族政策之研究〉，《歐洲國際評論》，第10期，頁51。

政策：

　　首先是民族行政單位的改革，2000 年俄羅斯聯邦聯邦和民族事務部改爲俄羅斯聯邦聯邦事務、民族和移民政策事務部，2001 年頒布總統令將該部撤銷，並將其職能移交俄羅斯聯邦內務部、俄羅斯聯邦外交部和俄羅斯聯邦經濟發展與貿易部。2004 年成立俄羅斯聯邦地區發展部，負責民族政策和民族關係以及保護境內少數民族和原住民權利。此外，中央於 2000 年提出削減俄羅斯聯邦主體數量的主張（整併某些實力過弱的地區），在此整併的過程中聯邦中央扮演了「由上而下」的主導角色，且主要以經濟的可行性爲原則，族裔文化差異不是擺在首要考量，故該整併政策背後的經濟決定論也突顯出普丁政府的「去族裔」化特色。

　　其次，普丁政府採取「一統」的解決方式，限制地方推廣傳統民族文化之管道，包括：確定俄文以及西利爾字母的法定地位、限制各共和國民族語言的權利：2005 年頒布聯邦法律第 53 號《俄羅斯聯邦國家語言》，規定俄文是俄羅斯聯邦領土內唯一的官方語言，[28] 並限制地方政府對教育的主動性，即學校課程的修訂都必須要獲得聯邦政府的同意。此外，當局爲加強社會管理、維護社會穩定和國家安全，普丁政府積極打擊非法移民，但也逐漸轉變成對於非俄羅斯族勞工的反對運動。在實施去族裔化政策的同時，普丁政府亦希望獲得占多數人口比例的俄羅斯族之支持，因而引發後共產主義時期的俄羅斯族裔民族主義與排外主義的興起。

　　普丁以愛國主義爲核心，希望在俄羅斯多民族、多元文化的事實上，建立一個超越各民族的新公民認同，不過在形塑公民認同的同時，卻重申俄羅斯屬性之重要性。例如：1996 年的《俄羅斯聯邦民族政策

---

28 孫淑芳譯（2013），俄羅斯聯邦國家語言法，《俄羅斯語言文學與文化研究》，第2期，頁69-72。

構想》闡明維護少數族裔的民族和文化認同與權利的同時，也強調「俄國領土上的俄羅斯族（russkii）的凝聚作用」；2000 年宣布以舊蘇聯國歌做為俄羅斯國歌，並採用沙皇時期雙頭鷹和白、藍、紅三色作為俄羅斯國徽和國旗色。此外，儘管普丁一再強調俄羅斯的宗教多元化，但普丁和東正教大主教之間的特殊關係，無形中使俄羅斯其他宗教被邊緣化。由此可見，俄羅斯公民的認同的模式與俄羅斯族的界定密切相關，官方在強調多民族的多元文化的基礎上同時又向俄羅斯同質化觀點移動，因此也很容易使俄羅斯領導層被視為代表俄羅斯族的利益。[29]

伍、民族關係現況與民眾認知

實施去族裔化政策與形塑公民認同逐漸淡化民族間的界線，在公民認同方面，1992 年莫斯科有 25% 的受訪者認為自己為俄羅斯公民，2002 年上升至 63%，到了 2011 年，有高達 95% 的民眾認同自己為俄羅斯公民。[30] 此外，一系列的改革也使俄羅斯境內民族問題趨緩，依據民調資料顯示，2005 年尚有 26% 的民眾認為民族間關係緊張，而自2016 年以後認為居住城市中民族關係緊張的民眾已不到 20%。（表 6）甚至有將近一半的民眾認為民族關係良好，過半的民眾從未感受到不同民族間仇視。（表 7）

29 崔琳（2014），〈從族裔聯邦主義到公民中央集權：俄羅斯聯邦民族政策之研究〉，《歐洲國際評論》，第10期，頁55-56。

30 Л. М. Дробижева (2013), "Российская идентичность и межэтнические отношения", *Родная история*, http://rodnaya-istoriya.ru/index.php/mejnacionalnie-otnosheniya/mejnacionalnie-otnosheniya/rossiieskaya-identichnost-i-mejetnicheskie-otnosheniya.html (2019.7.10).

表 6　你居住的城市中，民族關係是否緊張？

	2005 年	2010 年	2015 年	2016 年	2017 年	2018 年
肯定是	5%	7%	6%	3%	2%	2%
可能是	21%	19%	16%	15%	10%	11%
可能不是	44%	46%	45%	46%	45%	41%
肯定不是	26%	20%	28%	33%	37%	44%
難以作答	4%	8%	6%	4%	7%	2%

資料來源：“Общественное Мнение -2018”, *Аналитический Центр Юрия Левады* (*«Левада-Центр»*) https://sapere.online/public/r5GbOF18j-OM-2018-1.pdf (2019.7.10), p. 129.

表 7　您是否曾感受到不同民族者對您的敵意？

	2014 年	2015 年	2016 年	2017 年	2018 年
時常	4%	4%	2%	3%	3%
有時候	10%	12%	9%	6%	7%
偶爾	30%	31%	36%	25%	21%
從未／幾乎沒有	53%	51%	51%	61%	67%
難以作答	3%	4%	3%	5%	3%

資料來源：“ОБЩЕСТВЕННОЕ МНЕНИЕ-2018”, *Аналитический Центр Юрия Левады* (*«Левада-Центр»*), https://sapere.online/public/r5GbOF18j-OM-2018-1.pdf (2019.7.10), p. 129.

　　在境內民族分離主義聲浪降低的強況下，俄羅斯政治社會問題亦同時降低，民眾對國家安全的信任度也提高，2014 年之後超過 6 成的民眾認爲未來俄羅斯境內應該不會出現大規模的流血衝突。[31]（表 8）

---

31 “Общественное Мнение -2018”, *Аналитический Центр Юрия Левады* (*«Левада-Центр»*), https://sapere.online/public/r5GbOF18j-OM-2018-1.pdf (2019.7.10), pp. 129-132.

表 8　俄羅斯現在可能在全國範圍內發生大規模的血腥衝突嗎？

	2002 7月	2007 7月	2008 10月	2009 11月	2011 1月	2011 11月	2012 11月	2013 10月	2014 7月	2015 8月	2016 8月	2017 7月	2018 12月
肯定會	12%	13%	10%	3%	15%	11%	11%	17%	5%	5%	4%	4%	3%
可能會	37%	37%	29%	20%	41%	28%	32%	45%	19%	20%	21%	15%	20%
可能不會	30%	32%	32%	39%	28%	39%	36%	24%	46%	42%	46%	42%	45%
肯定不會	12%	8%	18%	25%	6%	11%	11%	5%	20%	23%	22%	28%	22%
難以作答	10%	10%	10%	12%	11%	11%	10%	9%	10%	11%	8%	11%	11%

資料來源："Общественное Мнение - 2018", *Аналитический Центр Юрия Левады («Левада-Центр»)*, https://sapere.online/public/r5GbOF18j-OM-2018-1.pdf (2019.7.10), p. 130.

儘管俄羅斯聯邦境內的民族分離問題不再，且民眾對於民族關係緊張的感受度也降低不少，但從俄羅斯的人口普查數據，及其國內外政治與經濟因素的影響下，我們依舊可以觀察到一些特殊現象：

一、部分非俄羅斯族出現認同改變

根據 2010 年的人口普查，在全俄人口減少兩百多萬情形下，莫斯科人口卻增加了一百多萬，故可以推測莫斯科的人口是由境內其他城市外移進來。另一方面，2002 年在莫斯科的俄羅斯族人口比例爲 84.8%，到了 2010 年其比例提升至 91.6%。由於在人口查訪時由受訪者可以個人決定自己的族裔籍屬，不需要出示任何證明文件，因而俄羅斯族比例提高可以歸納出以下可能性：首先，民眾在日常生活中，無論是在家庭、工作甚至是與國際間的交流皆以俄文爲主，在潛移默化中開始認同俄羅斯，故自願將自己歸類在俄羅斯族；其次，俄羅斯境內跨民族聯姻爲常見的情形，生活在多民族共組的家庭中，人們很難明確指出自己是屬於哪一民族，故常傾向以國家認同來取代民族認同；第三，非俄羅斯族因爲被同化，或爲了方便生活而改變認同。以烏克蘭人爲例，在 8 年內（根據 2002 年和 2010 年的人口普查），稱自己為烏克蘭人的人數減少了三分之一，即一百萬人。去族裔化政策影響下，俄羅斯聯邦烏克蘭協會的活動被暫停，在俄羅斯境內烏克蘭人早已意識到差別待遇，因此在大部分的情況下自稱為俄羅斯族較有利。[32]

俄國政府的政策也是導致這種改變的重要因素。2000 年普丁上任後發起一系列政治與經濟改革，旨在將強中央對地方之控制，但在這些政策中克里姆林宮亦同時宣揚愛國主義，努力打造一個俄羅斯國族。為了提升民眾對國家的向心力與公民認同，去族裔化政策中的愛國主義運動引人注目，包括資助學術會議、商業博覽會、體育賽事，以吸引境內民族踴躍參與並展現俄羅斯雄厚的國力，藉此推進全國上下之愛國主義。如 2014 年索契奧運便向世人展示，俄羅斯已有能力和財力舉辦世界級賽事，恢復往日大國地位，國人可以以身為俄羅斯人為榮，而克里米亞事件也將愛國主義推到最高峰。此外，各民族共同的歷史記憶亦為當局推進不同民族和宗教人士愛國主義之手段，其中蘇維埃作為世界強國之歷史地位為關鍵，克里姆林宮於媒體廣播上推廣蘇維埃傳統軍事音樂創作、於國中小教育恢復蘇維埃的歷史、2008 年國家勝利日恢復使用軍用車輛，當局將愛國主義視為國家一統化之關鍵。[33]

二、俄羅斯民族主義崛起

儘管俄國政府聲稱實施愛國主義與民族主義間之差別甚鉅，愛國主義的對象為全國公民而非俄羅斯族，其特點在於統一、寬容和多元

---

[32] "Всероссийскойпереписинаселения 2010", *Демоскоп Weekly*, http://www.demoscope.ru/weekly/2011/0491/perep01.php (2019.07.11).

[33] J. Paul Goode,(2018). "Everyday patriotism and ethnicity in today's Russia", in *Russia Before and After Crimea: Nationalism and Identity, 2010–17*. Edited by Pål Kolstø and Helge Blakkisrud. Edinburgh : Edinburgh University Press. p. 272.

化，但實際上，民眾認爲愛國主義與俄羅斯民族主義之間很難切割清楚。依據學者 Goode 在俄羅斯各地區的調查，受訪者認爲：「如果你稱自己爲俄羅斯族（russkii），那麼那就已經是愛國者了，我甚至認爲這些詞沒有區別。」、「俄羅斯爲一多民族國家，所以很容易混淆對祖國或對某個民族的熱情，從熱愛祖國轉變到熱愛俄羅斯族的過程非常容易。」、「我們部門正在編寫關於俄羅斯族文化歷史的教科書，但事實上它不僅涉及俄羅斯族的文化，還包含其他有屬於俄羅斯這塊領土的文化與傳統。當我決定參與該項目時便發現，在宣傳愛國主義的同時亦在宣揚俄羅斯族」。[34]

俄羅斯著名民調機構列瓦達中心也對此進行了長期的調查，自 2014 年起，將近五成的民眾支持「俄羅斯是屬於俄羅斯族的」的理念（表9）。而比較 2005 年與 2018 年的民調數據可以發現，認爲該理念應該是「政府支持俄羅斯族的文化及民族傳統」、「俄羅斯族在政府機關及企業組織擔任領導之優勢」之人數增加，主張「控制對俄羅斯族價值觀和傳統表示敵意的非俄羅斯民族的行動」、「限制非俄羅斯族在俄羅斯的國內城市居住」、「禁止非俄羅斯族於政府機關擔任領導職務」的比例下降，[35]（表10）這說明了民眾認爲「俄羅斯是屬於俄羅斯族的」的理念應該要更加注重俄羅斯族在文化、政治等方面的權利及影響力。此外，對於俄羅斯民族主義興起原因，從 2004 年到 2018 年民眾的主流意見是「少數民族的動員行爲」（從 20% 攀升到 32%），「俄羅斯生活條件惡劣」（從 24% 攀升到 29%），和「恐怖主義攻擊」（從 32% 下降到 11%）。（表11）

---

[34] *Ibid.*, pp. 270-273.

[35] "Общественное Мнение -2018", *Аналитический Центр Юрия Левады («Левада-Центр»)*, https://sapere.online/public/r5GbOF18j-OM-2018-1.pdf (2019.7.10), pp. 132-133.

表 9　您如何看待「俄羅斯是屬於俄羅斯族的」這個理念？

	2014 7月	2015 8月	2016 8月	2017 7月	2018 7月
我支持，是時候該實踐它	18%	16%	14%	10%	19%
在合理的範圍下實行是不錯的	36%	35%	38%	30%	30%
反對，這是法西斯主義	27%	25%	21%	27%	30%
我對這個議題不感興趣	14%	16%	21%	24%	18%
難以作答	5%	8%	6%	9%	3%

資料來源："Общественное Мнение -2018", *Аналитический Центр Юрия Левады*
(«Левада-Центр»), https://sapere.online/public/r5GbOF18j-OM-2018-1.pdf
(2019.7.10), p. 132.

表 10　您認為口號「俄羅斯是屬於俄羅斯族的」是什麼意思？

	2005 11月	2018 8月
政府支持俄羅斯族的文化及民族傳統	47%	50%
限制非俄羅斯族在俄羅斯的國內城市居住	31%	28%
控制對俄羅斯族價值觀和傳統表示敵意的非俄羅斯族的行動	37%	27%
俄羅斯族在政府和其機構他擔任領導職位的優勢	21%	24%
驅逐俄羅斯領土上的一些非俄羅斯族（例如：高加索人，中國人等）	31%	22%
禁止非俄羅斯族在政府、議會、總統府、地區領導層中擔任重要職務	25%	19%

資料來源："Общественное Мнение -2018", *Аналитический Центр Юрия Левады*
(«Левада-Центр»), https://sapere.online/public/r5GbOF18j-OM-2018-1.pdf
(2019.7.10), p. 133.

表 11　您認為今天俄羅斯民族主義在俄羅斯發展的主要原因是什麼？

	2004 12月	2005 11月	2006 11月	2011 8月	2018 8月
俄羅斯族的民族偏見	3%	4%	5%	5%	11%
少數民族的動員行為	20%	22%	30%	44%	32%

續表 11

	2004 12月	2005 11月	2006 11月	2011 8月	2018 8月
俄羅斯生活條件惡劣	24%	23%	30%	21%	29%
近年來的恐怖攻擊	32%	33%	16%	15%	11%
當局很脆弱且無法應對民族主義的爆發	8%	4%	5%	6%	3%
當局不想打擊民族主義，反而有意擴大民族主義	8%	5%	8%	4%	7%
其他原因	<1%	1%	1%	<1%	2%
難以回答	4%	8%	5%	4%	7%
受訪人數	1600	1600	1600	800	1600

資料來源："Общественное Мнение -2018", *Аналитический Центр Юрия Левады («Левада-Центр»)*, https://sapere.online/public/r5GbOF18j-OM-2018-1.pdf (2019.7.10), p. 131.

三、排斥外來移民

在國家大力提倡愛國主義，愛國主義又與俄羅斯民族主義僅有一線之隔的情況下，民眾對於少數民族的偏見以及認爲俄羅斯應爲單一民族的支持度提高，自 2006 年起，民眾認爲俄羅斯民族主義首要成因便是外來民族的行爲所致。[36]（表 12）雖然 2018 年超過一半的民眾不認同各民族若可以居住在屬於自己的領域中會更好，但同意隔離政策的也高達 41%，並且比 1997-1999 年還高。（表 13）

---

[36] "Общественное Мнение -2017", *Аналитический Центр Юрия Левады («Левада-Центр»)*, http://www.indem.ru/re90/Soc/Mod90/Monitoring/Levada_PO/OM-2017.pdf (2019.7.10), p. 134.

表12 對來自獨立國協的移民部負面看法部分是因為他們本身的行為，您同意嗎？

	2006 年 4 月	2007 年 4 月	2018 年 8 月
肯定是	22%	35%	36%
可能是	40%	43%	44%
可能不是	22%	11%	9%
肯定不是	7%	4%	5%
難以作答	9%	7%	6%

資料來源："Общественное Мнение -2018", *Аналитический Центр Юрия Левады («Левада-Центр»)*, https://sapere.online/public/r5GbOF18j-OM-2018-1.pdf (2019.7.10), p. 131.

表13 每個民族只生活在自己的領土上會更好，您同意嗎？

	1997 年 10 月	1999 年 4 月	2015 年 9 月	2018 年 8 月
同意	36%	39%	46%	41%
不同意	38%	38%	45%	54%
難以作答	26%	23%	9%	6%
受訪人數	1500	2000	1200	1600

資料來源："Общественное Мнение-2018", *Аналитический Центр Юрия Левады («Левада-Центр»)*, https://sapere.online/public/r5GbOF18j-OM-2018-1.pdf (2019.7.10), p. 130.

　　此外，俄羅斯不穩定的經濟環境亦加劇俄羅斯人的排外性，超過五成的民眾認為移民對俄羅斯的經濟發展沒有好處（表14），甚至是國家的負擔，因為其剝奪了國內民眾的工作機會（表15），不但如此，超過一半的俄國人民不同意移民可以豐富俄羅斯的文化與社會，反而有四成的民眾認為，移民將會催毀俄羅斯的文化。（表16）[37]

---

[37] "Общественное Мнение - 2016", *Аналитический Центр Юрия Левады («Левада-Центр»)*, http://www.indem.ru/re90/Soc/Mod90/Monitoring/Levada_PO/OM-2016.pdf (2019.7.10), pp. 187-188.

表 14　移民有助於俄羅斯的經濟發展，您同意嗎？

	1996 年 6 月	2003 年 7 月	2012 年 10 月	2016 年 8 月
完全同意	4%	4%	5%	1%
應該算同意	11%	12%	19%	11%
不同意也不反對	20%	17%	29%	31%
應該算不同意	24%	28%	29%	34%
完全不同意	17%	18%	14%	17%
難以回答	23%	22%	6%	5%

資料來源：“Общественное Мнение -2016”, *Аналитический Центр Юрия Левады («Левада-Центр»)*, http://www.indem.ru/re90/Soc/Mod90/Monitoring/ Levada_PO/OM-2016.pdf (2019.7.10), p. 187.

表 15　下列哪一個選項最接近你對移民的想法？

移民的工作能力使我們的國家更加強大	8%
移民是我們國家的負擔，因為他們剝奪了我們的工作	54%
兩者皆非	30%
難以作答	9%

資料來源：“Общественное Мнение -2017”, *Аналитический Центр Юрия Левады («Левада-Центр»)*, http://www.indem.ru/re90/Soc/Mod90/Monitoring/ Levada_PO/OM-2017.pdf (2019.7.10), p. 173.

表 16　移民將會賦予俄羅斯新的想法和文化，您同意嗎？

	2012 年 10 月	2016 年 8 月
完全同意	4%	1%
應該算同意	15%	11%
不同意也不反對	27%	29%
應該算不同意	29%	33%
完全不同意	17%	21%
難以回答	8%	5%

資料來源：“Общественное Мнение -2016”, *Аналитический Центр Юрия Левады («Левада-Центр»)*, http://www.indem.ru/re90/Soc/Mod90/Monitoring/ Levada_PO/OM-2016.pdf (2019.7.10), p. 188.

陸、結語

　　俄羅斯的民族問題是歷史和制度遺緒，該問題也成為影響俄羅斯憲政運作與經濟社會發展的重要因素。俄羅斯境內民族眾多，各民族文化特質不論在宗教、生活、或語言等各方面均有所差異。蘇維埃的意識形態雖然強調聯盟內的各民族一律平等，但錯誤的政策加劇了日後俄羅斯聯邦的民族衝突，也擴大了民族問題的複雜性。在社會主義制度瓦解和社會經濟惡化的狀況下，俄羅斯聯邦一度面臨如蘇聯一般解體的危機，除了北高加索地區，在伏爾加烏拉爾地區、以及西伯利亞東部的民族共和國中均有嚴重的分離主義運動與民族衝突，而這些紛爭也產生擴散效應，進而影響到鄰近地區，使民族關係的發展更形負面。

　　俄羅斯聯邦的民族政策企圖在「多元的民族差異」與「整合的公民認同」兩方面尋求妥協與均衡，葉爾欽執政的八年期間，具有妥協與多元文化自治特色的民族政策與聯邦體制面臨到許多困境與矛盾，但1993年的憲法確立了各民族平等與文化多元之精神。普丁的民族政策主張「所有俄羅斯的人民都是一個整體的民族」，使國家和民族關係典範變得具有意義，有助於迎合國內複雜的民族利益，但他也同時強調境內俄羅斯族的凝聚作用，在實施去族裔化政策的同時，也建構起具有俄羅斯民族主義內涵的愛國主義與國家認同。

　　透過民調可以看出民眾對於民族關係緊張與對立的感受明顯降低，但是同時也可看到國家認同中存在著對俄羅斯族的期待，受訪民眾認為應該更加注重占全國人口80%的俄羅斯族的權利。此外，少數民族的認同逐漸弱化，從樂觀角度而言是非俄羅斯族在潛移默化下，以國家認同來取代民族認同，但數據也同時顯示俄羅斯的排外心態依舊存在，因此以俄羅斯族裔認同為主要內涵的俄國認同不斷增強之際，固然意味著愈來愈多的人融入俄國社會，但也要思考現有資源分配制度的公平性，因爲俄羅斯聯邦應該是境內所有人民的共同家園，所有民族應該享有平等權利，而不是單一民族。

第四篇

南亞篇

Chapter 8

印度的喀什米爾問題分析

方天賜[*]

* 國立清華大學通識教育中心副教授兼印度中心副主任。

壹、前言

　　喀什米爾（Kashmir）位於印度西北與巴基斯坦及中國新疆地區交接處。傳統及狹義的喀什米爾地區是指喀什米爾山谷（Kashmir Valley），所謂的喀什米爾人（Kashmiri）便是指喀什米爾山谷的原住民，以說喀什米爾語為主，主要信奉伊斯蘭。廣義的喀什米爾地區則指原查謨—喀什米爾（Jammu-Kashmir）土邦（princely state）的領土，包括喀什米爾山谷、查謨（Jammu）、拉達克（Ladakh）、吉爾吉特（Gilgit）、巴爾蒂斯坦（Baltistan）、阿克賽欽（Aksai Chin）、喀拉崑崙走廊（Trans-Karakoram Tract）等地。

　　喀什米爾原本是英屬印度（British Raj）的一部分，在後者於 1947 年脫離英國殖民獨立之後，因為歸屬問題成為爭議地區，目前分由印度、巴基斯坦和中國控制部分領土，包括印度所轄的查謨—喀什米爾與拉達克聯邦屬地（union territory）、巴基斯坦所轄的自由查謨和喀什米爾（Azad Jammu and Kashmir）與吉爾吉特—巴爾蒂斯坦（Gilgit-Baltistan）、中國控制的阿克賽欽（Aksai Chin）及喀拉崑崙走廊等地。（參見圖8及表17）本文主要是以印度所轄的查謨—喀什米爾為主要討論對象。

　　當前國際社會所討論的喀什米爾問題通常是聚焦於印巴所控制的這一部分。印巴兩國自獨立以來，已因為喀什米爾問題爆發過兩次戰爭及無數的軍事衝突。但若只從印巴關係的視角來看，常忽略喀什米爾的主體性。為釐清喀什米爾問題的本質及發展，本文擬回顧喀什米爾問題的產生背景，並進而討論印度對喀什米爾的治理，以及喀什米爾認同（Kashmiryat）的發展。本文認為，1950 年實施的印度憲法雖賦予喀什米爾自治地位，但並未因此徹底解決喀什米爾的分離問題。自 1980 年代末以來，印度控制的喀什米爾的分離意識抬頭，引發反抗印度中央的武裝衝突與動盪。在內外因素的影響下，喀什米爾認同逐漸伊斯蘭化，使得喀什米爾爭議更加複雜。

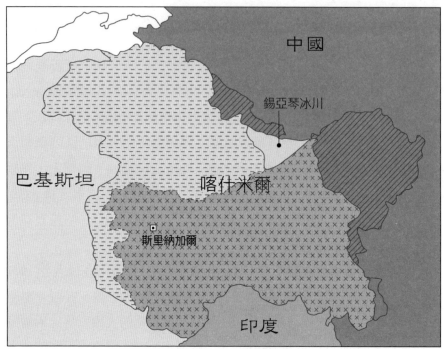

圖8 喀什米爾地理位置

表17 喀什米爾的面積與人口

地區		面積（平方公里）	人口（人）
印度控制地區	喀什米爾谷地（Kashmir Valley）	15,948	5,476,970
	查謨（Jammu）	26,293	4,430,191
	拉達克（Ladakh）	59,146	236,539
巴基斯坦控制地區	自由喀什米爾（Azad Jammu and Kashmir）	13,297	4,361,000
	吉爾吉特—巴爾蒂斯坦（Gilgit-Baltistan）	72,971	約2,000,000
中國控制地區	阿克賽欽（Aksai Chin）	37,244	不詳
	喀拉崑崙走廊（Trans-Karakoram Tract）	5,800	不詳

資料來源：方天賜，〈喀什米爾爭議的歷史脈絡及發展〉，《南亞觀察》，2019年
9月3日，〈southasiawatch.tw/2019/09/03/【喀什米爾爭議面面觀系列三】
喀什米爾爭議的歷／〉

貳、印巴分治與喀什米爾問題

當代的喀什米爾問題源自於印度獨立時的印巴分治方案。英國在1947年6月公布俗稱「蒙巴頓方案」（Lord Mountbatten's plan）的《印度獨立法》（the Indian Independence Act of 1947），採取「印回分治」的原則讓印度與巴基斯坦分別獨立建國。按照蒙巴頓分治方案，英屬印度獨立為兩個自治領。其中，穆斯林占多數的地區組成巴基斯坦，其餘地區則組成印度。而巴基斯坦包含東、西兩部分，分別稱為東巴和西巴，後者即為今日之孟加拉（Bangladesh）。

印巴分治的方案公布後，立即引發宗教族群不安及大遷徙。許多巴基斯坦境內的印度教徒擔心淪為少數族群，因而遷徙至印度；同理，印度境內的穆斯林則急忙舉家遷往巴基斯坦。印巴分治除了引發教派衝突外，也遺留下喀什米爾等地的歸屬問題，成為印巴衝突的歷史包袱之一。

喀什米爾地區在印巴獨立之前，為英屬印度的眾多土邦之一，由大君（Maharaja）所統治。[1] 根據前述的蒙巴頓方案，英屬印度境內的565個土邦（princely states）都可以自行決定加入任何一個自治領。因此，喀什米爾可以自由選擇要歸併到印度或巴基斯坦。事實上，在印巴於1947年8月正式獨立之前，多數的土邦都已順利地選擇加入對象，只有喀什米爾、海德拉巴（Hyderabad）、朱納加德（Junagadh）三個土邦的歸屬仍懸而未決。海德拉巴與朱納加德的土王都是穆斯林，但居民以印度教徒為大宗。這兩個土邦的領導人原本有意加入巴基斯坦，但其

---

[1] 查謨大公（Raja）古拉布・辛格（Gulab Singh）的原有領土僅包括查謨及拉達克地區，但在1846年以750萬盧比代價自英屬東印度公司手中購進喀什米爾，使其統轄版圖為之擴大並升格為大君（Maharaja），其稱號也改為「查謨與喀什米爾大君」（Maharaja of Jammu and Kashmir）。

實他們並未與巴基斯坦接壤，最後也都被印度強力併入。喀什米爾的狀況則剛好與海德拉巴、朱納加德相反。當時的喀什米爾大君哈瑞·辛格（Hari Singh）是印度教徒，但喀什米爾當地的居民大多是穆斯林。喀什米爾大君採取觀望態度，有意謀求獨立。另一個與海德拉巴、朱納加德不同的背景是，喀什米爾與巴基斯坦接壤，且境內原本就已經發展出反對大君統治的運動。[2]

巴基斯坦對喀什米爾大君的觀望態度不滿，認為該地既然是穆斯林為主的地區又與巴基斯坦接壤，理應加入巴基斯坦。巴基斯坦西北邊界省（Northwest Frontier Province, NWFP）的普什圖人（Pathans）部落遂舉兵入侵喀什米爾地區，並直逼喀什米爾的首府斯利那加（Srinagar）。喀什米爾大君眼看無力對抗，決定放棄獨立的夢想而加入印度，藉以換取印度的軍事援助以恢復當地秩序。事實上，當地的國民會議（National Conference）黨也支持併入印度的決定。印度旋即出兵進入喀什米爾驅退巴基斯坦民兵。[3]但巴基斯坦政府不願放棄喀什米爾，也派軍支援民兵，印巴雙方遂在喀什米爾爆發第一次印巴戰爭。

由於雙方都沒有取得決定性的軍事勝利，印度遂在 1947 年 12 月31 日主動向聯合國安理會提出喀什米爾問題，希望由聯合國安理會協助解決此爭議。聯合國安理會隨即於 1948 年 1 月 20 日通過第 39 號決議案，建立「聯合國印度與巴基斯坦委員會」（the United Nations Commission for India and Pakistan, UNCIP）調查及處理此爭議。1948 年 8 月

---

2 Ashutosh Varshney, "India, Pakistan, and Kashmir: Antinomies of Nationalism," *Asian Survey*, Vol. 31, No. 11, November 1991, p. 1007.

3 不過，仍有一些分析家對於喀什米爾大君同意加入印度的效力產生質疑，因為他們認為，喀什米爾大君是在印度軍隊進入斯利那加後，才被迫簽署同意加入印度的聲明。參閱Victoria Schofield, "Kashmir: The origins of the dispute," *BBC News*, January 16 2002, <http://news.bbc.co.uk/1/hi/world/south_asia/1762146.stm.>, last accessed on 2019.7.10.

13 日，印巴委員會提出：(1) 雙方停火；(2) 雙方撤軍，但印方可保留維持當地秩序所需的部隊；(3) 喀什米爾的未來由人民的意願（will of people）所決定等三項建議，希望以此為基礎來解決喀什米爾的爭議。印巴表示願意接受，遂在 1949 年 1 月正式停火，結束了第一次印巴戰爭。印巴委員會則在 1949 年 1 月 5 日進一步建議應以公民投票（plebiscite）方式決定喀什米爾的未來。印巴兩國也接著在 7 月簽署正式協議，確立停火線的位置。自此，喀什米爾分別由印巴占領及管轄。

聯合國的方案似乎是解決喀什米爾爭議的可行方案。但印巴在宣布停火之後，並未如預期執行撤軍及舉行公投的協議。巴基斯坦辯稱，因為無法保證印度軍隊一定會跟隨巴基斯坦腳步撤離，所以拒絕撤軍；印度則堅持巴基斯坦需要先將其軍隊撤出喀什米爾。[4] 在公民投票方面，由於喀什米爾的居民大多數是穆斯林，巴基斯坦認為若以公民投票來解決歸屬問題，其結果可能對其有利。印度原本也接受公民投票的方式，但後來體認到公民投票的結果可能對其不利，遂開始抵制公民投票。印度總理尼赫魯（Jawaharlal Nehru）在 1956 年 3 月時，便以巴基斯坦未撤軍、喀什米爾制憲議會已通過與印度合併、南亞大陸受到冷戰影響等情勢變遷為理由，宣稱不再同意於喀什米爾進行公投。[5] 1957 年時，印度也於安理會宣布，聯合國過去有關喀什米爾的決議，對印度不再具拘束力。在印度的堅決抗拒下，聯合國的介入宣告失敗。

1962 年時，原本關係良好的印度與中國因為邊界問題而發生戰爭，為印巴問題增添新的波折。巴基斯坦原本是西方陣營圍堵共產主義的盟國，與中國關係不佳。但在中印關係惡化之後，中巴兩國產生對抗印度的共同利益，為了彰顯兩國的友好情誼，中國與巴基斯坦在 1963 年 3 月簽訂《關於標定中國新疆和由巴基斯坦實際控制其防務的各個地

4　Varshney, "India, Pakistan, and Kashmir: Antinomies of Nationalism," p. 1008.

5　*Ibid.*, p. 1011.

區相接壤的邊界協定》。在這項邊界協議中，巴基斯坦同意將喀拉崑崙走廊歸予中國。但印度對此表達抗議，認爲該區是喀什米爾的一部分，同屬印度的領土。值得一提的是，中巴雙方在上述的協議中也同意，一旦印巴解決喀什米爾爭議，有關主權當局將與中國就此條約所劃定的邊界重新進行談判。換言之，1963 年中巴邊界協定所處分的區域確實涉及喀什米爾。

印巴兩國之後於 1965 年因爲喀什米爾再度爆發戰爭，亦稱第二次喀什米爾戰爭（the Second Kashmir War），因聯合國介入而停火。1971年，雙方發生第三次印巴戰爭（亦稱孟加拉獨立戰爭）。此次雖與喀什米爾爭議沒有直接關聯，但雙方於 1972 年 7 月 2 日簽訂西姆拉協議（Simla Accord），同意遵重 1971 年 12 月 17 日停火線所形成的控制線（the line of control）。[6]此外，該約第三條也載明，印巴同意以雙邊談判的和平手段或雙方同意的和平手段解決分歧。換言之，喀什米爾爭議將透過雙邊協商或同意的方式來解決，藉以排除第三者的直接干預。印度之後便常援引此項條文作爲依據，拒絕第三方調停喀什米爾問題及避免喀什米爾問題「國際化」。印巴各自控制部分喀什米爾的狀態也持續至今。

目前大喀什米爾地區遭到印巴兩國瓜分，被所謂的「控制線」（Line of Control, LOC）一分爲二。印度約控制了三分之二的領土，巴基斯坦則控制約三分之一的土地。印度稱它控制的喀什米爾地區爲「查謨與喀什米爾」（Jammu and Kashmir），稱巴基斯坦控制的部分爲「巴基斯坦占領的喀什米爾」（Pakistan occupied Kashmir, PoK）。巴基斯坦則稱自己控制的喀什米爾地區爲「自由喀什米爾」（Azad Kashmir 或Free Kashmir），稱印度管轄的部分爲「被占據的喀什米爾」（Occupied

---

6 有關印巴戰爭相關分析，見呂昭義、孫建波，《中印邊界問題印巴領土糾紛研究》，（北京：人民出版社，2013），頁311-332。

Kashmir）。

參、印度對喀什米爾的治理

印度教徒占印度人口近八成，穆斯林則占 14.2%。喀什米爾與查謨省則是印度唯一穆斯林人口占多數的地區。因此，保有喀什米爾對於印度而言具有特殊的意涵。印度總理尼赫魯當年在印度下議院（Lok Sabha）的演講中便公開表示，喀什米爾對於印度有象徵性的意義，彰顯印度是一個世俗國家。[7] 另一方面，若喀什米爾能留在印度境內，也可反制當年穆斯林聯盟以宗教劃分印巴的立論，顯示穆斯林為主的地區沒有必要脫離印度另外建國。尼赫魯在 1951 年的一次演講中便形容喀什米爾是印度作為世俗國家的鮮活象徵，可破除巴基斯坦所依據的「兩民族理論（two-nation theory）」。[8]

因此，印度在 1950 年開始實施的憲法中，不僅於前言表示印度是世俗主義國家，憲法第 370 條關於查謨——喀什米爾省的臨時條款（Temporary provisions with respect to the State of Jammu and Kashmir）中，特別給予喀什米爾地區自治權力，中央僅掌管國防、外交、財政、通訊等領域。換言之，印度中央希望藉由聯邦的自治設計，將喀什米爾與印度聯邦相連結。但從名稱來看，憲法 370 條是所謂「暫時性條款」，並非長遠的設計。

在實踐上，印度中央其實試圖掌控喀什米爾的政治發展，而非放手給予完全自治。印度其他地區在 1952 年便開始舉行國會及地方選舉，但喀什米爾直到 1962 年才舉行首次的地方選舉，並遲自 1967 年才選出

---

[7] 轉引自 Varshney, "India, Pakistan, and Kashmir: Antinomies of Nationalism," p. 1002.

[8] Ahsan I. Butt, *Secession and Security: Explaining State Strategy against Separatists* (Ithaca, NY.: Cornell University Press, 2017), p. 115.

國會議員。此外，印度中央政府也尋求與喀什米爾地方勢力聯合，如謝赫‧阿卜杜拉（Sheikh Abdullah）家族及所屬的國民議會黨，藉以掌控該地。事實上，謝赫與其所領導的國民會議都反對穆斯林聯盟的兩民族理論，無意加入巴基斯坦，但對於喀什米爾的態度一直在獨立與併入印度之間游移。[9] 謝赫與印度中央的關係在 1965 年決裂，被以反印度爲由逮捕入獄。1971 年的孟加拉獨立戰爭也削弱喀什米爾民族主義者的分離意識 ，使其尋求妥協。謝赫在 1975 年 2 月與時任印度總理甘地夫人（Indira Gandhi）達成協議，同意接受喀什米爾是印度聯邦的一部分。他也重新擔任喀什米爾省長（Chief Minister）直到 1982 年去世。就印度中央的角度看來，喀什米爾在 1975-1982 年間基本上維持相當的安寧與穩定，不論是喀什米爾的領導人或民眾都與中央維持和諧關係的黃金期。

謝赫於 1982 年過世後，他的兒子法魯克‧阿卜杜拉（Farooq Abdulla）繼承其政治衣缽，接任喀什米爾省省長。但他在 1983 年 5 月，加入了反國大黨的全國聯盟，與中央政府關係惡化。他個人也在 1984 年面臨黨內分裂的挑戰，隨即被免去省長職務。爲了重拾權力，法魯克在 1987 年的大選中決定與中央執政的國大黨的合作對抗由伊斯蘭促進會（Jamaat-e-Islami）領導的穆斯林統一戰線（Muslim United Front, MUF）。法魯克雖然勝選並繼續擔任省長，但該次選舉被認爲嚴重舞弊不公。在選舉前便有數百名反對派遭到逮捕，成爲之後爆發武裝抗議運動的因子。

喀什米爾在 1989 年開始出現武裝暴動，顯示印度中央以自治方式解決喀什米爾問題的期望失敗。地方政府的治理能力不佳、喀什米爾居民由於公民自由權受到侵犯、社會經濟發展不佳等因素，產生被中央剝

9　Varshney, "India, Pakistan, and Kashmir: Antinomies of Nationalism," p. 1004.

奪和遺棄的疏離感，也因此升高分離意識。[10] 此外，喀什米爾民族主義者不再只追求自治，轉而要求脫離印度的主權和自由（azadi）。[11]

喀什米爾分離運動逐漸朝向暴力與武裝鬥爭，也與喀什米爾的民主和自治發展受限有關。印度政府為了抑制喀什米爾的動亂，時常解散當地政府由中央直接治理。從 1990 年 1 月開始，印度政府便解散喀什米爾省議會，對其實行了長達近 7 年的總統治理（President's Rule）。[12] 這些舉措並未有效緩解喀什米爾人的分離意識，反而助長對中央政府干預的不滿情緒。有鑑於缺乏適當的政治訴求管道，許多穆斯林青年反而傾向以暴力或恐怖主義手段來爭取自治權力。[13]

值得一提的是，喀什米爾的武裝組織有兩類型。第一類以「真主穆斯林游擊隊」（Hizbul Mujahideen）為代表，被認為是伊斯蘭促進會（Jamaat-i-Islami）的分支，主張加入巴基斯坦。另一派則是「查謨及喀什米爾解放陣線」（Jammu and Kashmir Liberation Front），主張喀什米爾獨立。[14]「查謨及喀什米爾解放陣線」甚至於 1989 年 12 月綁架印度內政部長薩依德（Mufti Mohammad Sayeed）的女兒，並成功的要脅當局釋放五名被捕的成員。此外，為了強化合作力量以對抗印度中央，26個當地組織於 1993 年 3 月成立「泛黨派自由會議」（All Parties Hurri-yat Conference），成為喀什米爾主義的代表性政治組織。該組織的共同

---

[10] *Ibid.*, p. 1.

[11] Reeta Chowdhari Tremblay, "Nation, Identity and the Intervening Role of the State: A Study of the Secessionist Movement in Kashmir," *Pacific Affairs*, Vol. 69, No. 4, Winter 1996-1997, p. 471.

[12] 有關印度憲法中的總統治理內容分析，參見陳牧民，〈印度的中央與地方關係〉，收於鄭端耀主編，《印度》（臺北：遠景基金會、政大國關中心，2008），頁70-71。

[13] 劉向陽，〈印控喀什米爾的穆斯林武裝活動探源〉，《南亞研究季刊》，2010年第3期，頁23。

[14] Varshney, "India, Pakistan, and Kashmir: Antinomies of Nationalism," p. 1016.

主張為：喀什米爾是具爭議的領土，支持巴基斯坦聲稱喀什米爾是「未完成的分治議程」，需要按照當地人民的願望解決喀什米爾問題。

印度中央的干預主義行為引起了喀什米爾的不滿。另一方面，治理不善一直是喀什米爾的問題之一。但中央選擇與地方勢力合作，忽略民眾的感受。調查顯示，喀什米爾的年輕人不再願意容忍腐敗、不平等和不公正的裙帶關係。[15] 缺乏成效的治理進一步助長年輕人對於中央政府的疏離與不滿。

針對分離主義的武裝行動，印度當局採取大量駐軍及強力鎮壓的手段。印度早在 1958 年通過《武裝部隊特別權力法》（*the Armed Forces Special Powers Act*, AFSPA）來處理分離主義及叛亂活動。《武裝部隊特別權力法》賦予軍隊平亂的特殊權力，但高度爭議的是，軍方依《武裝部隊特別權力法》在執行戡亂行動時可以逮捕甚至擊斃任何可疑分子，並且豁免司法管轄。[16] 批評者認為，此法不但違反人權，實際上也無助抑制恐怖主義和恢復秩序。在此法施行後，武裝組織的數量反而增加。[17] 人權團體也指出，由於武裝部隊可以不受懲處而恣意作為，造成法律豁免下的不當殺戮、刑求、性侵害及失蹤等。由於《武裝部隊特別權力法》被濫用，反而激發當地民眾的憤怒及反國家情緒，讓喀什米爾

---

15 Wani, "The Kashmir Conflict: Managing Perceptions and Building Bridges to Peace,", p. 5.

16 該法案規定：軍方在給予適當警告後，便可以開火或者使用其他可能致命的方式；可以摧毀任何軍品堆積處、藏匿處或者武裝志願者的訓練營及藏身處；無須逮捕令便可以逮捕嫌犯；可以進入任何建物內搜捕嫌犯、解救被拘禁人士或者查扣軍火及爆炸性物質；可以攔查任何涉嫌搭載嫌犯或運送武器的車輛及船舶；軍人對於他們的行為具有法律豁免；軍方依《武裝部隊特別權力法》的執法行動免受法律起訴或者任何法律訴訟；政府宣告騷亂地區的決定不受司法審查。

17 "Here are 10 things to know about controversial legislation Afspa," *Hindustan Times*, July 9, 2016, <http://www.hindustantimes.com/india-news/10-things-to-know-about-afspa/story-G6YYHw5s364LRfjTvg3HkK.html>, last accessed on 2019.07.10.

地區的反政府武裝組織得以藉此蓬勃發展。[18]國際人權組織「人權觀察」
（Human Rights Watch）便指責該法遭到濫用，多次呼籲印度政府儘快
廢除。[19]

　　事實上，不乏印度高階官員批評這項法律。前內政部長齊丹巴蘭
（P. Chidambaram）便認為，《武裝部隊特別權力法》是令人厭惡（ob-
noxious）的法律，不應該存在於現代及文明國家。[20]但因為受到軍方反
對，政府一直沒有採取進一步行動。印度軍方也捍衛此法的必要性，宣
稱若士兵在日後遭法律處罰，便很難完成打擊恐怖組織的任務。軍方也
擔心廢除此法會傷害軍隊士氣，憂慮武裝分子會藉此鼓動地方民眾對軍
方提起法律訴訟。[21]反對黨國大黨承諾如果它重新贏得政權，將廢止該
法案。現任總理莫迪（Narendra Modi）則持反對意見，稱一旦廢除《武
裝部隊特別權力法》，無異將「我們的士兵送到絞刑架上」。[22]

---

[18] "India: Repeal Armed Forces Special Powers Act: 50th Anniversary of Law Allow-
ing Shoot-to-Kill, Other Serious Abuses," *Human Rights Watch*, November 18, 2008,
<https://www.hrw.org/news/2008/08/18/india-repeal-armed-forces-special-powers-act>,
last accessed on 2019/07/10.

[19] "Getting Away With Murder: 50 Years of the Armed Forces (Special Powers) Act," *Hu-
man Rights Watch*, August 2008, <https://www.hrw.org/legacy/backgrounder/2008/in-
dia0808/> , last accessed on 2019/07/10.

[20] "P Chidambaram calls AFSPA 'obnoxious'; calls for amendments to the act," *Daily
News & Analysis* (DNA), November 14, 2014, <http://www.dnaindia.com/india/report-
p-chidambaram-calls-afspa-obnoxious-calls-for-amendments-to-the-act-2035278>, , last
accessed on 2019/07/10.

[21] "Here are 10 things to know about controversial legislation Afspa," *Hindustan Times*,
July 9, 2016, <http://www.hindustantimes.com/india-news/10-things-to-know-about-
afspa/story-G6YYHw5s364LRfjTvg3HkK.html>, , last accessed on 2019/07/10.

[22] "Narendra Modi to News18: Removing AFSPA in Kashmir is like sending our soldiers to
the gallows, I'll never allow it," *Firstpost*, April 9, 2019, <https://www.firstpost.com/poli-
tics/narendra-modi-to-news18-removing-afspa-in-kashmir-is-like-sending-our-soldiers-
to-the-gallows-i-will-never-allow-it-6412281.html>, last accessed on 2019/07/10.

　　為了加強對喀什米爾武裝分子的軍事鎮壓行動，估計印度中央派駐在喀什米爾的各類軍警人數在 40 萬到 70 萬人之間。雖然此類打擊確實有其威嚇效果，但並無法確保和平穩定。印度政府藉打擊恐怖主義之便鎮壓分離主義。但因為缺乏適當的究責（accountability），相關單位常被質疑以獨斷或不合法方式殺戮嫌疑犯或叛亂分子。2010 年 4 月，印度軍方在喀什米爾馬契爾（Machil）地區擊斃三名男子，宣稱其為巴基斯坦的好戰分子。但稍後的調查卻發現，遭軍方擊斃者其實是無辜的平民，並無所謂衝突（encounter）事件。這起事件引起喀什米爾居民的抗議並與軍警產生衝突，導致 112 人死亡。軍事法庭原先判決涉案五名人員終身監禁，卻又在 2017 年 7 月暫停執行並同意其交保，再度引起爭議。

　　《武裝部隊特別權力法》遭到濫用，使「保護任務」淪為「殺人任務」，不但引起當地民眾的憤怒，也迫使愈來愈多的當地青年選擇以暴制暴的好戰模式對抗當局。[23] 一個顯著的案例是喀什米爾分裂主義領導人瓦尼（Burhan Wani）在 2016 年 7 月 22 日與軍方交火時遭到擊斃的事件。弔詭的是，政府眼中的恐怖分子之死反而引發當地群眾的同情及示威遊行，並與印度當局發生衝突，導致至少 30 人喪生及 300 多人受傷，由此可見民心向背。

肆、喀什米爾認同的伊斯蘭化

　　回顧當代喀什米爾問題的發展，其實受到三種力量的衝擊，包括巴基斯坦所代表的宗教民族主義、印度國大黨所主張的世俗民族主義，及

---

23 Wani, "The Kashmir Conflict: Managing Perceptions and Building Bridges to Peace," p. 12.

喀什米爾所代表的喀什米爾認同（*Kashmirat*）。[24] 所謂的「喀什米爾認同」這個詞彙是在 1970 年後開始出現，雖然沒有明確的定義，但一般多認為早期的喀什米爾認同是以地域性及世俗性為其特性。[25] 因為如前所述，廣義的喀什米爾地區尚包括查謨及拉達克，無論是種族或宗教信仰都非單一。（參閱表 18）查謨的印度教徒為多格拉人（Dogras）、穆斯林則為旁遮普人。拉達克的佛教徒則為藏人。「喀什米爾認同」因而被視為是融合印度教和伊斯蘭教的文化和宗教活動的喀什米爾生活方式。[26]

表 18　喀什米爾地區信仰宗教比例

地　區		佛教徒	印度教徒	穆斯林	其他
印度控制地區	喀什米爾谷地		4%	95%	
	查謨		66%	30%	4%
	拉達克	50%		46%	3%
巴基斯坦控制地區	北部地區			99%	
	自由查謨與喀什米爾地區			99%	

資料來源：作者整理自 "The future of Kashmir," *BBC News*, <http://news.bbc.co.uk/2/shared/spl/hi/south_asia/03/kashmir_future/html/default.stm>

然而，新一代的喀什米爾族群生活於暴力充斥的環境之中，已經不太認識「喀什米爾認同」的本質，而被「我們與他者」的二元意識所影響。[27] 當前的「喀什米爾認同」也被激進社群主義（Communalism）所影

---

[24] Varshney, "India, Pakistan, and Kashmir: Antinomies of Nationalism," pp. 999-1007.

[25] Toru Tak, "The Term 'Kashmiriyat': Kashmiri Nationalism of the 1970s, *Economic and Political Weekly*, Vol. 48, No. 16, April 20, 2013, p. 28.

[26] Wani, "The Kashmir Conflict: Managing Perceptions and Building Bridges to Peace," pp. 3-4.

[27] Wani, "The Kashmir Conflict: Managing Perceptions and Building Bridges to Peace," p. 4.

響，並帶有濃厚的宗教色彩。在 1989 年的武裝動亂後，許多原來居住於喀什米爾山谷的印度教徒（Kashmiri Pandits）都遷移到查謨或印度其他地區，顯示受到宗教因素的驅動。喀什米爾穆斯林覺得受到印度安全部隊（其成員多為非穆斯林）的迫害，印度教徒則認為被迫遷徙，也覺得被政府所背叛。[28]

2008 年 5 月的阿馬爾納特（Amarnath）土地移轉案，充分顯露宗教在喀什米爾議題上的敏感性。阿馬爾納特石窟位於喀什米爾境內，海拔 3,888 公尺，供奉印度教神祇濕婆神（Shiva），為印度教徒朝聖之地。為了便利朝聖活動，喀什米爾政府於 2008 年 5 月 26 日將 99 英畝的土地以 2,500 萬盧比移轉給印度教組織阿馬爾納特聖殿局（Shri Amarnath Shrine Board, SASB），以建立臨時避難所和其他設施供印度教朝聖者所使用。然而，此舉立即引發喀什米爾穆斯林的抗議，爆發 1989 年之後最大的抗議示威活動。在歷時 64 天的抗議中，超過 38 人死亡，並有千人以上受傷，迫使政府收回成命。

然而，政府取消售地的舉動激怒了查謨地區的印度教徒，認為受到伊斯蘭基本教義派的操弄。示威者除了破壞政府設施外，並進而封鎖喀什米爾谷地對外公路，阻止運送物資的貨車出入，造成該地石油、醫藥等必需品短缺。為了突破封鎖，數千名的穆斯林抗議者甚至準備越過印巴控制線，進入巴基斯坦控制的喀什米爾地區，藉以進行物品交易。整起土地移轉風波歷經兩個月後，在政府同意印度教組織於朝聖期間暫時使用該林地後落幕。[29]若與 1989 年的騷動相比，此次事件明顯見到宗教族群的動員與對立。喀什米爾穆斯林如今更強調他們的伊斯蘭身分，視

---

[28] Varshney, "India, Pakistan, and Kashmir: Antinomies of Nationalism," *Asian Survey*, Vol. 31, No. 11, November 1991, p. 1018.

[29] Reeta Chowdhari Tremblay, "Kashmir's Secessionist Movement Resurfaces: Ethnic Identity, Community Competition and the State," *Asian Survey*, Vol. 49, No. 6, November/December 2009, pp. 938-945.

自身為全球伊斯蘭社群的一部分，而不是他們的喀什米爾身分。[30] 相對的，查謨地區的印度教徒則基於宗教情感，多主張與印度整合。

與伊斯蘭相關的則是來自巴基斯坦的影響。事實上，巴基斯坦並非當前喀什米爾分裂主義的主要源頭，但它確實利用這個議題來打擊印度。巴基斯坦也以提供人員訓練、武器甚至庇護等方式來支持喀什米爾地區分裂主義運動。[31] 事實上，1971年孟加拉自巴基斯坦獨立，顯示當年以伊斯蘭宗教因素成立巴基斯坦的立論經不起考驗。巴基斯坦很難再以此理由主張併入喀什米爾。另一方面，巴基斯坦如果強行併吞喀什米爾，也可能危及生活其他印度地區且人數更多的穆斯林的處境。[32] 但為了對抗印度，巴基斯坦有效地讓喀什米爾及公民自決議題持續發酵，並以支持分離組織和恐怖組織的代理人方式對抗印度。蘇聯入侵阿富汗後，美國曾透過巴基斯坦訓練阿富汗游擊隊。巴基斯坦軍方便利用這項經驗協助喀什米爾的分離組織對抗印度中央。[33] 巴基斯坦也刻意利用宗教因素，讓印度的喀什米爾情勢更為複雜。[34]

值得注意的是，巴基斯坦雖然支持喀什米爾自決，但不樂見其獨立。在巴基斯坦的支持之下，親巴基斯坦武裝組織的發展在1993年後逐漸凌駕主張獨立的團體，在喀什米爾武裝運動中起主導作用。這些武裝組織包括「真主穆斯林游擊隊」（Hizbul Mujahideen）等，標榜追求宗教性的伊斯蘭民族主義以加入巴基斯坦，而非主張喀什米爾民族主義及喀什米爾獨立。此外，以巴基斯坦為根據地的穆罕默德軍（Jaish-e-Mohammed, JeM）和虔誠軍（Lashkar-e-Taiba, LeT）等聖戰組織，也活

30　Wani, "The Kashmir Conflict: Managing Perceptions and Building Bridges to Peace," p. 4.

31　Butt, *Secession and Security*, p. 115.

32　Varshney, "India, Pakistan, and Kashmir: Antinomies of Nationalism," p. 1000.

33　Butt, *Secession and Security*, pp. 115-116.

34　張四齊、唐孟生，〈克什米爾衝突中的宗教因素〉，《南亞研究季刊》，2007年第1期，頁71-72。

躍於喀什米爾地區。這些組織宣傳泛伊斯蘭主義思想，聲稱建立大伊斯蘭國家。[35] 這些組織除了以恐怖主義作爲抗爭印度的手段，其暴力活動範圍也擴展到其他印度地區。虔誠軍在 1999 年 12 月劫持印度民航客機，並涉及 2001 年的印度國會大廈襲擊事件、2008 年孟買系列恐怖攻擊事件。穆罕默德軍涉嫌 2016 年的巴坦科（Pathankot）空軍基地恐攻及 2019 年 2 月 14 日印度中央後備警察部隊（Central Reserve Police Force, CRPF）車隊於喀什米爾普瓦瑪（Pulwama）遭受的恐怖攻擊。普瓦瑪事件造成四十多位印度中央後備警察部隊人員死亡，是當地有史以來最嚴重恐攻事件。對於印度而言，喀什米爾的分離主義運動與巴基斯坦聯合構成了更大的外部威脅，因而合理化印度中央採取嚴格的鎮壓手段。[36]

　　另一個使喀什米爾認同更加伊斯蘭化的因素是印度內部的印度教民族主義（Hindu Nationalism）興起。對於印度教民族主義者而言，如果印度失去喀什米爾，如同是第二次印巴分裂。巴基斯坦對喀什米爾民族主義運動的支持反使得印度教民族主義者對喀什米爾的穆斯林族群的忠誠有所質疑，認爲他們是「第五縱隊」，[37] 是巴基斯坦的代理人。

　　在 1990 年代以前，強硬印度教民族主義者並未撼動國大黨所主張的世俗主義路線，亦即主張各宗教平等的多元價值。[38] 但隨著印度教民族主義的再興，主張捍衛印度教徒利益的印度人民黨（Bharatiya Janata Party, BJP）在 1998、1998、2014、2019 的大選中多次獲勝，已成爲當代印度政治的主導力量之一。印度人民黨先前已多次在其競選宣言中表

---

35 劉向陽，〈印控喀什米爾的穆斯林武裝活動探源〉，頁20。

36 Butt, *Secession and Security*, p. 110.

37 *Ibid.*, p. 120.

38 有關國大黨是否確實實踐世俗主義的分析，可參閱Smita Gupta, "The meaning of secularism," *The Hindu*, June 30, 2018, <https://www.thehindu.com/opinion/lead/the-meaning-of-secularism/article24294395.ece>, last accessed on 2019/12/01.

明，致力推動廢除憲法第 370 條有關喀什米爾自治的條文。因爲他們認爲，給予喀什米爾自治其實助長分離意識，激化中心與地方政府之間的對立關係，不利其融入印度。

2019 年 8 月 5 日，印度人民黨政府便突然宣布撤銷印度憲法第 370 條有關給予查謨與喀什米爾自治地位的條文，並通過《查謨與喀什米爾重組法》（Jammu and Kashmir Reorganisation Bill），將拉達克從喀什米爾地區分割出來，另成立單獨的中央直轄區。印度政府廢除喀什米爾自治的決定在印度獲得不同的反應。支持者認爲此舉有助喀什米爾更加融入印度聯邦體系，並根除該地的分離主義、恐怖主義、家族政治等問題。拉達克地區因爲獲得獨立的行政位階，不再隸屬於喀什米爾之下，更是歡欣不已。相對的，喀什米爾居民則對此決定多感到不滿。印度中央爲遏制當地的可能反彈，甚至切斷該地的對外通訊及軟禁反對派政治人物等。平心而論，印度此舉並無法徹底解決喀什米爾爭議，恐將激化喀什米爾居民對中央的不滿，迫使喀什米爾的穆斯林族群更加倒向印度之外的伊斯蘭世界。[39]

伍、結語

回顧歷史發展，喀什米爾原先是印度獨立時的領土劃分爭議，但在冷戰時期演變成爲印巴兩國相互爭鋒的標的。印度及巴基斯坦都希望能保有喀什米爾地區，卻也無意讓該地區自行獨立。

在處理喀什米爾問題上，印度至少面臨以下幾個挑戰。第一個挑戰來自於治理架構的設計。自 1950 年代開始，印度中央試圖以聯邦架構及自治方式羈絆喀什米爾。但此種方式面臨挑戰。一方面，印度治理

---

[39] 相關分析見方天賜，〈印度與喀什米爾的愛怨情仇〉，《自由評論網》，2019年8月16日，<https://talk.ltn.com.tw/article/breakingnews/2886651>

喀什米爾的政策所有矛盾，憲法名義上賦予該地自治地位，實際上中央卻實施更爲嚴苛的《武裝部隊特別權力法》，造成當地民眾的不滿。喀什米爾地區的社經發展程度落後於印度其他地區，也加深當地民眾的挫折感。另一方面，崛起的印度教民族主義者逐漸凌駕傳統的世俗主義主張，他們不認同憲法給予喀什米爾自治的「特殊優惠」，促使印度政府在 2019 年將原有的查謨—喀什米爾邦分割爲兩個聯邦直轄區，對喀什米爾居民而言，不但失去自治地位，其行政位階還從「邦」降爲「聯邦屬地」。由於這項決定並未充分尊重喀什米爾人民的意志，恐將衍生新的紛爭。前省長法魯克（Farooq Abdullah）早前便曾警告，此舉將終結喀什米爾加入印度的協議。[40] 若要追求長期的穩定，印度中央與喀什米爾的關係框架需要重新思考及擬定。

其次，喀什米爾認同的傳統世俗性已經崩解，呈現伊斯蘭化的趨向。喀什米爾穆斯林爲了對抗中央，傾向彰顯伊斯蘭宗教認同，藉以獲取境外伊斯蘭組織的奧援。伊斯蘭組織也欲藉喀什米爾議題發揮，將喀什米爾人與中央的緊張劃歸伊斯蘭教與印度教之間的衝突。此外，印度軍警過當鎮壓及伊斯蘭極端團體介入等因素，讓武裝暴力途徑得以在喀什米爾民族運動中生根。在宗教對立、恐怖活動、外界介入等因素交互影響下，加深了喀什米爾問題的複雜度。

對於喀什米爾衝突的解決之道，其實不乏建議與想像。[41] 但喀什米

---

[40] "'Playing with fire':J&K parties hit BJP over Articles 370, 35A poll pledge," *Hindustan Times*, April 9, 2019, <https://www.hindustantimes.com/india-news/bjp-playing-with-fire-political-parties-in-kashmir-warn-against-removing-article-370-article-35a/story-6sHlZ9tIdccNOiF2gumSSP.html>, last accessed on 2019/7/10.

[41] 舉例而言，英國廣播公司（BBC）的分析認爲，關於喀什米爾的未來至少有維持現狀、併入巴基斯坦、併入印度、完整獨立、部分喀什米爾地區獨立、喀什米爾山谷單獨獨立、沿奇納布（Chenab）河重新劃界分別併入印巴等不同構想。參閱"The Future of Kashmir?" *BBC News*, <http://news.bbc.co.uk/2/shared/spl/hi/south_asia/03/kashmir_future/html/7.stm>, last accessed on 2019/12/01.

爾不僅僅是印度與巴基斯坦之間的議題，喀什米爾的主體性需要獲得重視。推動解決進程的基本前提是相關各造需要表達善意和妥協可能性，包括建立適當且有效的對話機制，如此才有機會共同尋求長治久安之道。

Chapter *9*

宗教、族群與國家：印度錫克教徒的認同政治與跨國離散

劉堉珊[*]

[*] 國立暨南國際大學東南亞學系助理教授，研究專長：離散與移民人群、族群關係、藏人社群與苯教研究、喜馬拉雅與南亞區域。

壹、前言：錫克教徒（Sikh）與旁遮普人（Punjabi）

　　錫克教徒（Sikh）與旁遮普人（Punjabis/ Punjabi people）是一個常被許多人混淆的概念，事實上，前者（Sikh）指的是信仰錫克教（Sikhism）者，後者（Punjabi）則是泛指居住在旁遮普地區，或以此為自我起源的認同、說旁遮普語，且自稱為「旁遮普人」者，指涉的是一種對地域及語言文化的認同概念。許多人常誤把旁遮普人等同於錫克教徒，事實上，旁遮普人中包含了信仰錫克教、伊斯蘭、印度教與基督教等宗教者。另一方面，錫克教徒中雖然多數為旁遮普人，但也包含了少數的其他族群。

　　旁遮普（Punjab）在十九世紀前，泛指印度次大陸西北地區、由五條河流沖積而成的區域，旁遮普在古波斯語的意思，即是「五條河流匯集處」之意，其區域大致涵蓋了今日巴基斯坦的旁遮普省，以及印度的旁遮普邦（Punjab）、哈亞那邦（Haryana）與部分喜馬偕爾邦（Himachal Pradesh）。該區域於 1849 年被併入東印度公司（East Indian Company, EIC），1858 年英國在此設立了「旁遮普省」，也稱「英屬旁遮普」（British Punjab）。英屬旁遮普在 1947 年的印、巴分治中，被分割為東、西兩部分，西旁遮普省併入巴基斯坦，改名旁遮普省，多數居民為穆斯林；東旁遮普省（以錫克教與印度教信徒為多）併入印度，歷經多次的行政區域整併與重組。今日在印度的旁遮普邦（圖 9）中，錫克教信仰者仍占據相當的比例。

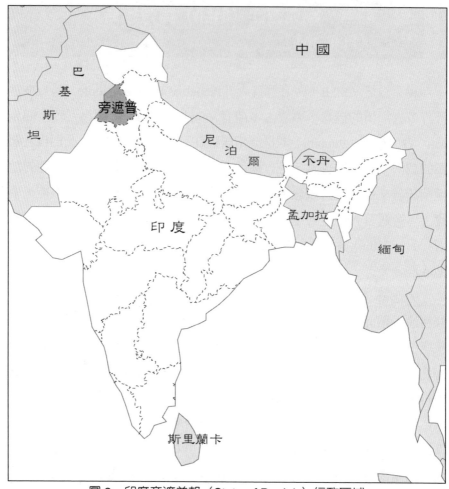

圖9　印度旁遮普邦（State of Punjab）行政區域

　　本文討論的對象，爲印度旁遮普人中的錫克教信仰者（Punjabi Sikhs，也可稱爲旁遮普錫克教信仰者或旁遮普錫克人），其社群認同結合了宗教、語言文化及地域等意識，人數大約占印度整體人口的2%,[1] 多數居住在旁遮普邦中。本文最重要的目的，在呈現旁遮普錫克

---

[1]　Tatla, Darshan Singh (1999). *The Sikh Diaspora: the search for statehood*, p. 11. London: UCL Press.

教信仰者社群認同意識的發展，尤其聚焦在十九至二十一世紀間，其宗教認同朝向公民意識與國族想像發展的過程。文章第一部分介紹錫克教的歷史背景，討論該信仰在旁遮普地區的起源、傳承與宗教社群發展，及其在英帝國時期逐漸發展出的，結合語言、文化、地域認同與政治身分意涵的社群意識。第二部分聚焦 1947 年印巴分治（又稱旁遮普大分裂）對旁遮普地區的影響，以及印度獨立後，錫克教社群面對「國家」治理逐漸具體化，如何在地方與中央權力分配的協商中，尋求自我宗教、語言及文化身分的位置；卡利斯坦運動（Khalistan movement）及其支持者在 1980 年代與印度政府產生的衝突，皆是在這個過程中的發展。最後，有鑒於散居在各國的錫克教離散社群，一直以來在錫克國族主義（Sikh Nationalism）的醞釀與發展中都居於重要影響位置，本文也特別探討了這個跨國網絡連結的脈絡與運作。

貳、錫克教的起源與社群發展：從宗教社群、地方王國到錫克認同作為一種政治身分

一、錫克教（Sikhism）的出現

錫克教（Sikhism）[2] 源自於十五世紀對印度教（Hinduism）與伊斯蘭信仰（Islam）的改革運動，其首位倡議者為 Nanak（1469-1539，也被尊稱為 Guru Nanak）。Nanak 認為印度教與伊斯蘭信仰的發展逐漸走向窄化與僵化，悖離了宗教作為一種生活哲學的精神，因此希望推動一個新的信仰形式，讓困在前兩者的信仰者，有不同的選擇。Nanak 反

---

2 「錫克」（Sikh）為學習者或門徒之意，源自於梵文的 *shishya*（門徒或學生之意），指的是追隨錫克教宗師（Guru）者。見Cheema, Iqtidar Karamat (2006). "Sikh Communal Consciousness and State Violence in India," p. 68, *Pakistan Horizon* 59(3): 67-82.

對種姓制度，強調人與人之間平等、自然的兄弟之情（brotherhood），他也反對偶像崇拜與多神信仰，強調神靈的一統性（the Unity of God/ the Oneness of God）。[3] 為了打破當時社會上不同種姓身分間隔離、階級化的關係，Nanak 還設立了公眾廚房（又稱 'langar' 或 'Community Kitchen'），強調任何人皆可進入一起共食。[4]

整體而言，Nanak 為錫克教奠定了幾個重要基礎，包括其所倡議的神的一統性、入世的修行生活、人群間不分種姓平等的友愛之情等，皆成為錫克教核心的生活哲學與教義精神。然而，也因錫克教出現於印度教及伊斯蘭信仰已在印度次大陸蓬勃發展的階段，其與兩者間分享的相似性（尤其與印度教），也在日後不斷引發信仰者間對於彼此傳承關係的辯論，如，部分印度教信仰者認為錫克教源自印度教，應歸屬於印度教傳統，然而，多數的錫克教徒反對這種說法，認為錫克教既非傳承於印度教，也與伊斯蘭信仰不同，具有自我獨特的教義知識與傳承系統。[5]

錫克教初期的發展，以宗師（Guru）傳承為基礎，自 Nanak 起接續傳承了九世。Nanak 之後的 9 個宗師，[6] 持續在其倡議的概念上進行

---

3 Sumaira Safdar, Fatima Riffat, Robina Shoeb, Anam Iftkhar (2018). "Reimagining Sikh Religion, Origin and Growth: An Overview," *Journal of Punjab University Historical Society*, Vol. No.31, Issue No.1, p. 223-233.

4 Safdar, Riffat, Shoeb, Iftkhar (2018), p. 227.

5 這樣的關係爭論，在十九世紀促使部分錫克教徒開始推動維持錫克信仰「純潔性」（pureness）的改革運動（Singh Sabha movement），也導致錫克教在印度獨立之初，不被認可為獨立的宗教教派，開啟錫克教領袖爭取平等宗教權的抗爭之路。

6 分別為Angad（1504-1552, Guru 1539-1552）、Amar Das（1479-1574, Guru 1552-1574）、Ram Das（1534-1581, Guru 1574-1581）、Arjun Dev（1563-1606, Guru 1581-1606）、Har Gobind（1595-1644, Guru 1606-1644）、Har Rai（1630-1661, Guru 1644-1661）、Har Krishan（1656-1664, Guru 1661-1664）、Tegh Bahadur（1621-1675, Guru 1665-1675），與Gobind Singh（1666-1708, Guru 1675-1708）。

詮釋與增補，逐漸完備錫克教今日的教義內涵，也逐步發展出更具組織性的制度規範。其中，第五世的宗師 Arjun Dev 展開了錫克教義典籍 Granth Sahib 的編纂工作，並在旁遮普的 Amritsar 城建立了名爲 Harmandir Sahib（又稱 Darbar Sahib）[7] 的謁師所（Gurdwara，錫克教徒敬拜的地方），該處後來成爲錫克教最重要的聖地，許多離散在各地的錫克教徒都會到此進行朝聖。

在上述幾個宗師的努力下，今日錫克教的教義典籍與組織制度大致發展完成。第 10 位宗師 Gobind Singh 爲了確保錫克教發展的純粹性，並避免錫克教徒受到其他宗教的迫害，於 1699 年組織了「卡爾薩」（Khalsa）團體，授與其作爲錫克教忠誠戰士的職責，[8] 除了必須實踐最嚴格的教義精神，也必須爲保衛錫克信仰而戰。這個由 Gobind Singh 建立的卡爾薩團體，以共同保衛錫克教的存續與「純粹性」爲核心，形成了一股強大的認同凝聚力，有學者將其稱爲卡爾薩認同或辛格認同（Khalsa Identity, Singh Identity）。[9] 這樣的凝聚意識，在十九世紀錫克教的改革中，成爲部分改革者用以強化錫克認同的基礎（即，以卡爾薩強調的嚴格宗教實踐及捍衛信仰的忠誠與戰士精神，作爲錫克教徒的圭臬，見本節第三部分的討論）。[10]

除了建立卡爾薩團體，Gobind Singh 也終止了宗師傳承的制度。他

---

[7] Harmandir Sahib 在後來陸續的改建與修整中，因外表鋪上金箔，也被稱為金廟（Golden Temple）。

[8] Gobind Singh 精心挑選對錫克信仰絕對忠誠、願意為其犧牲的成員，透過「甘露」（Amrit）儀式，授與他們作為錫克教忠誠戰士的「卡爾薩」身分與新姓氏「辛格」（Singh），象徵該團體成員平等、一致的身分，及致力保衛錫克教存續的精神。參考 Griffin, L. (1901). "The Sikhism and the Sikh," *North American Review*, Vol. 172, No. 531, p. 291-305.

[9] 見 Judge, Paramjit S. and Kaur, Manjit (2010). "The Politics of Sikh Identity: Understanding Religious Exclusion," *Sociological Bulletin*, Vol. 59, No. 3, p. 345-366.

[10] Judge and Kaur (2010).

認為典籍 Granth Sahib（也稱為 Adi Granth）的編纂已完成，內容涵蓋了錫克教的教義精髓與典範，因此指定該典籍為永恆的、也是最後一個教派宗師。[11] 這也是為什麼 Granth Sahib 被冠以宗師的頭銜，被錫克教徒稱為 Guru Granth Sahib。而今日錫克教徒在定義自我作為信仰者（Sikh）的意義時，也往往會指出，錫克教徒是信仰十大宗師及遵循典籍 Guru Granth Sahib 的學徒。[12]

二、從宗教社群到地方王國

1799 年，Maharaja Ranjit Singh 在旁遮普建立了錫克王國（也被稱為錫克帝國），並不斷向外收編周遭部族。這個王國的建立，讓旁遮普除了作為錫克教社群的宗教起源地，還產生了新的政治意義。在 Maharaja Ranjit Singh 的王國中，治理階級主要是一群錫克教的卡爾薩成員（Ranjit Singh 自身也是）。[13] 值得注意的是，雖然這個王國的建立者及統治階層皆為錫克教徒，但其治理範圍，還包含了穆斯林社群為大宗的 Jhelum 與 Multan 地區，以及印度教社群為主的區域。[14] Maharaja 於 1839 年過世，王位由其子繼承。1849 年，該王國的軍隊在 Chillianwala 戰役中被英軍擊敗，其領地被併入東印度公司，這個存在約半世紀的錫克王國也隨之結束。

英國勢力的進入，開啟了旁遮普地區接下來一個世紀與新帝國交手、建立關係的階段。在這個過程中，錫克教一方面經歷了諸多改革，發展出不同派系，另一方面，也逐步建立起自我社群在旁遮普地區的政

---

[11] Singh, Pashaura (2019). "How Avoiding the Religion-Politics Divide Plays out in Sikh Politics," p. 10-11. *Religion*, Vol. 10, Issue 5, p. 1-24.

[12] Murphy, Anne (2007). "History in the Sikh Past," *History and Theory*, Vol. 46, Issue 3, p. 345-365.

[13] Judge and Kaur (2010), p. 348.

[14] Cheema (2006), p. 69.

治位置。旁遮普這個地域性的指稱，即是在這個過程中，逐漸轉化爲具有宗教與政治雙重象徵意義的鄉土／故土（homeland）概念，成爲日後錫克教信仰者論述其社群歷史及爭取政治獨立時強調的起源認同。至於前述 Maharaja Ranjit Singh 的王國，則被視爲第一個由錫克教徒建立的政體，也成爲許多錫克教領袖論述社群輝煌的過去，及旁遮普作爲宗教與政治「聖地」的重要依據。

三、英帝國時期：錫克認同作為一種政治身分

旁遮普地區的錫克教社群在 1849 年錫克王國結束、英國勢力進入之後，與英帝國的關係經歷了不同時期的變化，在這個過程中，錫克教社群逐漸建立起自己在地方與帝國的政治關係與影響力。有學者將錫克教社群在英帝國治理下的發展，分爲三個階段，分別爲：服膺帝國（1849-1906）、反抗帝國（1906-1919），以及參與公共政治（1920-1947）三個階段。[15] 以下即以這三個階段探討錫克教社群及其認同在英治理時期的發展。

（一）服膺帝國階段（1849-1906）

在這個時期，英國極力拉攏錫克教社群，尤其卡爾薩團體中的成員，許多人被招攬進入英國軍隊，並隨著英國屬地的擴展，跨國遷徙至海外。而在宗教發展的部分，錫克教在該時期則經歷了幾次宗教改革，試圖重新確認宗教的教義與界限。其原因在於，面對基督教的傳入與印度教在旁遮普地區的擴展，許多錫克教徒開始轉向這些宗教，或是將印度教儀式納入日常生活的實踐中，導致了錫克教社群看似逐漸式微或朝向印度教化發展的現象，部分錫克教領導者爲此感到憂心，因而開啓了

---

15 見Judge, Paramjit S. (2005). *Religion, Identity and Nationhood: the Sikh Militant Movement*, p. 18-19. Jaipur: Rawat; Judge and Kaur (2010), p. 348-350.

1870 年代名爲 Singh Sabha 的改革運動（Singh Sabha Movement）。該運動將卡爾薩的精神進一步擴大（在錫克教眾多的團體與派系中，卡爾薩常被認爲最能代表錫克教精神的「眞的錫克教徒」[16]），以建立一個由錫克教徒組成的社會爲目標，強調實踐一個嚴格、純粹的錫克教認同。除了宣揚教義典籍閱讀與儀式實踐的重要性，爲了讓錫克教認同深植於下一代，該運動的組織者也極力主張透過教育（如：建立學校）教授錫克教重要經典與日常儀禮。這個改革運動極力撇除錫克教與印度教的關係，強化了錫克教作爲一個具有清楚區辨性的宗教社群的意義，而其所倡議的建立一個「錫克教社會」的論述，也爲錫克教認同從宗教實踐轉向公共生活的身分實踐，帶來了新的可能性。除此，這個以卡爾薩精神爲基礎的錫克認同論述，也重新詮釋了錫克教在旁遮普的發展，強化其社群歷史在該地區的政治意義，並在日後發展成爲錫克國族主義倡議的基礎。[17]

（二）反抗帝國階段（1906-1919）

宗教改革爲錫克教社群帶來的新的身分意識，在英治時期的第二階段（1906-1919），透過對英國殖民者的反抗運動，進一步增強。包括如 1906 年錫克教農人向英國治理者展開的抗爭（Canal Colonies in 1906），以及第一次世界大戰所引發的印度各社群領導者跨國串連的反抗運動等（the Ghadar Movement），都促使英國治理下的人群對於自我在帝國中的位置，有了新的身分自覺，如，甘地從南非開始鼓吹的印度自覺與獨立運動。錫克教社群也是在這樣的脈絡與過程中，開始對自我

---

16 Shani, Giorgio (2000). "the Construction of a Sikh National Identity," *South Asia Research*, Vol. 20, Issue 1, p. 3-18; Opinderjit K. T. (2005). *Sikh Identity: An Exploration of Groups among Sikhs*. England: Ashgate Publishing Limited.

17 Judge and Kaur (2010).

的身分認同與社群權利，有了新的認知與概念。[18]

（三）參與公共政治階段（1920-1947）

在第三個階段，錫克教社群中不但出現了更具組織性的管理制度，也開始更積極參與公共政治。自 1920 年起，名為「阿卡利運動」（Akali Movement）的改革在錫克教社群中出現，領導者以卡爾薩團體的成員為主，除了創立管理所有錫克教謁師所的「錫克教最高謁師所管理委員會」（Shiromani Gurdwara Prabandhak Committee, SGPC），還組織了阿卡利黨（Shiromani Akali Dal, SAD）。[19] SGPC 與阿卡利黨的成立，讓卡爾薩團體的影響力從宗教場域進一步結合政治力量，奠定了該團體在錫克教社群中更具組織性的網絡擴張。這兩個由卡爾薩成員主導的組織，也在印度獨立後，持續成為錫克認同論述的核心，並推動錫克國族主義的內涵與主張。

在這個階段，英國除引入少數族群的《席次保障法》（Communal Award 1932），保障少數社群在公共行政職的位置，也在 1935 年通過的《印度政府法》（Government of India Act 1935）中，賦予這些社群在地方國會中的席次保障。錫克教社群在這幾個法案中，與穆斯林社群、印度基督教社群、歐洲人等並列，成為政治參與權上具有身分區別意義的類屬。[20] 這個政治環境的改變，加上「阿卡利運動」所倡議的錫

---

18 參考Judge (2005), p. 18-19; Judge and Kaur (2010), p. 348-350; Shani, Giorgio (2002). "the Territorialization of Identity: Sikh Nationalism in the Diaspora," *Studies in Ethnicity and Nationalism*, Vol. 2, No.1, p. 11-19.

19 阿卡利黨（Shiromani Akali Dal, SAD）於1920年12月成立。更多關於該黨發展的討論，可見Singh, Pritam. (2014). "Class, nation and religion: Changing nature of Akali Dal politics in Punjab, India," *Commonwealth & Comparative Politics*, Vol. 51, No. 1, p. 55-77.

20 Baqai, Farah Gul (2010). "British Rule in Punjab: 1849-1947," *Pakistan Journal of History and Culture* 31, No. 2, p. 109-131; Judge (2005), p. 18-19; Judge and Kaur (2010),

克教社群的政治主體性，讓錫克認同從以往作爲文化生活實踐的宗教社群意識，進一步走向公共領域中具有政治實踐意義的身分識別。

參、印巴獨立、旁遮普衝突與錫克國族主義運動的崛起

一、1947年印巴分治與旁遮普大分裂

1947 年 7 月 15 日，英國國會通過《印度獨立法》（Indian Independent Act 1947），法案除了提及一個月後（1947 年 8 月 15 日），英方將終止對印度的治理，也確認原英屬印度（British Raj/ British India）將被分爲印度與巴基斯坦兩個國家。巴基斯坦與印度於是分別在 1947 年 8 月 14 日與 15 日宣布獨立，該事件也被稱爲「印巴分治」（the Partition of British India），其所引發的大規模人群的遷徙（穆斯林、印度與錫克教社群逃亡式的遷移），以及不斷產生的國界爭議，直到今日，都還是印度、巴基斯坦與孟加拉（原東巴基斯坦）及其鄰國們持續面對的議題。

在印、巴分治的推展中，領土的劃分與人群歸屬成爲雙方（以及英方）討論、爭議的焦點，尤其是在國界即將劃定的邊境省分，包括今日印度的西北與東北地區。在這兩個地區，原英屬省分中穆斯林社群占多數者，幾乎都希望加入巴基斯坦，印度教社群比例較高的省分，則多數支持加入印度。然而，在影響國界劃分最重要的兩個省—英屬旁遮普（British Punjab，或 Punjab Province）與孟加拉省（Bengal Province），則因境內各宗教社群的勢力相當（兩省境內的穆斯林社群占約半數），無法透過絕對多數做成決議，而面臨歸屬上的爭議。[21]

---

p. 348-350.

[21] 除了旁遮普地區的分治，原英屬孟加拉省，也在印、巴的獨立中被切開爲西孟加

在這場國界劃分的爭議中，巴基斯坦、印度雙方的領導者與英方代表對於英屬旁遮普要劃入誰的領土、是否分割，以及如何分割，有多次討論。印、巴雙方爭執不斷，也分別與旁遮普地區人數皆不可小覷的各宗教社群代表展開協商，其中，穆斯林社群因擔心在獨立後的印度被邊緣化，多數支持加入巴基斯坦，信仰印度教者則希望加入印度，錫克教社群因此成為印、巴兩方極力拉攏的對象。[22] 最後，當時主導印度獨立的印度國民大會黨（Indian National Congress，簡稱 INC，或稱 the Congress，中文則常簡稱「國大黨」），承諾錫克教領袖在印度獨立後，可保有其宗教文化的自主性，並承諾給予其一定的政治空間（參與新印度的國家打造），這使錫克教社群在最後關頭同意加入印度，[23] 也確定了英屬旁遮普一分為二的命運。

在 1947 年通過的《印度獨立法》中，敘明英屬旁遮普省將同時被分為兩部分：西旁遮普省（West Punjab）併入巴基斯坦（日後更名為旁遮普省），東旁遮普省（East Punjab）則成為印度領土（於 1950 年更名為旁遮普邦）。值得注意的是，在這一場領土分治的討論中，印、巴與英方代表對於領土劃分的細節雖然有提出各種方案，包括是否以原英屬的省分為單位進行劃分，在面臨分割的旁遮普與孟加拉省，是否應以較小的地區（districts）為劃分單位，又或者，是否應以「平分」方式從中間畫一條線分割兩省等之討論，但一直無法達成共識。然而，即使有諸多爭議，領土分治的決定依然快速被推進，最後，這條在日後持續

拉與東孟加拉兩部分，分別劃入印度與巴基斯坦。東孟加拉於1971年脫離巴基斯坦獨立，成為孟加拉共和國。

[22] 在這段時間，亦有部分錫克教菁英主張在印度、巴基斯坦之外，建立一個以錫克教為主體的國家——卡利斯坦，但因錫克教社群在多數地區（districts）皆不具有絕對多數的優勢，而無法有效凝聚其支持力量。參考Judge (2005); Judge and Kaur (2010), p. 349; Jetly (2008), p. 62.

[23] Tatla (1999); Judge and Kaur (2010).

宗教、族群與國家：印度錫克教徒的認同政治與跨國離散

引發邊界爭議的「雷德克里夫線」（Radcliffe Line），在短時間內於地圖上被劃定，並於 1947 年 8 月 17 日公告。

這場兩國獨立的事件導致了當時原居於旁遮普地區的穆斯林社群及印度教與錫克教信仰者，面臨居住地被一分為二，以及該如何選擇「國家」的新課題。尤其，居住在國界線上或周邊區域的人群，更是直接面對原生活圈被硬生生切開成為兩個國家的命運。

印巴分治的前後，東、西旁遮普與東、西孟加拉省，都發生了大規模的宗教衝突及其引發的針對「異教」人群的屠殺與報復。在落入巴基斯坦的西旁遮普地區，印度教與錫克教徒成為殺戮與暴力的對象，在東旁遮普，穆斯林社群則成為被攻擊、屠殺的目標。這些高強度的衝突與相互殺戮，伴隨著大規模人群跨越「國界」的逃亡；[24] 在旁遮普地區，穆斯林社群紛紛向西湧入巴基斯坦境內，同樣的，不願意在巴基斯坦治理下成為邊緣社群的印度教與錫克教信仰者（高達四百萬人[25]），則向東移入印度境內。

這一場因兩個國家的領土劃分，在東、西旁遮普省造成的人群恐慌、無數人在自己土地上的流離失所，以及遷徙過程中遭遇的宗教衝突與暴力，[26] 對許多旁遮普人來說，這一場「旁遮普大分裂」，比起兩個國家的誕生，更深刻地撕裂、影響著他們的生活與生命。錫克教社群在這個過程中所遭受的影響，尤其不亞於穆斯林與印度教社群。「雷德克里夫線」在旁遮普劃經的區域，許多都是錫克教社群生活的村落，這些地區除了面臨宗教圈與親族聚落被劃入不同國家的命運，落入巴基斯坦

---

[24] 見Ghosh, Partha S. (2016). *Migrants, Refugees and the Stateless in South Asia*. New Delhi: Sage Publications; Ahmed, Ishtiaq (2011). *The Punjab Bloodied, Partitioned and Cleansed: Unravelling the 1947 Trafedy through Secret British Reports and First-Person Accounts*. New Delhi: Rupa.

[25] 見Cheema (2006).

[26] 見Ghosh (2016)、Ahmed (2011)等對該事件前後過程的描述。

境內的錫克教信仰者，也因擔心遭到穆斯林社群的報復（或已面臨生存威脅與衝突），以及不想成為以宗教立國的巴基斯坦國家中的少數宗教社群，向國界的另一邊展開逃亡與遷徙。

然而，遷移後，移居者在新的地方不但必須面對新的地方族群生態與政治情勢，也同時被捲入兩個新政體「國家打造」（state-making）的過程，其宗教、族群與社會身分，甚至舊有的地方主體性與意識形態，都在這個過程中面臨新的治理制度與關係論述。對於居住或遷徙到印屬旁遮普地區的錫克教人群而言，雖然其人數比例在「大分裂」後稍微升高，許多錫克教領袖也陸續出任印度政府單位的要職，但面對印度教社群的優勢及中央政府亟欲整合境內地方與社群差異的政策，錫克教旁遮普社群（Punjabi Sikhs）的宗教與族群身分，如何在新國家的治理框架中，維持其實踐的空間及主體性，成為其在新印度面臨的挑戰。

二、新印度的「國家打造」與旁遮普語邦訴求運動

印度在 1947 年獨立後，於 1950 年公布新憲法（即《印度憲法》，*Constitution of India*），該憲法定義了國家體制的基本構造與各部門之權利、義務及彼此間的關係[27]。以該憲法為基礎，印度進入了現代國家打造的階段。在這個過程中，英治時期聯邦體制中的各地方行政體，面對中央政府打造「新印度」的想像及由此發展出的諸多政策，舊有的地方意識與內部既有的族群、宗教社群等，對於各自在新國家的文化、社會、政治與經濟角色，也展開了一連串資源競爭及關係協商的過程。換句話說，這是一個國家與境內各社群（communities）同時在尋求自我身分認同意義的過程，顯現在各種的衝突、訴求運動，以及制度、政策

---

[27] 關於印度國家體制更詳細的描述，亦可見石忠山之文章〈當代印度憲政體制〉（收錄於《臺灣國際研究季刊》2(4): 1-30。

的協商中。[28] 這個過程造成行政體制的多次修正與新邦屬（State）持續的產生，呈現出各地方與社群對自我在政治、社會、經濟與宗教文化中的角色定位與認知，持續發展的過程，以及彼此間權力與資源競爭的關係變化。

根據 1950 年 1 月 26 日公布的《印度憲法》，印度為聯邦制國家（a Union of States），包含 A、B、C、D 類型的邦群（States，由邦政府管轄）與聯邦屬地（Union Territory，亦稱為聯邦直轄區，由聯邦政府直接管轄）。在這個憲法中，原英屬旁遮普（分治後的東旁遮普），改名為旁遮普邦，屬於 A 類邦群，而在原來英屬旁遮普地區及其周邊的 8 個土邦（Princely State），則於此時合併為「帕提亞拉與東旁遮普聯合邦」（Patiala and East Punjab States Union, PEPSU），歸屬於 B 類邦群。

值得注意的是，此時（1950 年）的邦屬劃分，大部分仍承襲自英屬時期，這個舊的劃分框架早在英屬治理的後期，就遭受到許多挑戰，許多內含多語言群體的地區（包含印度南部多個省分），長期以來不斷爭取依照語言界線進行行政區的重新劃分。印度獨立讓許多區域看到了調整邦群界線的曙光，許多地區發起以地方多數社群的語言調整邦屬界線或以此為邦政府官方語的訴求。在旁遮普邦，則是面臨了旁遮普語不被認可的狀況（印度政府將其視為北印度語的多種方言之一），也因此，阿卡利黨（SAD）於 1955 年，在 Tara Singh 的領導下，發起第一場語言訴求運動，要求印度政府給予旁遮普語獨立的語言位置，並以此作為旁遮普邦的官方語。[29]

面對各地發起的語言認同及以語群作為邦屬劃分的訴求運動，印度政府於 1956 年公布《邦屬重組法》（*State Reorganization Act*），該

---

[28] Das, Veena (2018). *Critical Events: an Anthropological Perspective on Contemporary India*. Oxford: Oxford University Press.

[29] Tatla (1999), p. 23; Kokab and Sandhu (2013), p. 43-44; Singh (2014), p. 59-60.

法聲稱將依照「語言界線」對舊有邦屬與聯邦屬地進行重組，許多新的邦屬因此產生，《印度憲法》也據此進行修改。然而，《邦屬重組法》並沒有回應阿卡利黨建立一個「旁遮普語邦」的訴求，而是將「帕提亞拉與東旁遮普聯合邦」（PEPSU）併入旁遮普邦，大幅稀釋了旁遮普社群在該邦中的比例。不同於許多新的邦屬具有清楚的語言界線，新的旁遮普邦在所轄土地與人群大幅增加下，則是面對更為紛雜的語群、族群與宗教社群關係，除了信仰印度教的社群比例增加（以南部為大宗，多數由 PEPSU 併入），還包括了北部、東北部山區不同語言、族群與文化身分的許多社群，印度政府也據此聲稱該邦應以印地語（Hindi）作為官方語。由阿卡利黨所領導的「旁遮普語邦運動」（Punjabi Suba Movement），面對這個新的情勢，訴求的處境更加艱難。

在多次協商無解後，1960-1961 年間，阿卡利黨發起第二場訴求運動。然而，這個訴求運動遭到旁遮普邦中印度教徒的反對（說旁遮語的印度教徒），他們認為阿卡利黨的訴求是將旁遮普語與錫克教認同綁在一起，以此追尋一個政治上獨立的錫克教國家。與此同時，旁遮普社群中的印度教信仰者，結合邦中其他印地語方言的社群，也展開了希望併入周邊以印度教徒為主要人群之邦屬的訴求運動。

阿卡利黨在第二次的訴求運動失敗後，Fateh Singh 成為新的領袖，他修正了原先的訴求，淡化宗教（錫克教）在其中的色彩，更強調旁遮普語作為邦內多數人共享的語言文化認同，[30] 訴求建立一個以旁遮普語為界、旁遮普認同為主（而非獨尊錫克教）的邦屬。這個訴求也清楚說明了印度作為旁遮普社群的母國（motherland）、旁遮普作為其起源之地／原鄉（homeland）的區別，以此呈現該運動並非追求政治上的獨立，而是尋求旁遮普語群獲得官方認可的地位。

阿卡利黨的這個新的訴求在 1965 年獲得了比以往更多的支持，印

---

[30] Singh (2014), p. 59-60.

度政府於 1966 年，終於認可旁遮普語異於印地語（Hindi）的獨立位置，並於同年通過《旁遮普重組法》（*Punjab Reorganisation Act*），同意以語群重組該邦，[31] 將南部以印地語方言爲主的語群自原旁遮普邦分出，成立哈亞那邦（Haryana），東北部山區則併入喜馬偕爾（Himachal Pradesh，該地區在 1956 年的《邦屬重組法》中，成爲聯邦屬地，直至 1971 年才重新獲得邦屬的位置）。居於新的旁遮普邦與哈亞那邦交界的城市昌迪加爾（Chandigarh），則成爲聯邦屬地，作爲兩邦共同的首府，由中央政府直接管理。極力強調維護旁遮普認同的阿卡利黨與印度政府的關係，雖然暫時趨於緩和，但對於《旁遮普重組法》的實施，該黨並不滿意，並開始新一波的訴求，希望哈亞那邦中旁遮普語群爲主的區域（多數爲印度教信仰者）與昌迪加爾城能併入旁遮普邦。[32]

綜觀上述，分治後的東旁遮普，經歷了多次邦界限的重組，呈現出該地區的語言、文化與宗教社群彼此間及與「國家」間不斷磨合、協商的關係變化。這個在 1966 年看似取得平衡與共識的關係，不久又遭遇另一波挑戰。訴求建立一個獨立錫克教國家的卡利斯坦運動（Khalistan Movement），自 1970 年代起開始在海外離散的錫克社群中擴散，並積極在印度建立盟友、擴展網絡，鼓勵以攻擊行動作爲反抗手段，這也使得錫克教社群與印度政府的關係再次趨於緊張，並在 1984 年發展爲劇烈的直接衝突。

---

[31] Tatla (1999), p. 23-24.

[32] Jetly, Rajshree (2008). "The Khalistan Movement in India: the Interplay of Politics and State Power," *International Review of Modern Sociology*, Vol.34, No.1, p. 62.

三、卡利斯坦運動與1984年的衝突事件

1972 年，具有濃厚宗教色彩、自詡為錫克社群代表的阿卡利黨，在旁遮普的地方選舉中失利，由國大黨（INC）取得過半數席次。[33] 這場失敗使阿卡利黨決心重新強調錫克社群與旁遮普不可分割的連結關係（即，旁遮普作為錫克教的「原鄉」，是屬於錫克信仰者的），並以此為基礎，訴求爭取旁遮普邦更大的自治權以及錫克教社群更多的生活保障。1973 年，阿卡利黨通過新的政黨訴求方針（Anandpur Sahib Resolution 1973），內容提出憲法應給予邦政府更大的自治權（中央政府則保留國防、貨幣與外交事務權），也強調將爭取讓錫克教社群在（旁遮普）邦政府行政體系中擁有更大的主導權。[34] 值得注意的是，阿卡利黨並不是第一個也不是唯一向中央爭取更多地方自治權的政黨，印度在獨立後就不斷面臨著邦與中央政府權力如何劃分的問題，不少團體與政黨都在極力爭取限縮中央政府的治理權，遊說其下放更多權力給各邦政府。[35]

當印度國內的錫克政黨（阿卡利黨）比以往更積極強調錫克教社群在旁遮普邦與印度社會不可被忽視的位置時，由旅居海外的錫克教成員發起的「卡利斯坦運動」，也在七〇年代逐漸茁壯。1970 年，Jagjit Singh Chohen 與 Davinder Singh Parmar 於英國倫敦發起該運動，[36] 訴求在

---

[33] 阿卡利黨最主要的支持者為擁有農地的賈德（Jat）種姓社群與部分都市中的錫克信仰者，國大黨則擁有來自於印度教社群與錫克社群中非地主階級者的支持，參考 Jetly (2008), p. 63.

[34] Kokab, Rizwan Ullah and Sandhu, Akhtar Hussain (2013). "Separatist Movement in East Punjab: Factors of Failure," *Pakistan Journal of History and Culture*, Vol.XXXIV, No.1, p. 41-62.

[35] Brass, Paul R. (1990). *The Politics of India since Independence*, p. 63. Cambridge: Cambridge University Press.

[36] 「卡利斯坦運動」是在 Jagjit Singh Chohen 與 Davinder Singh Parmar 的主導下，才開

錫克教起源的旁遮普地區，建立名爲「卡利斯坦」的錫克教國家。兩人除了尋求巴基斯坦的支持、試圖建立雙邊伙伴關係，並開始向印度境內宣傳卡利斯坦的主張。

在旁遮普邦，阿卡利黨與印度國大黨則持續競逐彼此在選民與邦政府的影響力。國大黨爲削弱阿卡利黨的力量，在 1978 年 SGPC（錫克教最高謁師所管理委員會）的選舉中，支持由錫克激進派領袖 Jarnail Singh Bhindranwale 支持的候選人，希望以此制衡阿卡利黨的影響力。Bhindranwale 也在 1980 年的選舉中，表態支持國大黨的候選人。然而，隨著聲勢高漲，身爲錫克教「卡爾薩」一員的 Bhindranwale，開始壯大自己的武裝力量，並向阿卡利黨靠攏。

Bhindranwale 在 1981 年成爲卡利斯坦運動的主要領導者，隨即於 1982 年，聯合阿卡利黨展開「爲正義而戰」的 Dharam Yudh Morcha 運動，主張以阿卡利黨的政黨訴求（於 1978 年公告的訴求方針 Anandpur Sahib Resolution[37]）爲目標，共同向印度政府展開抗爭。[38] Bhindranwale 在同年率其武裝軍團進駐 Darbar Sahib 謁師所（也稱「金廟」），以此爲基地，持續招募支持者。

隨著阿拉利黨與印度政府的協商破裂，Bhindranwale 領導的武裝團體也開始在各地製造攻擊與暗殺事件。1984 年 6 月 3 日，由總理 Indira Gandhi（屬於印度國大黨）領導的印度政府，發起「藍星行動」（Op-

---

始產生較有組織規模的發展，然而，如本文所述，建立一個屬於錫克教信仰者的「卡利斯坦國」這個想法，其實早在英治時期，尤其在1940年代初期，當巴基斯坦與印度分治的議題開始浮現、甚至逐漸付諸實行的時候，就已經在錫克教領導階層（多為阿卡利黨成員）中被提出討論（見註釋6）。

[37] 其內容與1973年通過的訴求大致相同，除主張尋求旁遮普邦更大的自治權、保障錫克教社群的文化與宗教權，亦要求將昌迪加爾以及哈瓦那邦的旁遮普語區併入旁遮普邦。

[38] Kokab and Sandhu (2013), p. 48; Jetly (2008), p. 64.

eration Blue Star），以掃蕩占據神聖謁師所的「恐怖分子」及卸除其武器爲名，下令軍隊攻入 Darbar Sahib 以及旁遮普邦的多個謁師所，許多人遭到逮捕。[39] Bhindranwale 及其手下在 Darbar Sahib 與印度軍隊展開三天激戰，因拒絕投降，最後皆遭到擊斃。這場被部分錫克教信仰者形容爲印度政府「血洗」錫克聖地的行動，點燃許多卡利斯坦運動支持者的怒火，同年 10 月 31 日，印度總理 Indira Gandhi（英迪拉‧甘地）即遭到信仰錫克教的隨身護衛刺殺身亡。

　　Indira Gandhi 遭刺殺身亡的事件，把錫克教社群與印度教信仰者及印度社會的緊張關係推向高峰，許多印度教徒與 Indira Gandhi 的支持者在各地展開對錫克教徒的無差別報復與屠殺，導致了大規模的死傷，許多錫克教信仰者更因此逃亡海外。1988 年，印度政府又一次對 Darbar Sahib 進行突襲，掃蕩被其稱爲「分離主義者」或「恐怖分子」的錫克教徒，旁遮普邦也幾乎全面進入由聯邦軍隊控制的戒嚴狀態。[40] 印度政府並爲此通過多項法案，希望有效控制境內錫克「分離主義運動」（Secessionist Movement）的發展，並切斷其與海外卡利斯坦運動支持者的往來。[41]

　　總結而言，卡利斯坦運動於 1970 年代崛起，在 1984 年的衝突後，持續發展，直到 1990 年代，其影響力才逐漸下降（卡利斯坦運動支持者在 1992 年的國家與地方選舉中失利[42]）。值得注意的是，印度境外的錫克教社群不但是卡利斯坦運動的主要推手，也是錫克國族主義（Sikh Nationalism）醞釀與發展的重要力量，直至今日，相關的組織與社群，仍然持續在爲錫克社群作爲一個「國族」（nation）的共同體想像，提

39　Tatla (1999), p. 1. Singh (2014), p. 63.

40　Tatla (1999), p. 29.

41　Tatla (1999), p. 29.; Singh (2014), p. 63-65.

42　阿卡利黨則於1997年的選舉重新取得勝利，見Singh (2014), p. 65.

供論述與實踐的資源。本文在下一節，將檢視這個跨國網絡形成的脈絡與運作。

肆、離散的錫克教社群與跨國國族主義

今日分散在各國的旁遮普錫克教信仰者人數眾多，分布的國家以英國、加拿大與美國為主，有文獻統計其人數約在一百萬左右。[43] 他們是在好幾波的人群移動中逐漸形成的，除了有發生在不同歷史時期的大規模遷移，也有許許多多由個人組成的移動。[44] 這個漫長的移動過程，可大分為殖民（英治時期）與後殖民時期，也有研究者將其細分為英治時期、印度獨立後至 1984 年前，以及 1984 年後。[45] 在這些不同階段，錫克教移動者的遷移動機、過程及組成身分都有所差異。

第一波錫克教人群較大規模的跨域移動是在英治時期（二十世紀前半時期），許多錫克教信仰者因被招募成為帝國下的官員、士兵、警察或勞動工作者，前往英國或是英國屬地。[46] 第二波較顯著的人群移動，發生在印度獨立後，尤其是在 1960 至 1984 年間；在這段期間，印度政府積極鼓勵（並選送）年輕科學家與各領域專業人員至海外研習，不少人因此定居海外。這些知識菁英，許多都成為所在國家錫克教社群的領導者，並積極投入社團組織的運作與跨國連結。[47] 在 1960s-1970s 年

---

[43] 見Dhillon, Simrat (2007). "The Sikh Diaspora and the Quest for Khalistan: A Search for Statehood or for Self-preservation?" Institute of Peace and Conflict Studies (IPCS).

[44] Tatla (1999).

[45] Simrat (2007).

[46] 許多在英國軍隊中服務的錫克教士兵，陸續定居於加拿大、英國與美國，成為最早移居海外的錫克教信仰者。見Purewal, Shinder (2011). "Sikh Diaspora and the Movement for Khalistan," *the Indian Journal of Political Science*, Vol. 72, No. 4, p. 1131 (1131-1142).

[47] Dhillon (2007), p. 5-6.

間，這些居住於印度次大陸以外的錫克教人群，成為一股推動錫克離散認同與國族意識的重要力量，並透過跨國網絡的運作，與印度境內的錫克社群（尤其以「錫克教最高謁師所管理委員會」及阿卡利黨的成員為主），發展出密切的連結與互動。這讓錫克認同在宗教、語言文化及地域之外，亦逐漸發展出以國族為概念的根源論述、共同體想像與離散經驗。[48]

最後，較近的一波錫克教信仰者從印度向外的移動，則是發生在1984年印度政府的「藍星行動」後，此時的移動者包括了積極支持卡利斯坦運動者，以及許多為逃避印度社會對錫克教信仰者打壓與迫害者，多數是透過政治難民的身分，向英、美等國申請庇護。直至今天，雖然印度境內的卡利斯坦運動逐漸式微，旁遮普錫克社群與印度政府的關係也逐漸平穩，但這些大量散居於不同國家的錫克教信仰者，仍然是錫克離散認同與國族意識持續發展的重要力量，尤其，透過社團組織的運作、學術研究論著與跨國網絡連結，「國族」的歷史與離散的故事，不斷為海外旁遮普錫克社群的共同體想像與認同維繫提供論述材料與實踐基礎。

伍、結語

本文呈現印度次大陸的旁遮普錫克教信仰者，其社群意識如何從早期的宗教群體，到1947年印巴分治前後，形成訴求政治參與權的公民概念，並隨著印度獨立後的國家打造，在爭取自我語言及宗教文化權的過程中，進一步發展出國族的共同體概念與國家訴求。

關於錫克國族主義論述的起源，大多數的學者都同意，雖然1947年印巴分治前後的時期，是其較具體成形的階段（與印度國族主義的發

---

[48] Dhillon (2007), p. 5-6.

展相互關聯），然而，旁遮普錫克人（Punjabi Sikhs）作為一個具有政治意涵的共同體概念，早在英治時期即開始醞釀。如本文前節所述，1870 年代的 Singh Sabha Movement 改革運動，不但試圖強化錫克與其他宗教的區辨性，也積極發展錫克社群根植於旁遮普、作為一個原生團體的歷史與文化論述。以這樣的論述為基礎，從英治晚期到印度獨立後，錫克教社群中以阿卡利黨成員為主的宗教與政治菁英，即不斷有人提出旁遮普錫克教人應被視為一個國族的概念，使其避免在國家分類下併入其他宗教或族群。[49]

隨著 1970 年代自海外崛起的卡利斯坦運動，旁遮普錫克教社群作為一個獨特的文化、社會與政治共同體的論述，持續在阿卡利黨等宗教與政治菁英中發展，並試圖以此重新定義其在印度半島宗教與政治情勢中的重要性。雖然卡利斯坦運動在 1990 年代後，在印度境內的發展逐漸式微，但旁遮普錫克社群持續在印度的國家體制下，協商其宗教、語言與文化身分在社會與政治場域的位置。

總結而言，旁遮普錫克人（Punjabi Sikhs）這個具有宗教文化共同體及政治行動意義的社群認同，隨著不同時期該社群在地方（旁遮普地區）與國家的位置及兩者關係的變化，以及海外錫克社團組織的發展、錫克研究者的著述論著等，形成了今日多重面向與意義的錫克認同：包括了以宗教認同作為邊界的社群概念，作為具有文化、社會與政治共同體意義的族群或國族共同體，以及強調旁遮普地區作為社群源起與原鄉的地域及離散認同。[50]

---

[49] Tatla (1999), p. 11-12.

[50] 參考見Judge and Kaur (2010), p92-94; Shani, Giorgio (2002). "the Territorialization of Identity: Sikh Nationalism in the Diaspora," *Studies in Ethnicity and Nationalism*, Vol. 2, No.1, p. 11-19.

第五篇

東南亞篇

Chapter *10*

緬甸克欽族的族群衝突與管理

（1994-2015）

施欣妤*、孫采薇**

* 政治大學政治學系碩士
** 政治大學東亞所副教授

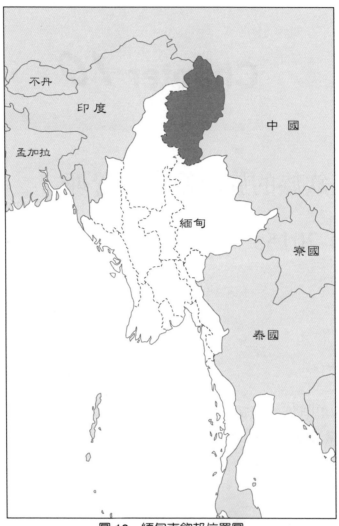

圖 10　緬甸克欽邦位置圖

壹、前言

　　緬甸是全球族群衝突時間持續最久的國家之一，從獨立前到現今超過七十年的時間，國內始終存在族群衝突的問題。在緬甸總人口約 5,500 萬人中，包含七成左右的「緬族」（Bamar），其餘則是分布在全國二分之一以上地區的少數族群。緬甸官方承認的少數族群共有135 個，其中包含在七個邦（State）[1] 占相對多數的七大少數族群：撣族（Shan）、克倫族（Karen 或 Kayin）、若開族（又稱阿拉干族，Rakhine 或 Arakan）、孟族（Mon）、克欽族（Kachin）、欽族（Chin）與克耶族（又稱克倫尼族，Kayah 或 Kareni）。

　　本文聚焦的克欽族為緬甸的第六大族群，主要分布在緬甸北部的克欽邦，邊境與中國領土接壤。克欽邦人口共有約 130 萬人，占緬甸總人口數約 2.5%，其中約 50 萬是克欽族人；另外在撣邦北部還有約 17 萬5 千克欽族人，曼德勒省有 3 萬多人，在中緬邊界的半自治區亦有約 12萬克欽人。

　　由於殖民歷史的影響，克欽族的基督教人口比例甚高。根據 2014年的普查，全國有將近 90% 人口信仰佛教，基督教人口僅約 6.3%；然而，相較於其他各邦的基督教人口僅占 0.5-9.8%，克欽邦的基督教人口卻占 34%，僅次於欽邦的 85% 與克耶邦的 46%，為基督教人口第三多的邦。[2]

　　本文主要討論的群體，是位於克欽邦北部的克欽族人，並以「克

---

[1]　緬甸全國地理行政區的劃分，包括少數族群所在地區的7個邦（state），緬族人口集中的伊洛瓦底江中下游地區則分7省（region），以及1個聯邦區（union territory），5個自治區（self-administered zone）與1個自治邦（self-administered division）。

[2]　The Republic of the Union of Myanmar. 2015. "The 2014 Myanmar Population and Housing Census." The Union Report, Census Report Volume 2.

欽獨立組織」（Kachin Independence Organization, KIO）爲最大的武裝反抗團體。本文重點在探討克欽獨立組織與中央政府之間的衝突對立關係，而試圖回答兩個問題：克欽獨立組織與緬甸政府的衝突關係變化軌跡爲何？緬甸政府對於克欽獨立組織與克欽族的衝突管理策略以及政策變化又爲何？

在研究範圍與主要論點方面，本文將時間軸聚焦於 1994 年克欽獨立組織與軍政府簽訂雙邊停火協議後，至 2015 年登盛（Thein Sein）政府任期結束爲止。本文認爲這段期間是克欽族與緬甸政府關係演變最劇烈的時期，雙方各自基於不同的理由與因素，產生不同的互動以及產出決策，其中「停火協議」是一個重要的制度性成果，但是這個協議產生的過程以及最後的失效，包含各方領導人的態度、緬甸政府對於少數族群天然資源的控制、以及鄰國的壓力等，都是很重要的影響變數，而本文將以層次分析法對此作有系統的解析。

在章節安排上，以下將先對緬甸自殖民時期至 1990 年代的政治演進與族群關係做簡單的介紹；第三節將從克欽獨立組織的視角切入，回顧其 1994 年與軍政府簽訂雙邊停火協議、至 2011 年協議破裂衝突再起、乃至登盛政府期間嘗試簽訂全國性停火協議的數次轉折；第四節則將以層次分析法，整理國際、國家、與地方三層次的因素變化，是如何影響克欽獨立組織與緬甸政府的關係，以及造成緬甸政府族群管理政策的演變。最後，本文將藉由對於 2016 年以降、翁山蘇姬所領導的全國民主聯盟（National League for Democracy, NLD）政府對於少數族群數次談判的觀察，一窺緬甸族群關係的未來。

貳、1990年代以前的緬甸族群政治

1826 年第一次英緬戰爭後，英國逐步殖民緬甸，統治期間實施「分而治之政策」，將緬甸分成上、下緬甸治理，對於緬族本部採取較爲嚴

格的控制，對於邊境地區，則為了資源利益以及分散不同民族反對力量的考量，與地方領袖合作，讓原有的社會制度與律法稅收等，都讓地方自行管理，同時也加速基督教在少數族群間的傳播。此外，由於英國將少數族群視為「尚武種族」，相較於緬族，殖民政府較願意信任少數族群，而將克欽族與克倫族等納入警察系統與正規軍中，在第二次世界大戰期間協助英國，對抗入侵的日本軍以及與日軍合作的緬軍，但同時埋下日後族群衝突的引線。[3]

　　1945 年日本投降後，翁山蘇姬之父翁山將軍前往印度會見英國當局，協商緬甸獨立事宜。為了爭取緬甸獨立，翁山與少數族群合作，並在 1947 年 2 月與克欽族、克倫族、以及撣族等部分少數族群代表，於撣邦彬龍簽署《彬龍協議》（*Panglong Agreement*），以對少數族群公民權及各項在地方特權的保障，換取各少數族群的合作，以向英國殖民政府爭取獨立並建立統一的緬甸聯邦。但等不到協議實現，翁山等緬甸政治菁英遭逢暗殺身亡，翁山所言：「若緬族人拿到一塊錢，那你們也可以得到一塊錢」的和平精神也成為絕響。[4]

　　翁山死後，由努（U Nu）重新組織內閣，緬甸於 1948 年 1 月 4 日正式獨立。然而戰後經濟衰退、百廢待舉，國內政治因翁山等人遭暗殺，面臨人事真空；少數族群醞釀反抗，而議會政府無力顧及幅員廣大的邊境地區；在國際政治上，甫獨立的緬甸尚未站穩一席之地，因應地緣政治關係，努政府一方面向中國靠攏，另一方面又希望得到西方社會的經濟支援；而國共內戰也影響緬甸的政治發展，部分國民黨殘軍

3　陳鴻瑜（2016），《緬甸史》，臺北：臺灣商務出版社；Sadan, Mandy. 2013. *Being and Becoming Kachin: Histories Beyond the State in the Borderworlds of Burma.* Oxford, UK: Oxford University Press；Sadan, Mandy. 2016. *War and Peace in the Borderlands of Myanmar: The Kachin Ceasefire, 1994-2011.* Singapore: NIAS Press.

4　Smith, Martin. 1991. *Burma: Insurgency and the Politics of Ethnicity.* Cambridge University Press.

撤退至緬甸邊境，與「反法西斯人民自由同盟」（Anti-Fascist People's Freedom League, AFPFL）[5]分裂後的緬甸共產黨，亦蠢蠢欲動。努總理任內除了未解決翁山遺留下來的少數族群問題外，為了攏絡緬族而推崇佛教信仰，更加深非緬族以及非佛教徒的不滿。[6]克欽族於 1961 年成立克欽獨立組織以及武裝部隊克欽獨立軍，進行武裝反抗。接下來的四分之一個世紀，克欽獨立軍便在軍政府、緬甸共產黨，以及以克欽獨立組織為首的少數族群聯盟「民族民主陣線」（National Democratic Front, NDF）中，不斷調整定位以掙扎求生。[7]

　　1962 年尼溫（Ne Win）發動軍事政變，朝向「緬甸式的社會主義」路線，在經濟上實施國有化政策，緬甸天然資源出口亦均收歸國有，影響了少數族群的生計來源；在政治上，尼溫解散國會、實施一黨專政（少數族群政黨被迫解散）、並於 1974 年頒布新憲法（否決少數族群自決權），都使得少數族群在政治上也失去了基本發聲的管道，因此與中央政府的關係急速惡化。在對少數族群武裝組織的態度上，尼溫將其視為「叛亂團體」，自 1960 年代中期開始施行「四斷政策」，切斷少數族群的食物、資金、情報、以及兵源，企圖讓武裝團體因缺乏資源與協助而滅亡，達到削弱武裝團體的效果。但此政策造成少數族群生活困頓，反而使民眾更支持武裝團體的反叛活動。[8]

5　「反法西斯人民自由同盟」是由翁山將軍等人於二次世界大戰期間成立，並在獨立後接連三次大選中以壓倒性優勢勝出，至1962年前持續為緬甸的執政黨。

6　顧長永，2015，《緬甸：軍事獨裁五十年》，臺北：八方文化。

7　「民族民主陣線」成立於1976年，參加者共有12個少數族群政黨，以平等權與自決權為主要訴求，以對抗軍政府。Smith, Martin. 2016. "Reflections on the Kachin Ceasefire: A Cycle Hope and Disappointment" In *War and Peace in the Borderlands of Myanmar: The Kachin Ceasefire, 1994–2011*. Mandy Saden. ed. Singapore: NIAS Press. P. 60.

8　ICG Report. 2003. "Myanmar Backgrounder: Ethnic Minority Politics" https://www.crisisgroup.org/asia/south-east-asia/myanmar/myanmar-backgrounder-ethnic-minority-

1988年尼溫因爲經改失敗引發的8888全國示威運動而下臺，其後蘇貌（Saw Maung）發動政變取而代之，並以「國家法律與秩序恢復委員會」（State Law and Order Restoration Council, SLORC）的軍事執政團展開集體領導。1989年由國防部長丹瑞（Than Shwe）以及情報單位首長欽紐（Khin Nyunt）爲首，施行「邊境地區與民族發展計畫」（the Program for the Progress of the Border Areas and National Races Development；或以緬甸拼音縮寫爲「Na Ta La」計畫），以關心邊境發展、少數族群生活爲名，企圖擺脫國際輿論及集權腐敗的國際形象、進而吸引外國援助。[9]1990年代一連串的雙邊停火協議談判，便是在邊境發展計畫的框架下進行。邊境發展計畫一定程度上實現政府對於邊境地區的政策承諾，包含提供更多援助以及資源，但計畫內容重視基礎建設，忽略地方社會與經濟的發展，部分族群領導人即質疑：軍政府透過邊境發展計畫爲名、興建基礎設施，實際上是爲了安全需求，更進一步監控邊境地區。停火協議談判如同邊境發展計畫，針對建設與安全議題，但未深入解決根本的政治問題。[10]

參、停火協議的簽訂與廢止：克欽獨立組織的考量

1961年之後持續不斷的武裝戰爭，使克欽獨立組織的領導階層開始思考反抗策略。其中，該組織最重要的領導人爲 Maran Brang Seng，

politics（2016/12/12查閱）。

9　Lambrecht , W. Curtis. 2008. "Oxymoronic Development: The Military as Benefactor in the Border Regions of Burma" In Civilizing the Margins: Southeast Asian Government Policies for the Development of Minorities. Christopher R. Duncan. Ed. Singapore: NUS Press. P. 174.

10　ICG Report. 2011. "Myanmar: A New Peace Initiative" https://www.crisisgroup.org/asia/south-east-asia/myanmar/myanmar-new-peace-initiative（2017/01/02查閱）。

他從 1975 年接任主席至 1994 年克欽獨立組織與政府達成停火協議後逝世，領導克欽獨立組織長達近二十年，對於 1990 年代的停火協議談判影響甚大。Maran Brang Seng 早在 1980 年代就開始嘗試與軍政府進行和平對話，可惜無實質結果。他在 1987 年左右走訪歐洲各國，此時適逢尼溫軍政府政治與經濟開始走下坡，緬甸共產黨也面臨瓦解之際，Maran Brang Seng 知道緬甸國內的局勢困難，於是希望在這段期間吸引西方國家對緬甸克欽族的目光以及同情。可惜的是，當時的西方世界對於緬甸國內情勢並沒有興趣，僅關心緬甸在冷戰中所採取的不結盟政策對世界局勢的影響。[11]

不過，1988 年軍政府對於 8888 運動的殘暴鎮壓，使得其面臨巨大的國際制裁壓力，而不得不排定 1990 年舉行全國大選。此次選舉大約 90 個政黨登記參與，其中包含 35 個少數族群政黨，但多數具有武裝部隊的政黨都被軍政府禁止，僅剩下八個少族群數政黨得以合法運作。政府的黑名單中即包含克欽族及「民族民主陣線」的成員。[12] 軍政府的作為使克欽獨立組織領導人 Maran Brang Seng 認為，若克欽族繼續武裝鬥爭，將永遠被排除在緬甸的決策制定以及主要政治舞台之外，亦無法參與緬甸的國家建設進程。對被排除在主流政治外的恐懼與擔憂，是造成克欽獨立組織領導人轉念，希望與政府達成停火協議的原因之一。

而軍政府除了對武裝組織展現強硬態度外，也同時進行分化各族群的措施。自 1989 年緬甸共產黨解散以後，軍政府便開始分別與佤邦聯合軍（United Wa State Army, UWSA）、果敢同盟軍（Kokang Army）、[13] 以及緬共殘餘勢力簽訂雙邊停火協議，而這些舉動對克欽族以及 Maran

---

11 同註7。

12 同註8。

13 即「緬甸民族民主同盟軍」（Myanmar National Democratic Alliance Army, MNDAA）。

Brang Seng 本身都造成了很大的衝擊，尤其是克欽族內部較小規模的武裝組織也陸續與軍政府達成停火協議，例如：克欽新民主軍（New Democratic Army-Kachin, NDA-K）於 1989 年與政府達成停火，以及前克欽獨立軍第四旅分裂出去後另組成的克欽防衛軍（Kachin Defense Army, KDA）也於 1991 年與政府達成雙邊停火協議。這些都使得克欽獨立組織產生被孤立的恐懼。

　　另一個讓克欽獨立軍等少數族群一度陷入抉擇兩難的，則是 1988 年民運後，翁山蘇姬與其他民主派人士成立了全國民主聯盟，而當時一部分的少數族群領導人認為應與之合作。不過，克欽獨立組織的領導人看出了合作關係中存在許多問題，包括翁山蘇姬本身以及全國民主聯盟並不贊成武裝抗爭；而克欽獨立組織內部許多退休士兵，也質疑才剛成立不久的全國民主聯盟對於反政府策略制定以及實際上的操作能力是否足夠，更何況緬甸實際上掌權者仍是軍方，因此少數族群應與軍政府直接進行對話，而非與尚未掌握實質政治影響力的民主派合作。[14]

　　在國際局勢上，由於冷戰進入尾聲，緬甸兩個主要的鄰國：泰國與中國也改變對緬外交政策。泰國方面，是放棄資助緬甸反共團體，而對與緬甸政府的貿易、市場、以及商業利益更感興趣，更進一步對與泰國親近的少數族群團體施壓，迫使他們與緬甸政府達成雙邊停火協議。在中國方面，則是從 1989 年開始完全停止資助緬共，並與緬甸軍政府接觸合作，同時覬覦緬甸的地利之便以及豐富的天然資源。[15] 由於中國與緬甸關係逐漸改善，一方面緬甸軍方得以從中國政府身上得到更多支持以及武器資源，改善其軍事實力，更能夠制約國內武裝叛亂，另一方面

14　同註7。

15　Brenner, David. 2015. "Ashes of Co-optation: from Armed Group Fragmentation to the Rebuilding of Popular Insurgency in Myanmar." *Conflict, Security & Development* 15(4): 337-358.

緬共殘餘勢力也開始接受政府透過經濟特許權換取和平關係的政策，迅速與政府簽訂停火協議，這使得軍政府得以將注意力以及軍事資源，從對抗緬共轉移至少數族群武裝團體。另外，1990 年代中期開始，軍政府也重啟與國外的貿易關係，透過與外國簽訂投資與貿易協議，出口天然資源獲取商業利益，壯大本身的軍事實力以及財力。總之，1989 年以後，少數族群武裝組織所要面對的，是一個軍事實力完整、國庫因商業利益而飽滿的軍政府。[16]

在此背景之下，1993 年開始，克欽獨立組織與緬甸政府就停火協議開始進行多輪談判，最後於 1994 年 2 月簽訂了正式的停火協議。

停火協議簽訂以後，克欽邦將近五分之一面積歸克欽獨立組織管理，中央政府並與之互設聯絡處以進行聯繫；在經濟與地方發展上，軍政府除了答應提供更多資源以及援助外，也提供許多經濟誘因給克欽獨立組織的領導階層，包括允許他們設立合法開採公司，並得以出售特許權，以及徵收與中國邊境的貿易稅以及天然資源的開採稅等。此種以經濟利益攏絡少數族群並制約叛亂的手段確實發揮相當作用，但也造成克欽獨立組織領導階層的貪汙腐敗，跨國企業掠奪當地天然資源所造成的生態危機，而當地人民勞動力增加卻得不到分潤，便造成族群團體內部的矛盾，甚至埋下日後分裂的危機。[17]

---

[16] Jones, Lee. 2016. "Understanding Myanmar's Ceasefires: Geopolitics, Political Economy and State-building" In *War and Peace in the Borderlands of Myanmar: The Kachin Ceasefire, 1994–2011*. Mandy Saden ed. Singapore: NIAS Press.

[17] Woods, Kevin. 2011. "Ceasefire capitalism: military–private partnerships, resource concessions and military–state building in the Burma–China borderlands" *The Journal of Peasant Studies*. 38(4): 747-770；Woods, Kevin. 2016. "The Commercialisation of Counterinsurgency: Battlefield Enemies, Business Bedfellows in Kachin State, Burma" In *War and Peace in the Borderlands of Myanmar: The Kachin Ceasefire, 1994–2011*. Mandy Saden. ed. Singapore: NIAS Press；Byman, Daniel L. 2002. *Keeping the Peace: Lasting Solution to Ethnic Conflict*. Baltimore, MD: Johns Hopkins University Press.

2003 年，軍政府宣布了「七步走民主路線圖」，承諾帶領緬甸邁向民主與實現族群和解，並重新召開國民大會以草擬新憲法。[18] 在 1076 個代表中，有 100 多個來自於 28 個停火團體。對這些少數族群而言，這是他們得以重新回到政治決策範圍內的機會。不過，其後少數族群與軍政府在「卸除武裝」相關議題的談判上毫無共識，關係開始緊張。2007 年，克欽獨立組織帶頭提出一份對於新憲法的 19 點建議，包括使少數族群擁有更多自治權，改變國家結構以及立法部門等。[19] 不過，最後 2008 年公投通過的新憲法，第 338 條規定「所有緬甸聯邦內的武裝團體都應受國防部管理」，政府並於 2009 年 4 月發布規定，要求所有簽屬停火協議的少數族群武裝團體，加入「邊防保衛軍」，也就是納入緬甸軍隊的編制中受國防部管理。當然，最後只有少數武裝團體接受，多數的回應是宣布停火協議破裂，並接連爆發大型武裝衝突，包括 2011 年 6 月開始克欽獨立組織與政府的多次交火。

2011 年登盛就任總統，對解決族群衝突態度積極，他在就職演說中承認少數族群問題的重要性以及問題解決的刻不容緩，隨後也取消 2009 年軍政府要求所有停火團體加入邊境保衛軍的命令。之後至 2013 年，政府總共與 14 個少數族群團體簽訂雙邊停火協議。2013 年 6 月，登盛提出了《全國性停火協議》（Nationwide Ceasefire Agreement）的構想，希望能在 2015 年之前與全緬甸的大部分衝突武裝團體達成停火協議，雖然直到登盛卸任的 2015 年 10 月 15 日，僅有 8 個團體簽署，

---

18 所謂的七步驟，依序包括：恢復自1996年被擱置的制憲國民大會，草擬新憲法，公投通過新憲法，舉行自由公正的人民議會（Pyithu Hluttaw）選舉，召開人民議會，由人民議會議員推選出國家領袖，並由民選政府治理國家。

19 EBO Analysis Paper. 2010. "The Kachins' Dilemma – Become a Border Guard Force or Return to Warfare." *EBO Analysis Paper.* No.2. http://www.burmalibrary.org/docs13/ EBO_Analysis_Paper_No_2_2010_-_The_Kachins%27_Dilemma.pdf（2019/07/20查閱）。

未達到預期的結果，然而《全國性停火協議》至今仍是緬甸政府希望達成的主要目標之一。

在 2011 年到 2015 年《全國性停火協議》談判期間，不同族群團體，或是不同武裝團體之間立場與共識不一定相同，但克欽獨立組織的立場以及態度在談判期間占有重要地位，主要原因在於，克欽獨立組織的武裝能力強大、組織龐大，對於其他少數族群團體的影響力也較大。[20] 也因為如此，儘管緬甸政府與中國在 2009 年起，即不顧生態保育與強制遷村所帶來的反對人潮，合作克欽邦密松大壩的建設工程，但登盛卻在 2011 年 9 月 30 日，以「尊重當地人民意願」為由，宣布暫停密松大壩興建工程。相信很大一部分的考量，便是希望讓克欽地區的衝突狀況降溫。[21]

另一方面，雖然中國對密松大壩停建之事甚為不滿，但緬軍以及克欽獨立軍之間的戰火靠近中緬邊境地區，甚至發生了砲彈落入中國境內的消息，使得中國政府對克欽地區的衝突不得不發出嚴重聲明，要求緬甸政府「採取有效措施，避免類似事件再次發生」。除了發表強烈聲明外，中國對中緬邊境問題也逐漸採取主動策略。2013 年 1 月 19 日中國代表團訪問首都奈比都，與總統登盛針對邊境安全問題進行協商，同時中國也利用其影響力，持續對克欽獨立組織施壓、調解。2013 年 2 月 4 日，克欽獨立組織與緬甸政府開始新一輪的和平談判，與過去最大的不同是，新的一輪談判由中國方面安排並且擔任觀察員。[22] 經過多次的談

[20] ICG Report. 2015. "Myanmar's Peace Process: A Nationwide Ceasefire Remains Elusion." P. 4. https://www.crisisgroup.org/asia/south-east-asia/myanmar/myanmar-s-peace-process-nationwide-ceasefire-remains-elusive（2017/02/02查閱）。

[21] Harvey, Rachel. 2011-09-30. "Burma Dam: Why Myitsone Plan is Being Halted." BBC News. https://www.bbc.com/news/world-asia-pacific-15123833（2019/07/20查閱）。

[22] ICG Report. 2013.「緬甸克欽衝突的暫時和平」，P. 14. https://www.crisisgroup.org/zh-hans/asia/south-east-asia/myanmar/tentative-peace-myanmar-s-kachin-conflict

判協商，5 月 30 日緬甸政府與克欽獨立組織，在中國、聯合國以及緬甸境內八個少數族群武裝組織的見證下，簽署了一份七項內容的協議。

而這份協議雖然並非正式的停火協議，但對於 2011 年以後克欽獨立組織與政府軍的衝突狀態仍是重要里程碑，雙方同意在有國際觀察員的參與下，進行更多針對和平的協商討論。2013 年 10 月底，以克欽獨立組織為首，在克欽邦與中國邊境的城市拉咱（Laiza）舉行了少數族群武裝團體高峰會議，最後形成了一個少數族群結盟組織──全國停火協調組織（Nationwide Ceasefire Coordination Team, NCCT），將代表多數少數族群武裝團體與政府協商全國性停火協議事宜。不過，有部分族群武裝團體並沒有參與拉咱的聯合會議，例如：位於撣邦北部軍事實力堅強的佤邦聯合軍，以及其同盟撣邦東部民族民主同盟軍（National Democratic Alliance Army）等，而全國性停火協調小組也不包含這些團體，因此失去部分代表性。另一方面，除了全國停火協調小組之外，緬甸武裝團體還有其他聯合組織，例如：與全國停火協調小組成員多數重複的聯合民族聯邦委員會（United Nationalities Federal Council），兩個團體組織雖然多數重複，但與會代表並不相同。[23] 武裝團體組織的分歧也讓各組織產生代表性不足的問題。

2013 年 11 月開始，針對《全國性停火協議》，登盛政府與少數族群武裝團體進行了八次協商，前三次的和談情況看似樂觀，政府與少數族群之間也逐漸增加共識，但 2014 年 4 月 18 日緬甸政府軍與克欽獨立軍發生了武裝衝突，造成傷亡，約五千個平民失去家園，11 月 19 日一枚砲彈落在拉咱附近的克欽獨立組織軍事訓練處，造成數個武裝團體的軍校生死亡，幾次衝突事件的發生，嚴重影響了全國性停火協商的進行。

（2017/05/02查閱）。

23 同註20。

肆、影響克欽獨立組織與政府衝突因素分析

前一節的回顧，可看出緬甸軍政府與克欽獨立組織的關係，自 1994 年起因雙邊停火協議的簽訂而呈現相對平穩的關係，卻因 2007 年新憲法的制定而惡化，直到 2011 年爆發大型武裝衝突而宣告破裂，其後雖然登盛總統提出全國性停火協議的構想，並一度於 2013 年與克欽獨立組織簽署和平協議，但並未改變根本的衝突關係。以下將利用層次分析法，整理國際、國家、與地方三個層次的影響因素變化，是如何影響克欽獨立組織與緬甸政府的關係，以及造成緬甸政府族群管理政策的演變。

首先，在**國際層次**上，對緬甸克欽問題影響最大的，是中國與泰國兩個鄰國。1990 年代國際局勢因冷戰結束，意識形態對立不再，政治與經濟的交流合作成為各國外交重點，包括：中國與泰國都改變對緬政策，以及放棄對緬共（中）或反共團體（泰）的支援，轉而與緬甸中央政府接觸，尋求發展跨邊境貿易與其他商機。這一方面使得軍政府得到更多武器與經濟資源、更有能力制約國內少數族群武裝叛亂，另一方面，在停火協議談判時期，中國和泰國基於自身利益安全，反而對少數族群較多施壓，要求與軍政府協商解決邊境衝突問題。克欽獨立組織在 1994 年簽訂停火協議，本希望能得到國際社會的肯定與進一步援助，沒想到此時國際社會與鄰國更關注的是區域局勢的穩定與經貿關係的發展，因此其後每當緬甸政府與克欽族雙方關係惡化時，國際社會對緬甸政府的支持也大過對少數族群的支持。2011 年後加上密松大壩的考量，中國對於克欽族一方的施壓更大，對於克欽衝突的介入也更深。總之，在國際層次上，情勢是不利於克欽獨立組織的。

在**國家層次**上，歷任緬甸執政者的統治思維皆是以緬族為主，並深深影響其對少數族群的政策制定。Lian H. Sakhong（2012）便直言：從

努、尼溫、蘇貌到丹瑞政權，都是基於「一個種族、一種語言、一個宗教」（one ethnicity, one language and one religion）政策，欲將緬甸塑造成一個同質化的國家。[24] 即便是停火協議後開放克欽族市民社會發展，例如允許雙語教育，但只限縮在由克欽獨立組織控制的區域內，在其他地區仍以緬語爲唯一官方語言。[25]

但是，從不同階段觀察，**政府的政策轉變**還是十分顯著：停火協議前政府對少數族群團體一律採同化與打壓政策，協商時期則是企圖輪流拉攏與「以夷制夷」，而停火協定簽訂後則在容許範圍內開放適度的經濟與社會發展。換言之，中央政府對於少數族群是棍棒與胡蘿蔔政策交替使用，聽話的才有糖吃。由於 1994 年停火協議的簽署，軍方在九〇年代開始大規模進駐克欽邦，而當 2009 年政府要求克欽獨立軍等團體加入邊境保衛軍遭拒後，態度馬上轉爲強硬，不但以「叛亂組織」稱之，並在族群衝突再起時動武鎮壓。

除了國家政策外，1990 年以後的發展，還包括緬甸**國內政治局勢的變化，使得主要行爲者的數目增多**，彼此互動的影響因素更複雜，而信任關係的建立更困難。在軍政府時期，隨著翁山蘇姬等民主派的興起，克欽獨立組織等少數族群團體就面臨要與誰合作的難題，不過由於翁山蘇姬與少數族群在重要理念上存在根本差異，例如翁山蘇姬否定武裝鬥爭，最後兩者並未結盟。到了 2011 年之後，所謂的「民選政府」是憲法上的中央政府，但實質關鍵行爲者卻還是軍方。克欽獨立組織與登盛政府協商，但是當 2012 年政府軍與克欽獨立軍在拉咱發生衝突時，登盛下令要求軍方停火，軍方卻並未聽令於他，衝突反而持續擴

---

[24] Sakhong, Lian H. 2012. "The Dynamics of Sixty Years of Ethnic Armed Conflict in Burma." Analysis Paper No.1. Burma Centre for Ethnic Studies.

[25] South, Ashley, and Marie Lall. 2016. "Language, Education and the Peace Process in Myanmar" *Contemporary Southeast Asia: A Journal of International and Strategic Affairs* 38(1): 128-153.

大。軍方與政府的不同調與不受控，是緬甸少數族群與民選政府進一步協商的最大障礙。

在**地方層次**上，首先，由於殖民歷史的遺緒，克欽族有其獨特的社會文化與宗教信仰（基督教），甚至是政治經濟勢力的根據地，而與緬族相異並存在利益衝突，因此在「緬甸」這個國家架構下，因以上因素交錯影響而起的紛爭是可合理預見的。但是，造成該族群與政府關係演變的因素，還包括克欽族內部不同領導人的意見分歧、以及克欽獨立組織與其他族群團體關係的變化，所造成的實力消長與對中央政府態度的變化。

就**克欽族內部分裂**這一點來說，在停火的 1994 年至 2004 年期間，克欽族曾發生過三次分裂，克欽領導人們對是否回到過去武裝反抗爭論不休，內部紛擾卻也因此削弱克欽獨立組織，使軍政府更有辦法控制克欽獨立軍。為了解決組織內部的爭議，克欽獨立組織於 2002 年召集了「克欽協商會議」（Kachin Consultative Assembly），2005 年成立「克欽協商委員會」（Kachin Consultative Council, KCC），目的在讓克欽族人民也可以參與決策過程。然而該組織並不成功，克欽獨立組織仍主掌克欽族與克欽邦的主要決策。[26] 此外，克欽獨立組織還發展出雙管策略（two-pronged strategy），除了克欽獨立組織與克欽獨立軍作為武裝組織外，也計畫組織政黨參與 2010 年選舉。然而組織政黨參政的方針使軍政府感受到威脅，是以扶植親軍方的克欽政黨「克欽國家進步黨」（Kachin State Progressive Party, KSPP）。克欽國家進步黨的成立亦象徵克欽族的分裂，因為該黨由克欽獨立組織前副主席 Manam Tu Ja 等人於 2009 年 3 月成立，代表的是克欽族內部希望與政府達成更進一步和解的派系。2008 年憲法與 2009 年邊境保衛軍爭議，亦造成克欽族內部新舊派意見的分歧，年輕一輩的軍官認為，若克欽獨立軍受國防部管

---

26 同註19。

理，將是「克欽族的末日」，甚至寫一封公開信給中共領導人胡錦濤，要求停止由中緬共同出資的密松大壩建設，警告該大壩將影響克欽地方社會與生存。[27] 新舊世代的差別，原因在於老一輩克欽人在長期內戰下渴望得到和平，但年輕一輩的克欽領導人受了更好的教育，且在停火協議期間成長，看到克欽社群在發展中衰敗，以及協議對克欽政治社會與經濟的傷害。而在世代交替後，2011 年 6 月克欽獨立組織與緬軍方爆發武裝衝突，被視為是 1994 停火協議的正式破裂。

就克欽族與其他族群的關係而言，在 1994 年克欽獨立組織與政府簽下停火協議後，便退出了少數族群最大的聯合組織民族民主陣線，以及少數族群與民主派合作組成的緬甸民主同盟。而大部分選擇繼續武裝反抗的少數族群，便認為克欽獨立組織向軍政府低頭換取經濟發展，流亡媒體當時也多以克欽獨立組織為嘲諷對象。[28] 換言之，克欽獨立組織簽署停火協議後，失去了其他族群團體的支持，而這也是 1990 年代軍政府選擇與各少數族群分別簽訂雙邊停火協議的原因之一，即試圖離間各族群團體，以方便單一擊潰。不過，克欽獨立組織與其他少數族群的疏離關係，反而在 2011 年停火協議破裂後而有所轉變，前述 2013 年「全國性停火協調組織」，便是在由克欽獨立組織所召開的少數族群高峰會議中所成立。

伍、結語

以翁山蘇姬為首的全國民主聯盟於 2016 年正式上臺，面對軍政府長期執政留下的眾多問題，其中之一即是與境內少數族群的和解。緬甸軍方自獨立之初即擁有很高的權力，自成一格的組織與全國民主聯盟關

---

27 同註15。

28 同註19。

係微妙。軍方與族群武裝團體之間，不時擦槍走火發生衝突，而全民聯
政府接手登盛留下的全國性停火協議議程，目前主要目標是要求境內所
有團體都加入全國性停火協議簽署，重點之一即是「二十一世紀彬龍會
議」的舉行。該會議規劃邀請官方承認的 135 個族群坐上談判桌，分別
在 2016 年 8 月底至 9 月初、2017 年 5 月底、以及 2018 年 7 月中旬，
共舉行了三屆會議。然而這三次會議，象徵意義都遠大於實質意義，不
但許多爭議武裝團體未獲邀請，被邀請的團體也多次發生提早離席表示
抗議的插曲，更重要的是，在會議舉行的同時，軍方與包括克欽獨立組
織在內的若干武裝團體的武裝衝突仍持續發生。[29] 至 2019 年 6 月，軍方
與克欽獨立軍的連年戰爭已經造成 10 多萬人流離失所，並且根據聯合
國的數據，緬甸政府自 2016 年 6 月以後，就不允許外界向克欽獨立軍
控制區（包括克欽邦與撣邦北部）內的人口提供援助，這相當於國內流
離失所者的 37%。[30]

　　緬甸的族群衝突問題，除了暫停衝突的停火協商以外，若不針對
政治層面的問題，例如：權力分配、監督機制等進行討論，族群衝突僵
局將持續。然而要進入到政治問題的討論，承認族群間差異是無法迴避
的，並且，緬甸軍方與政府如何對族群問題達成共識，對緬甸特殊的政
治環境至關重要。從全民聯政府上臺以來，幾乎未出現與軍方直接衝突
的場面或政策，包括和平進程在內，都依循軍方所能接受的路線逐步進

---

29 Nyein Nyein. 2016a. "21st Century Panglong Conference Kicks Off in Naypyidaw" "21st
Century Panglong Conference Kicks Off in Naypyidaw" *The Irrawaddy*. August 31.
https://www.irrawaddy.com/news/burma/21st-century-panglong-conference-kicks-off-in-
naypyidaw.html (2018/07/01)；Nyein Nyein. 2016b. "KIA: Govt Needs to Control Its
Military" *The Irrawaddy*. October 10. https://www.irrawaddy.com/news/kia-govt-needs-
to-control-its-military.html (2018/07/01)

30 Progressive Voice. 10-16 June 2019. "Eight Years of War in Kachin State and No End to
Military Impunity." https://progressivevoicemyanmar.org/2019/06/21/eight-years-of-war-
in-kachin-state-and-no-end-to-military-impunity/

行，可見軍方在族群議題上的關鍵角色。

　　而正如克欽世界大會（World Kachin Congress）所言：「很明顯，緬甸軍隊無意尋求和平解決世界上最古老的內戰，他們持續使用武力征服少數民族，奪取他們的土地及豐富的自然資源以謀取商業利益，而不管對社會與環境的衝擊」。[31] 軍方對少數族群的強硬態度，究竟是出於對國家統一與緬族民族主義的堅持，抑或是對少數族群所在地豐富經濟利益的覬覦，則相當耐人尋味。

---

[31] 原文為"It is evident that the Burma Army has no intention of seeking a peaceful solution to the world oldest civil war. They are continuing to use force to subjugate ethnic peoples, seize their lands and extort their rich natural resources for their business interests, regardless of the dire social and environmental impacts."見Progressive Voice. 2019-06-09. "Statement by the World Kachin Congress on the 8th Anniversary of the Resumption of Civil War."
https://progressivevoicemyanmar.org/2019/06/09/statement-by-the-world-kachin-congress-on-the-8th-anniversary-of-the-resumption-of-civil-war/

Chapter *11*

緬甸的宗教族群衝突與羅興亞危機

孫采薇[*]

* 國立政治大學東亞研究所副教授，tws0418@nccu.edu.tw。

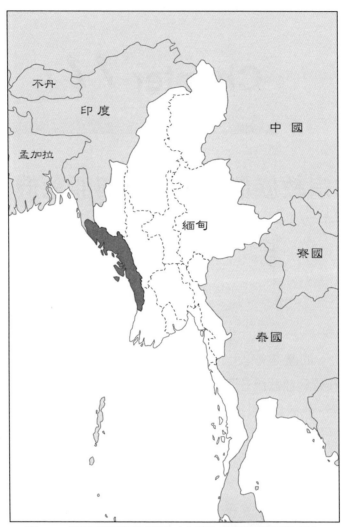

圖 11　緬甸若開邦位置圖（北部為羅興亞族聚集地）

壹、前言

　　2015 年 11 月，翁山蘇姬領導的全國民主聯盟（National League for Democracy, NLD，簡稱「全民聯」），在緬甸邁向民主轉型的第二次全國大選中取得壓倒性勝利而掌權。儘管翁山蘇姬因 2008 年憲法的排除條款而無法出任總統，但其長期工作夥伴碇喬（Htin Kyaw）成功地贏得了國會的總統選舉，並於 2016 年 3 月 30 日宣誓就職。其後，碇喬任命翁山蘇姬為國務資政與外交部長，翁山蘇姬遂成為全民聯政府在內政與外交上的實質領導人，並負責推進與國內少數民族的和平談判。由於翁山蘇姬的聲望，彼時不論是國內或國際社會，都對她所領導的全民聯政府冀望甚深。

　　然而，不到兩年光景，隨著全民聯政府無法在持續不斷的種族和宗教衝突中取得進展，壓倒性的樂觀情緒逐漸轉為悲觀主義。而自 2016 年 10 月以降，軍方持續對若開邦北部羅興亞穆斯林的暴力鎮壓，迄今造成逾百萬難民，不但招致國際社會的強烈責難，也被聯合國指責其構成「種族清洗」（ethnic cleansing）的罪行。2019 年 11 月，甘比亞政府更代表伊斯蘭合作組織（Organisation of Islamic Cooperation, OIC）在國際法院對緬甸涉嫌「種族滅絕」（genocide）罪提起訴訟，這使得翁山蘇姬不得不於 12 月 10 日親自率團前往荷蘭國際法院，在聽證會上為國家辯護。[1]

　　本文將聚焦於 2011 年後，隨著緬甸邁向民主轉型而逐漸升溫的羅興亞危機。並將探討該危機對於緬甸政治經濟發展的影響。在章節安排

---

[1] 伊斯蘭合作組織是一個伊斯蘭世界的政府間國際組織，由中東、中亞、非洲、南亞與東南亞的57個國家組成。有關甘比亞的控訴及與翁山蘇姬的演說全文，請見 *Myanmar Times*, 2019-12-12, "Daw Aung San Suu Kyi's ICJ speech in full." https://www.mmtimes.com/news/daw-aung-san-suu-kyis-icj-speech-full.html

上，以下首先簡述「羅興亞」在緬甸若開邦的歷史文化以及歷屆緬甸政府的主要族群政策，其次將回顧 2011 年以降緬甸政治主要行為者互動以及羅興亞危機升溫的歷程，第四節則將以上發展放在緬甸民主轉型的脈絡中，探討佛教民族主義與選舉競爭對於羅興亞危機以及當前全民聯政府所造成的衝擊。最後，本文將從更寬的視野解析羅興亞危機，補充最近若干重要情勢發展，並提出本文結論。

貳、「羅興亞」的歷史文化

緬甸是一個多族群國家，雖然主要族群緬族（Burman）約占全國人口的 68%，但其他 32% 的少數族群，其居住地涵蓋緬甸總領土逾二分之一，許多不僅擁有自己的語言文化，甚至有著長久與緬族在政治上相互敵對爭戰的歷史。也因此，緬甸自 1948 年獨立後，即存在少數民族武裝團體叛亂的問題，至今仍無法解決。

今日外界所謂的「羅興亞人」（Rohingya），聚居於緬甸若開邦（Rakhine）西北部，總數約 150 萬，雖僅占緬甸總人口的 1.25%，卻占若開邦總人口的 41%；他們信仰伊斯蘭教，而與當地信奉佛教的多數族群「若開人」不同。根據歷史學者指出，雖然早在十五世紀左右，此地就因商業往來，而有各種族群宗教的居民雜居共處，包括佛教徒與穆斯林，但即便是到了 1860 年代，在英國殖民政府的人口普查中，也尚未出現「羅興亞」一詞。[2]「羅興亞」作為一個族群的名稱，是 1950 年

---

[2] 也有許多學者認為羅興亞人的祖先，可遠溯自八世紀起陸續移入阿拉干地區的印度、阿拉伯、孟加拉與波斯人等的混血種。但如 Michael W. Charney 所指出，十五世紀前的所謂歷史都未必足信，而比較可信的記載，是 1430 年起謬烏王國（Mrauk-U）在此建政後，所帶來的第一波穆斯林移民潮。見 Charney, Michael W. 2019. "The Misuses of Histories and Historiography by the state in Myanmar: The Case of Rakhine and Rohingya." <https://rohingyasgenocide.com/2019/03/07/the-misuses-of-

代之後才出現的。但時至今日,緬甸政府與民間,卻認定其爲孟加拉穆斯林(Bangali),是非法移民的外國人。[3]

「羅興亞人」與緬甸若開邦當地居民之間的衝突,遠可追溯自英國殖民統治所留下的遺緒。一方面,殖民政府定義了若開邦只有一個「土著」(即若開族)、一個本土語言與本土宗教(即佛教),這使得信仰伊斯蘭教的人,不論其是否已通婚混血多個世代,最終仍得選擇其爲「非土著」,而開始「他者化」。另一方面,彼時英國爲了開拓若開邦,鼓勵同受其殖民的鄰近印巴地區人民大量遷入,並且在「分而治之」的政策原則之下,給予他們相對更多的自治權。結果,原居於若開邦的人(佛教徒)變成了次等公民,而新移民(多半爲穆斯林)卻在經濟及政治上都擁有更多的優勢。於是,在種族、宗教及利益等方面的差異,便不免成爲了兩者衝突的因素,並隨著緬甸民族主義的興起而加劇。

在二次世界大戰日軍占領緬甸期間,許多若開穆斯林加入了英國之一方,與當時支持日本的當地人產生多次衝突,而對此時期的歷史也有截然不同的記載:一方面,若開佛教徒迫害「阿拉干的羅興亞人,在日本統治期間,約有 10 萬羅興亞人遭殺害」;[4]另一方面,這群孟加拉穆斯林,也加入英國的「孟加拉 V 支隊」,屠殺當地若開族佛教徒並強占其土地,「成百的村莊被 V 支隊燒毀,超過 10 萬名佛教平民被殺害,僅邊境小鎮貌奪(Maungdaw)就屠戮了 3 萬多佛教平民」。[5]兩個

---

histories-and-historiography-by-the-state-in-myanmar-the-case-of-rakhine-and-rohingya/>

[3]　Tin Maung Maung Than and Moe Thuzar. 2012-07-09. "Myanmar's Rohingya Dilemma." *ISEAS perspectives*.

[4]　陳鴻瑜(2016),《緬甸史》,臺北:臺灣商務出版社,頁263。

[5]　美國之音,2016-05-07,「『羅興亞人』爲何在緬甸成爲敏感詞?」。https://www.voachinese.com/a/rohingya-20160506/3319562.html

極端的歷史敘述，顯示的是兩個族群間的仇恨記憶。

　　緬甸於 1948 年獨立後，曾經歷了 10 餘年的議會民主時期（1948-1962），對於少數宗教族群的態度也相對和善。雖然根據 1947 年憲法，「羅興亞人」並未被納入 135 個法定民族之內，政府卻還是認可這群世居於若開邦北部的穆斯林的公民身分。在 1951 年第一次國會大選時，若開邦 18 席中的 4 席，便是來自穆斯林族群。並且，在此時期官方公開演說與正式文件中，也可見「羅興亞人」一詞的使用：1954 年，首任總理努（U Nu）在一場演說中宣稱「生活在布帝洞（Buthidaung）和貌奪的人叫羅興亞，是緬甸的一個族群」；而 1959 年，總理兼國防部長巴瑞（U Ba Swe）也再次重申「羅興亞人和克欽、克耶、克倫、孟、若開、撣等族群享有平等的公民權利」。[6] 直至 1961 年，緬甸的人口普查中，也還提及與東巴基斯坦接壤的墨玉邊疆區（Mayu Frontier District）中有 75% 的居民為羅興亞人。[7]

　　也是在議會民主時期，中央政府曾於 1948 年頒布《緬甸聯邦入籍法》與《緬甸聯邦選擇國籍條例》等二項法令，欲賦予羅興亞人緬甸國籍。可惜的是，由於彼時羅興亞人識字率不高、加上緬甸官僚機構宣導缺乏效率，使得多數羅興亞人錯過了登記國籍的機會。[8] 而隨著議會民主失能與經濟日益困頓，傳統佛教勢力興起，社會零星衝突增多。在若開邦，自 1960 年起，當地政府就有多起排除羅興亞人的措施。1961 年，緬甸政府在第三次憲法修正案中正式將佛教定為國教，引發非佛教徒的反彈，以及佛教徒的「反穆斯林運動」回應，部分羅興亞人於此時加入穆斯林激進組織，發動幾次「聖戰」，要求若開邦從緬甸分離並加入東

6　Nay San Lwin. 2012-10-29. "Making Rohingya Stateless." *New Mandala*. https://www.newmandala.org/making-rohingya-statelessness/

7　墨玉邊疆區是 1961-1964 期間緬甸的一個行政區，後併入若開邦。

8　司徒宇、顧長永，2015，「緬甸大選局外人──羅興亞族的悲歌」，戰略安全研析，127 期，頁 30-37。

巴基斯坦。[9]而這段歷史，則又爲羅興亞人再加一道異教徒企圖顛覆緬甸的罪狀。

1962 年，尼溫（Ne Win）將軍發動政變，緬甸進入軍事威權統治時期。由於尼溫持續推行以佛教爲主體的大緬族意識形態，並在 1974 年頒布《緊急移民法案》，開始以族群作爲身分證頒發基準，從此羅興亞人只能領「外僑」身分證，日常生活倍感威脅，也因此重啓羅興亞人對於二次大戰期間以及 1960 年代數次聖戰的歷史記憶，1970 年，若開邦和緬孟邊境地區的羅興亞人組成了一個激進穆斯林武裝組織「羅興亞愛國陣線」（Rohingya Patriotic Front, RPF），希望透過武裝鬥爭的方式達成獨立或至少自治的目標。1978 年，尼溫政府在全國啓動大規模打擊非法移民與叛亂分子的軍事行動「龍王計畫」（Dragon King），進一步導致 20-25 萬羅興亞難民逃到孟加拉，而殘存的羅興亞武裝成員則於 1982 年創建「羅興亞團結組織」（Rohingya Solidarity Organisation, RSO）持續抗爭。[10]

必須強調的是，此時期包括頒布移民法案以及龍王計畫等等的一系列政治軍事行動，緬甸政府欲清剿的主要對象，並不是羅興亞人，而是同時期其他具備較強武裝勢力的邊境少數民族叛亂組織。只是實力相對薄弱的羅興亞人，在此嚴峻的大環境下，往往承擔最嚴重的苦果。

1982 年，緬甸頒布認定標準更爲嚴苛的新「公民法」，將公民分爲完整公民（full citizen）、準公民（associate citizen）和歸化公民（naturalized citizen）三類，其中完整公民需是憲法承認的 135 個族群之一並且雙親已爲公民者，準公民則是依據 1948 年舊公民法認可爲公民者，而歸化公民則須能證明在緬甸獨立前已居緬甸、能流利使用官

9　宋鎮照（2018），「難解的羅興亞難民問題：歷史宿命和政治困境」，全球政治評論，63 期，頁21-28。

10　陳鴻瑜，前揭書，頁254。

方語言緬語、且孩子爲緬甸公民者。[11] 依此新法，緬甸政府不再承認羅興亞人的公民地位。這造成新一波約 50 萬人的難民潮，使得鄰近的孟加拉不堪負荷，並迅速於同年修改「公民通則」，宣布羅興亞人爲「非國民」和「外國公民」。於是，羅興亞人先成爲無國籍者，再成國際人球，此後數十年，在緬甸僅能領臨時居住證，不准遷徙、旅遊、擁有土地、受高等教育、或與他族通婚。

　　爾後，當緬甸政府需要獲得多數信仰佛教的人民支持、或爲轉移人民對政府的不滿時，就會將弱勢的羅興亞人送上祭臺，不斷向民眾散播羅興亞人是前來併吞緬甸、消滅佛教之非法移民的宣傳，並視需要而採取不同的迫害措施。比如，當 1988 年尼溫因爲經濟改革失敗所引發的 8888 全國民運而被迫下臺後，繼之掌權的蘇貌（Saw Maung）將軍與軍事執政團「國家法律與秩序恢復委員會」（State Law and Order Restoration Council, SLORC），在面對國際制裁壓力、國內民主派人士挑戰、以及眾多少數民族武裝部隊蠢蠢欲動的不穩情勢，在若開邦所選擇採取的作爲，便是在 1991 年實施「清潔美麗國家行動」，直接破壞該地的穆斯林清眞寺、大建佛寺、清剿羅興亞團結組織、並有強迫勞動與強姦婦女情事，而造成超過 25 萬羅興亞難民逃往孟加拉東南邊境的 19 個難民營。[12]

　　然而，除了政府由上而下透過制度與公權力的壓迫，若開邦當地居民與羅興亞穆斯林之間的關係也日益惡劣，並不時會因爲個別衝突事件而引發大型的群眾暴力。2001 年，在若開邦首府實兌（Sittwe），便因爲一群年輕僧侶和一個羅興亞小販之間的買賣糾紛，最終升級爲若開族

---

11 Azeem Ibrahim. 2016. *The Rohingyas: Inside Myanmar's Hidden Genocide*. London: Hurst & Company, p. 50.

12 *Human Rights Watch*. 2000. "Burma/Bangladesh: Burmese Refugees In Bangladesh-Historical Background." https://www.hrw.org/reports/2000/burma/burm005-01.htm

佛教徒與羅興亞人間的群眾衝突，造成約 20 人喪生與實兌長達數月的宵禁，甚至還蔓延到鄰近的貌奪，造成多處清眞寺與穆斯林宗教學校被毀。[13]

　　總言之，羅興亞人在緬甸獨立之後，曾被短暫認可爲與其他族群享平等地位的公民，但隨著主流社會族群（緬族）與宗教（佛教）意識的昂揚，羅興亞人自從 1960 年代開始，便持續受到歧視與迫害，在軍事威權政府時期更形嚴重。這一方面當然與威權體制傾向以強硬手段解決國內政治衝突的態度有關，並且，相較於克倫族或是撣族等擁有強悍軍備的少數族群，羅興亞人武裝能力薄弱，因此是更好的替罪羔羊。[14] 然而另一方面，相較於緬甸境內其他地區的穆斯林族群在大多數時候都能被平等待之的狀況，若開邦羅興亞人與當地居民的關係特別惡劣，這與前述的歷史衝突記憶、若開邦當地的族群結構、社會民情與宗教歧異、甚至是羅興亞人遠高於其他族裔的生育率所帶來的人口成長威脅有很大的關係。而這些癥結，在 2010 年緬甸邁向民主轉型後，更進一步被激化。

參、2011年後羅興亞危機升溫經過

　　緬甸軍政府在 2008 年公投通過新憲法，承諾 2010 年舉行大選並依結果將政權轉交民選政府。接下來的這幾年，吾人所目睹的，卻是隨著民主選舉制度的運行，若開邦佛教徒與穆斯林的衝突也越發升溫。

　　在 2010 年大選時，緬甸軍政府曾允許羅興亞人持臨時身分證投票，具羅興亞身分的候選人甚至在實兌拿到 48% 選票的佳績，雖然最

---

[13] *International Crisis Group*. 2013. "The Dark Side of Transition: Violence Against Muslims in Myanmar." Asia Report #251, p. 5.

[14] Azeem Ibrahim. 2016. pp. 50-52。

後落選，但仍讓當地佛教平民甚感威脅。2011 年登盛（Thein Sein）總統上任後，若開邦的佛教徒與穆斯林間對立逐漸升溫，2012 年 5 月並因一則佛教徒婦女被三名穆斯林男子姦殺的傳聞，爆發佛教徒與穆斯林的大規模衝突事件，造成 98 人死亡，約 7.5 萬羅興亞人流離失所，若開邦進入緊急狀態。10 月底，暴力事件在若開邦其他區域爆發，也波及到其他穆斯林族群，造成 94 人死亡，約 3.2 萬難民。羅興亞人透過人蛇集團欲前往孟加拉、印尼或馬來西亞，卻被各國拒收而成海上難民。[15]

隨著若開邦佛教民族主義走向極端，2013 年，自稱緬甸賓拉登的佛教僧侶威拉杜（Ashin Wirathu）成立激進佛教組織「馬巴塔」（Ma-BaTha: Association for the Protection of Race and Religion）並領導「969 運動」（969 Movement），展開了規模龐大的反穆斯林商家行動，並很快獲得了當地許多佛教徒的認同，仇恨言論廣泛散布，並成功煽動在若開邦對穆斯林的暴力行為。[16]在 2013 年到 2014 年間，又在緬甸境內其他地區發生了三起大規模佛教徒反穆斯林的行動。

遺憾的是，起初中央政府並未認真看待馬巴塔的傷害力，因為此時登盛與執政的聯邦鞏固與發展黨（Union Solidarity and Development Party, USDP，下稱「鞏發黨」）政府面對全民聯在 2012 年全國補選的嚴重挑戰以及在 2015 年大選所將造成的威脅，加上與其他主要族裔武裝團體進行談判的急迫性，若開邦的地方衝突相形之下無關緊要。但隨著政治情勢逐漸嚴峻，登盛與鞏發黨政府面對各方壓力誰也得罪不起，於是便一步步地被牽著鼻子走。就若開邦執政黨「若開民族黨」（Ara-

---

15 *International Crisis Group*. 2013. pp. 7-8.

16 *Progressive Voice*. 22-28 May 2017. "Religious Intolerance Must Be Resolved for Myanmar to Advance Democratic Transition." http://progressivevoicemyanmar.org/2017/05/31/religious-intolerance-must-be-resolved-for-myanmar-to-advance-democratic-transition/

kan National Party, ANP）而言，其一方面受制於馬巴塔的社會高民氣而不敢忤逆，另一方面則是欲以此危機向上要脅中央。也是在大選的壓力下，登盛在 2015 年 3 月首先收回 75 萬羅興亞人的臨時身分證，即否定其大選投票權，而在 5 月時甚至對馬巴塔所提出對穆斯林婚姻和生育權利予以限制的要求做出退讓，而簽署了 4 項倍受爭議的立法，包括《宗教法》、《一夫一妻法》、《人口控制與健康保健法》、以及《佛教婦女婚姻特別法》。[17] 其中，諸如在人口控制一法中規定婦女每三年才能生一胎，或在佛教婦女婚姻法中規定婦女需經同意才能與穆斯林男性結婚等條款，都違反了國際保護婦女的公約，但是也很明顯是用來控制穆斯林的高生育率，可見人口成長壓力在若開邦的發酵。

　　2016 年全民聯上臺後，若開邦反羅興亞的暴力事件逐漸失控。在最初幾個月試圖與馬巴塔協調未果之後，全民聯政府終於在 2016 年底宣布馬巴塔為「非法僧侶組織」，並禁止其在目前名下繼續活動。但這個時候，星火已經燎原，馬巴塔在更名為達瑪・萬塔努・拉赫塔協會（Buddha Dhamma Charity Foundation）後更為活躍。[18] 威拉杜儼然成為全國最具仇恨煽動力的佛教僧侶領袖，對全民聯政府也更具挑釁性，包括公然稱讚 2017 年 1 月在仰光國際機場槍殺全民聯穆斯林憲法法律專家哥尼（Ko Ni）的凶手，反對憲法修正案，毀謗翁山蘇姬，以及鼓吹信眾在 2020 年大選不要投給全民聯。[19]

---

17 有關四法的詳細討論，請見Chloé White. 2015. "Protection for Whom? Violations of International Law in Myanmar's New 'Race and Religion Protection' Laws." Georgetown Institute for Women, Peace & Security. https://giwps.georgetown.edu/wp-content/uploads/2017/10/Violations-of-International-Law-in-Myanmar-2.pdf

18 在2018年7月，該協會再次被下令解散。*The Irrawaddy*, 2018-9-3, "Ma Ba Tha Changes Name, Still Officially Illegal." https://www.irrawaddy.com/news/ma-ba-tha-changes-name-still-officially-illegal.html

19 Nyi Nyi Kyaw. 2019-06-20. "The Return of Ma Ba Tha to the Political Scene in Myanmar." Commentaries 2019/53. ISEAS. https://www.iseas.edu.sg/medias/commentaries/

　　於此同時，巨量的羅興亞難民所引發的人道危機也招來了國際社會的注目。2014 年底，聯合國大會首次呼籲緬甸政府給予長期受到迫害的羅興亞少數族裔公民權以及平等權，接著 2015 年 5 月由東南亞國協、美國、聯合國等 17 國在泰國曼谷召開特別會議，針對被迫害的印度洋難民（主要是羅興亞穆斯林），要求緬甸解決問題。隨著全民聯政府執政，國際社會對於民主派民選政府的高度期許以及對翁山蘇姬的高道德標準，在羅興亞問題上的施壓更重。全民聯政府終究無法對羅興亞難民議題抱持消極不處理的態度，是以翁山蘇姬首先邀請聯合國前任祕書長安南（Kofi Annan）擔任「若開邦事務諮詢顧問委員會」（Advisory Commission on Rakhine State）主席，並於 2016 年 9 月初至若開邦了解當地難民處境。但是，安南的到訪，所面對的卻是佛教徒於若開邦首府實兌舉行示威抗議；軍方、鞏發黨、若開民族黨也強烈表達對此「由外國人領導」的委員會的反對，若開邦議會甚至投票否定該委員會的合法性。

　　而外國勢力的介入，除了使得緬甸社會民族主義越發昂揚，全民聯政府與軍方關係更受考驗之外，也鼓勵了激進穆斯林團體的興起，使得衝突進一步升級，危機解決更為複雜而棘手。2016 年，「羅興亞救世軍」（Arakan Rohingya Salvation Army，簡稱 ARSA，或 Harakah al-Yaqin）成立，並於 10 月 9 日在與孟加拉相鄰的貌奪縣首府貌奪襲擊警察機關，共造成 17 人亡。此舉引發了軍方接連數月的殘酷軍事報復。2017 年 8 月 25 日，在羅興亞救世軍襲擊了 30 處警哨所和一個軍事基地之後，緬甸政府將其列為恐怖組織，軍方則進行了全面性的肅清行動，逾 72 萬羅興亞難民逃至孟加拉，而緬甸則被聯合國指責是「種族清洗」，國際壓力排山倒海而來。[20] 而雖然緬甸在 2018 年 1 月與孟加拉

---

item/9847-the-return-of-ma-ba-tha-to-the-political-scene-in-myanmar-by-nyi-nyi-kyaw

[20] *Progressive Voice*, 21 August-3 September 2017. "Crisis in Rakhine State." http://pro-

達成共識，雙方同意在 2 年內將羅興亞人遣返回緬甸，至今實質進展仍極為有限。[21]2018 年 5 月底，全民聯政府回應國際持續的施壓，宣布成立獨立質詢委員會，調查發生在若開邦的人權侵害事件。2018 年 8 月，聯合國人權委員會也發布報告，要求制裁若干違反人權的軍方人員，包括總司令敏昂萊（Min Aung Hlaing）。

肆、民主選舉、佛教民族主義與羅興亞危機

本文數次提及的佛教民族主義（Buddhist Nationalism），根據 Marie Lall（2016）的解釋，乃是在緬甸追求獨立與建立民族國家的過程中，由於本身多種族的特性以及鄰近東西方大國的介入不同勢力所造成統一的阻礙，使得「佛教」取代了「單一民族」認同，而成為一個宣揚民族主義更好用的工具。反殖民時期的 "Amyo, Batha, Thatana"（緬族，緬語，佛教）口號在獨立之後，更進化成對少數族群實施「緬族化」（Myanmarization）與「佛教化」（Buddhistization）的強迫同化政策。[22]而有別於外界對於佛教徒愛好和平的既定印象，緬甸佛教僧侶一直有「脫下僧袍、換上起義者戰袍」的傳統，從緬甸獨立前的反殖民統治運動、到一個又一個的軍政府統治過程、甚至是少數族群所組成的反叛團體中，僧侶總是在不同的民族主義武裝組織中占據突出的主導地位，甚至並不避諱使用暴力。

相較於獨立初期的弱勢議會內閣藉佛教這個神主牌換取多數人民的

---

gressivevoicemyanmar.org/2017/09/06/crisis-in-rakhine-state/

21 *Reuters*. 2018-01-16. "Bangladesh agrees with Myanmar to complete Rohingya return in two years." https://www.reuters.com/article/us-myanmar-rohingya-bangladesh/bangla-desh-agrees-with-myanmar-to-complete-rohingya-return-in-two-years-idUSKBN1F50I2

22 Marie Lall. 2016. *Understanding Reform in Myanmar: People and Society in the Wake of Military Rule.* London: Hurst & Company, pp. 185-186.

認可，軍事威權政體反而嘗試推動較爲世俗化的民族認同，如此才能從中凸顯軍方的歷史角色。而在軍方執政的近半世紀時間，大緬族主義與激進佛教主張，雙雙被軍方嚴密控制，並不時因勢利導於對付邊境少數族群上。

然而，在 2011 年之後的所謂民主過渡期間，因快速的資訊傳播及增長的集會活動自由，加上民選政府順從民意的不作爲，而得以透過選舉機制與民粹相結合，得到昂然生機。若開邦的反羅興亞穆斯林暴力，便是在選舉期間將地區緊張局勢政治化和替罪羊特定少數群體的一個典型例子。正如 Klinken 和 Su（2017）指出，反穆斯林騷亂雖然是自二十世紀三十年代以來，緬甸政治中一個眾所周知的戲碼，但通常與社會經濟壓力和直接的國家（軍事）行動有關。然而，2011 年以降的反穆斯林暴動浪潮，卻與政治機會（選舉）有關，而不是具體的經濟不滿；並且主要的行動者是由地方政黨所支持的激進僧侶。[23]

進一步言之，若開邦羅興亞危機的急遽惡化，是在選舉壓力下，中央與地方兩個層面各方政治角力的矛盾衝突、並在西方爲首的國際社會貿然介入下的不幸結果。

在國內政治與政黨競爭方面，吾人觀察到的是，以若開族爲主體的若開邦，與緬族所代表的中央政府之間的矛盾與競爭。首先，全國和地方選舉的開放，導致了若開民族發展黨（Rakhine Nationalities Development Party, RNDP）[24] 的崛起，2010 年大選不但在若開邦議會中贏得了最多的民選席位，並在全國議會得到 16 席。在該次大選全民聯缺席的情況下，若開邦民族發展黨一舉成爲當時「最大的反對黨」。爲了顯示

---

[23] Gerry van Klinken and Su Mon Thazin Aung. 2017. "The Contentious Politics of Anti-Muslim Scapegoating in Myanmar." *Journal of Contemporary Asia* 47(3): 353-375.

[24] 2013年，若開民族發展黨和「若開族爭取民主同盟」（Arakan League for Democracy）協議，合併爲「若開民族黨」（Rakhine National Party, RNP）。

在 2015 選舉中，在鞏發黨和全民聯之間的平衡重要性，若開邦民族發展黨在 2012 年 6 月暴動後立即決定選邊站，支持馬巴塔並具體回應以暴力反穆斯林言論。馬巴塔雖然崛起於民間，卻因其透過在全國各地的各種愛國與親軍方活動顯示其對軍方的強力支持，而得到軍方的認可。登盛總統與鞏發黨政府，面對全民聯在全國的強勢威脅，在無法負擔得罪佛教徒及若開地方民意與政黨的情況下，而默許與放任以仇恨少數羅興亞人作為民粹宣洩口的不幸發展。登盛總統在大選前數月被迫簽署四項歧視性法案以及收回羅興亞人臨時身分證的舉措，便不言可喻。及至 2016 年全民聯執政後，雖然一直企圖控制激進佛教民族主義活動分子與團體，以避免緬甸的種族歧視和宗教衝突走向極端，但卻效果不彰，甚至引發反彈。

國際社會在面對羅興亞難民危機時，因為翁山蘇姬過往諾貝爾和平獎的光環，而特別質疑其在此事件的沉默與不作為。然而，僅從 2016 年 5 月與 6 月，翁山蘇姬在與美國國務卿凱瑞（John Kerry）及聯合國人權理事會緬甸事務特使李亮喜（Yanghee Lee）會面時，曾兩度要求西方國家勿使用「羅興亞人」這個「煽動性」的詞彙來稱呼這群「篤信伊斯蘭教的族群」，吾人便可感受到蘇姬的進退維谷。2008 年憲法賦予了軍方繼續掌控國防、內政、邊境事務三政府部門以及國會四分之一保留席位的特權，而在此框架下的所謂「民選政府」，面對有損於國家安全的宗教族群衝突相關議題，本就無法約束軍方，而當翁山蘇姬不得不回應西方壓力而成立若干調查委員會，甚至開始提及軍方責任時，卻被已激化的民族主義分子與親軍方人士認為全民聯政府在挾外力以自重，甚至認為蘇姬是西方的傀儡。

當翁山蘇姬的政治形象在國內和國際社會中都迅速下降，不但使其更加難以在民族主義者和國際人權組織之間保持中立，更對全民聯也產生了很不利的影響。過去的幾次選舉，選民以支持全民聯表達對軍方以及親軍方政黨的厭惡，但這種現象似乎有所翻轉。一方面由於許多活躍的佛教僧侶將羅興亞問題定調為國際對緬甸主權的侵犯以及伊斯蘭教毀滅佛教陰謀的一部分，並向其信徒宣傳「軍方與馬巴塔是緬民族與佛教的保護者」這樣的訊息，另一方面，總司令敏昂萊一貫強硬的公開演說，更強化了以上形象。[25] 愈來愈多選民開始猶豫下次大選是否要繼續支持全民聯，而許多觀察家也預測，全民聯將無法在 2020 年的選舉中再次獲得壓倒性勝利。若此，則由極端民族主義引發的種族和宗教衝突使緬甸在民主的道路上倒退，而狹隘民族主義與自由民主之間的競爭則阻礙了緬甸的進一步政治改革。[26]

伍、結語

當外界將目光聚焦於羅興亞難民危機時，首先容易低估在 2008 憲法體制下民選政府必須與軍方共治的脆弱性，其次則是未能體認在當今緬甸國內整體局勢中，面對各邦少數族群武裝團體與中央政府的對峙，若開邦的反羅興亞穆斯林衝突，原本在中央政府的眼中，就不可能是應該優先解決的問題。

僅就若開邦的狀況而言，除了羅興亞問題外，還有一支由佛教徒組成的「若開軍」（Arakan Army, AA），為了爭取若開民族自治，自2009 年起即與緬甸政府進行武裝抗爭。雖然在羅興亞危機升溫的過程中，若開軍被外界指控是與軍方一起迫害羅興亞人，但除去這項共同點，若開軍與緬甸中央政府軍的衝突，自 2015 年以降便無間斷，包括2 月若開軍參與了果敢（Kokang）軍事衝突，4 月和緬甸政府軍在若開

---

[25] Aung Aung. 2019. "Emerging political configurations in the run-up to the 2020 Myanmar elections." *Trends in Southeast Asia 2019-1*. ISEAS.

[26] Mon Mon Myat. 2018-12-27. "Nationalism Undermines Myanmar's Transition to Democracy." *The Irrawaddy*. https://www.irrawaddy.com/opinion/nationalism-undermines-myanmars-transition-democracy.html

邦北部爆發武裝衝突，12月雙方在皎道（Kyauktaw）和妙烏（Mrauk-U）交界地區進行了數日戰鬥，以及2017年4月中旬在耶德島和崩那島兩地兩次交火。2018年1月，若開民族黨前主席與若開族佛教領袖埃貌（Aye Maung），在一場反對中央政府的群眾集會上，指控緬甸政府對待若開邦人就像是「奴隸」一般，並表示現在是若開邦民眾發動武裝抗爭的「適當時機」。在埃貌發表激烈的演說後，隔天傍晚就有大約5千名若開族人上街抗議，引爆衝突，並短暫占領了妙烏的政府大樓，警方隨後開槍驅離，造成7人死亡，13人受傷。[27] 從2018年底開始，若開軍與緬甸政府軍爆發多次衝突，2019年1月初還攻擊4座若開邦警察哨站，造成13名警察喪生，9名警察受傷。1月18日，緬甸政府宣布將若開軍定為恐怖組織。

　　若開邦的情況，正是緬甸中央與有少數族群武裝勢力的其他邦的縮影，並顯示緬甸當今民主轉型政治中雜糅著族群宗教衝突的複雜性。在最上層的中央政府層級，民選總統領導的政府需要與握有內政實權的軍方分權，但軍方在面對宗教族群糾紛時，一向採取強硬立場。在中央與地方的關係上，代表緬族佛教徒的中央政府，與若開邦執政黨以及地方武裝勢力有著族群利益與政治權力的衝突，在此若開族雖然也是佛教徒，卻與緬族在族群上互不相容。在地方層面上，若開族的佛教民族主義被激進僧侶所撩撥，而對於幾乎占地方人口一半的羅興亞穆斯林有著超乎想像的恐懼與仇視。羅興亞人作為最底層的少數宗教族群，在族群暴力中遂成為最無助的受害者。

　　而相較於西方社會一廂情願的以高道德標準施壓翁山蘇姬與全民聯政府，亞洲國家的態度卻有所不同。日本、印度、與中國始終站在緬甸

27　今（2019）年3月19日，埃貌被緬甸法院裁定叛國罪及煽動罪成立，而被判處22年有期徒刑。見中央廣播電台，2019-03-19，「緬甸若開邦領袖叛國罪遭判20年恐激化對立」。https://www.rti.org.tw/news/view/id/2015025

政府的一方，並持續經濟投資。如果說中國原本就是緬甸兄弟之邦，並且威權政府本來就忽視人權，那麼日本駐緬大使在 2019 年 2 月的公開發言則顯示亞洲國家務實的一面：「若緬甸的經濟發展良好⋯⋯將不會有衝突」。[28] 或者換句話說，在緬甸剛開始顛簸朝向民主轉型之際，國內社會各方族群的情緒愈被挑逗、宗教族群衝突愈層出不窮，則軍方作為維安角色便愈突出而更強硬、全民聯政府愈疲於奔命而無法專注於經濟改革、民眾也愈不滿，而愈不利於緬甸民主轉型的進一步發展。

另一個訊號，則是東南亞國協在 2019 年 6 月 7 日所發表的「若開邦遣返的初步需求評估」（ASEAN Preliminary Needs Assessment for Repatriation in Rakhine State）中，通篇未提「羅興亞」一詞，而以「穆斯林」代之。[29] 這顯然是為避免刺激緬甸主流社會的意志，而被冠上不尊重文化差異與干預內政的帽子，反而使得人道救援工作難以進行。

東南亞國協在 1990 年代，在泰國的倡議之下，與緬甸實行「建設性交往」，並不顧西方國家的強力反對，在 1997 年讓緬甸加入東南亞國協。這個政策方針是與 1988 年開始西方對緬甸的全面性制裁大相逕庭。而其後緬甸在軍方主導之下逐漸朝向有限的民主轉型，這個發展究竟是西方長期制裁的壓力奏效，抑或是東南亞國協將緬甸納入基本國際組織框架下的制約以及持續經濟往來以免其崩盤的策略建功，至今仍有爭論。但不論如何，緬甸國內千絲萬縷的族群衝突，涉及的是長久的歷史記憶與宗教文化的建構，從獨立以來不論是民主或威權的歷任政府都未能解決，而羅興亞事件不過只是冰山一角。

---

[28] *Progressive Voice*, 24-30 June 2019.

[29] *Progressive Voice*, 17-23 June 2019.

Chapter *12*

建構泰國性與泰南穆斯林衝突

趙中麒[*]

* 國立暨南國際大學東南亞學系助理教授，專長為族群關係與民族主義、多元文化主義、難民與援助發展、政治社會學，並以緬甸民族衝突、泰緬邊境難民為主要研究對象。

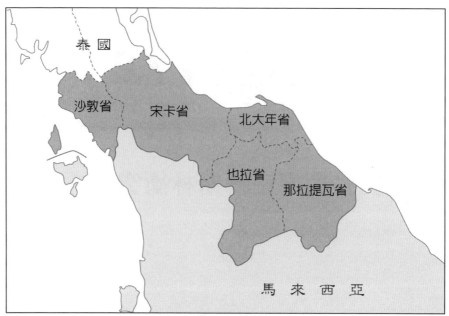

圖 12　泰國南部穆斯林分布圖

附圖來源如下：

https://www.google.com/search?q= 泰南三府 &tbm=isch&tbs

壹、前言

Eric Hobsbawm 指出，自革命年代開始，「國族原則」就成爲組織政治共同體的主要論述。根據此原則，作爲日後人類歷史舞臺最重要共同體的「民族國家」，不僅是全體國民集合而成的主權獨立政治共同體，更因爲其廣袤疆域上早已住有不同文化群體，以致此共同體的組成分子注定分歧多樣且包羅萬象。[1]儘管建立主權獨立的民族國家被視爲追求民族自由、實現民族意志的唯一方式，歷史卻不斷告訴我們，此一追求自由與實現意志的過程，總是由握有權力的特定群體所掌握，並且以他們自身的語言、宗教、文字、歷史等文化符碼作爲凝聚民族國家所有成員政治忠誠的共享媒介與生命之血。如同 Ernest Gellner 所言，這些握有權力的群體相信，此種共享的媒介與生命之血，可以讓原本生活局限於地方小王國、小傳統的成員凝聚在國族此一新形態的廣袤型認同。[2]只是，當權者往往以壓迫性的治理方式邊緣化其他群體，以凝聚此種新型態的認同，邊緣群體也經常以不同類型的民／國族主義反抗壓迫性治理。

以泰國爲例，馬來族裔穆斯林聚居的泰南三省[3]——北大年（Pattani）、亞拉（Yala）、陶公（Narathiwat）——是由北大年蘇丹國劃分而來。1909 年英國與暹羅卻克里王朝簽屬《英暹條約》（*Anglo-Siamese Treaty of 1909*），原本是暹羅屬國的北大年蘇丹國，被正式併爲暹羅王朝的領土。1910 年，帶領暹羅邁向現代化的朱拉隆功國王（King Chu-

---

1 李金梅譯，Eric Hobsbawm著（1997），《民族與民族主義》，臺北：麥田出版社，頁25-26、38-42。

2 李金梅、黃俊龍譯，Ernest Gellner著（2001），《國族與國族主義》，臺北：聯經出版公司，頁47-50。

3 泰國華人以「府」稱呼泰國的省級單位。府的英文對應字為province，故本文以「省」而非「府」指稱此一省級單位。

lalongkorn）過世，其子瓦吉拉兀（Vajiravudh）繼位，推動以泰語、南傳佛教、效忠卻克里王朝為暹羅三大支柱的國族主義，開啓日後建構泰國性（Thainess）的歷史進程。[4] 使用泰語、信奉南傳佛教和效忠卻克里王朝，是建構泰國此一共同體的生命之血，但該生命之血，迥異於泰南馬來穆斯林；他們的共同語言是馬來語、共同信仰為伊斯蘭教，[5] 更重要的，他們歷史上是北大年蘇丹國的子民，因為被併入暹羅領土而失去自己的國度，加上曼谷當局為了整合泰南穆斯林，自二十世紀初開始推動被馬來穆斯林和泰國自由派學者批評為內部殖民主義的政策，使上述三省馬來穆斯林社會始終存在一股不同於泰國性的民族意識。此種民族意識，在不同時期以不同類型的分離運動呈現。儘管 1997 年制定「人民憲法」後，泰南穆斯林更願意參與泰國政治，但 2004 年 10 月 26 日發生於陶公省的達拜（Tak Bai）事件，造成上百名穆斯林死亡，惡化泰南情勢；自 2004 年至 2018 年 12 月，泰南地區馬來穆斯林和泰族社會之間的衝突已奪走約 7000 人生命。[6]

4　Charles Keyes (2008). "Ethnicity and the Nation-States of Thailand and Vietnam," in Prasit Leepreeccha, Don McCaskill and Kwanchewan Buadaeng, eds., *Challenging the Limits: Indigenous Peoples of the Mekong Region*, Chiang Mai: Mekong Press, pp. 22-23.

5　W. K. Che Man指出，北大年早在十七世紀就成為馬來世界伊斯蘭學術中心，與亞齊蘇丹國齊名。引自孟慶順（2007），〈伊斯蘭與泰南問題的形成〉，《南昌工程學院學報》，26卷2期，頁19。Surin Pitsuwan有類似觀點。他認為，北大年國勢在十七世紀早期達到顛峰，當西方殖民者在馬來半島建立據點時，北大年已經有自己的伊斯蘭學者撰寫自己的宗教作品，至遲到十八世紀，北大年已經獲得東南亞的伊斯蘭搖籃（cradle of Islam in Southeast Asia）美名。Surin Pitsuwan (1982). *Islam and Malay Nationalism: A Case Study of the Malay-Muslims of Southern Thailand*, Doctoral Dissertation, Political Science and Middle Eastern Studies at Harvard University, p. 49.

6　關鍵評論網（2018），〈泰國宋卡省發生爆炸，14年來死於泰南反叛行動人數近7000人〉，在https://asean.thenewslens.com/article/111079，取用日期：2019年8月15日。

　　本文將討論不同時期的暹羅／泰國政府如何透過政治安排、文化政策，將泰族文化為內容的「泰國性」施加於泰南穆斯林地區，以及馬來穆斯林如何應對此種泰國性之建構。值得注意的是，《英暹條約》簽訂後，北大年蘇丹國約六成領土被併入泰國，其餘則被劃為英屬馬來亞的領土，使得當代居於泰南的馬來穆斯林成為泰國和馬來西亞二國的跨境民族。因此，馬來西亞的立場和角色，也影響泰南地區馬來穆斯林的民族分離運動。[7]在開始之前，我先簡要爬梳北大年蘇丹國被併入泰國的歷史，這將有助我們理解泰南地區民族主義之所以存在和暴力衝突因何迭生的歷史根源。

貳、朝貢關係與暹羅整合北大年政策

　　泰國對馬來半島的影響力，約莫可追溯至十三世紀的素可泰王國（Anachak Sukhothai）。第三任國王藍康恆大帝（King Ram Khamhaeng the Great, r.1279-1298）在位時，將其南方疆域擴張至整個馬來半島，納半島上各馬來蘇丹國為屬國；各馬來屬國每三年須向素可泰王國進貢金銀花（gold and silver flowers），並在戰時提供軍隊支援，素可泰王國則不干涉各蘇丹國內政。馬來半島上的北大年和其他蘇丹國，乃得以在政治上擁有相當的獨立地位，並在文化上繼續維持明顯的馬來特性。阿育陀耶王國（Anachak Ayutthaya，又稱大城王國）於 1351 年在素可泰王國南方興起，不僅在馬來半島和孟加拉灣海岸建立權威並從國際貿易

7　例如，馬來西亞首相馬哈迪2018年10月24日訪問泰國，馬來西亞外交部表示，馬哈迪訪問泰國，「預期將為泰南和平對話進程增添動力」。楊昭彥（2018），〈大馬首相將訪泰泰南衝突列重要議程〉，在https://www.rti.org.tw/news/view/id/429269，取用日期：2019年6月8日。另可見Ian Storey (2007), "Malaysia's Role in Thailand's Southern Insurgency," Terrorism Monitor Vol.5 Issue 5, 在https://jamestown.org/analyst/ian-storey，取用日期：2019年7月10日。

獲得好處，更在 1438 年併吞素可泰王國後，接收後者在馬來半島的勢力，北大年蘇丹國隨之成爲阿育陀耶王國的屬國，同樣呈送金銀花以及在戰時提供軍事支援。[8]

　　林合勝指出，北大年認爲他們向暹羅致送金銀花，是爲了建立雙方更緊密的貿易關係，因爲北大年當時是馬來半島上最重要的貿易王國，但暹羅認爲，北大年進貢金銀花代表其承認暹羅作爲宗主國對其有管轄權，故彼此爲朝貢關係。孔建勛等亦認爲，馬來半島上的蘇丹國把進貢金銀花和提供軍事援助視爲自身和暹羅的友誼表現，但暹羅卻視之爲對其忠誠的象徵。因此，每當暹羅國勢衰弱時，馬來半島上的蘇丹國就停止進貢，甚至發動武裝行動，挑戰此朝貢關係。[9]

　　1564 年，北大年拉惹（Raja）穆札法·沙（Mudaffar Shah）支援阿育陀耶對抗入侵的緬甸東吁王朝（Taungoo Dynasty）軍隊，[10] 軍隊尚未抵達阿育陀耶，暹羅已被緬人擊敗。北大年趁阿育陀耶甫敗於緬甸，攻占其王宮。雖然北大年軍隊仍被阿育陀耶軍隊趕走，但強盛的北大年

8　顧長永、蕭文軒（2016），《邊緣化或整合：泰國的少數族群政治》，高雄：中山大學出版社，頁118-119。孔建勛等（2010），《多民族國家的民族政策與族群態度》，北京：中國社會科學出版社，頁107。Astri Suhrke (1970). "The Thai Muslims: Some Aspects of Minority Integration," in *Pacific Affairs*, 43(4), pp. 533-535. Marte Nilsen (2012). *Negotiating Thainess: Religious and National Identities in Thailand's Southern Conflict*, Center for Theology and Religious Studies at Lund University, p. 29.

9　林合勝（2012），《泰國治南政策與分離運動之研究》，國立中山大學中國與亞太區域研究所博士論文，頁40。孔建勛等（2010），頁107。

10　拉惹（Raja）是南亞和東南亞地區對國王、君主、酋主的稱呼，有別於伊斯蘭國以蘇丹稱呼君主的用法。部分中文作者使用拉惹稱呼馬來半島蘇丹國的君主，也有以蘇丹指稱馬來蘇丹國君主，英文文獻則使用Raja一詞。北大年歷史學者Ibrahim Syukri以Raja同時指稱北大年蘇丹國君主、暹羅與英國國王，故本文統一以拉惹稱呼各馬來蘇丹國的君主。Ibrahim Syukri, *History of the Malay Kingdom of Patani*, http://www.geocities.ws/prawat_patani/chapter3.htm，取用日期：2019年6月25日。

蘇丹國之存在，激起阿育陀耶國王想將之完全征服的強烈欲望。1632-1638年之間，暹羅對北大年發動三次戰爭，都無法將之征服。直到1767年阿育陀耶被緬甸貢榜王朝（Konbaung Dynasty）所滅，北大年暫時獲得獨立地位。[11]

阿育陀耶覆滅，鄭信（King Taksin the Great, r.1767-1782）趁緬甸貢榜王朝和中國清朝發生第三次清緬戰爭，必須撤回駐守在阿育陀耶王城的軍隊之際，起兵擊退緬軍並建立吞武里王國（Anachak Thonburi）。[12]1769年8月，鄭信派兵攻打洛坤（Ligor）、[13]宋卡（Songkla）與帕塔倫，造成三個蘇丹國的拉惹和眷屬逃往北大年蘇丹國尋求保護。鄭信軍隊抵達北大年，要求其交出三個蘇丹國拉惹以換取和平，北大年只能交出三國拉惹，以免遭致攻擊。隨後，鄭信將注意力轉向越南及柬埔寨，北大年故仍能保持獨立地位。[14]然而，拉瑪一世（Rama I, Phra Phutthayotfa Chulalok, r.1782-1809）建立的卻克里王朝（Ratchawong Chakkri）先以軍事行動征服馬來屬國，再施以行政整合和同化政策，埋下當代泰國南部穆斯林衝突的根源。

1784年，緬甸貢榜王朝進兵洛坤，卻克里王朝出兵擊退緬軍後，要求北大年繼續向暹羅呈送金銀花，遭到拒絕。1786年11月，北大年再度拒絕致送金銀花予暹羅。陳鴻瑜指出，北大年此舉，導致拉瑪一世

---

11 林合勝（2012），頁40。顧長永、蕭文軒（2016），120-121。Suhrke (1970), p. 533. Nilsen (2012), p. 30. Natawan Haemindra (Sep.1976). "The Problems of Thai-Muslims in the Four Southern Provinces of Thailand," in *Journal of Southeast Asian Studies*, p. 199.

12 張奕善譯，D.G.E Hall著（1982），《東南亞洲史（上冊）》，臺北：國立編譯館，頁549-550。

13 洛坤的古國名為單馬令（Tambralinga）。現今，單馬令為泰國南方的那空是貪瑪叻省（Nakhon Si Thammarat）省會。考量大多數中文文獻以洛坤稱呼此一蘇丹國，本文亦隨俗寫以洛坤。

14 陳鴻瑜（2015），《泰國史》，新北市：臺灣商務印書館，頁149-153。顧長永、蕭文軒（2016），頁121。Ibrahim Syukri, ibid，取用日期：2019年7月8日。

派兵征伐北大年，屠殺當地人民，不僅許多人被處以任由象群踐踏致死的懲罰，更有超過 4,000 人被俘虜至曼谷興建城池。儘管拉瑪一世任命馬來人東姑‧拉米丁（Tengku Lamidin）爲北大年拉惹，卻要受暹羅任命的洛坤總督節制，且每三年必須致送金銀花。[15] 人民受屠、被征服者所任命的總督節制，加上繼續致送象徵臣服暹羅的貢品，Ibrahim Syukri 認爲，這是北大年蘇丹國歷史上首次喪失國家主權地位。[16]

1789 年到 1791 年，拉米丁發動北大年人民武裝反抗，遭暹羅擊潰後被載送到曼谷處死。1816-1817 年間，爲了阻止北大年進一步反抗暹羅，拉瑪二世（Rama II, Phra Phuttha Loet La Naphalai, r.1809-1824）將北大年劃分爲通稱爲「七城」（泰文爲 Khaet Jet Huwamueng）的七個屬國，各由一個馬來王公在內政上自治，但由派駐在宋卡的暹羅總督管轄。「祖國」被「他者」劃分爲七個小城邦，尙需被他者所監管，令北大年七屬國加入 1831 年吉打（Kedah）流亡蘇丹所發動的武裝反抗行動。[17]

英國和緬甸於 1824-1826 年間爆發第一次英緬戰爭。英國擊敗緬甸貢榜王朝後，取得該王朝南部丹那沙林地區，劃歸爲英屬丹那沙林省（British Tenasserim）。邁入現代民族國家以前的緬甸和暹羅，在王朝邊緣地區經常出現治理重疊，邊緣地區居民也分別對不同政治權威效忠。然而，英國作爲主權範圍清楚劃定的現代民族國家，需要確認其新

---

15 陳鴻瑜（2015），頁134-135。

16 Ibrahim Syukri, ibid，取用日期：2019年7月8日。

17 龐海紅（2011），《泰國民族國家的形成及其民族整合》，北京：民族出版社，頁176-177。顧長永、蕭文軒（2016），頁124。Natawan (Sep. 1976), p. 200. Kobkua Suwannathat-Pian (1988). *Thai-Malay Relations: Traditional Intra-regional Relations from the Seventeenth to the Early Twentieth Centuries*, Toronto: Oxford University Press, pp. 60-161.

取得的殖民地疆界終至何處，遂多次催促暹羅早日議定疆界。[18]

除了必須早日劃定疆界，暹羅還面臨西方國家意欲透過建立殖民地，將暹羅納入全球經濟體系的壓力。[19]1855 年，英國逼迫暹羅放棄對馬來半島森美蘭（Negeri Sembilan）、雪蘭莪（Selangor）、霹靂（Perak）和彭亨（Pahang）四個蘇丹國的宗主權，並簽訂《鮑林條約》（Bowering Treaty），促使暹羅開始對外自由貿易。[20]1897年，英國和暹羅簽定《英暹祕密協定》，要求暹羅承認英國獨享在吉蘭丹（Kelantan）和登家樓（Terengganu，舊稱丁加奴）的經濟利益。英國在馬來半島的勢力擴張，將馬來半島諸多蘇丹國納入英國海峽殖民地的經貿活動範圍，雖然使北大年七屬國面臨更大商業競爭，但也給予他們和英國海峽殖民地接觸，敦請英國干預暹羅對北大年七屬國的控制之機會。北大年七屬國和英國的接觸，讓暹羅警覺自身可能失去北大年七屬國。[21]

Nilsen 指出，面對西方世界以民族國家之姿出現於東南亞、接收暹羅原本在馬來半島的政治勢力，使暹羅必須重新思考如何維持自身在馬來穆斯林居住區得以持續治理的政治和道德正當性。[22]基於此，暹羅意欲透過「行政革新」與「文化干擾」，分別取得政治和道德正當性。只是，這些政策使馬來穆斯林對暹羅人的怨恨開始滋長，並以武裝行動挑戰其治理正當性。

---

[18] Thongchai Winichaikul(1994). *Siam Mapped: A History of the Geo-Body of a Nation*, Hawaii: University of Hawai'i Press, Ch.3. Nilsen (2012), pp. 34-37.

[19] 譚天譯，Shane Strate著（2019），《從暹羅到泰國：失落的土地與被操弄的歷史》，臺北：聯經出版事業股份有限公司，頁80-81。

[20] Keyes (2008), p. 18.

[21] 陸繼鵬（2007），〈國際因素與泰南四府民族分離問題〉，《世界民族》，第4期，頁29。龐海紅（2011），頁196-199。顧長永、蕭文軒（2016），頁124。Kobkua Suwannathat-Pian (1988), pp. 176-177.

[22] David K. Wyatt (2003). *Thailand: A Short History*, New Haven: Yale University Press, pp. 156-157. Nilsen (2012), p. 45.

一、行政革新

朱拉隆功國王（King Chulalongkorn, Rama V, r.1868-1910）於 1898 年頒布《省級行政法案》（*Provincial Administration Act of 1898*），開始推動行政圈體系（*Thesaphiban* System）行政革新，將全國分為 14 個行政專區（泰語為 *Monthon*），由中央政府派任絕對效忠國王的皇室親王擔任地區專員（Area Commissioner）管理行政專區。1901 年，朱拉隆功進一步將北大年七屬國整合入一個被稱為Boriwen的省級行政區。[23]

根據行政革新政策，北大年地區當地行政官員，依照中央化官僚體系原則，以公務員身分派任，而非由當地馬來貴族擔任。拉惹和行政官員依照曼谷當局根據行政級別所設定的統一標準，領取固定薪水。1902 年的《關於七個省地區行政條例》更將暹羅所制定的世俗法規取代伊斯蘭法習俗，此外，除了婚姻和繼承等案件得以適用伊斯蘭法，其餘刑事與民事案件，都須依照該條例第 32 條所定的刑法和民法適用原則為之。[24]

伊斯蘭社會可分為兩種形式，政教合一者由國家元首統領政治和宗教，政教分離者則由學者專門主持宗教事務，使宗教具有相對獨立地位；前者為遜尼派社會，後者為什葉派社會。北大年屬於遜尼派的宗教合一制。[25] 政教合一制下的北大年傳統菁英，其政治地位和權威雖屢受暹羅挑戰，但皆可以藉由北大年蘇丹國和暹羅之間彼此消長的政治關

[23] 龐海紅（2011），頁72-74。顧長永、蕭文軒（2016），頁124-125。

[24] W.K. Che Man (2003). "Democratization and National Integration: Malay Muslim Community in Southern Thailand," in *Intellectual Discourse* 11(1), p. 10. Suhrke (1970), p. 536. Kobkua (1988), p. 177. Ibrahim Syukri (ibid), http://www.geocities.ws/prawat_patani/chapt3.htm，取用日期：2019年7月9日。

[25] 龔浩群（2011），〈國家與民族整合的困境：二十世紀以來泰國南部馬來穆斯林社會的裂變〉，《東南亞研究》，第3期，頁21。

係，在最大程度上保持下來。在北大年蘇丹國仍保有自主性的時代，即使他們在政治上須受暹羅派駐的總督管轄，依然可以透過宗教對當地社會發揮影響力。但被稱爲「1902 年改革」（the 1902 reform）的諸多措施，將馬來傳統菁英從政治高臺請下，更引入世俗化法律，限縮伊斯蘭法習慣在當地的適用範圍，削弱伊斯蘭法過往崇高地位，將之附屬於暹羅的世俗法體系下。於是，我們可以將「1902 年改革」理解爲，曼谷當局希望藉由建立中央化的政府體系，從制度上打擊馬來王公等傳統菁英的政治地位、在宗教上削弱他們的影響力，進而將北大年七屬國從半獨立狀態轉變爲暹羅領土，以對之行使完整主權。然而，因爲曼谷當局未廢除呈送金銀花的貢賦制度，北大年七屬國與暹羅仍維持貢賦關係，尚未正式成爲曼谷當局的主權行使對象。

如同 Chen Man 所言，以世俗法取代伊斯蘭法習慣的政策，激怒了一般人。對他們而言，信守伊斯蘭法習慣，是一位虔誠穆斯林之所以爲穆斯林，伊斯蘭社會作爲整體之所以能夠存在的根基。[26] 其他的行政改革措施，被馬來穆斯林視爲曼谷利益的制度性實踐，暹羅官僚體系的組織文化，則因爲和伊斯蘭信仰衝突，被視爲挑戰馬來穆斯林的信仰價值。例如，Poowin 指出，低階行政官員被期待應該向高階行政官員敬酒，但飲酒卻是違背可蘭經教誨的行爲。[27] 因此，儘管朱拉隆功設立了伊斯蘭教長所領導的伊斯蘭法庭作爲省級法庭的一部分，曼谷當局的政策仍造成行政改革後的北大年首次反抗。[28]1902 年，北大年拉惹阿布督卡迪爾（Tungku Abdulkadir Kamaralludin）要求他的貴族下屬官員抵制

[26] Che Man (2003), p. 10.

[27] Poowin Bunyavejchewin (2017). "Reassessing Terrorism in the South of Thailand: A Critical Perspective," in *International* 10(4), p. 178.

[28] Andres Engvall and Magnus Anderson (2015). *The Dynamics of Conflict in Southern Thailand*, The Asian Economic Papers 13:3, The Earth Institute, Colombia and Massachusetts Institute of Technology, p. 196.

所有暹羅官員召集的會議，甚至集體辭職，以使新派任的暹羅行政官員無法執行他們的任務。他知道，一旦此項整合北大年七屬國政策成功執行，就是各屬國失去主權的時刻。他曾籲請英國干預暹羅推動此項政策，暹羅確知英國不會出手干預後，逮捕阿布督卡迪爾，判處十年有期徒刑，行政革新政策在七屬國被強力執行。阿布督卡迪爾被關不久，就被暹羅釋放並放逐至吉蘭丹。[29]

1909 年，英國逼迫暹羅簽署《英暹條約》，將吉蘭丹、吉打、登家樓等蘇丹國讓予英國，換取英國正式承認北大年和吉打部分地區為泰國領土，確立了暹羅南方邊界。之後，暹羅將北大年七屬國縮減為四個省級政治單元，並取消呈送金銀花和其他貢品的貢賦制度，北大年七屬國與暹羅的朝貢關係乃正式結束，成為暹羅國家體系下的地方政治單元。1916 年，南方四省進一步被縮減為由曼谷當局直接派員治理的北大年、亞拉、陶公三個省，暹羅所控制的吉打部分地區則演變為今天的沙敦省（Satun）。[30]

二、文化干擾

帶領暹羅邁向現代化舞臺的朱拉隆功在 1910 年過世，其子瓦吉拉兀（King Vajiravudh, r.1924-1925）繼位，是為拉瑪六世。朱拉隆功在位時，雖然對待馬來穆斯林在政治上要一把抓，卻容許一個國家中同時存在馬來族和泰族的雙重認同。[31] 曾在英國留學的拉瑪六世，深受西方民族主義的影響，深信必須有意識地促進暹羅人民族自尊，才能使暹羅邁

---

[29] Ibrahim Syukri, http://www.geocities.ws/prawat_patani/chapt3.htm，取用日期：2019年7月9日。孟慶順（2007），頁19-20。Che Man (2003), pp. 9-10. Nilsen (2012), p. 38.

[30] 陸繼鵬（2007），頁30。龐海紅（2011），頁177。孔建勛等（2010），頁108。Suhrke (1970), p. 535。

[31] 顧長永、蕭文軒（2016），頁128。

向現代。拉瑪六世相信，身為泰人，必須擁有共同的語言、宗教，以及同樣效忠泰王。這三項「共同／共享」，是泰人的民族遺產，也成為日後被稱為泰國性的民族主義主要內涵。[32]

1912 年，受孫文革命影響欲在暹羅建立共和國的華人軍官和其他泰人軍官發動政變。此政變令拉瑪六世思考暹羅境內大批被孫文感召而支持其革命運動的華人，他們對中國的認同和情感是否會危及暹羅的存在。[33]1913 年，暹羅頒布《國籍法》（Nationality Act of 1913），讓居住在暹羅境內的華人有機會成為泰人，然而，孫文革命所創建的中華民國卻允許海外華人保有原國籍，[34] 加上之前的叛變，拉瑪六世認為，有必要透過教育，讓三項泰人共同遺產成為暹羅王朝內所有子民的共同遺產。他先於 1918 年頒布《私立學校法》（Private School Act），要求所有私立學校必須每日教授暹邏歷史、地理以及 3 小時泰語課，後於 1921 年頒布《初級義務教育法》（Compulsory Education Act），規定 7-14 歲的兒童都必須到學校接受教育，以改變華人認同。Charles Keyes 認為，華人與泰人文化和認同的差異，讓他成為泰國歷史上首位清楚提出民族主義意識形態的君王。[35]

儘管上述兩部法律主要目的為改變華人認同，卻在馬來穆斯林地區產生文化干擾的效果。推動義務教育以前，馬來穆斯林透過龐多克（pondok）接受教育，研讀《古蘭經》、《穆罕默德言行錄》，以及學

[32] Keyes (2008), p. 22.

[33] 張奕善譯，D.G.E. Hall著（1982），《東南亞洲史（下冊）》，臺北：國立編譯館，頁926-927。陳鴻瑜（2015），頁211。Wyatt (2003), p. 216. Chris Baker and Pasuk Phongpaichit (2005). *A History of Thailand. Cambridge*: Cambridge University Press, pp. 111-112.

[34] Baker and Pasuk (2005), p. 114-115.

[35] Keyes (2008), p. 22.

習馬來語。[36] 因此，龐多克其實是將馬來兒童教育成言行舉止符合伊斯蘭教義的穆斯林之宗教機構。[37] 在上述兩項法規規範下，龐多克若要繼續存在，不僅須登記為政府承認的私立學校，也需依照規定開始教授泰語和泰國歷史。然而，對馬來穆斯林而言，馬來語不僅是溝通的語言，更是學習伊斯蘭教義的宗教語言，泰語則是學習佛教的宗教語言；將龐多克登記為私立學校，就必須教授暹羅和泰族的光榮戰事，而非馬來人被併吞的過往。此外，暹羅當局也對馬來人徵收人頭稅，希望以這些稅收支撐使用泰語教學的學校。凡此，均讓馬來穆斯林認為，曼谷當局意圖除去他們的文化，導致 1922 年許多馬來貴族聯合領導北大年府瑪又縣（Mayo district）南賽村（Ban Namsai）村民，拒絕繳交稅金以反抗曼谷當局。該場騷亂最後造成上千人死亡。[38]

Chen Man 認為，南賽村事件令曼谷當局留意到一股馬來民族主義正在萌芽；這股民族主義不僅驅動暹羅南部馬來穆斯林的投入，也企圖動員其他馬來蘇丹國的支持。[39]Surin 發現，暹羅擔憂對北大年地區繼續進行無差別同化教育，可能遭致英國干預，加上南賽事件上千人死亡的代價，使拉瑪六世重新審視其對北大年地區的政策，於 1923 年提出三條北大年地區施政準則：任何明顯違反伊斯蘭的規範或政策應該立即廢止，任何新規範不能牴觸伊斯蘭教，且需支持伊斯蘭信仰；馬來穆斯林的稅金，不能高於英國治下的馬來蘇丹國；派任北大年地區的行政官員

---

36 顧長永、蕭文軒（2016），頁130-131。孔建勛等（2010），頁109。

37 Duncan McCargo(2008), *Tearing Apart the Land: Islam and Legitimacy in Southern Thailand*, Ithaca: Cornell University Press, p. 38.

38 龐海紅（2011），頁203-204。Surin (1982), pp. 65-66. Che Man(2003), p. 10. W.K. Che Man (1990). *Muslim Separatism: The Moros of Southern Philippines and the Malays of Southern Thailand*, Manila: Ateneo de Manila University Press, pp. 63-64.

39 引自 Thanet Aphornsuvan (2004). *Origins of Malay Muslim "Separatism" in Southern Thailand*, Asia Research Institute Working Paper Series No.32, Asia Research Institute at National University of Singapore, p. 19.

必須誠實且得體，沒有任何人是因為過錯而被派往。這是「1902 年改革」被執行以來，暹羅首次正式承認北大年地區獨特的文化差異，願意給予一定程度特殊對待，使北大年地區經歷長期抗爭後，終於得到些許自主地位。[40]

1932 年 6 月 24 日，由留學歐洲歸國菁英組成的人民黨（People's Party, Khana Ratsadon）發動政變，公布暹羅臨時行政憲章（Temporary Charter for the Administration of Siam Act of 1932），廢除絕對君主制，推動君主立憲制。該憲章於同年 6 月 29 日由國王拉瑪七世簽署施行。[41] 馬來穆斯林領導人相信，他們可以透過參與此種新制度，擴展馬來穆斯林的政治空間，以在宗教、文化和語言等議題爭取最大程度自治。他們之所以如此相信的原因，可以分為外部因素和內部因素。就外部因素來說，北大年地區一直希望英國能支持他們與馬來半島其他蘇丹國共組聯邦，但隨著吉蘭丹、吉打、登家樓、柔佛等共組聯邦的計畫失敗，北大年地區也明瞭，加入其他馬來蘇丹國的聯邦，將是不可能實現的期待。就內部因素來說，前北大年蘇丹國最後一位拉惹阿布督卡迪爾流亡吉蘭丹時，和吉蘭丹馬來貴族之間建立聯繫，金援 1922 年發生在北大年的反抗運動。阿布督卡迪爾於 1933 年過世後，當時的北大年地區沒有如他一樣能和馬來半島其他蘇丹國拉惹建立聯繫的政治宗教領袖。他的孩子，也是名位繼承人東姑‧馬穆‧瑪伊丁（Tengu Mahmud Mahyiddin）更前往曼谷，對發動政變的領導人表示，馬來穆斯林願意在憲政體制下

---

[40] Surin (1982), p. 68-69。

[41] 陳禮頌譯，W.A.R. Wood 著（1947），《暹羅史》，臺北：臺灣商務印書館，頁 313-314。陳鴻瑜（2015），頁221-227。Kevin Hewison引述泰國總理辦公室文件指出，泰國官方觀點認為，拉瑪七世是「領導泰國從專制制度向君主立憲制度的歷史性轉變。」Kevin Hewison(2002)，〈君主政體和民主化〉，在《泰國的政治變化：民主和參與》，香港：香港城市大學東南亞研究中心，頁121。Chris and Pasuk (2005), pp. 118-119.

接受暹羅治理。[42]

　　然而，國家權力事實上掌握在幾個政治菁英手上，人民沒有太多參與政治的空間，馬來穆斯林對此感到失望。此外，議會制政府頒布新教育法案，規定所有公立學校教科書皆由政府提供，師資不足的學校，則由僧侶擔任教師。由於政府依照佛教義理設計教科書，加上泰語不是馬來穆斯林日常使用語言，許多馬來家長反對孩子進入公立學校念書。[43]

　　披汶・頌勘（Phibun Songkhram）1938 年執政，他發現，暹羅境內華人每年將大量金錢送往他們在當時仍為中華民國政府治理的中國，抑制暹羅經濟成長，日本入侵中國引發暹羅華人大規模抗議則破壞暹羅與日本外交關係。他認為，國族是相同文化的一群人所構成之整體，為了解決華人日趨高漲的民族主義，必須啟動全面性國族建構計畫。1939年到 1944 年間，披汶政府頒布《國家規範》（Ratthaniyom, State Convention/Cultural Mandates of the State）、《泰習慣條例》（Thai Custom Decree）及其他相似法令，將暹羅更名為泰國，[44]具體界定泰族文化為泰國人的國族性核心，確立「泰國只有一種文化，就是泰族文化」，以推動國族統一。在馬來穆斯林地區，穿著馬來傳統服飾、說馬來語、進行伊斯蘭教儀式、使用馬來名字等，均被禁止。1944 年，披汶甚至關閉泰南三府的伊斯蘭法庭、廢除伊斯蘭婚姻與繼承法律，所有民事糾紛一律適用適用泰國民法（Thai Civil Law）。[45]對披汶而言，暹羅境內除了

---

[42] Surin (1982). pp. 73-74.

[43] 顧長永、蕭文軒（2016），頁132-133。

[44] 1939年6月23日至1945年9月8日，批汶改暹羅名為「泰國」（Prathet Thai），意為「自由領土」。1945年9月8日，復稱為暹羅，1949年5月11日，再次更名為「泰王國」，後沿用至今。張奕善譯，D.G.E. Hall著（1982），頁933。顧長永、蕭文軒（2016），頁133。Wyatt (2003), pp. 243-244.

[45] Phansasiri Kularb (2016). *Reporting Thailand's Southern Conflict: Mediating Political Dissent*, London: Routledge/Taylor & Francis Group, p. 2. Andrew D. W. Forbs (Nov. 1982). "Thailand's Muslim Minorities: Assimilation, Secession, or Coexistence," in *Asian*

泰族文化，其他群體的傳統、風俗、語言等，都是應該被文明化與現代化的低下文化形式。他甚至發明了泰伊斯蘭（Thai Islam）一詞，用以指稱全國穆斯林。曼谷和其他地區原來非馬來蘇丹國的穆斯林，早已被整合入暹羅社會，故「泰伊斯蘭」一詞被認爲抹煞馬來穆斯林作爲曾擁有祖國的獨特歷史和文化特性，而遭到嫌惡。[46]

在此全面性泰國族建構計畫背景下，馬伊丁繼承他父親遺志，組織大北大年馬來亞協會（Association of Malays of Greater Patani, AMGP），開始追求北大年和馬來半島蘇丹國合併的復國運動。另一位宗教領袖哈吉·蘇龍（Haji Sulong）則組織北大年人民運動（Patani Malay Movement, PMM）。北大年地區因爲 1923 年新施政準則所開啓的短暫和平，就此而止。[47]

參、未竟的馬來民族自決運動

二次大戰期間，日本一度借道泰國進攻殖民馬來亞和緬甸的英國。日本承諾，若他們若能擊敗英國，就會把英國從泰國手中奪取的領土歸還給泰國。馬來半島諸蘇丹國以馬來民族主義爲動員力量對抗日本，這股民族主義刺激北大年地區馬來穆斯林追求政治自主的願望。泰

Survey Vol. 22, pp. 1056-1073. Che Man (2003), p. 11. Engvall and Anderson(2014), p. 176.林合勝（2012），頁66-67。

[46] 彭慧（2009），〈二十世紀以來泰國馬來穆斯林民族主義的演化與發展〉，《南洋問題研究》，第4期，頁86。李一平、吳向虹（2007），〈冷戰後泰南穆斯林分離運動的原因探析〉，《南洋問題研究》，第3期，頁40。David Brown (1988). "From Peripheral Communities to Ethnic Nations: Separatism in Southeast Asia," in *Pacific Affairs*, 61(1), p. 63. Thanet (2004), pp. 24-26. Poowin (2017), p. 179.

[47] Aree Jampaklay and Kathleen Ford (2017). "How Does Unrest Affect Migration? Evidence from the Three Southernmost Provinces of Thailand," in *Demographic Research*, vol.37, pp. 28-29. Che Man (2003), p. 11.

南地區許多馬來穆斯林加入英國陣線，抵抗日本，他們相信，一旦英國勝利，他們就可以借英國干預之力，從泰國獨立出去。不過，隨著日本在 1942 年占領英屬馬來亞，泰南穆斯林的獨立願望落空。日本為回報泰國，於 1943 年將吉蘭丹、登家樓、玻璃市（Perlis）、吉打等在《英暹條約》中被割讓予英國的馬來蘇丹國併入泰國。[48]雖然獨立願望落空，但上述四個馬來蘇丹國重新併入泰國，使泰南地區馬來半島穆斯林有更直接機會重新建立他們的跨境民族連結。例如，馬伊丁在二戰期間從北大年地區吸引志士加入吉蘭丹的反日組織，在泰南和馬來亞對抗日軍；陶公省議員東姑‧賈拉爾（Tengu Jalal）寫信給披汶政府，要求當局正視泰南地區因為諸多文化干擾政策所造成的問題，政府回應其所有政策都被正確且允當地執行，失望之餘，東姑‧賈拉爾遂前往吉蘭丹，和馬伊丁共同領導爭取泰南馬來穆斯林權益。[49]

戰後，曼谷當局頒布《伊斯蘭保護法》（Islamic Patronage Act of 1945），授權中央政府成立國家伊斯蘭委員會（National Council for Islamic Affairs）和省伊斯蘭委員會（Provincial Council for Islamic Affairs），前者提供建議予中央政府內政部和教育部，後者提供建言給省政府；政府成立伊斯蘭大學並計畫從馬來社群甄補更多馬來教師，再根據《伊斯蘭保護法》，於泰國民事法庭恢復專責解釋和執行伊斯蘭律法的卡迪（Kathi）職位，讓民事法庭也能扮演伊斯蘭法庭的角色。[50]儘管曼谷當局再次開始正視馬來穆斯林的宗教和文化獨特性，但或許是北大年

---

48 姚南等譯，John F. Cady,著（1984），《戰後東南亞史》，上海：上海譯文出版社，頁12-15。陳鴻瑜（2015），頁243-245。顧長永、蕭文軒（2016），頁135。Thanet (2004), p. 26.

49 Thanet (2004), p. 27.

50 泰國當局另外制定卡迪的選任資格和方式，必須能夠閱讀和書寫泰文是其中一項。哈吉‧蘇龍（Haji Sulong）反對由非伊斯蘭教徒制定如何選任卡迪。Thanet (2004), pp. 29-30. Poowin (2017), p. 179.

蘇丹國被併入泰國，且國土被劃為三個省而不得不接受曼谷當局統治的歷史記憶已成為泰南馬來穆斯林的集體創傷，北大年地區人民已不滿於泰國政府在宗教與文化事務所釋出的善意。事實上，如同 Che Man 所言，他們將泰國政府視為殖民政權，[51] 北大年地區領導人因而若非向國際社會爭取支持他們追求獨立，就是向曼谷當局要求自治。

例如，1945 年，北大年地區領導人向英國表示，北大年、亞拉、陶公三省原為北大年馬來蘇丹國，成為泰國治理的省級行政單位僅 50 年，同盟國應該幫助他們重建國家，以和馬來半島的其他蘇丹國共組聯盟。英國考量有必要維持泰國領土完整性，沒有接受此訴求。1947 年 4 月 3 日，馬來穆斯林領導人哈吉·蘇龍代表北大年地區向泰國政府提出七項要求。其中，第一項要求原屬於北大年蘇丹國的三個省和沙敦省，必須由一位擁有完整權力的官員治理，而這位官員必須出生在這四個省並由四省人民選出；第二項要求從四個馬來穆斯林省所徵集的稅賦，只能用在這四個省；第七項要求政府必須在四個省區分宗教法庭和民事法庭。[52]此三項要求，清楚指出馬來穆斯林將四個省視為「一個」屬於馬來人的領域，此領域必須依照他們自身意願自我治理的政治主張。然而，戰後的曼谷當局無法接受任何族裔宣稱他們因為文化差異而有擁有特殊政治權，特別是需要透過自治予以實踐的政治權。

McCargo 指出，倘若馬來穆斯林可以因為文化與宗教差異，以及曾經是屬國，就擁有自治權，則曾為暹羅屬國蘭納王國（Lanna）的清邁、東北地區曾為寮國土地的省分，他們自當同樣享有自治權；當時，所有地方政府官員都依照中央政府指令輪調到其他政府任職，他們不被認為應該和所治理的地區有任何特殊情感依附（attachment）；雖然地方政府低階層官員的確多由當地人擔任，但高階官員必須輪調，而且以調往

51 Che Man (2003), p. 15.
52 Thanet (2004), p. 33. Surin (1982), p. 152.

中央層級部門為生涯目標，哈吉‧蘇龍要求八成官員必須由馬來穆斯林擔任，將排擠由其他佛教徒省分調來的官員在北大年地區的職位數，若將他們往外調，其他省分或公部門並沒有足夠相應的職位，恐打破官員以地方開始向中央調任的同心圓制度。[53] 更重要的是，原北大年屬國的三省和沙敦省，如果由一位當地出生的穆斯林最高領導人治理，這位領導人或將扮演過往拉惹的角色，成為泰南馬來人民的政治效忠對象，一旦此情形發生，即使無法於制度上恢復北大年蘇丹國，也可能重塑過往蘇丹國的整體民族意識，造成 Clive J. Christie 所言，馬來穆斯林自治會削弱拉瑪五世所提泰國性三大共享遺產（佛教、泰語、效忠泰王）在泰南地區的正當性，[54] 而此共享遺產是建構泰國性過程中不容挑戰的國族主義論述。

1948 年，北大年地區再次向國際社會發出獨立之聲；大約 25 萬馬來穆斯林向聯合國遞交請願書，要求國際社會支持原北大年蘇丹國的三個省加入同年一月成立的馬來亞聯合邦（Federation of Malaya）。此項請願行動雖被泰國政府鎮壓，但國際社會也同時施壓泰國政府，要其正視北大年地區的自治需求，但直到 1957 年披汶政府倒臺，曼谷當局均未同意北大年地區施行自治。[55]

眼見爭取自治無望，加入馬來半島其他蘇丹國共組國家的希望也隨著馬來西亞於 1957 年獨立而為泡影，部分馬來穆斯林國族主義人士開始步上武裝獨立運動的道路。例如，前陶公省議員東姑‧賈拉爾

---

[53] Duncan McCargo (2010). "Autonomy for Southern Thailand: Thinking the Unthinkable?" in *Pacific Affairs*, Vol.83, No.2, pp. 267-269. Duncan McCargo (2012). *Mapping National Anxiety: Thailand's Southern Conflict*, Copenhagen: Nordic Institute of Asian Studies (NIDAS), p. 2. Natawan (1976), p. 208.

[54] Christie Clive (1996). *A Modern History of Southeast Asia: Decolonization, Nationalism and Separatism*, New York: Tauris Academic Studies, p. 180.

[55] 孔建勛等（2010），頁110。

於 1959 年整合分裂的北大年馬來亞協會和其他北大年王族，組織北大年民族解放陣線（Barisan National Pember-Basan Patani, BNPP 或 Patani National Liberation Front, PNLF），以恢復北大年王室，建立獨立的北大年伊斯蘭國為目的，是為第一個武裝分離主義團體。BNPP/PNLF 與馬來西亞的大馬來民族主義政黨泛馬來亞伊斯蘭黨（Persatuan Islam Sa-Malaya/Sa-Tanah Melayu）保持緊密關係。泛馬來亞伊斯蘭黨極力推動將印尼、汶萊和泰南穆斯林地區整合入馬來西亞，是泰南穆斯林反抗運動的堅定支持者，他們不僅替泰南分離運動訓練人員、出版宣傳資料，更在 1961 年推動馬來西亞政府實施鼓勵泰南穆斯林遷居馬來西亞的政策。許多持有泰、馬雙重國籍的北大年地區人士為該黨黨員。[56]

鑑於泰國政府意欲利用「泰國性三項共享遺產」把泰南穆斯林同化為泰國族成員之目的尚未達到，加上馬來西亞對穆斯林的同情，讓泰國政府擔憂其南方領土的穩定，可能因為馬來西亞介入而無法有效維持，泰國政府乃加強對泰南社會施行同化和整合政策的力道，其中，最重要的兩項政策為「教育改進計畫」和「自助移居計畫」（Self-help Settlement Project）。

1961 年，沙立・塔納拉（Sarit Thanarat）擔任總理的泰國中央政府在北大年、亞拉、陶公、沙敦四省推動教育改進計畫，所有伊斯蘭教育機構龐多克都被要求登記為正式學校，並教授政府設計、以泰文為使用語言的教材。宗教課程被允許，但必須遵守教育部規範。到 1971 年為止，共有 535 間龐多克登記為正式學校，超過 100 間龐多克因為不願意登記而被關閉。政府也在這四個省增設公立學校。到 1991 年，龐多克的數量下滑至 189 間，公立學校則有 1218 間；幾乎每一個村莊都有一間公立小學，每一縣就有一間公立中學。仍然存在的龐多克，由於沒有足夠學生收取學費以平衡經營所需成本，又被要求使用被視為佛教語言

---

[56] 顧長永、蕭文軒（2016），頁139。龐海紅（2011），頁213-216。

的泰語教授宗教課程，宗教課程內容還需遵照教育部規定，而失去 Che Man 所說的文化鞏固（cultural fortification）功能。[57] 自助移居計畫旨在將其他省的佛教徒移入北大年地區，以讓馬來穆斯林在自己傳統領域中成為少數民族。政府提供每個移居家庭七至十英畝土地，供其定居。如此，不僅可以完成沙立所說，提升北大年地區忠誠泰人的血液比例，同時，當馬來穆斯林成為自己土地的少數民族，他們就會失去要求特殊文化權和政治自主權的正當性。

教育改進計畫和自助移居計畫，儼然成為曼谷當局稀釋北大年地區馬來文化濃度，改變當地整體族裔特性的大刀。如此政策，造成更多馬來穆斯林的怨恨，引發更多武裝反抗行動。[58]

1963 年成立的北大年共和國解放陣線（The Liberation Front of Republic Patani，又稱為 Barisan Revolusion Nasional, BRN），在北大年地區發動多起武裝破壞行動，該組織目的為推動社會主義革命、武裝解放北大年地區，以建立伊斯蘭社會主義國家。[59] 前北大年蘇丹國貴族卡畢·拉曼（Kabir Abdul Raman）於 1968 年成立的北大年聯合解放組織（The Patani United Liberation Organization, PULO），是最有影響力的反抗組織。PULO 雖反對社會主義，但因為北大年地區長年面臨貧窮和政府的不正義政策，PULO 在 1970 年代與泰國共產黨合作開始造反。當然，PULO 也會透過街頭抗爭來爭取政治目的，比如，1975 年，陶公省巴邱縣（Bacho District）五名村民據稱被泰國海軍殺害，PULO 在

---

57 孔建勳等（2010），頁110-111。顧長永、蕭文軒（2016），頁142。Che Man(2003), pp. 12-13。May Tan-Mullins (Dec.2009). "Armed Conflict and Resolutions in Southern Thailand," in *Geographies of Peace and Armed Conflict*, p. 925.

58 Che Man指出，根據泰國政府統計資料，1968-1975年間，馬來分離運動組織和泰國政府之間，總共發生385次武裝衝突。Che Man (2003), p. 15.

59 Surin (1982), pp. 231-232.

北大年省動員超過七萬馬來穆斯林上街抗議。[60]

　　1980 年代，炳‧廷素拉暖（Prem Tinsulanonda）擔任總理時期，啓動更民主的南方治理政策。出身於南方宋卡省的背景，使他對泰南穆斯林議題相當熟悉，也更能理解馬來穆斯林的治政訴求。他上臺後，以「政治領導軍事」方針處理南方長期以來看似無解的衝突。該方針是，處理南方議題，須以和平方式取代軍事行動，以免造成人民對政府的戰爭。基此方針，第四軍區指揮官於 1981 年宣布「和平南方」（Peaceful South）政策，以與政府其他部門共同維持泰南地區穩定。之後，維持泰南穩定的具體措施包括，爲了改善泰南地區低於全國平均的生產和收入水平，陸續成立南部邊境省分行政中心（Southern Border Provinces Administrative Center, SBPAC）和公民暨軍警維安任務部隊（The Civilian Police Military Task Force 43, CPM 43）作爲南部安全事務主要治理機構、設置社區發展中心（The Community Development Center）啓動國民經濟與社會發展計畫、成立伊斯蘭基金會以提升中央政府與泰南穆斯林四省的合作層、撥款興修清眞寺、允許穆斯林自由進行宗教和文化儀式以促進社會和諧，甚至一度補助伊斯蘭信徒前往麥加朝聖等。[61]

　　政治領導軍事的政策，在泰南地區帶來些許民主參與的機會，吸引泰南穆斯林參加 1983 年的全國大選。雖然馬來穆斯林贏得四個穆斯林省應選全國議員九席中的七席，卻沒有任何馬來穆斯林擔任政府重要職位。評論者指出，因爲勝選的馬來穆斯林分別代表六個不同政黨，顯示馬來穆斯林不夠團結，泰國政府自然不需理會一個不團結的民族。1986 年，泰南馬來穆斯林領導人經過兩次會議，決定籌組象徵團結的

---

[60] Surin (1982), pp. 234-237.

[61] 顧長永、蕭文軒（2016），頁151。Che Man (2003), pp. 15-17, 19. Srisompob Jitpriomrsi and Ducan McCargo (2008). "A Ministry for the South: New Governance Proposals for Thailand's Southern Region," in *Contemporary Southeast Asia*, 30(3), pp. 414-415.

政治聯盟瓦達（Al-Wahdah）。之後，儘管有馬來穆斯林分別代表瓦達和其他政黨彼此競逐國會議員，但馬來穆斯林議員開始在國會發揮影響力，修改違反泰南穆斯林意志的法律，例如，一度禁用的馬來姓名被允許使用、泰南地區公共場合設置祈禱室等。馬來穆斯林擔任中央部會層級首長的機會也有所提升，最明顯的例子是，瓦達成員 Den To'Mina 於1992 年被任命為內政部副部長。[62]1997 年 10 月 11 日，泰國政府頒布歷史上第一個由民選制憲委員會（Constitution Drafting Assembly, CDA）所制定的憲法，該憲法被稱為「人民憲法」（People's Constitution）。新憲法承認傳統社群權、自由教育權，以及最大程度地方分權。在「人民憲法」保障下，馬來穆斯林較以往更願意參與泰國政治。例如，亞拉選區的瓦達成員 Wan Mohammad Noor Matha 在 1996 到 2001 年間擔任眾議院議長、來自陶公省的民主黨籍議員 Surin Pitsuwan 則於 1997 年到2001 年間擔任外交部長。[63]

　　儘管隨著政治自由化，馬來穆斯林參與政治以與主流社會共存的意願提升，泰國文化中的多元性也開始被承認，但在泰南地區，警察對馬來穆斯林的騷擾並未大幅減少，濫權甚至讓穆斯林嫌疑犯「被消失」的法外制裁情形，不時發生，以致南方穆斯林對泰國主體社會仍抱持警覺態度。[64]

---

[62] Che Man (2003), pp. 18-22.

[63] Wattana Sugunnasil (2007), "Islam, Radicalism, and Violence in Southern Thailand," in Duncan McCargo ed., *Rethinking Thailand's Southern Violence*, Singapore: NUS Press, pp. 115-116. Omar F. Bajunid (2005). "Islam, Nationalism, and the Thai State," in Wattana Sugunnasil ed., *Dynamic Diversity in Southern Thailand*, Chiang Mai: Silkworm Books, pp. 12-13.

[64] 彭慧（2009），〈二十世紀以來泰國馬來穆斯林民族主義的演化與發展〉，《南洋問題研究》，第4期，頁89。Wattana (2007), p. 116-117.

建構泰國性與泰南穆斯林衝突

肆、結語：馬來穆斯林衝突與「紅、黃」治政鬥爭

　　財閥塔信（Thaksin Chinnawat）領導泰愛泰黨（Thai Rak Thai Party）贏得 2001 年國會大選後，以 SBPAC 和 CPM43 治理泰南效果不彰，廢除這兩個機構。[65]2004 年 4 月，塔信成立南方省分和平重建指揮部（Southern Provnices Peace-building Command, SBPPC）。不過，塔信成立該指揮部，並未教育指揮部的軍人和警察如何保護平民和尊重人權，相反地，塔信政府強調，該指揮部之目的，就是要用武力綏靖泰南地區，以致指揮部所轄的軍人和警察不斷犯下法外制裁的濫權行為。[66]在此情形下，泰南地區的衝突愈來愈激烈，激進人士則選擇性地詮釋可蘭經，以對佛教徒或異教徒進行聖戰。[67]

　　2004 年 4 月 28 日，一百多位人士計畫攻擊北大年、亞拉和宋卡三省的幾所警署，因警方收到線報而沒有成功。部分手持小刀和竹棍的攻擊者撤退至北大年省歷史最悠久的庫賽清真寺（Krue Sae Mosque）。七小時對峙後，軍方攻入清真寺，造成 105 人死亡。被稱為庫賽慘案的事件，發生於被穆斯林視為神聖地域的清真寺內，引發群眾在 2004 年 10 月 25 日前往陶公省達拜縣（Tak Bai）警局示威抗議。當局強力逮捕抗議人士，在把他們載往亞拉省關押路程中，78 名抗議人士窒息死亡於押送車內。達拜事件，引起泰國周遭國家齊聲抗議，印尼雅加達英文郵報甚至警告泰國，此事件只會造成泰南地區更嚴峻的情勢。2004 年

[65] John Funston (2008). *Southern Thailand: The Dynamics of Conflict*, Policy Studies 50, Washington: East-West Center, p. 23-24.顧長永、蕭文軒（2016），頁153-154。孔建勳等（2010），頁115。

[66] Human Rights Watch (Aug.2007), *No One is Safe: Insurgent Violence against Civilians in Thailand's Southern Border Provinces*, 19(13), p. 37.

[67] Wattana (2007), p. 118.

10 月 28 日，塔信罕見的對該起事件道歉，並允諾成立特別委員會調查事件經過，PULO 卻在其網站憤怒的聲明，「他們的首都將被焚毀，就如北大年首府被焚毀一樣，」誓言報復。[68]

達拜事件後，泰南不斷發生攻擊政府部門的衝突事件。為了解決問題，塔信政府於 2005 年 3 月成立國家和解委員會（National Reconciliation Commission, NRC），由前總理阿南·班雅拉春（Anand Panyarachun）擔任主席。為了贏得泰南地區人民信任，阿南邀請泰南三省的伊斯蘭委員會領導人，以及兩名倡議和平與對話的僧侶 Phra Paisal Visalo 和 Phra Khru Dhammad 共同找出和解之道。[69]儘管如此，曼谷上層社會之間卻一度流傳一張名為「穆斯林吞噬佛教徒」的 DVD。DVD 中的僧侶指出，泰國佛教將被穆斯林所滅，支撐泰國的三大支柱，尤其是皇家的力量，正在減弱。該 DVD 內容雖然沒有證據，卻仍然代表泰國對北大年地區被暹羅王朝併吞歷史之忽視，以及對穆斯林的無端恐懼。[70]

2005 年 12 月 9 日，塔信為索取 35 億泰銖回扣，下令軍方購買服役年限將至的俄羅斯戰機，以及 2006 年 1 月他出售家族產業 Advanced Info Service（AIS）近半股份予新加坡官股企業卻沒有繳交所得

---

[68] Anders Engvall and Magnus Anderson (2004), *The Dynamics of Conflict in Southern Thailand*, Asian Economic Paper 13:3, The Earth Institute, Columbia University and the Massachusetts Institute of Technology, pp. 177-178. Engvall and Anderson (2014), p. 177. 另可參見，https://zh.wikipedia.org/wiki/%E6%B3%B0%E5%9C%8B%E5%8D%97%E9%83%A8%E5%8B%95%E4%BA%82，取用日期：2019年6月15日。〈泰南暴動：總理塔克辛認錯分離分子揚言報仇〉，在http://www.epochtimes.com/gb/4/10/28/n702715.htm，檢索日期：2019年6月15日。

[69] Ducan McCargo (2012), Mapping National Anxieties: Thailand's Southern Conflict, Copenhagen: Nordic Institute of Asian Studies, p. 42. NRC (2006), *Report of the National Reconciliation Commission: Overcoming Violence through the Power of Reconciliation*, office of the Cabinet Secretary,在http://thailand.ahrchk.net/docs/nrc_report_en.pdf，取用日期：2019年6月15日。

[70] McCargo (2012), pp. 22-25.

稅，引發反對人士成立人民民主聯盟（People's Alliance for Democracy, PAD），要求塔信下臺。由於其成員均穿著黃色衣服參加抗議活動，外界以黃衫軍稱之。塔信解散下議院，提前舉行大選，但他所領導的泰愛泰黨（Thai Rak Thai）得到超過半數選票而再次組閣，不僅沒有緩和紛爭，反因被懷疑買票而致泰國陸軍總司令頌提·汶雅叻格林（Sonthi Boonyaratglin）於 2006 年 9 月 19 日發動政變，並在覲見泰王報告政變原因後，獲御准擔任相當於代理總理的政改團最高首長。[71]

頌提是伊斯蘭教徒，PULO 副主席故認為若由頌提主導未來泰國政治走向，有助解決泰國南部的衝突。事實上，頌提在發動政變前曾建議塔信政府和泰南分離主義人士談判，但遭拒絕。素拉育·朱拉暖（Surayut Chulanon）擔任臨時政府總理後，頌提代表泰國政府前往泰南，為達拜事件向當地人士和亡者家屬致歉，並於 2006 年年底宣布於泰南地區推動多項計畫，以改善當地經濟狀況。[72]

2007 年，軍方指派的憲法法庭宣布泰愛泰黨違反選舉法，並解散泰愛泰黨。泰愛泰黨核心成員和反對軍事政變人士成立反獨裁聯盟（National United Front of Democracy Against Dictatorship, UDD）。由於 UDD 成員與支持者均在抗議活動中穿著紅色衣服，外界以紅衫軍稱呼。

自 UDD 成立後，黃衫軍和紅衫軍之間的爭執與對抗，便主導了泰國之後的政治發展。塔信和其盟友想改變泰國皇家對政治的影響力而被視為反皇室力量，黃衫軍則因為擁護皇室而被稱為保皇派。雖然沒有明顯證據顯示紅衫軍政治人物想將泰國皇室虛化，甚至改君主立憲為民主共和體制，但紅衫軍和黃衫軍之爭，如同泰南穆斯林衝突，同樣牽動泰

---

71 趙中麒（2010），〈紅黃之爭的歷史成因〉，在 http://haoranngo.blogspot. com/2010/04/blog-post_79.html，取用日期：2019 年 6 月 15 日。陳佩修（2009），〈泰國的軍事政變與政治變遷〉，《東吳政治學報》，第 27 卷 3 期，頁 102。

72 陳鴻瑜（2015），頁 395。

國社會對泰國性三大支柱是否能繼續支撐泰國而不是讓泰國裂解的敏感神經。

　　前總理 Chalavit Youngchaiyudh 於 2009 年公開呼籲中央政府給予南方穆斯林省分一定程度自治。他被馬來穆斯林視爲泰國社會最理解泰南處境的政治人物。儘管冷戰之後，自治已被國際社會認爲是解決一國境內文化差異的最佳政治安排，[73] 泰國學者亦提出賦予馬來穆斯林省分自治或成立直屬總理辦公室的南方邊境省分發展委員會（Southern Border Provinces Development Administration Bureau, SBPDAB）解決泰南長年以來的衝突問題，[74] 但泰國的情形卻更爲複雜。

　　McCargo 表示，泰文沒有自治一詞。最接近的幾個詞，例如，khet pokkhrong ton eng，原意爲自治區（self-governing zone），但卻是一個一般人不懂的拼湊語；更精簡的詞爲 ekkarat，但這個詞彙卻同時有獨立之意，在泰國語境下使用這個詞彙，等於分離主義。另一個比較常被使用的詞是具有特別行政區（special administrative zone）之意的 khet pokkhrong phiset 或 khet phiset。不論使用哪個詞彙，都會讓人爭論，如果泰南穆斯林省分享有自治，則其他曾爲暹羅王朝屬國的地區是否應該同樣擁有自治？他另外指出，多數受過教育的馬來穆斯林菁英都希望泰南穆斯林衝突地區能擁有自治權，但他們不能公開提出此訴求，以免被視爲分離主義人士而遭致更大打擊。[75]

---

[73] Marc and Stefan Wolff (2005), "Recent Trends in Autonomy and State Construction," in Marc and Stefan Wolff, ed., *Autonomy, Self-Governance and Conflict Resolution: Innovative Approaches to Institutional Design in Divided Societies*, Abingdon: Routledge, p. 262.

[74] Aurel Croissant (2007). "Muslim Insurgency, Political Violence and Democracy in Thailand," in *Terrorism and Political Violence*, Vol.19, No.1, pp. 1-18. Srisompob and Ma-Cargo (2008), p. 416.

[75] McCargo (2010), p. 267. 在一場於泰南舉辦的學術會議中，會議主席表示，當日所有討論都不能挑戰泰國作爲單一國的憲法架構，即使與會人士均表不解。NRC 甫成立的前幾週，其主席甚至拒絕討論泰南自治的政治建議。Duncan McCargo

　　2019 年 8 月 2 日，在三處代表泰國國家權威的辦公室外面分別發生爆炸案：曼谷北郊政府綜合辦公大樓、泰國皇家軍隊總部，以及暖武里省的國防部常務次長辦公室。截至本文完成之際，泰國政府仍未表明爆炸案是否與泰南穆斯林民族主義團體有關，但《曼谷郵報》引述不具名的警方消息來源指出，爆炸案是在泰國和馬來西亞邊境的組織所策劃。[76]

　　「泰國性」三項共享遺產中目前被使用的泰文，稱為中央泰文（central Thai），和東北泰文、北方泰文，同屬於泰語家族；北大年以外的其他各屬國雖有自己的君主，但已透過貢賦體系建立自己和暹羅王朝的忠誠關係；佛教和馬來穆斯林信奉的伊斯蘭教彼此間更是 Imtiyaz Yusuf 所言的封閉世界觀，而馬來穆斯林從未希望自己被整合入佛教世界觀。[77] 換言之，泰南馬來穆斯林自始不屬於這個「泰國性」。

　　西方社會自 1970 年代開始，藉由多元文化主義（multiculturalism）反省民族國家建構過程中主流文化群體對邊緣文化群體的壓迫，針對不同文化群體給予不同的特殊權利。[78] 多元文化主義引領我們重新定義民族國家，若能以此反思泰國性三支柱，或許才是解決泰南穆斯林問題的最好方式。

(2008). *Tearing Apart the Land: Islam and Legitimacy in Southern Thailand*, Ithaca: Cornell University Press, pp. 61-62.

[76] 呂欣憓（2019），〈曼谷爆炸案泰副總理指嫌犯在鄰國策劃〉，在https://www.cna.com.tw/news/aopl/201908140273.aspx，檢索日期：2019年8月15日。

[77] Imtiyaz Yusuf (2007), "The Southern Thailand Conflict and the Muslim World," in Journal of Muslim Miniority Affairs 27(2), pp. 325-326.

[78] Baha Abu-Laban and Donald Mottershead (1981). "Cultural Pluralism and Varieties of Ethic Politics," in *Canadian Ethnic Studies* 13(3), pp. 44-63. Will Kymlicka (1996). *Multicultural Citizenship: A Liberal Theory of Minority Rights*. Oxford: Oxford University Press.

Chapter *13*

五一三事件與馬來西亞華巫族群關係之種族化

林開忠[*]

[*] 國立暨南國際大學東南亞學系專任副教授兼系主任，研究專長為東南亞華人、族群關係及飲食與文化。

圖 13　馬來西亞地圖

壹、前言

　　馬來西亞分為東馬與西馬。東馬是由婆羅洲上的沙巴州（含納閩直轄區）和砂拉越州所組成；西馬則是由馬來半島的十一個州屬構成（另有兩個直轄市，即吉隆坡和布特拉再也簡稱為布城）。[1] 由於東西馬在歷史發展、人文社會和政治經濟上有著本質上的差別，其境內族群關係也有很大的不同，因此，本文將只集中討論西馬半島的族群關係。[2] 馬來西亞是個族群多元的國家，惟族群關係主要是圍繞在馬來人跟華人這兩個主要群體之間。[3]

---

1 馬來西亞是由十三個州屬所組成的聯合邦，其中西馬的十一個州屬從北到南分別是玻璃市（Perlis）、吉打（Kedah）、檳城（Pulau Pinang）、吉蘭丹（Kelantan）、登嘉樓（Trengganu）、彭亨（Pahang）、霹靂（Perak）、雪蘭莪（Selangor）、森美蘭（Negeri Sembilan）、馬六甲（Melaka）和柔佛（Johor）；東馬則有沙巴（Sabah）與砂拉越（Sarawak）。馬來西亞共有三個直轄市，即納閩（Labuan）、吉隆坡（Kuala Lumpur）和布城（Putrajaya）。參考圖13。

2 與許多亞非後殖民國家一樣，馬來西亞是英國殖民的產物。事實上，東西馬的殖民過程並不一樣：馬來半島主要是由英國東印度公司開始建立商業據點，之後交由英國政府管理，在工業革命的考量下，英國政府逐漸介入馬來亞的政治事務，取得大量的土地以吸引更多的英國資本來開發錫礦與設立橡膠園坵（plantation）的商業農業。而婆羅洲島則是布洛克家族（Brookes）於十九世紀中至二十世紀末，從衰弱的汶萊王國手中逐漸蠶食得來，取名為砂拉越；北婆羅洲（即後來的沙巴）則是私人公司從汶萊以及蘇祿蘇丹手中割讓的領土所組成。兩者似乎並沒獲得充足的殖民體系支援，因此，在一些政策的實施上也不同於馬來半島，造成這兩個地區的族群關係不盡相同。

3 就西馬而言，官方人口統計中的族群分類為土著族（Bumiputera）與非土著族（non-Bumiputera）。土著族可以再細分成馬來人（Melayu）和非馬來人，後者包含馬來半島的原住民（Orang Asli）以及東馬的其他原住民如伊班（Iban）、畢達友（Bidayuh）、卡達山－杜順（Kadazan-Dusun）等多個族群。而非土著則有華人、印度人和其他（Others）所組成。本文內容使用「馬來土著」來指涉整體的土著族且強調馬來人的重要性，因為雖然非馬來土著族也被包含在土著的稱謂中，但他們的權益和福利往往是被忽略的。

根據 2010 年馬來西亞人口統計，[4] 馬來西亞總體公民人口數共有 26,013,356 人，其中 67.4% 為土著族（17,523,508），華人人口則占 24.6%（6,392,636），印度人有 7.3%（1,907,827）以及其他為 0.7%（189,385）。[5] 土著族中，馬來人占了最大宗，有 54.6%（14,191,720），其他土著族則只有 3,331,788 人。以馬來西亞兩大族群馬來人跟華人的人口分布來看，有近 95% 的馬來人和 86% 的華人分布在西馬半島，因此，本文係以西馬半島為主來討論馬來西亞的華人跟馬來人的族群衝突與關係。

為何馬來半島的族群分布會是如此？為何馬來人自稱是土著族，而華人則被稱為非土著呢？這些問題都跟馬來半島的歷史、移民以及政治的發展息息相關。

貳、歷史管窺下的馬來半島族群關係

馬來半島位於泰國南方，是大陸東南亞向南延伸的陸地。它東面南中國海與婆羅洲島對望，西臨馬六甲海峽而與印尼的蘇門答臘島毗鄰，南邊則是隔著柔佛海峽的新加坡。這樣的地理位置，在紀元初印度商人在發現季風對航行的幫助後，就大大地促進了這個地區（蘇門答臘、爪哇和馬來半島）的政治經濟發展。隨著國際貿易的推動，區域與國際商品和人員及觀念的交流，也逐漸讓這個地區產生了足以控制貿易的土著王國如室利佛逝（Srivijaya）、滿者伯夷（Majapahit）和馬六甲（Malacca

---

4　參考 Jabatan Perangkaan Malaysia (2011). *Taburan Penduduk Dan Ciri-ciri Asas Demografi, 2010*. Kuala Lumpur: Jabatan Perangkaan Malaysia.

5　其他（Others）這個類別在人口統計中是指所有不能歸類到土著、華人及印度人的其他公民之統稱，事實上，沒有人會自稱自己為「其他」，這只是官方人口統計之權宜稱謂。

Sultanate）。[6]可以說，從紀元開始，馬來半島就逐漸成爲東西方以及區域貿易的樞紐，來自中國、印度以及之後的阿拉伯商人絡繹不絕於此。

　　對土著國王而言，這些外來的商人，特別是印度人，並不屬於其臣民，是沒有威脅性的，反而可以爲王國帶來可觀的財富，同時外來的珍品以及隨之而來的王權觀念，讓東南亞土著王國更具有治理的正當性。[7]中國的影響力雖非來自宗教或文化，但中國商人跟移民持續南渡似乎在歷史上沒有停止過。可能有些中國商人最後定居下來，並跟當地婦人通婚，只是相關的證據與資料不完整，無法完全重建這段關係。但在歐洲殖民前就已經存在於各地的土生華人（Chinese Peranakan 或 Chinese Mestizo）正可證明華人跟土著的親密關係：由於早期華人移民多是單身男性，他們在跟土著婦女通婚後，在男主內女主外的觀念下，他們的混血後裔幾乎都是在土著媽媽的社會化下長大，因此，逐漸形成一種混合中國與土著元素的雜糅文化：中國文化主要保留在親屬制度、親屬稱謂、祖先崇拜以及其他慶典宗教儀式與祭品上；至於其他的文化面相則大量採用土著族的文化元素，例如：語言、衣著、日常食物等。[8]可

6　這個地區原本就有著起起落落的大大小小部落王國，這些王國大多靠控制河口來抽取上下游貿易；隨著國際貿易航線的發現與發展，更促使這地區的某些王國因貿易而逐漸壯大，最後形成帝國。國際貿易不只帶來商品的流動，也帶進印度的政治觀念，從而使東南亞地區開始出現更大、更龐雜的土著國家。這裡所謂的「土著」是indigenous的意思，跟文後討論的土著族或*Bumiputera*是不同的。

7　除了越南北部地區落入中國秦朝的統治，因此，接受大量來自中國的文化與制度的影響外，其他東南亞地區則基本上都籠罩在印度宗教與文化的影響範圍下，史家將此時期稱爲印度化時代（Indianization）。

8　當時我們可以在印尼爪哇、馬來半島的馬六甲以及菲律賓的馬尼拉找到這些土生華人社會的蹤跡，這些社會可能成形於十八世紀或更早之前，但到了十九世紀，歐洲殖民者在這裡立足後，而逐漸成爲殖民社會裡重要的中介角色。參考Skinner, William A. (1996). "Creolized Chinese Societies in Southeast Asia". In *Sojourners and Settlers: Histories of Southeast Asia and the Chinese.* Edited by Anthony Reid. Sydney: Allen and Unwin. pp. 50-93; Tan Chee-Beng (1988). *The Baba of Melaka: Culture and*

見，早期東南亞地區，華人跟當地的土著群體關係相對單純，且未有其他因素得以阻礙群體之間的互動甚至通婚。

在馬來群島，經歷印度傳播來的佛教（先是大乘再到上座部佛教）與印度教（從婆羅門教到印度教）的洗禮後，源自阿拉伯的伊斯蘭也隨著印度穆斯林的步伐來到這裡，並讓大部分的島嶼東南亞進入新一輪的政治與文化的伊斯蘭化（Islamization）過程。就在伊斯蘭向北繼續傳播時的十五世紀，歐洲人也在麥哲倫發現了摩鹿加香料群島後，前赴後繼地前來東南亞。仗著船堅炮利的優勢，歐洲人將印度洋上的非歐洲商人一一鏟除，以壟斷其對東南亞香料貿易之權利。西葡勢力最先抵達東南亞，但它們的強取豪奪，並未能用在更具意義的再生產上，因而在十七世紀後就遭到後進的荷英法所取代，後者因工業革命而壯大，並一舉成為世界殖民大帝國。

誠如前述，在歐洲殖民前的東南亞，中國移民已不間斷地南下經商，有部分定居下來，在新家鄉與土著婦女通婚，產生混雜的社會與文化。英國殖民馬來半島，從剛開始建立商業據點，到後來介入馬來各邦的政治，並著手占領土地，乃是跟英國本土的工業革命發展息息相關。恰好馬來半島的錫礦脈非常豐饒，早在英國殖民前，華人已經透過親屬或朋友網絡以及社會組織（如幫會等祕密組織），將同鄉從中國東南省分帶來這裡進行採礦的工作。初期由於具備完善的勞動力招募網絡、馬來半島的錫礦脈還很充裕，以及採礦技術簡單，使得以勞動力密集式開採的華人礦場壟斷了錫礦之生產。[9]華人勞工大量移民進來，由於礦場大

Identity of a Chinese Peranakan Community in Malaysia. Kuala Lumpur: Pelanduk Publications.

[9] 歐洲國家起初只是希望在東南亞設立商業據點（factories），在這些據點進行國際貿易。以馬來半島來說，當時盛產錫礦的霹靂州內陸，因華人錫礦公司之間不和，加上地方馬來領袖分別介入兩個不同的公司派系，爭取錫礦地盤而造成之間的紛紛擾擾，使得錫礦生產一度停滯，造成歐洲貿易商巨大損失。在考量原物料

多在內陸地區，人口稀少，因而逐漸形成這些內陸地區的華人聚落。

　　隨著英國殖民的地域擴張，政治與法律秩序逐漸持穩，加上採礦機械的發明（俗稱鐵船），以及大片土地成為英國政府的囊中物，使得它能夠透過優惠措施，成功的從歐洲吸引資金雄厚的投資家，開始投入馬來半島的錫礦生產。鐵船的引入，使得勞動力需求驟減，生產量劇增，最後並超越華人經營的礦場而獨占錫礦生產鰲頭。[10]

　　除了錫礦開採之外，許多華人移民在十九世紀抵達新加坡後，先在新加坡進行甘蜜與胡椒的種植；由於新加坡面積狹小，耕作土地有限，在對岸的柔佛蘇丹鼓勵及優惠措施下，許多華人也在十九世紀末二十世紀初，開始遷來這個馬來半島南端州屬，並廣泛種植甘蜜和胡椒。這兩種經濟作物對地力的消耗很大，因此，華人農耕者主要是以遷移農耕的方式來進行：耕作面積有限、一旦地力耗盡就往其他地方遷移，很多的華人移民隨之遷移南來。隨著前述英國政府因介入馬來各邦政治而獲取大片土地後，它也釋出一些大面積的農耕地，鼓勵歐洲投資者來進行商業種植。就在這時，英國人從巴西取獲野生橡膠種子，並將這些種子在它的熱帶殖民地（如新加坡、馬來亞、斯里蘭卡等）進行實驗式種植，這些種子特別在馬來半島成功成長並開花結果。有了這些成功的種植經驗，英國人的招商計畫也就跟著大功告成。這些仰仗英國政府優惠措施的大片種植園（在當地，人們通常稱之為園坵，即 plantation）。種植園的創立也招募了大量的印度次大陸南部的淡米爾移民（Tamils）以及

生產對英國工業革命的重要性下，英國政府決議涉入調停，並設計一套參政司（Resident）或顧問（Advisor）的政治制度，讓英國人得以在除了馬來宗教與習俗的議題上掌握更大的決定權。這套制度後來逐漸在不同的馬來州屬實施，使得英國最後成功介入馬來政治體系裡。

10　Wong Ling-ken (1965). *The Malayan Tin Industry to 1914: With Special Reference to the States of Perak, Selangor, Negri Sembilan, and Pahang*. Tucson: Published for the Association for Asian Studies by the University of Arizona Press.

華人勞動力。這些橡膠園基本上就是一座座將外來勞動力與本地社會隔絕起來的種植園區，勞工們的生活被侷限在種植園內，而與外面其他族群沒有密切的往來。[11]

英國殖民時期的經濟作物（橡膠、可可、咖啡等）與礦產，其生產深受世界經濟景氣的影響，在經濟大蕭條如 1930 年代，礦場與種植園的資本家透過裁員來減低其成本支出。許多礦工與種植園工因而失業：為了生活，有些人被迫進入城市裡尋找支薪工作，或是在都市裡做起小販的生意；有的則進入郊區，在那裡找一塊地進行開墾和種植蔬菜水果。後者所遷居的空間讓他們得以跟馬來人、原住民等有更多的接觸。這時候馬來半島華人聚落裡的家戶跟家戶之間的分布是很分散的。這些因經濟不景而遷居他處的華人，在英國政府眼裡成了「非法墾戶」（squatters），也就是他們非法占用了原本屬於馬來蘇丹或政府的土地。在土地尚充足的時期，官方基本上允許這些墾戶在原地發展，但當需要進行大規模的開採、種植、建設開發時期，政府會強力徵收他們的土地，使得他們成為無地可生存的墾民。[12]

參、馬來半島族群衝突原因與過程

太平洋戰爭爆發後，日軍南進，占據了馬來半島三年零八個月。在戰爭期間，東南亞地區的華人受中國民族主義號召，發起了一波波抵制

---

[11] Jackson, James C. (1968). *Planters and Speculators: Chinese and European Agricultural Enterprise in Malaya, 1786–1921.* Kuala Lumpur, Singapore: University of Malaya Press.

[12] Loh Kok Wah, Francis (1990). "From Tin Mine Coolies to Agricultural Squatters: Socio-Economic Change in the Kinta District During the Inter-War Years". In *The Underside Malaysian History: Pullers, Prostitutes, Plantation Workers.* Edited by Peter J. Rimmer and Lisa J. Allen. Singapore: Singapore University Press. pp. 72-96.

日貨、捐機捐軀、籌賑運動，以協助中國抗日。日軍南進後，在新加坡和馬來半島展開報復行動，針對華人進行打擊：逮捕並虐死華人抗日分子或共產黨員，利誘另些華人擔任日軍的眼線。在日軍南下後，許多城鎮的華人紛紛走避鄉下，加入非法墾戶的行列。日軍更透過扶持馬來民族主義者以及軍警，試圖遂行其殖民統治。馬來軍警成為日人法律與秩序的維持者，展開對華人抗日分子的圍剿。也埋下了華人與馬來人族群衝突的因子。[13]

戰後，由馬來亞共產黨支援的抗日軍展開報復行動，揪出許多日據期間的馬來警察與華人共謀者並加以殺害，這是戰後第一次的族群衝突事件，衝突的起因乃是殖民者長期按族群分而治之，甚至利用一個族群來對抗或壓制另外一個族群的結果。戰後英國殖民者回返馬來亞，為處理馬來亞共產黨的武裝對抗，提出布里斯計畫（Briggs Plan），將戰前各自分散在森林或山區邊緣的華人墾殖民，集體地遷移到英國政府易於監控的地方並稱之為新村（New Villages，當時政府成立了總共 400 多個新村，有 50 萬以上的華人遭迫遷），以防止華人成為共產黨招募或援助者。[14] 這項涉及四分之一華人人口的重置計畫（resettlement），就族群關係的角度來看有兩個影響。一方面，原本分散在各地偏鄉的華人墾戶，許多可能跟馬來村落或印度人集中的橡膠園坵相鄰，是族群接觸與互動發展的適當場域；另一方面，在重置計畫下，大量華人被集中起來，居住在新村裡。大部分的新村與馬來村落或印度園坵區隔開來，形成現今馬來半島華人主要分布於城市以及新村裡的現象。族群之間在日常生活中並沒有太多的接觸，近似於 J. S. Furnivall 所提出的多元互斥

---

13 Cheah Boon Keng (1983). *Red Star Over Malaya: Resistance and Social Conflict during and after the Japanese Occupation, 1941-1946.* Singapore: Singapore University Press.

14 林廷輝，宋婉瑩（2000），《馬來西亞華人新村50年》，吉隆坡：華社研究中心。

的社會（plural society）型態。[15]

　　戰後的英國殖民政府重返馬來亞。為鞏固其後殖民的政經利益而提出馬來亞獨立後的新國家型態：廢黜君王制度，建立一個團結的多族群聯邦國家，後者涉及給予華人及印度移民公民權，以統合多族群的馬來亞，也就是所謂的馬來亞聯邦計畫（Malayan Union Plan）。惟這樣的政治企圖，受到覺醒的保守馬來民族主義者強烈反對，認為此舉將剷除表徵傳統馬來政權的蘇丹、威脅伊斯蘭的存在，而讓馬來族群在自己的國土上成為次等民族。在群起抗議下，英國政府最後妥協，重擬獨立後之憲章：有條件認可華人與印度移民申請公民權的條件下，承認各州馬來蘇丹的象徵性政治權威，同時將伊斯蘭的保護與發展置於蘇丹手上；將馬來人的定義（穆斯林、說馬來語言與實踐馬來習俗者），以及扶弱（馬來人）政策（如保障其在教育、職業和商業執照申請上之優先權力）之所謂的馬來人特別地位（special position），且將馬來人的特別地位付託給最高元首看顧等一起入憲，成為一部敘明特定族群之界線、權利地位以及扶弱政策的獨特憲法。[16] 雖然一開始的時候，華人或印度移民之所以被賦予公民權是出於必須統合所有的族群以形成新興民族國家的

---

[15] Strauch, Judith (1981). *Chinese Village Politics in the Malaysian State*. Cambridge, Mass.: Harvard University Press; Furnivall, J. S. (1948). *Colonial Policy and Practice: A Comparative Study of Burma and Netherlands India*. Cambridge: Cambridge University Press.

[16] Attorney General Chamber (2010), "Federal Constitution" (Reprint), AGC Official Portal: http://www.agc.gov.my/agcportal/uploads/files/Publications/FC/Federal%20Consti%20 (BI%20text)pdf, retrieved date: 2019.7.9.在制憲過程中，原本有關扶弱政策的部分是以20年為期限，20年後再進行檢討的臨時條款，但之後在巫統代表的堅持下，被寫入聯邦憲法裡，成為正式的條文。參考Funston, John (2018), "UMNO - From *Hidup Melayu* to *Ketuanan Melayu*". In *The End of Umno? Essays on Malaysia's Former Dominant Party*. (New and Expanded Post GE-14 Edition). Edited by Bridget Welsh. Petaling Jaya: Strategic Information and Research Development. pp. 29-164.

需求；但在後來的制憲談判後，「賦予華人與印度人公民權」逐漸轉變或被論述成是爲了交換「保障馬來人特別地位」的憲法條文，形成後來政治上所謂的「社會契約說」（social contract）。

以馬來保守民族主義者（包含馬來貴族菁英、英殖民馬來官僚、教師與記者等）爲首的機構聯合起來組成巫人統一組織（Pertubuhan Kebangsaan Melayu Bersatu 或英文的 United Malay National Organization，簡稱 UMNO），聯合了由華人政治與商業菁英所組成的馬來亞華人公會（Malayan Chinese Association，簡稱 MCA），以及印度人所籌組的印度國民大會黨（Malayan Indian National Congress，簡稱 MIC），三大族群既得利益與保守菁英組成聯盟（Alliance）；除了積極與英國政府談判獨立事宜，也在最初的自治選舉中取得絕對的勝利。在馬來亞獨立前夕三大族群政治菁英的合作無間，基本上反映了以下的事實：(1) 這些菁英之間的政治與經濟利益相互關聯與依賴，使得他們的結合水到渠成；(2) 在教育背景上，他們大多受英語教育，擁有共同的政治思維與文化品味；更重要的是，(3) 透過組成三大族群政黨聯盟的菁英協商政治模式，易於說服亦是菁英掛帥的英國殖民者其治理國家之能力。

1957 年 8 月 31 日，馬來亞在未經任何衝突或流血的情況下，從英國殖民者手中取得獨立。獨立初期的政府，受限於三大族群在政治與經濟上互相關聯與依賴的結構，任何涉及族群敏感的議題，都經過聯盟內部政治菁英以協商方式來解決，因此，彼此之間的關係表面上是平和的。因戰爭期間以及戰後初期的族群衝突之傷痕，基本上都被掃進地毯下，而非經過轉型正義來撫平彼此的傷痛與仇恨。

1960 年，東姑首相（Tunku Abdul Rahman，具有皇族血緣的第一任首相）宣布將與英殖民的新加坡及婆羅洲的砂拉越、沙巴和汶萊，合組成馬來西亞，此舉可能是英國已經意識到區域內的共產勢力蠢蠢欲動有關。1962 年，汶萊發生人民黨起義事件，雖然該起義沒有撼動汶萊蘇丹王國之政權，但亦使汶萊國王三思其在馬來西亞之地位，最後則是選擇退出馬來西亞的協議。沙巴及砂拉越則因歷史或地緣政治緣故，決議加入馬來西亞之倡議，但卻遭到菲律賓以及印尼的極力反對，特別是後者，更祕密培訓砂拉越反對馬來西亞計畫的左傾分子，於砂拉越與加里曼丹邊界森林地帶進行游擊戰，以及派遣軍隊入侵砂拉越，進行所謂的「印馬對抗」（*Konfrontasi*）。

雖然如此，馬來西亞還是在 1963 年 9 月 16 日正式成形，惟不到兩年時間，於 1965 年 8 月 9 日，新加坡總理李光耀因在意識形態與治國理念上跟馬來西亞東姑首相不合，被迫脫離馬來西亞而獨立。印馬對抗則持續到 1966 年 9 月 30 日，印尼內部發生軍事政變，蘇卡諾（Sukarno）被軟禁，不數年，蘇哈多（Suharto）將軍取而代之成為印尼的新總統，並開始實行親西方政策的新秩序（New Order)，修復與馬來西亞的關係，才結束了印馬之間的衝突對抗。菲律賓索討沙巴部分領地主權雖沒有印尼對砂拉越般激烈衝突，惟兩國對領土歸屬的認知差異持續到今天。[17]

解決了因組成馬來西亞而導致的外患後，西馬來西亞的內部政治也開始有了決定性的變化。首先，巫統內年輕的馬來菁英開始對貴族和官僚領導產生不滿，特別是認為後者沒有遵照憲法上賦予馬來人的特別地位進行政策之強化，使得馬來人在經濟上不如其他移民族群、教育上落後於他人的窘境，讓馬來人在自己的國家裡淪為弱勢民族。換句話說，獨立初期的族群菁英協商政治，並沒有積極實踐憲法中對馬來人的扶弱政策（affirmative actions）。巫統激進派的代表人物之一即是後來的馬來西亞首相馬哈迪（Mahatir bin Mohammad），他撰文書寫《馬來人的困境》（*The Malay Dilemma*），極盡批判馬來傳統政治菁英、梳理馬來人的政治經濟困境及其解決之道等。書中充滿優生學及種族為本的思

---

[17] 林一（2013），〈蘇祿軍入侵沙巴挑起未解領土糾紛〉，大紀元網：http:www.epohtimes.com/b5/13/3/13/73821877htm，取用日期：2019年5月31日。

想。因書中大力批判當時的巫統政治權貴，馬哈迪遭東姑逐出巫統，並將其書列爲禁書。

　　1969年普選中，聯盟的支持度首度下滑、部分州屬政權易人，有的則無法維持2/3多數席次，可謂執政以來最大的挫敗。[18]反對黨也在初嘗勝利後，遊行慶祝，並在遊行中出言羞辱馬來人，要他們滾回自己的甘榜（kampung，村子的意思）。這激起巫統激進人士的鬥志，並於5月13日舉辦遊行反制。但失控的群眾最後造成在吉隆坡的族群流血衝突，史稱五一三事件（May Thirteenth incident）。失控的衝突，在吉隆坡蔓延開來，死亡人數，根據後來政府的五一三調查報告書，只有區區196人，另有439人受傷。死者以華人居多，惟實際死傷人數至今未有定案。重點是巫統內的激進派趁勢展開對東姑領導的逼宮，東姑最終被迫下臺，由激進派的拉薩（Abdul Razak Hussein）所取代。[19]族群衝突發生後隔天，最高元首應首相之建議，宣布全國進入戒嚴狀態，同時停止國會運作，隨後成立由軍、警及各政黨代表所組成的國家行動理事會（National Operations Council）作爲代理政府。

---

18 該選舉爲馬來西亞獨立以來的第三次全國大選，其中西馬的投票日爲5月10日（東馬則訂於5月25日）。選舉結果於隔天揭曉，聯盟的總得票率只有不到一半的47.9%，反對黨則取得43.4%的票數。由於馬來西亞不公平的選區劃分，在總數103個國會議席中，聯盟獲得66席（64%）（比上一屆下跌了23席，其中14席爲馬華公會主打的席次），反對黨則取得33席（32%）。州議席的部分，總共有四個州屬，即檳城、霹靂、雪蘭莪和吉蘭丹不再受聯盟掌控。參考Searle, Peter (1999). *The Riddle of Malaysian Capitalism: Rent-seekers or Real Capitalists?* Honolulu: University of Hawai'i Press.

19 因此，有的論者認爲這是一場精心策劃的政變，由巫統內部的激進派謀劃，試圖將保守的東姑拉下臺而刻意製造的族群流血衝突。參考Kua Kia Song (2007). *May 13: Declassified Documents on the Malaysian Riots of 1969*. Petaling Jaya: Suara Rakyat Malaysia.只是至今馬來西亞政府都不願公開機密檔案供學界或一般人民參閱。

肆、五一三事件與族群經濟差距的歸因及其結果

拉薩於 1970 年正式成為第二任首相。期間，代理政府對五一三事件進行了調查，並得出一個結論：即認為此事件反映了馬來人與華人之間經濟的差距，此差距造成馬來人長期的相對剝奪感，最後才導致這場衝突的發生。[20] 如此簡化與單一化事件之歸因，置長期歷史與潛藏於族群之間的恩怨於不顧，可能與巫統激進派集中心思於要回歸憲法中保障馬來人特殊地位，實踐扶弱政策有很大關係。

五一三事件成了馬來西亞政治、經濟與文化的分水嶺。為解決五一三事件調查報告書所言的族群經濟差距問題，仿效美國當時實施針對黑人的扶弱政策，拉薩新政權提出了各種符應憲法保障馬來人特殊地位的政策，例如：新經濟政策（New Economic Policy）、國語法案以及國家文化政策等，以及強化各種壓制人民言論結社自由的法律，例如：煽動法、機密法、大專法、內部安全法等等，試圖將憲法上有關馬來人特殊地位、蘇丹元首的權利、國語、伊斯蘭的地位等，通通列入禁止公開談論批評的課題。更重要的是提出「社會契約」的政治論述：即指出馬來人特殊地位之入憲乃是與華人及印度人菁英換取其成為本國公民權的一項社會契約，彼此之間是協商交換而來，大有重新詮釋當初賦予移民公民權主要是為了達成新興國家民族統合之目標。以上種種，一方面

---

[20] Tun Haji Abdul Razak bin Dato' Hussein and National Operations Council (1969). *The May 13 Tragedy: A Report.* Kuala Lumpur: National Operations Council. 根據Snodgrass於1980年代對馬來西亞各族群家戶收入的研究指出，1957/58年的資料顯示，馬來族群的月均收入為各族群中最低，只有139馬幣，遠低於印度人的237馬幣跟華人的300馬幣。到了1970年，馬來家戶的月均收入還是最低，只有177馬幣，而華人家戶則提高到399馬幣，是馬來家戶的兩倍以上。參考Searle, Peter (1999: 34).除了族群間的經濟差距問題之外，另外一個遭官方指責的對象是共產黨，認為共產黨是這起族群衝突事件的始作俑者。

在法律上壓制所有可能引起族群衝突的各種敏感議題的討論，而單純針
對族群的經濟差距來進行調整，簡化了政府處理族群衝突的策略；另一
方面，則利用「社會契約」的政治論述來杜絕華人與印度人之政黨或非
政府組織對政府的予取予求。

　　政治上，五一三事件後，聯盟重組並擴大，招降納叛地將巫統長期
政敵泛馬伊斯蘭黨（Islamic Parti Se-Malaysia，簡稱 PAS，中文亦稱爲
回教黨）、執政檳城州政府的馬來西亞民政運動黨（Malaysia People's
Movement Party，簡稱 Gerakan 或民政）以及沙巴及砂拉越的執政黨納
入，組成超大型的政黨聯盟，稱爲國民陣線（Barisan Nasional，簡稱
BN 或國陣）。這個重組的政黨聯盟雖然具有獨立後強調族群政治菁英
協商的外殼，但於組織結構上已經不同以往。一是代表馬來社會的兩股
政治勢力：民族主義起家的巫統與爲伊斯蘭教奮鬥的回教黨，於五一三
事件後合體；而代表其他族群的政黨，如以華人利益爲依歸的馬華公會
以及以印度人利益爲主的印度國大黨，在擴大的國陣結構下，對內必須
與其他如民政黨（雖然強調其多元族群性，但主要以華人及印度人爲成
員）、砂拉越人民聯合黨（Sarawak United People's Party，簡稱 SUPP
或人聯黨，也是強調多元族群性的政黨，惟黨員以華人爲主），協調溝
通與妥協；而對外則面對強大的反對黨如民主行動黨（Democratic Ac-
tion Party，簡稱 DAP 或行動黨，亦是強調多元族群性政黨，但以華人
及印度人爲主）等的挑戰。換句話說，擴大的國陣基本上以統合的馬來
政黨爲主體，這反映在新政府的組成上：東姑政府時期，馬華公會執掌
了重要的財政、工商、房屋與地方政府以及社會福利等部門；但從拉薩
政府以降，重要政府部門之正部長不再由華人出任；也反映在政策的推
動上：以憲法上的馬來特殊地位爲依歸，推動了一系列的政策，利用
「社會契約」政治論述讓所有國陣內其他族群政黨如啞巴吃黃蓮，使得
後者的角色從菁英協商轉變爲提供各自族群社會服務的政黨，大大減弱

了其政黨政治的本質，也邊緣化了其政治地位。[21]

從 1970 年到 2010 年，馬來西亞政治都操控在巫統所領導的國陣政府手中。為符應憲法條文裡對馬來特殊地位、伊斯蘭教以及馬來語作為國語的地位加以實踐，國陣政府在五一三事件後快半個世紀的統治期間，一一實現了對馬來人的憲法保障權利：1975 年國語法令出爐，透過對各級學校機構、語文出版局、官方政令文宣、國家文學獎等，建構起馬來語作為國家唯一官方語言的地位。[22] 並強制要求東馬至遲需在十年後也跟進，在所有官方場合中獨尊國語。1971 年，政府採納國家文化會議的專家學者建議，提出國家文化政策（Dasar Kebudayaan Kebangsaan，意思是國家文化基礎），其中以下述三大原則為其基石：(1) 國家文化必須以馬來土著文化為基礎；(2) 來自其他文化的元素可以以適當的方式成為國家文化的一部分；以及 (3) 伊斯蘭文化是塑造國家文化的一個重要元素。原則中的兩項指陳了憲法中對馬來人之習俗文化與宗教之定義。國家文化基礎的提出，使得馬來文化／宗教成為表徵馬來西亞的正統文化，部編的歷史教科書裡，更將伊斯蘭教硬與馬來文明和文化緊密掛鉤，棄前伊斯蘭時期的印度教與佛教影響如敝屣。[23]

為縮減族群間經濟鴻溝，保障憲法上馬來人特殊地位，政府實行了新經濟政策以及扶持馬來人教育和工作機會。為增加國立大學內的馬來學生比例，大學科系招生採族群配額制（ethnic-based quota system，馬來西亞當地將之譯為固打制），所分配的大學名額由各族群學生進行內部競爭，而不進行族際的比較。另外，由於馬來學生一般在理科部分比

[21] Heng Pek Koon (1988). *Chinese politics in Malaysia: a history of the Malaysian Chinese Association*. Singapore: Oxford University Press.

[22] 莊華興編譯（2006），《國家文學：宰制與回應》，吉隆坡：雪隆興安會館，大將出版社。

[23] 安煥然（2017），〈馬來西亞小學歷史課本裡少數民族的位置及其象徵性〉，《馬來西亞人文與社會科學學報》，6卷1&2期：33-43。

較弱勢，其成績難以進入大學的理工學院就讀，為提升馬來學生的理科成績，教育部於 1980 年代開始構思預科或大學先修班（matriculation）的作法，讓中五畢業後的馬來理科學生，直接進入先修班就讀一到兩年的課程，並以其在先修班的學術成績和課外活動分數，來直接申請國內大學理工科系，一方面可以避免馬來學生以過低的高教入學考試（STPM）申請理工學科而落榜的困境；另一方面，則可以自成一個為馬來人量身定做的高教理工科的入學考試，增加國家欲培養更多馬來理工人才之目標。[24] 再者，成績更好的馬來學生，可以申請國家獎學金，前往歐美紐澳大學深造，以培育更多馬來專業人士。[25] 這一系列在教育上的投資和努力，也為政治與經濟帶來巨大的影響。一則在政治上，有愈來愈多的馬來專業人士及商人進入巫統的領導層，逐漸取代傳統的貴族、官僚和文化教育工作者，為巫統的政治帶來了質變；另外在經濟上，由於 1970 年代開始推行新經濟政策需要大量經濟與管理人才，這些國內外畢業的馬來經貿人才就能派上用場了，他們逐漸掌控了由政府或政黨（如巫統）所創設的黨政營利事業。

新經濟政策成功扶持了部分馬來人，但對絕大部分處於貧窮的馬來農民、漁民的低下階層只獲得小恩小惠，讓後者跟政黨或政客之間維持著傳統的政治恩庇關係。對華人而言，由於華基政黨在國陣內的邊緣化，對於華人的經濟、政治與文化訴求愈來愈無力之下，轉而支持反對

---

[24] 預科或先修班最大的問題是其保障90%的名額給馬來土著學生，只有10%是供非土著學生申請（兩年制的先修班則只錄取100%的馬來土著學生），對後者而言簡直是僧多粥少，大家擠破頭都很難進入的窄門。再者，先修班學生申請入學成績不同於一般中五畢業後必須花兩年進修再考STPM才能申請大學有不同的標準，因此引人詬病。參考S. Arutchelvan (2019.4.25). "Mareiculation Affirmative action based on needs or ethnicity" Malaysiakini News Website: https://www.malaysiakini.com/news/473716 (Retrieved date: 2019.7.5).

[25] 留在國內深造者則可以透過國家高等教育基金局（Perbadanan Tabung Pengajian Tinggi Nasional，簡稱為PTPTN），申請大專院校貸款。

黨以期獲得正義的伸張。巫統的一黨獨大下，使得它越發代表了國家與政府，造成黨政不分，國庫通黨庫。黨內部也因為涉及龐大的國家經濟資源而開始產生金錢政治的問題。對外，其號稱維護馬來人憲法上的特殊權利（從特殊地位逐漸轉化為特殊權利）、保障伊斯蘭教的國家宗教地位、堅持馬來蘇丹元首的傳統政治象徵等；對外，則恫嚇非馬來人，以五一三的殷鑑不遠要後者不得輕舉妄動。五一三成為政治的禁忌，同時被執政者利用作為其恐懼政治（politics of fear）的暴力象徵符碼。

伍、後五一三的省思

歷經快 60 年的統治後，巫統所領軍的國陣終於在 2018 年的第十四屆全國大選中敗下陣來，結束了其長期盤踞馬來西亞政壇的獨占地位。執政的希望聯盟（Barisan Harapan，簡稱希盟）政府，[26] 以新馬來西亞為號召，試圖打造出一個不同於國陣的馬來西亞：族群平等、績效制為基礎（meritocracy），以及馬來西亞人的馬來西亞。但在 60 年的國陣政府統治下，要一夕改變困難重重。在族群關係上，則有以下數點值得思考的：

一、新經濟政策實施 30 年後，並沒有帶來族群間的統合，雖然理論上認為重分配經濟資源有助於縮減族群間的經濟差距。但在執行過程中，資源的分配還是集中在少數華人跟馬來人手中，使得族群間的相對經濟差距持續，這也是巫統政府合理化政權並獲得多數馬來選民支持的

---

26 這個政黨聯盟的組成有人民公正黨（Parti Keadilan Rakyat，簡稱為PKR或公正黨）、土著團結黨（Parti Pribumi Bersatu，簡稱為Bersatu或土團黨）、國家誠信黨（Parti Amanah Negara，簡稱Amanah或誠信黨）以及民主行動黨。與希盟合作的政黨還有沙巴的民族復興黨（Parti Warisan Sabah，簡稱Warisan民興黨）以及沙巴卡達山杜順姆魯族統一機構（Pertubuhan Pasokmomogun Kadazandusun Murut Bersatu，簡稱UPKO或沙民統）。

藉口。新經濟政策不只沒有縮減族群間的經濟差距，更擴大了族群內的經濟差距。[27]

　　二、在獨尊單一族群文化與教育政策下，國家傾全力發展馬來語言與文化，犧牲或忽略了非土著的文化發展。少數民族如半島原住民（Orang Asli）或婆羅洲的非馬來土著的教育與文化，大多被視爲可被伊斯蘭化或馬來化的對象：他們的教育、語言及文化並沒有獲得政府的重視。而在人數上比較多的華人跟印度人，則由於在殖民時期即開始發展出自己民族語言的教育，經歷戰後的教育運動階段，使得馬來西亞，至少在小學階段，家長可以選擇將孩子送去自己偏好的源流學校：華語學校、淡米爾語學校與馬來語學校，三者都屬於公立學校。隨著1970年代後的國語政策，絕大部分的華人家長都將孩子送到華校，而馬來家長則選擇馬來語小學。換句話說，九成以上各族群的馬來西亞人，在小學六年期間是在單一族群爲主的環境下受教育，在這樣的環境裡，族群間的互動幾近於零。雖然大家都使用部編教材，只是教學媒介語言不盡相同，卻也讓各族群孩子從小就缺乏對彼此的了解，而在單一族群／文化環境中社會化的孩子，到了中學之後就開始增加更多族群接觸與互動機會，但在各種以族群爲基準的配額制度下也讓他／她們逐漸感受到相對剝奪感，更因此讓族群間的不了解甚至誤解更形具象化，形成具體的族群刻板印象。

---

[27] 參考Gomez, Edmund Terence and Jomo K. S. (1997) *Malaysia's Political Economy: Politics, Patronage and Profits*. Cambridge: Cambridge University Press. Gomez與Jomo（1997: 48-49）提到當華人中小企業還在尋求以團結及動員華人社群的經濟資源，來保障自身在新經濟政策下的利益時，大企業則轉向與新經濟政策下馬來資本合夥，或是尋求其他海外華人資本的合作以避險。因此，華人大企業在新經濟政策下更爲茁壯，拉開了他們跟其他華人中小企業的財富差距。相同的，從1980年代以來，政府的新經濟政策只對公司規模較大、政治關係堅強的馬來企業有利，它們從政府政策中獲得大量的利益，而馬來小型企業也很難在新經濟政策裡分到一杯羹，造成大者恆大，小者恆小的局面，擴大了族群內部的階級差距。

　　三、從國陣到希盟，馬來西亞上層政治的基本運作模式並沒有革命性的改變，或更進一步來說，族群菁英協商政治，外加菁英與地方隨從之間的恩庇關係似乎已經成為馬來西亞政治基因。對國陣政府而言敏感的議題，對希盟政府來說也是，因此，所有不能被公開討論的議題都會在政治菁英的協商下和諧的解決，而不致於在地方上引起族群間的對立。這也許是希盟政府無法施展其選前承諾的各種公平正義政策之內在原因。在國陣 60 年統治下的馬來西亞政治已經被種族、宗教切割得遍體鱗傷了。要治癒這個國家可能得花上好幾代人的努力才能成功。

　　四、在國陣統治下，伊斯蘭教持續坐大且也愈來愈朝阿拉伯化的方向發展。在馬來亞獨立初期，族群間在日常生活上並沒有太多的禁忌，譬如飲食上，大家可以同桌吃飯，只是各自遵守自身宗教的飲食戒律；但在伊斯蘭化的影響下，部分的馬來穆斯林不再能夠忍受各族群同桌共食的習慣，影響所及甚至使得過去節慶時家庭招待日（Open House）活動也深受影響，就有教授感嘆現在聖誕節都無法邀請穆斯林同事到訪家中，一起慶祝。[28] 有些馬來學校校長甚至禁止非穆斯林學生在開齋節期間於食堂用餐，嚴重的甚至將非穆斯林學生集中在學校廁所內用餐等。[29] 是否能夠「一起同桌吃飯」成了馬來西亞族群關係日常實踐的重要指標。除此之外，一些極端的伊斯蘭宗教導師更在學校內傳播不能跟非穆斯林或異教徒在一起，否則死後無法上天堂的想法。[30] 這些都大大

---

28 某次筆者跟砂拉越大學某達雅族教授聊天，他告訴筆者穆斯林同事不再像以前那樣可以一起同桌吃飯；他感嘆那年的聖誕節將不會有穆斯林同事到他家去。

29 參考AsiaNews.it (2013.4.27).〈齋月期間非穆斯林信徒學生被迫在衛生間進食〉，AsiaNews.it Website: http://www.asianews.it/news-zh/齋月期間非穆斯林信徒學生被迫在衛生間進食—28561.html，取用日期：2019年7月10日。

30 參考Fa Abdul (2018.11.23). "Forcing Birds of a Feather to Flock Together", Malaysiakini Opinion Website: https://www.malaysiakini.com/columns/453017, retrieved date: 2019.7.6）。

地影響了日常生活層面的族群交往和互動，長此以往，穆斯林與非穆斯林的關係只會更為惡化而已。

五、五一三事件至今仍是禁忌，不管是國陣或希盟政府都不願意揭開這場族群流血衝突的檔案，讓事件真相攤在陽光下，告慰因此事件而喪生的死者，也取得死者家屬之諒解，並以各族群的宗教儀式，來達到族群間的諒解。[31] 很顯然的，新政府並不願大革大新，繼續將五一三事件掃進地毯裡，眼不見為淨，認為讓過去的過去，完全沒有想到其對於族群諒解的重要性。

正因為這些因五一三事件而極端發展出的政治、經濟、社會與文化教育政策，並沒有弭平五一三事件所帶來的傷痛跟族群間的隔閡，反而進一步擴大或惡化族群關係的發展。雖經歷 50 年，但五一三事件的影響及其陰魂繼續籠罩在馬來西亞的上空，久久徘徊不去。

陸、結語：種族化的死結

就當時的情境來判斷，五一三悲劇的確是在馬來西亞歷史、政治與經濟的結構條件下發生，理論上，聯盟政府在衝突發生後的處理措施乃是試圖針對部分的結構條件進行調整，特別是政治和經濟上的政權及財富分配。但在分配的過程中卻也製造出更多足以影響日後族群的日常

---

31 Aisila Razak and Tham Seen Hau (2019.5.13). "Murder and mayhem in Kampung Baru - my May 13 story", Malaysiakini Website: https://www.malaysiakini.com/news/475911, retrieved date: 2019.7.1; Wong Kai Hui (2019.5.13). "50 years on, seeking the path to reconciliation after the May 13 riots", Malaysiakini Website: https://www.malaysiakini.com/news/475926, retrieved date: 2019.7.1；Tham Seen Hau (2019.5.13). "On May 13, 1969, a Chinese village came under a hail of gunfire", Malaysiakini Website: https://www.malaysiakini.com/news/475915, retrieved date: 2019.7.1; Malaysiakini Team (2019.5.13). "May 13, never again", Malaysiakini Website: https://pages.malaysiakini.com/may13/en/, retrieved date: 2019.7.1).

互動：新經濟政策不但沒有如其理論上所強調的翻轉族群之間的經濟不平衡；相反的，卻讓族群內的菁英階層獲得更大利益，進而強化其政治的統治地位。政治上則強化憲法條文，並在政治論述上將馬來人的特殊地位（special positions）逐漸轉化為特殊權利（special rights），進而建構起以伊斯蘭、蘇丹和馬來人特殊權利三位一體的所謂馬來主權（*Ketu-anan Melayu*）論。

國家政策不只在巨觀的政治和經濟結構上產生影響，它也使得微觀的日常族群互動有所變化：從族群居住空間之分割——馬來保留地為馬來族群所能擁有之土地，因此在此類土地上所建設的房子只能在馬來人之間進行交易；一般混合住宅區也進行族群居住空間的分化，而分成bumi lots（土著才可購買，且有 15% 折價的房子）及非土著購買的房屋（按照市場價格）。因此，雖然不同族群可能住在同一個住宅區，但涇渭分明。飲食上也因為國家推動伊斯蘭教化，而使得清真（*halal*）與非清真（*haram*）食物越發明確，其結果是清真餐廳或小吃絕不能與非清真食物在一起販售，日常飲食習慣逐漸在族群間區分開來，其原則是馬來穆斯林會避免光顧非清真的華人餐飲店；即便在所有族群都能夠光顧的印度穆斯林 *mamak* 攤，[32] 不同族群之間也是聚族而食，少有相互交流或互動的情況。

更甚者，由於國家政策以及政黨政治強調族群的差異，使得馬來西亞整體社會逐漸朝種族化（racialization）的方向前進，幾乎所有的東西、概念都被種族化，包括：文化、族群、宗教等等。誠如 Tong Chee Kiong 在討論東南亞華人認同與族群關係的專書中，[33] 總結認為東南亞華

---

[32] Mamak攤多為印裔穆斯林所經營，主要販售各式印度煎餅與烤餅，以及拉茶，其經營時間有的甚至是24小時，是馬來西亞人喜歡造訪的小吃店。

[33] 參考Tong Chee Kiong, 2010 *Identity and Ethnic Relations in Southeast Asia: Racializing Chineseness*. Dordrecht: Springer.在關於馬來西亞華人的討論中，Tong就用共食與不共食（*sama makan vs. tak sama makan*）來彰顯馬來西亞的族群關係。

人的華人性（Chineseness）經已種族化。從這樣的角度來看，本文認爲整體的馬來西亞社會都已種族化，包括了華人性、馬來性（Malayness）和印度性（Indianness），換句話說，馬來西亞的族群性（ethnicity）已經走入了種族化的死結。此處的種族化有兩層意義：(1) 某些文化元素只能屬於某個族群所有，譬如伊斯蘭教等於馬來人，佛教等於華人；(2) 族群文化特質是不變且與生俱來或天生的，族群邊界是僵固無法滲透的。種族化是馬來西亞族群日常互動最大的阻力，它在五一三事件後被逐漸強化，而走入種族化死結的馬來西亞人可能需要耗更多的精力才能走出來或是永遠陷在種族化的無助漩渦中。

Chapter *14*

印尼的「華人問題」與印尼華人的歷史經驗

---

* 國立臺灣師範大學東亞學系副教授，主要研究東南亞華僑與華人、文化記憶、文化政治
  與東南亞的關係。

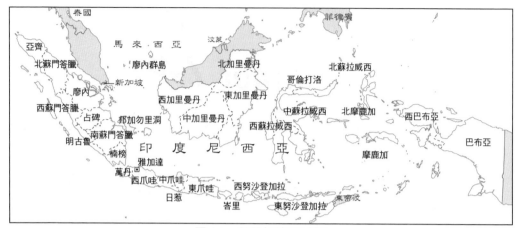

圖 14　印尼行政區域圖

壹、前言

從成為獨立國家之後，印尼社會談論華人時，經常圍繞著一特殊名詞——「華人問題」（the Chinese problem），該詞初期從暗示性的言語中產生，經過一段長時間論述性的宣傳與發酵，而後形成政策性的排擠與歧視。該詞主要意指具有外來性的印尼華人竟然「掌控」印尼國家的經濟。[1]印尼華人與其他東南亞地區的華人一樣，經常被描繪成「賤民企業家」（pariah entrepreneurs）或「經濟動物」（economic animals）。[2]一般認為，華人在印尼具有經濟強勢的地位，而這也正好是華人在印尼社會中遭受排斥的原因。「華人問題」將禍害根源指向華人「控制」印尼經濟。但華人在印尼的歷史經驗除了尋求經濟發展之外，還包含了同化、公民權、族群與國家認同等議題。本文將從殖民時期開始，階段性的分析華人的歷史經驗，給予「華人問題」一個思考脈絡，從印尼的例子探討跨族群關係的演變，在不同階段皆受到不同政治需求的影響。

依據 2000 年的人口普查，印尼華人占印尼總人口 1.2% 左右。[3]儘管占極低的比例，印尼華人內部其實相當多元。例如：印尼華裔學

---

[1] Suryadinata, L.(1997). *Political Thinking of the Indonesian Chinese 1900-1995: A Sourcebook.* Singapore: National University of Singapore Press ; Chua, C. (2008). *Chinese Big Business in Indonesia: The State of Capital.* London: Routledge.; Suranjan Weeraratne (2010). "Ethnic Entrepreneurs and Collective Violence: Assessing spatial variations in anti-Chinese rioting within Jakarta during the May 1998 riots." In *UNU Collections.* Helsinki: UNU-WIDER.

[2] Mackie, J. (2008). "Is There a Future for Chinese Indonesians?" In Suryadinata, L. Ed. *Ethnic Chinese in Contemporary Indonesia.* Singapore: ISEAS-Yusof Ishak Institute. p. 184.

[3] 這份人口普查的重要性在於，這是自1930以來首次以自我辨認所屬族群的方式所進行的人口普查。2010年又進行的人口普查以2000年的資料為基礎，其中華人比例已略低於1.2%。Evi Nurvidya Arifin et al. (2017). "Chinese Indonesians: How Many, Who and Where?" In *Asian Ethnicity*, Vol. 18, No. 3, pp. 310-329.

者廖建裕認為在文化上可分為「土生華人」（*peranakans*）與「新客華人」（*totoks*）；[4]在政治上可分為親印、親中、親臺等不同傾向；在經濟上則各有不同實力的階級。Thung Ju-lan 則指出印尼華人又經常被區分為「文化華人」（cultural Chinese）與「政治華人」（political Chinese）。[5]印尼華人也有不同的方言背景，例如：福建、潮州、客家、廣東等，隨其血緣、地緣的聚集，也產生行業上的聚集。然而從殖民時期開始，所有的華人都被放在同一個族群標籤之下。雖然「華人」內涵如此多樣，但本文論述的是當所有異質華人被置於同一範疇下所經歷的歷史經驗，以及不同華人在同一範疇下所形成的刻板印象並因而造就的「華人問題」。

貳、荷殖時期

華人為了尋求貿易而落腳於今日的印尼群島。當地的酋長多指派華人為本地群體與外界市場的中間人。[6]前殖民時代，華人在爪哇或其他群島能與本土族群融合，但從荷殖時期開始，華人與本地族群開始產生

4　過去習慣將本地出生，講印尼語的稱為「土生華人」；將外地出生，講華語的稱為「新客華人」，但現在印尼華人的主體多為土生華人，或是土生化的新客。見Suryadinata L. (2008). "Chinese Indonesians in an Era of Globalization: Some Major Characteristics." In *Ethnic Chinese in Contemporary Indonesia.* ISEAS-Yusof Ishak Institute. p. 2.

5　Thung, J. L. (2012). "Ethnicity, Nation-state and Citizenship among Chinese Indonesians." In Mee, W. and Joel S. Kahn. (2012). Ed. *Questioning Modernity in Malaysia and Indonesia.* Singapore: National University of Singapore Press. p. 146.

6　雖然本文認為印尼華人也應被視為是「本地族群」的一分子，但由於歷史、政治、經濟等複雜因素交錯下，印尼華人被獨立出來討論，因此以「原住民族群」稱呼華人以外的本土群體，因為「原住民」概念是政策下的產物。同時需要注意的是，這並不表示所謂的「原住民族群」在族群概念上是同質的。例如：除了最大的爪哇族之外，還有巽他族、馬都拉族、布吉斯人等等。

「分割」。[7]在十七與十八世紀荷蘭東印度公司（VOC）的管轄下，群島上的人被分類爲「基督徒」與「非基督徒」，並且又在種族的基礎上分爲「歐洲人」與「非歐洲人」。[8]華人在此時被稱爲「外來的東方人」（Foreign Orientals），是第一次華人與原住民被二元性的分割與對立。[9]所有不同方言群體的華人（例如：福建、客家、海南等）都被歸類在同一個「華人」的範疇下。荷蘭聯合東印度公司沿用先前當地頭人的作法，指派華人爲本地群體與荷蘭人的中間人。東印度公司解散後，接管的荷蘭政府將群島人民分爲三等，依上而下爲歐洲人、外國東方人（華人、阿拉伯人、印度人、日本人等等），最下層爲本地族群。[10]

　　殖民時期的華人承包了荷蘭殖民者的部分稅收。承包制大致可分爲三類：一般的稅收承包；再來是特殊行業，如：鴉片、賭博、當鋪、屠宰等行業的專賣承包制；還有一類則爲承包整個鄉村一切稅收的徵收權。政府給予華商特許權，這種具有寡占性質的包稅使得某些華商致富，確保了殖民政府的利益來源，也使得華商在殖民經濟中不可或缺。另一方面，殖民者擔憂華人與本地族群聯合起來抵抗，於是對華人實施了居住隔離與通行證制度，[11]有效隔絕了華人與其他群體的融合。自荷蘭於 1870 年推行自由競爭政策後，以荷蘭爲主的西方資本大批湧入印尼，主要投資在銀行、大種植園、採礦業，以及有關的交通設施。華人的經濟實力無法與西方資本匹敵，多經營零售、仲介、批發及中小型工

7　Anderson, B. (1998). *The Spectre of Comparisons: Nationalism, Southeast Asia and the World*. New York: Verso.

8　Lohanda, M. (1996). *The Kapitan Cina of Batavia, 1837-1942: A History of Chinese Establishment in Colonial Society*. Jakarta: Djambatan. p. 1.

9　Thung, J. L. (2012). p. 151.

10　Suryadinata, L. (1993). "The State and Chinese Minority in Indonesia". In Suryadinata, L. Ed. *Chinese Adaptation and Diversity: Essays on Society and Literature in Indonesia, Malaysia and Singapore*. Singapore: National University of Singapore Press. p. 83.

11　分別是1835與1863年，見Suryadinata, L. (1993). pp. 81-82.

農業等，因而在荷殖時期的經濟領域中，居於媒介及橋梁的地位。[12] 殖民政策對往後居住在印尼群島的華人產生深遠地影響：一方面，華人對殖民地的經濟發展扮演重要角色；另一方面，也因其優勢的經濟實力與生活經驗的隔絕，華人被懷疑的眼光視爲是「他者」。雖然居住隔離與通行證制度在 1910 年代晚期被廢除，但華人與本地群體的關係並未因此好轉。許多土著視華人爲文化差異大的「外來者」，雖然富有，但排他又自私。[13]

參、蘇卡諾時期（1950–1965）

一、華人vs.民族商人

獨立之後，印尼政府沿用殖民政策，將人口區分爲「原住民」（indigenous）與「非原住民」（non-indigenous）群體。原住民群體被稱之爲 *pribumi*，而華人被認爲是非原住民群體。[14]印尼在獨立以後，政府以「印尼化」、「民族化」爲號召，各政策與設施都以這樣的目標產生與執行。[15]在經濟層面，政府於1950年代初開始施行經濟本土化政策，認爲要保護民族企業應該在經濟領域排除華人。[16]一種方法是賦予原住民商人特權與特許執照，但因原住民商人缺乏資金或商業經驗，因此他們多半把執照或許可證賣給華人企業而充當人頭企業主，這種合作

---

12 江宗仁（1992），《印尼華人經濟現況與展望》，臺北：世華經濟出版，頁78。

13 Suryadinata, L. (1993). P. 78; Charles A. Coppel. (1983). *Indonesian Chinese in Crisis*. Oxford: Oxford University Press. p. 5.

14 Suryadinata, L. (2008). p. 12.

15 丘正歐（1995），《蘇加諾時代印尼排華史實》，臺北：中央研究院近代史研究所，頁48。

16 因爲華人被歸類非原住民群體，因此不屬於政府所聲稱的「民族企業」、「民族商人」的範疇。

民主與社會正義。在國徽上的標語爲「求同存異」（Unity in Diversity; *Bhinneka Tunggal Ika*），也是強調多元包容的建國精神，並符合「建國五原則」的概念。另一方面，在蘇卡諾時期興起的印共，其基礎正在於反對政教合一的伊斯蘭教國。[26]

「建國五原則」在蘇哈托時期得到進一步強化。在蘇哈托政府眼中，「建國五原則」意指宗教多元主義。但從建國之初即質疑「建國五原則」的伊斯蘭分子認爲「建國五原則」位階應低於伊斯蘭，[27]伊斯蘭不應只是一種傳統信仰，而是應該全面而完整地構建國家各個層面。[28]然而蘇哈托主政時期減少了伊斯蘭政黨的數量，以「建國五原則」爲基礎區分了伊斯蘭的宗教與政治角色，成功使「建國五原則」在新秩序時期成爲唯一獨大的意識形態。[29]「建國五原則」的重要性在於爲首次統一群島而成爲多元族群的印尼新國家定調其族群關係，而「建國五原則」的調性爲包容宗教差異，並且此包容性可延伸至族群、語言、文化差異等等。它更隱含的意義爲族群關係是受到宗教（伊斯蘭）的影響。這個影響在蘇哈托下臺之後極爲明顯，由於壓制性的壟斷消失，以伊斯蘭爲基礎的政黨紛紛出現並參與選舉，並盡可能地發揮影響力。發生在 2016-2017 年，雅加達特區首長的鍾萬學事件即爲一例（文後將討論）。

[26] Hefner, R.W. (2018). "Introduction Indonesia at the Crossroads: Imbroglios of Religion, State, and Society in an Asian Muslim Nation" In R.W. Hefner. Ed, *Routledge Handbook of Contemporary Indonesia*. New York: Routledge. pp. 14.

[27] Suryadinata, L. (2018). "Ethnic Groups and the Indonesian Nation-State" In Robert W. Hefner Ed. *Routledge Handbook of Contemporary Indonesia*. p. 46.

[28] Hefner, R.W. (2018). pp. 13.

[29] *Ibid.*

肆、蘇哈托／「新秩序」時期（1966–1998）[30]

一、排華政策

蘇哈托在 1965 年上臺後帶領的反共黨思潮，演變成強烈的反華風潮。[31] 許多印尼華人被控支持或因爲同情共產黨而受害。內閣首席團（the Cabinet Presidium）也要求日後提到華人和中國時，應使用「Cina」（支那人或支那）這個字，而不用「Tionghoa」（中華）或「Tiongkok」（中國）來指涉華人或中國。[32] 蘇哈托政府隨後對華人進行了強制性的同化政策，包括：不可公開展示華語文字；不可公然慶祝華人節慶；除了醫療、宗教、喪葬、娛樂性質相關的華人組織一律禁止；關閉教授華語的學校；禁止華文報刊。換句話說，廢除了華人文化的三大支柱：華社、華校與華報。再者，敦促華人採用「本土」姓氏。[33] 1967 年蘇哈托指示「解決華人問題的基本政策」中正式定義華人族群認同將會妨害國家團

---

30 蘇哈托上臺後定義自己的執政爲國家開啓「新秩序」，故蘇哈托時期亦稱爲「新秩序」時期。

31 Hui, Y. F. (2011). *Strangers at Home: History and Subjectivity among the Chinese Communities of West Kalimantan, Indonesia*. Leiden: Brill. pp. 115-46; Tsai and Kammen (2012). "Anti-communist Violence and the Ethnic Chinese in Medan, North Sumatra". In Douglas Kammen and Katharine McGregor (2012). Ed. *The Contours of Mass Violence in Indonesia, 1965-68.* Singapore: National University of Singapore Press. pp. 131-55.

32 黃克先譯，Johanes Herlijanto著（2008），〈印尼後新秩序時期對於華人少數族群的態度轉變〉，收於蕭新煌、邱炫元主編（2014），《印尼的政治、族群、宗教與藝術》，臺北：中央研究院人文社會科學研究中心，頁188。另，由於印尼華人歷史上以講閩南方言為主，因此「中華」、「中國」在印尼語中就被譯為Tionghoa、Tiongkok。

33 Coppel, C. A. (1983). *Indonesian Chinese in Crisis*. Oxford: Oxford University Press. p. 165; Coppel, C. A. (2002). *Studying Ethnic Chinese in Indonesia*. Singapore: Singapore Society of Asian Studies. pp. 22-23; Chua, C. (2008). pp. 39-40.

結。新秩序政權將印尼華人社群視爲是一個政府必須「解決」的「問題」，頒布了種種法令與政策，暗示了歧視華人的合法性與制度性。[34]

　　另一方面，新秩序時期也頒布許多針對華人的法規，例如，具華人血統的印尼公民其身分證與護照上有特殊編號，這使得官僚系統得以辨識華人身分並加以排除，[35]是一種「華人族群」與「本土族群」的制度化區隔。[36]除此之外，雖無法規限制，但華人普遍被排除在政治與軍警系統之外，反而造成把大多數華人侷限在經濟領域發展的結果。簡單來說，新秩序對展示華人性文化的任何形式都具有敵意。新秩序致力於消除華人的族群文化差異，然而失去了文化／社會組織的華人仍然被視爲「他者」。

　　就算華人喪失其文化根源，本土族群卻沒有改變視華人爲「他者」與「自私的經濟動物」等既定偏見[37]。新秩序時期對華人同時帶來了同化與隔離。這樣的矛盾現象被認爲是爲了確保華人在經濟上強勢，政治上弱勢的社會位置。在這種情況下可以確保華人無法挑戰既有的政治權力。蘇哈托執政時期雖然想消除華人的經濟勢力，但他很快發現華人是政治菁英與大眾之間的「緩衝」。[38]也就是說，這個少數族群在經濟上相對成功，但需要追究社會問題時，可以是方便又脆弱的代罪羔羊。

34 孫采薇（2014），〈制度與族群關係：論國家制度與政策對印尼本土族群與華人關係的影響〉，收於蕭新煌、邱炫元主編《印尼的政治、族群、宗教與藝術》，臺北：中央研究院人文社會科學研究中心，頁139。

35 Hoon, C. H. (2008). *Chinese Identity in Post-Suharto Indonesia: Culture, Politics and Media.* Lancaster: Sussex Academic Press. p. 39.

36 孫采薇，頁146。

37 Hoon, C. H. (2008).

38 Purdy, J. (2006). *Anti-Chinese Violence in Indonesia, 1996-1999.* Hawaii: University of Hawai'i Press. p. 20.

二、蘇哈托與華人鉅商關係

在其執政時期，蘇哈托培養了一批華人鉅商做爲他的親信。新秩序時期出現的「主公」（*cukongs*）現象可以說明，[39]當時印尼華人企業家，如林紹良（Liem Sioe Liong, a.k.a. Sudono Salim）、謝建隆（Tjia Kian Liong, a.k.a. William Soerjadjaja）、李文正（Lie Mo Tie, a.k.a. Mochtar Riady）等與蘇哈托家族或軍方合作，爲掌權者提供經濟上的援助。[40]相對的，政治菁英成爲這些華人企業家的生意夥伴，並提供了政治上的保護與便利性。[41]但廖建裕也指出：所謂的「主公」其實極小數，並不能代表絕大多數的印尼華人。[42]然而，少數的印尼華人鉅商與政治菁英之間的裙帶關係卻深刻型塑了本土族群對華人的認知，也就是一般華人比本土族群來得富有、貪腐與投機的負面刻板印象。

曾於從業集團黨（Golkar）任職的華人林綿基（Lim Bian Kie i, a.k.a. Jusuf Wanandi）在他出版的回憶錄裡說：

我們〔華人〕從受教育到就業，在許多領域都遭受歧視。我們從來沒有眞正的同化過。

我認爲這個原因大致歸究於高層人物的態度。蘇哈托，以及其他軍方高層從來不承認印尼華人的貢獻。蘇哈托利用我們，他利用像林紹良這樣的華商獲利。他要求華人親信在生意上幫助他的家族，他要求我們

---

39 「主公」爲閩語中稱呼老闆一詞，在蘇哈托時期因執政者依賴華人鉅商之金援，以及兩方之間政經關係之複雜糾結，也演變爲印尼語中的一個詞彙，有華人鉅商因贊助或擔任捐客而獲得權勢之意。

40 Chua. C. (2008). pp. 37-38, 41-43.

41 Suryadinata, L. (1997). *The Culture of the Chinese Minority in Indonesia.* Singapore: Marshall Cavendish Intl. pp. 33-4.

42 廖建裕（2002），《現階段的印尼華人族群》，新加坡：新加坡國立大學中文系、八方文化企業公司出版，頁15。

在政治議題上的支持，但他從來不承認我們〔的功勞〕。

當華人遭受攻擊時，他也從不吭聲……在新秩序時期，他沒有一次給過我們該有的位置。他做的一切只爲自己，包括他的政府所達到的成就。最後新秩序的垮臺與反華暴動竟可悲的同時發生。我們像小情婦般被對待，〔他們政治菁英〕只享受我們帶來的好處，卻不承認我們。[43]

1990 年代的印尼社會充滿族群與宗教暴力衝突事件，其中自 1994 年以來排華暴亂愈來愈頻繁，一個小爭執或甚至謠言都可能引發暴亂、搶劫或火燒華人物產。更值得注意的是，在多項衝突中，政府原爲被抗議對象，但華人及其財產卻經常成爲暴民下手的目標。例如 1994 棉蘭暴動便演變成嚴重的排華暴亂。[44]

頻繁的反政府與排華暴亂，其實也表明了在 1997 亞洲爆發金融危機之前，印尼社會就已處於高度不穩定的狀態。當政府無力解決盧比大幅貶值以及通貨膨脹的問題，而蘇哈托於 1998 年 3 月又在次被選爲總統後，大規模學生抗議在各地爆發。最後，5 月 13 日雅加達警察在 Trisakti 大學射殺了六名示威學生，觸發首都和其他幾個大城市發生大型暴亂，而華人在這場「五月暴亂」中再次成爲受害者。許多華人商店與財產遭到焚燒劫掠，據稱還有許多華人婦女被強暴與謀殺。[45] 受到亞洲金融風暴影響，蘇哈托於 1998 年下臺。根據繼任的哈比比所設立的「聯合追求眞相小組」（Joint Fact-Finding Team）的調查，這場暴動「有

[43] Wanandi, J. (2012). *Shades of Grey: A Political Memoir of Modern Indonesia 1965-1998.* U.K.: Equinox Publishing Ltd. P.P. 126-27.此段作者自行翻譯。

[44] 孫采薇，頁150。

[45] Mackie, J. (1999). "Tackling 'the Chinese Problem'". In Geoff Forrester ed. *Post-Soeharto Indonesia: Renewal or Chaos?* Netherlands: Brill Academic Pub. p. 189.

可能是國家最高層的決策人士所發動，以便以暴亂為由頒布戒嚴」。[46]
這種說法也許符合某些觀察，即軍方發動暴亂是為了分散大眾對蘇哈
托政權的憤怒，並將怨氣導向華人族群。[47] 學者廖建裕則提出另一種可
能，即暴動是軍方內部鬥爭下的產物。[48] 然而，不論是何種說法，都被
認為因證據不足而無法獲得各方共識。

三、排華暴動

　　發生於 1965 年的「九三〇」事件導致蘇哈托上臺，他定調這場事
件為印共發起的政變，隨後展開了數年的「清共」行為，攻擊被認為
是印共或（疑似）與印共有關係的人。據估計，從 1965-1968 之間，
有 50-100 萬人遭到軍隊、警察或充斥於各鄉間的民兵組織殺害，[49] 超過
百萬的人未經審判就遭到監禁。[50] 得以倖存的人至今仍被貼上共黨的標
籤，是國家的敵人，在法律層面與社會生活上仍歷經波折。[51] 印共其實

---

[46] The Joint Fact-Finding Team (TGPF). (2013). "The Final Report of the Joint Fact-Finding Team (TGPF) on the May 13-15, 1998 Riot Executive Summary". http://www.our21.com/Indo/TGPF.html，取用日期：2019年3月18日。

[47] Heryanto, A. (1999). "Rape, Race, and Reporting". In Arief Budiman, Barbara Hatley, and Damien Kingsbury Ed. *Reformasi: Crisis and Change in Indonesia*. Australia: Monash Asia Institute. p. 327.

[48] Suryadinata, L. (2001). "Chinese Politics in Post-Suharto's Indonesia: Beyond the Ethnic Approach? " In *Asian Survey*, Vol. 41, No. 3. P. 507.

[49] Cribb. R. B. (1990). Ed. *The Indonesia Killings, 1965-66: Studies from Java and Bali. Monash Papers on Southeast Asia. No. 21.* Clayton, Victoria, Australia: Centre of Southeast Asian Studies, Monash University. ; Roosa, J. (2006). *Pretext for Mass Murder: The September 30th Movement and Suharto's coup d'etat in Indonesia.* Madison: University of Wisconsin Press.

[50] Amnesty International (1977). *Indonesia: Report.* London: Amnesty International. pp. 41-44.

[51] McGregor, K. (2018). "Historical Justice and the Case of the 1965 Killings" In Robert W.

為民族性政黨，不太接受華人黨員，但一般原住民的刻板印象將華人與中國共產黨連結，造成大量華人在「清共」的名義下受害。[52]

在迎接蘇哈托上臺，與結束蘇哈托政權的兩場重大事件中，華人都成為了受害者。不管是 1965 還是 1998 年的反華暴動，至今無人被審判與懲處，也無人為該負的政治責任負責。雖然哈比比在暴動後兩個月即成立「聯合追求真相小組」，但考量事件發生的規模與激烈程度，以及在國際輿論的壓力下，這是個不得不的選擇。更何況，該小組的調查報告並不被政府重視。哈比比在 1999 年甚至表明對於該暴動究竟發生了什麼，他仍沒獲得完整的全貌而得以了解。[53]

印尼的排華暴動可以溯源至二十世紀初，印尼國族主義開始形成之際就已發生，且因為循環性的發生而成為一普遍現象。[54]反華暴動經常以掠奪物資、放火燒房或殺人的形式出現，但在 1998 年的「五月暴亂」卻發生強暴婦女的情形。[55]印尼政府幾經更迭，卻否認暴行或保持

Hefner Ed. *Routledge Handbook of Contemporary Indonesia*, pp. 129-139.

[52] 本文限於篇幅，無法細述各反華暴動的起因、性質、施暴方式、受害人數等。除上列註腳所列文獻外，在此另列舉數篇重要相關文獻：Anderson, B. Ed. (2001). *Violence and the State in Suharto's Indonesia*. Ithaca, N.Y.: Southeast Asia Program Publications, Southeast Asia Program, Cornell University. ; Shiraishi, T. (1997). "Anti-Sinicism in Java's New Order," In Daniel Chirot and Anthony Reid. (1997.) Ed. *Essential Outsiders: Chinese and Jews in the Modern Transformation of Southeast Asia and Central Europe*. Seattle: University of Washington Press. ; Wieringa, S.E. and Katjasungkana, N. (2019). *Propaganda and the Genocide in Indonesia-Imagined Evil*. New Yrok: Routledge.

[53] Soebagjo, N. (2008). "Ethnic Chinese and Ethnic Indonesians: A Love-Hate Relationship." In *Ethnic Chinese in Contemporary Indonesia*. p. 144.

[54] Kusno, A. (2001), p. 151.

[55] Siegel, J. (2001). "Thoughts on the Violence of May 13 and 14, 1998, in Jarkata," In Benedict Anderson ed. *Violence and the State in Suharto's Indonesia*. N.Y.: Southeast Asia Program Publications, Southeast Asia Program, Cornell University. pp. 90-123.

沉默，無審判、道歉、補償、紀念或追求眞相的意願和行爲，即便現任總統佐科威在「九三〇」事件 50 週年之際，也拒絕向倖存者道歉。[56] 長久的壓抑造成華人社群感到自身在不確定、不穩定的狀態中生存，既無法信任政府，也無法依賴印尼社會的中產階級。[57]

伍、後蘇哈托時期／改革時期（Reform Era/Era Reformasi）[58]

　　蘇哈托的下臺爲印尼開啓了民主化與去中央化的過程。[59] 蘇哈托的下臺開啓了印尼近代史中變化最多的一段時期。[60] 從繼任的哈比比開始，逐步廢除了帶有「本土主義」的政策。例如：取消「原住民」與「非原住民」群體的區別、1999 年取消華人與公家機關打交道時須出示公民證書的規定、取消使用華語的規定、開放華語補習課程並允許華人組織政黨與民間團體；2000 年廢除了華人不准慶祝傳統節日與辦報的禁令；2001 年的修憲移除了「只有原住民族群才可以成爲總統候選人」的規定，明言任何公民都有選總統的權利；2002 年宣布華人新年爲公訂假日；[61]2006 年國會通過歧視華人的官員必須受到懲罰的新法；2008

56　McGregor, K. (2018), p. 136.

57　Kusno, A. (2001), p. 155.

58　蘇哈托下臺後，始稱為「改革時期」。

59　Aspinall, E.(2011). "Democratization and Ethnic Politics in Indonesia: Nine Theses." *Journal of East Asian Studies.* Vol.11, No.2, pp. 289-319.

60　謝尚伯譯，Taufik Abdullah著（2008），〈蘇哈托下臺後的印尼：對於一段激烈過程的再審視〉，收於蕭新煌、邱炫元主編，《印尼的政治、族群、宗教與藝術》，頁29。

61　即便到此時都還有許多歧視性法規與法令存在。Winarta指出（2008: 65），只撤銷歧視性法令是不夠的，因為這些法規有非常多的公文層次，例如：戶政、申請護照，或其他正式文件等等。

年通過了《消除種族或族群歧視法》（*Undang Undang Penghapusan Diskriminasi Ras dan Etnik*）。[62]也有觀察者認為，印尼政府對華人族群的態度有所轉變，是一種彌補1998年5月排華暴動悲劇的心態，但也因此開啓了文化復興的時代。[63]文化活動禁令的廢止帶來了華人文化三大支柱的復興，包括：以華人姓氏、親屬、氏族、宗教，甚至是校友會等等為基礎的社團組織；[64]報紙或其他華語媒體也開始出現；華文教育也開始發展，不只是學校可以教華文，新的雙語或三語學校也紛紛開始設立，更因為中國經濟崛起，華人或本土族群都興起了學中文的風潮。[65]

如今，華人文化以各種形式出現在公共空間中，華人在後蘇哈托時代經歷文化復甦的階段，但儘管以上局勢的出現，新秩序時期進行的同化政策，卻讓那一代華人有著世代性的失落。例如：Abidin Kusno 認為官方刻意鼓勵華人文化的展現，是對排華行動的一種默認性補償；雖然大量出現華人性建築，但政府卻不建立公共紀念空間，是對華人經歷過的壓迫刻意遺忘。[66]又例如：印尼華裔藝術家 FX Harsono 以書寫自己華文名字，但不斷被雨水沖刷掉的展覽，表達對尋不回的文化根源感到失落。[67]

---

[62] J. Bertrand (2004). *Nationalism and Ethnic Conflict in Indonesia*. U.K.: Cambridge University Press. pp. 70. ; Winarta (2008). "No More Discrimination against the Chinese." In *Ethnic Chinese in Contemporary Indonesia*. pp. 57-74.

[63] Kusno, A. (2001). p. 168.

[64] 這類社團如雨後春筍般出現，大多屬地區性質，其中有兩個發展成全國性社團：由退役警察准將熊德怡（Tedy Jusuf）創立的印華百家姓協會（Paguyuban Sosial Marga Tionghoa Indonesia, PSMTI），以及由製藥企業家汪友山（Eddie Lembong）創立的印尼華裔總會（Perhimpunan Indonesia Keturunan Tionghoa, INTI），後者於2017年過世。

[65] 見Lembong, E. (2008). pp. 53-55; Suryadinata, L. (2008). pp. 3-11；孫采薇，頁156。

[66] Kusno (2003), p. 167.

[67] Smith P. (2015). Writing in the Rain: Erasure, Trauma, and Chinese Indonesian Identity in the Recent Work of FX Harsono. *Journal of Southeast Asian Studies*. Vol. 46. No. 1, pp.

　　蘇卡諾時代的阿里巴巴模式到蘇哈托時期發展成主公制度，政府官僚爲華商提供營業執照，並在貪腐的裙帶關係中提供保護。如今在政治經濟解禁的環境，過往的主公現象不若以往存在，原住民族群企業家也日益增加。透過媒體披露，貧窮的華人遠比超級富商來得多。各行各業都有華人，並非只在經濟領域。

　　華人面對與原住民的關係出現兩種態度。一種是認爲應該棄絕族裔性的團體或組織，而更應多參與跨族群的社會活動，不然只會更強化華人是隔絕性、排他性強的負面印象，同時也不宜高調展現華人文化或者與中國走的過於親近。另一種則認爲組織華人的社團本是基本人權，在過去不得不面對被強烈打壓的環境，現在則理應復興華人文化，恢復自身的族群與文化認同，這也是對印尼多元文化主義的一種貢獻。前者知名人物包括棉蘭的 Sofyan Tan 以及泗水的 Kalimas，但在華人社群中仍是少數。[68] 另一方面，雖然印尼主流社會變得更包容，蘇哈托之後的瓦希德與梅嘉瓦蒂在擔任印尼總統期間也廢除了許多排華法律，但原住民對華人仍持有負面觀感。其中的指標事件，可以說是鍾萬學事件。鍾萬學（Basuki Tjahaja Purnama）於 2014 年在其前任佐科威當選總統後，成爲半世紀以來，雅加達首位非穆斯林及華裔首長，也是印尼政壇中極爲少數的基督徒，公眾一直以其客家乳名「阿學」（Ahok）稱呼，這種暱稱代表民眾對他有親切感。然其競選過程可以看出當今影響印尼社會族群關係的因素。

一、鍾萬學事件

印尼前任雅加達特區首長華裔鍾萬學在 2016 年競選連任期間因涉

119-133.

68 Chong, W. L. (2018). *Chinese Indonesians in Post-Suharto Indonesia: Democratisation and Ethnic Minorities*. H. K.: Hong Kong University Press.

嫌「褻瀆可蘭經」，引發保守伊斯蘭組織的群起抗議[69] 並數次發起規模數萬人以上的示威遊行。由於示威情緒高漲，使得「褻瀆宗教」成案並在法庭受到審判。在此期間，鍾萬學數度宣稱自己並無褻瀆伊斯蘭之意，甚至為感到被冒犯的穆斯林道歉，然而最終還是被重判兩年徒刑。[70] 鍾萬學在 2019 年 1 月即將出獄之際表示，希望公眾改稱他的印尼全名簡稱「BTP」，別再用他的客家暱名「阿學」來稱呼他。[71] 廖建裕曾經評論此事件與 2017 年雅加達特區首長選舉的爭議，是印尼改革派與保守派之間的競爭，也是 2019 年總統選舉的前哨站。[72] 但也有不少觀察者認為更值得注意的是雖然鍾萬學的政績獲得肯定，但有不少中產、富有的穆斯林加入反阿學行列，並指責鍾萬學是破壞印尼「多元」精神之人。[73] 與此不謀而合的觀察，即是在後蘇哈托時代，正因為政治環境更為開放，在新秩序時期受到壓制的伊斯蘭保守分子反而得到興起的機會，並因此獲得更多動能，達到前所未有的影響力。[74]

---

[69] 例如：「捍衛伊斯蘭陣線」（Front Pembela Islam）、「伊斯蘭教徒論壇」（Forum Umat Islam）、「伊斯蘭教士理事會」（Majelis Ulama Indonesia, MUI）等。

[70] 見 The Jakarta Post "Judges Give Ahok Stiffer Sentence" https://www.thejakartapost.com/news/2017/05/09/judges-give-ahok-stiffer-sentence.html，取用日期：2019 年 5 月 10 日。

[71] 見星洲日報〈鍾萬學出獄棄用中文名「阿學」〉https://www.sinchew.com.my/content/2019-01-24/content_2003721.html，取用日期：2019 年 5 月 10 日。

[72] 引自程家弘（2019），〈印尼開明派險勝保守派佐科威連任總統獲華人支持〉，《亞洲週刊》，33 卷 17 期，頁 36-7。

[73] Weng, H. W. (2017). "Middle class competition and Islamic populism." New Mandala：https://www.newmandala.org/competitions-among-middle-classes/，取用日期：2018 年 12 月 21 日；Eve Warburton & Liam Gammon (2017). "Class dismissed? Economic fairness and identity politics in Indonesia," New Mandala: https://www.newmandala.org/economic-injustice-identity-politics-indonesia/，取用日期 2018 年 12 月 21 日。

[74] Hefner, R.W. (2018). pp. 3-30.

陸、結語

　　原住民與非原住民的區分從荷殖時代延續到後殖民時期，透過了一系列的政策、機構與法律制度來實踐。華人與本土族群的衝突關係中，沒有實現過正義。荷蘭殖民者採取分而治之的統治方式，華人與原住民雖然共同生活在一片土地上，但殖民政策長期隔絕這兩個群體，阻礙了互相融合的生活方式。華人承包稅收並不意味著華人掌握了印尼的經濟命脈，但當荷蘭殖民者被驅趕後，獨立後的印尼需要進行經濟建設，自然將曾經得到經濟特權且又非我族類的華人群體視為是眼中釘。在蘇卡諾時期，雙重國籍問題客觀存在，進一步強化了原住民心中華人的異族身分。成為獨立國家後的印尼所設計的排華政策，其實根源於殖民主義對當地原住民群體長期潛移默化，使得華人逐漸形成社會中的「他者」。[75] 孔飛力更直指早在荷蘭殖民統治時期將原住民置於社會階層底層時，「華人問題」就已種下禍根了。[76] 孔飛力明白表示「華人問題」的本質並非「中國問題」。相反的，「華人問題」的根源，來自當地民眾繼承此來自於前殖民者的觀念。華人曾經是殖民者的工具，推動了殖民時代的經濟。然而，進入獨立民族國家時期，經濟功能與民族文化間的衝突，使得從殖民歷史承襲來的角度成為執政者方便的工具。[77] 新秩序時期政府把經濟問題論述為「華人問題」，然後以「同化」做為解決問題的手段。從「阿里巴巴」體制到「主公」制，可以說是在印尼的富豪華人尋求庇護以求自保的方式，但這並非是華人群體的普遍現象。

　　對於群島型態，地理幅員廣大，以及種族組成複雜的印尼來說，國族建構仍為一進行中的課題。加里曼丹、蘇拉威西、馬魯古、巴布亞等

75　孔飛力，頁293。

76　孔飛力，頁297-298。

77　孔飛力，頁308。

地也都出現程度、層次不一的融合問題。在後蘇哈托時代，印尼社會不只是面對華人與非華人間的緊張關係，各群體因族群或宗教引起的衝突在各地都可見到。有觀察者認為這是因為貧富差距擴大而引發的現象，也因此「華人問題」只是眾多社會問題清單中的一個，需要被「解決」的重要性也不若以往。[78] 到目前為止，印尼普遍的華人觀可以說是受到政策性的煽動，而印尼的華人政策又隨著當權者的政治性需求而有所變化。雖然歧視華人的法規與條款被一一解除，但沒有人能保證來自官僚系統、極端穆斯林圈子，或其他原住民群體對華人不再有敵意，因為我們無法預估或測量憎惡華人的程度及情緒將帶來何種規模的影響。[79] 另一方面，印尼華人的確比過去更有機會參與社會，並重新定義自己的角色。印尼獨立時宣稱「求同存異」，這股理想的實現有賴於印尼華人從過去的陰影中走出來，但同時也有賴於主流社會對於「多元」的承認、接受、理解與尊重。當我們今天要討論印尼的社會與經濟不平等時，應該思考的是華人與非華人等同於富人與窮人這樣的分類，是一種社會現實，還是一種迷思、一種應該被摒棄的二元對立？今日的印尼由於伊斯蘭各組織的復甦，境內族群關係也更受到伊斯蘭各種勢力的影響，「華人問題」的概念與呈現將有何變化，未來的觀察將需要同時參照基進伊斯蘭團體的論述與行為。

---

[78] Soebagjo. (2008). p. 138.

[79] Soebagjo. (2008). p. 150.

Chapter *15*

菲律賓摩洛人的族群關係與自治之路

徐雨村[*]

* 國立雲林科技大學文化資產維護系助理教授。

菲律賓南部（菲南）的穆斯林民族自稱爲摩洛人（Moro），在臺灣的新聞媒體偶有菲南武裝衝突、居民流離失所的消息。近年則陸續出現和平曙光及民族自決的正面報導，包括菲國總統杜特蒂（Rodrigo Duterte）於 2018 年 7 月簽署發布《摩洛民族組織法》（*Bangsamoro Organic Law*），2019 年經過公投複決後，2 月 20 日成立「摩洛民族自治區過渡署」（Bangsamoro Transition Authority, BTA），預定在 2022 年 6 月 30 日正式成立「民答那峨穆斯林摩洛民族自治區」。[1] 摩洛人歷經了數百年斷斷續續的抗爭，終於取得穩定發展的機會。對於菲南穆斯林族群的華文研究論述，江炳倫在 2003 年的《南菲律賓反抗運動研究》一書深入探討先前的演變過程，[2] 亦有海峽兩岸的多位學者討論其民族主義運動及和平進程。[3] 在此，筆者依據本書的議題設定，從族群關係與自治之路的角度切入，徵引學者論述及近期各類文獻，從族群概況、殖民勢力對摩洛人的塑造與打壓、戰後的摩洛衝突及走向自治等議題，來呈現摩洛人在菲律賓的處境及其行動。

---

[1] "Duterte signs Bangsamoro law", *ABS-CBN News*, 26 July 2018. Arguillas, Carolyn O., "Bangsamoro Transition Authority to take oath February 20; ARMM to BARMM turnover on February 25" *Minda News*, 18 February 2019.

[2] 江炳倫，2003，《南菲律賓反抗運動研究》，臺北：韋伯文化出版。本文的中文譯詞主要參酌江炳倫一書。

[3] 關於摩洛問題的研究，期刊論文與專書論文請參閱：陳鴻瑜（1997），〈菲律賓政府與摩洛分離主義者談判過程分析〉，《東南亞季刊》2(1): 1-22；劉青雲（2004），〈菲律賓南部摩洛分離運動之形成與發展〉，《亞太研究論壇》25: 121-133；彭慧（2007），〈伊斯蘭復興運動與菲律賓穆斯林分離運動〉，《世界民族》6: 35-41；陳衍德（2008），《全球化進程中的東南亞民族問題研究：以少數民族的邊緣化和分離主義運動為中心》，廈門：廈門大學出版社；孟慶順（2008），〈菲南和平進程的回顧與思考〉，《南洋問題研究》136: 1-8；施正鋒（2016），〈民答那峨自治區的發展〉，《臺灣原住民研究論叢》19: 1-42。

壹、摩洛人與菲律賓族群概況

一、摩洛人

「摩洛人」（Moro）這個字據信是源自西班牙人稱呼穆斯林的字彙 Moors，用來稱呼古代羅馬帝國在非洲東北角的行省茅利塔尼亞（Mauritania）的居民，此後，茅利塔尼亞就受伊斯蘭教所影響，在西元 711 到 1492 年間，伊斯蘭教帝國曾統治伊比利半島大部分地區，此後西班牙人就把 Moor 這個字彙用來泛稱穆斯林。1565 年西班牙開始統治菲律賓之後，就用「摩洛」（Moro）統稱穆斯林。然而，西班牙隨即跟南方穆斯林發生戰爭，延續長達三百多年。西班牙人為了獲取基督教徒的支持，對 Moro 這個名稱賦予負面意象，例如：海盜、叛徒、奴役者、殘忍與不文明等等。致使南方穆斯林長期不願採用這個負面字彙自稱，直到 1970 年代菲南的穆斯林與基督徒的衝突升高，「摩洛」才成為常用且被接受的詞彙，有些人公開自我認定是「摩洛民族」（*Bangsa Moro*）而有別於「菲律賓人」（*Bangsa Filipino*）。*Bangsa* 是馬來文的「種族」或「民族」，更自我宣示建立「摩洛民族」為獨立邦國的意願。[4] 此後，摩洛人也將他們的土地稱為「摩洛蘭」（Moroland，摩洛人之地）。

摩洛人共由 13 個穆斯林民族語言群體所組成，在西班牙殖民之前就已是這些島嶼的原住民。摩洛人散居在菲律賓各地，而且菲南已有許多天主教徒定居。據 1990 年的人口普查資料，在菲南 13 省當中，總人口 936 萬餘人，穆斯林（推定為摩洛人）有 251 萬餘人，約占此地區總人口的 26.89%。穆斯林人口比例較高省分包括：瑪京達瑙省（Maguin-

---

[4] Gowing, Peter., 1978, *Muslim Filipinos- Heritage and Horizon.* pp. ix-x. Quezon: New Day Publisher.

danao）24.55%、南拉瑙省（Lanao del Sur）93.02%、巴西蘭省（Basilan）79.86%、蘇祿省（Sulu）97.66% 與塔威塔威省（Tawi-Tawi）92.24%（請參閱表19、圖15）。[5] 據「民答那峨穆斯林自治區」在2015年的人口普查，人口為 3,781,387 人。[6]

表 19　摩洛人 13 個族群及其所在地理位置

序號	族群名稱	省分	備註
1	喀拉甘人（Kalagan）	南達沃省（Davao del Sur）	
2	桑吉爾人（Sangil）	西達沃省（Davao Occidental）	
3	馬京達瑙人（Maguindanao）	瑪京達瑙省（Maguindanao）	摩洛自治區
4	艾拉努人（Ilanun）	南拉瑙省（Lanao del Sur）	摩洛自治區
5	馬拉瑙人（Maranao）	南拉瑙省	摩洛自治區
6	寇利布甘人（Kolibugan）	三寶顏錫布格省（Zamboanga Sibugay）	
7	雅坎人（Yakan）	巴西蘭省（Basilan）	摩洛自治區
8	陶蘇格人（Tausug）（又稱蘇祿人）	蘇祿省（Sulu）	摩洛自治區
9	薩瑪人（Sama）	蘇祿省（Sulu）	摩洛自治區
10	巴喬人（Bajao）	塔威塔威省（Tawi-Tawi）	摩洛自治區
11	嘉瑪瑪普人（Jama Mapun）	塔威塔威省	摩洛自治區
12	巴拉望人（Palawanon）	巴拉望省（Palawan）	
13	麥爾波格人（Malbog）	巴拉望省	

資料來源：Abbahil, Abudulsiddik A., "The Bangsa Moro: Their Self Image and Inter-Group Ethnic Attitude." *Dandalan Quarterly,* Vol. V/4, p. 201, 1984.

5　Rodil, B. R., "Update and Reflections on the GRP-MNLF Formal Peace Talks," *Darsalan Quarterly* Vol. XVI, No.1, January-March 1996.引述自：同註2，江炳倫，頁121。

6　"Population of the Autonomous Region in Muslim Mindanao (Based on the 2015 Census of Population)." Philippines Statistic Authority. 10 June 2016. 人口普查基準日為2015年8月1日。

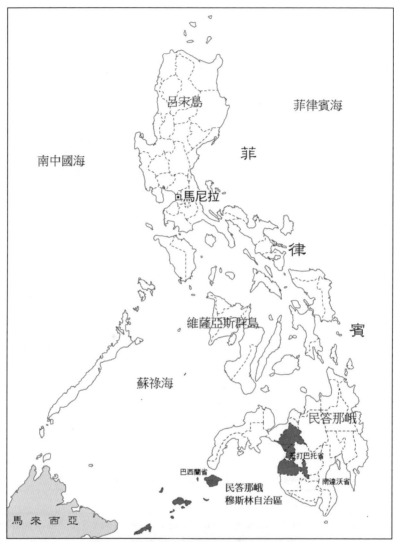

圖 15　菲律賓全圖及摩洛自治區位置圖

二、菲律賓族群的由來：史前到現代

　　菲律賓族群文化十分多樣。最早的人類居住遺跡是 2007 年出土的呂宋島北部的卡勞（Callao）洞穴，距今約 67,000 年，科學家命名為人屬呂宋種（*Homo luzonensis*）。然而，此一人種尚未出土其他後續化石，初步推斷已滅絕。[7]

另一群年代久遠的人種是尼格利陀人（Negritos），這是西班牙人用來稱呼非洲「小黑人」的名稱，在現今菲律賓偏遠地區的狩獵採集族群，據信尼格利陀人是類澳洲人種（Australoid）的殘遺。現在菲律賓的原住民族群大多屬於南島語族。據澳洲國立大學貝爾伍德（Peter Bellwood）等人的研究，就考古學的證據，北部呂宋島及巴丹島的史前文化，最早可追溯到西元前兩千年，並與臺灣的達悟族（雅美族）屬於同一個文化圈。[8]菲律賓的尼格利陀人現在多使用南島語，學者推測南島語族以其農耕優勢，進逼尼格利陀人散居的區域，並使得尼格利陀人的語言喪失殆盡，而改採南島語。[9]

三、馬來人穆斯林勢力的建立

在西元前 200 年前後，就有第一批來自蘇門答臘的馬來人搭乘名為「巴連蓋」（Barangay）的船舶前來貿易，持續到十五世紀。[10]「巴連蓋」也用來稱呼菲律賓群島在西班牙占領之前的基本社會單位，也就是父系親屬群體，即使各個巴連蓋彼此有互助關係，但各群體都保持獨立存在。馬來人早期採行泛靈信仰及部落傳統宗教，直到十四世紀才改宗伊

---

7 Piper, P. J., 2019, "A new species of Homo from the Late Pleistocene of the Philippines". *Nature*. 568 (7751): 181–186.

8 Peter Bellwood and Eusebio Dizon, 2013, "The Batanes Islands and the Prehistory of Island Southeast Asia," p. 237, in Peter Bellwood and Eusebio Dizon eds., *4000 Years of Migration and Cultural Exchange: The Archaeology of the Batanes Islands, Northern Philippines*. Canberra: ANU Press.

9 Robert Winzeler 原著，徐雨村譯（2018），《今日東南亞族裔群體：一個複雜區域的民族誌、民族學與變遷》，臺北：原住民族委員會、文化部，頁49-51。

10 陳鴻瑜（2011），《菲律賓史》，臺北：三民書局，頁6。

斯蘭成爲穆斯林。菲南在十五世紀之後，陸續建立了蘇祿、馬奎達諾、拉瑙（Lanao）等三個蘇丹王朝，[11] 成爲伊斯蘭宗教政治組織型態，前兩者在西班牙占據菲律賓之後，成爲對抗北方政府及基督教勢力的重要力量，也是二十世紀摩洛自治運動所在區域。

1. 蘇祿蘇丹王朝（Sultanate of Sulu）據蘇祿群島的墓地及墓碑資料推測，蘇祿群島在十三世紀末葉到十四世紀初，已出現了穆斯林聚落。[12] 出身柔佛的探險家暨宗師謝里夫·哈辛（Sharif ul-Hashim）於 1390 年創立該國，統轄範圍包括蘇祿群島、婆羅洲東北側海岸（今日馬來西亞沙巴州及印尼東加里曼丹省的一部）、巴拉望島南部等。1915 年，蘇祿蘇丹與美國菲律賓政府民答那峨及蘇祿部門總督卡本特簽訂《卡本特協定》（Carpenter's Agreement），承認美國的主權，蘇祿蘇丹維持名義上的伊斯蘭宗教領袖地位。[13]

2. 馬奎達諾蘇丹王朝（Sultanate of Maguindanao）十五世紀馬來半島及印尼群島快速伊斯蘭化，當時已有伊斯蘭傳教士造訪民答那峨島，民答那峨河河口亦出現穆斯林聚落。[14] 出身柔佛的阿拉伯人與馬來人混血兒謝里夫·卡本蘇萬（Sharif Muhammed Kabungsuwan）於 1520 年來到民答那峨南部建立蘇丹王朝，並改革了改宗伊斯蘭者的整個治理體系，人們認定他就是成功引進

---

11 同註2，江炳倫，頁6。

12 Gowing, Peter. 1979 *Muslim Filipinos: Heritage and Horizon*. Quezon City: New Day Publisher.

13 Memorandum: Carpenter Agreement, 22 March 1915. https://web.archive.org/web/20151017015534/http://www.gov.ph/1915/03/22/memorandum-carpenter-agreement-march-22-1915/

14 施雪琴（2007），《菲律賓天主教研究：天主教在菲律賓的殖民擴張與文化調適（1565-1898）》。廈門：廈門大學東南亞研究中心。頁60-63。

並堅定建立穆斯林傳統之人。其統治區域據稱曾涵蓋民答那峨全島，但大多侷限在南部區域。1851 年開始，西班牙海軍實力逐漸增強，建立海軍基地並展開對摩洛人的攻擊，試圖終結摩洛問題。歷經多次戰爭及談判，1896 年西班牙將民答那峨分為三區，分由政府指派的拿督（dato）來治理，受三寶顏（Zamboanga）的總督所管轄，當地 18 歲以上的摩洛人男性有納稅義務。[15]

貳、殖民勢力與摩洛人

一、西班牙

1521 年 3 月 16 日葡萄牙航海家麥哲倫，率領西班牙船隊航行到現在菲律賓群島的霍蒙洪島（Homonhon），西班牙從此逐步建立勢力，麥哲倫將這個群島命名為 San Làzaro。[16]1543 年西班牙殖民者韋拉羅勒（Ruy López de Villalobos）奉西班牙國王之命，抵達萊特島（Leyte），並以西班牙當時王儲菲利普（Felipeel Prudent）為這座島嶼命名為 Las Islas Filipinas。

1578 年，總督桑地（Francisco de Sande）交給海軍艦長羅德利格（Esteban Rodriguez de Fegeroa）訓令，成為對待摩洛人的基本方針：

1. 讓摩洛人了解並承認西班牙人對其領土的統治權。
2. 限制摩洛人在菲島的交易，並開採當地自然資源用於商業用途。

---

[15] Najeeb M. Saleeby, 1974, "The History of Maguindanao", in Peter Gowing and Robert McAmis eds., *The Muslim Filipinos: Their History, Society and Contemporary Problems.* pp. 184-193. Manila: Solidaridad Publishing House.

[16] Suárez, Thomas., 1999, *Early mapping of Southeast Asia*. P. 138. Tuttle Publishing. Cushner, Nicholas p., 1971, *Spain in the Philippines*. P. 2. Quezon City: Institute of Philippines Culture, Ateneo de Manila University.

3. 終止摩洛人對抗西班牙艦隊的海盜行徑，並停止攻擊米薩亞群島及呂宋島南部的天主教居民。

4. 迫使摩洛人西班牙化及天主教化，並依此模式對待其他族群。

第四點激發了摩洛人抵抗西班牙人及其他天主教菲律賓人，以追求自己的宗教、生活方式及自由行動。這場衝突從 1578 年斷斷續續到 1876 年間，共分為六個階段，史稱「摩洛戰爭」（Moro Wars）。天主教徒刻意營造「摩洛形象」，將摩洛人視為狡猾、殘忍的海盜、侵略者與奴隸販子。摩洛人對天主教徒的形象成為儒弱之人、欺詐者、恫嚇者、強奪者。雙方的這些刻板印象延續至今。[17]1851 年，為防止英國與法國勢力與蘇祿蘇丹王朝建立關係，西班牙發動遠征軍俘虜蘇丹，並宣稱該國成為西班牙的保護國。1876 年，西班牙再次出兵俘虜蘇祿蘇丹，蘇丹承諾退居幕後。即使摩洛人實際的族群成分非常複雜，但是伊斯蘭宗教傳統讓他們得以建立認同感，而穆斯林意識與結構也成為反對西班牙人的力量，也對抗改宗基督教的人們。[18]

二、美國

美國在 1898 年發動美西戰爭獲勝，西班牙割讓菲律賓群島、關島與波多黎各。美國人面對摩洛人，一開始採取懷柔策略，1899 年簽訂的《貝特條約》（Bates Treaty），蘇祿蘇丹承認美國對蘇祿擁有主權，美國承諾不干預蘇丹王朝的內部事務，同時支付薪俸給蘇丹及其官員。然而，1903 年美國設置摩洛省（Moro Province），加速對此地的控制，

---

17 張禮棟（1999），《菲律賓摩洛人分離運動之研究》，國立政治大學中山人文社會科學研究所博士論文，頁35-36。

18 Cesar Adib Majul, 1974, "The Muslims in the Philippines: An Historical Perspective." In Peter Gowing and Robert McAmis eds., *The Muslim Filipinos: Their History, Society and Contemporary Problems.* pp. 9-11. Manila: Solidaridad Publishing House.

美國人將摩洛人視同北美印第安人，對他們負有教化、促進其現代化之責。此後興辦學校、醫院、道路、農場等，廢除（債務）奴隸制，並鼓勵天主教徒移入開墾。美國先前蘇祿蘇丹簽署的貝特條約並未獲得國會批准，而且在平定呂宋島之後，出兵民答那峨，片面毀約，1915年逼迫蘇祿蘇丹簽訂《卡本特協定》，放棄統治權，僅保留伊斯蘭教主之精神領袖地位。[19]

1924年，摩洛地區的領袖曾向美國國會陳情，如果美國希望菲律賓獨立，那麼他們期望摩洛也獨立建國，但美國則希望將摩洛地區整合在新建立的菲律賓國。接下來，1934年美國召開制憲會議，摩洛人發動請願，要求在新憲法納入保障摩洛人的條款。包括宗教自主、回教徒土地放領、地區政府官員由穆斯林擔任、回教傳統不受禁止、不廢除債務奴隸制、要求伊斯蘭旗幟、保障現有待遇等。然而，這些訴求並未被政府採納。在美國堅持菲律賓成為單一國家的前提下，1935年成立「菲律賓自治邦政府」，憲法完全沒有保障摩洛人的條款。天主教徒成為主導國家政治經濟的主流社群。1937年，美國政府撤除「非基督教部落局」（Bureau for Non-Christian Tribes），成立「民答那峨與蘇祿委員長辦公室」（Office of Commissioner for Mindanao and Sulu），大力開發南部島嶼以滿足自治邦整體利益，但大多是針對天主教移民或外國企業家。摩洛人的政治、經濟與文化權益都逐漸被侵蝕。[20]

---

[19] 同註17，張禮棟，頁44-46；同註3，施正鋒，頁8。

[20] 同註2，江炳倫，頁13-20。

參、二次戰後的摩洛衝突及走向自治

一、賈比達屠殺案及穆斯林獨立運動

1946 年 7 月 4 日，菲律賓共和國脫離美國而獨立。在 1950 及 1960 年代，菲國政府推動國家整合計畫，將大批北部中部的天主教菲律賓人遷入民答那峨，致使天主教徒及摩洛人為爭奪土地而爆發衝突。而引發摩洛分離運動的事件是發生在 1968 年 3 月 17 日的賈比達屠殺案。當時菲國自蘇祿省招募一批穆斯林新兵到賈比達鎮（Jabidah）訓練，實際數目不詳，約 28-64 人之間，名義上是對付菲律賓共產黨，但當隊員得知真正目的是滲透馬來西亞的沙巴州進行破壞之後，便打算退出。菲國軍方唯恐機密外洩，於是將他們分批屠殺，僅有一人因先前受傷而倖免，此事於是曝光。當時的總統馬可仕被迫成立委員會調查，但企圖掩蓋真相。世界各穆斯林國家也為此感到憤怒，特別是馬來西亞。

摩洛地方領袖及知識青年尤感悲憤，不到兩個月內，曾任省長的烏督（Data Udtog Matalam）就宣布成立「穆斯林獨立運動」（Muslim Independence Movement, MIM，後稱「民答那峨獨立運動」Mindanao Independence Movement）。雖然宣示意味較濃，但再度激發摩洛人鼓吹獨立的聲浪。1969 年涉案軍官獲判無罪，致使摩洛人民下定採取激烈行動的決心。當時在馬來西亞首相東姑阿都拉曼（Tunku Abdu Rahman）的默許下，有 90 名摩洛青年暗中前往馬國接受軍事訓練。[21]

二、摩洛民族解放陣線（MNLF）

1969 年「摩洛民族解放陣線」（Moro National Liberation Front，MNLF，簡稱「摩民解」）勢力開始成形，致力為摩洛人建立獨立的伊

---

[21] 同註2，江炳倫，頁71-73。

斯蘭國家或在菲律賓境內建立穆斯林少數民族自治區。從 1970 年代開始，摩民解就成為摩洛分離運動的主要領導組織，長達 20 年之久。

摩民解是從先前的「穆斯林獨立運動」所建立的分裂主義群體，尋求在菲南建立獨立的摩洛國。年輕一輩的摩洛菁英在大學校園逐漸串聯，1969 年獲得馬來西亞提供人員訓練及武器協助，訓練摩民解未來的成員。民答那峨獨立運動在 1970 年與馬可仕總統（Ferdinand Marcos）會談後決定解散。雖然此後不久，老一輩摩洛菁英及大學生繼續建立「摩洛民族解放組織」（Bangsa Moro Liberation Organization，BMLO），但依然由於組織內部的世代差異而瓦解。其中年輕世代成員於 1972 年在馬來西亞霹靂州的邦咯島（Pulau Pangkor）正式成立摩民解。米蘇阿里（Nur Misuari）成為摩民解的領導人。[22]

從 1970 年下半年到 1972 年 7 月間，天主教徒及木材公司與穆斯林及原住民之間的緊張關係逐漸升高，兩派的黑幫團體發生武力對抗，許多平民遭到殺害。穆斯林逃往同教人口較多區域，成為難民，至 1971 年已達五萬人。其中在 1971 年 6 月 19 日發生在馬尼里的慘案，共有 70 名老人婦孺遭到天主教幫派「伊拉牙」（Ilagas）分子殺害，然而政府的暗中支持卻是不爭之事實。政府正規軍及邊防軍也藉口殺害手無寸鐵的穆斯林。[23]

馬可仕總統在 1972 年 9 月，以穆斯林與基督徒之間的暴力事件為由，將摩民解視為非法的分離運動組織，為此宣布戒嚴。此後摩洛革命分子與政府之間的衝突局面升高為戰爭層次。10 月 24 日，分屬七個不同穆斯林團體的青年，突襲位於南拉諾省省會馬拉威市的邊防軍總部及鄰近的分部，幾乎全殲分部人員，但政府軍很快馳援，雙方激戰 24 小

---

[22] McKenna, Thomas M. *Muslim Rulers and Rebels: Everyday Politics and Armed Separatism in the Southern Philippines*. Berkeley: University of California Press, 1998.

[23] 同註2，江炳倫，頁77。

時，穆斯林青年退入山區，從此在摩洛地區各地展開長達 20 餘年的游擊戰。[24]

戒嚴令的實施使得摩洛政治團體瓦解，並沒收所有非政府武力的槍械，然而摩民解的領導層當時大多在馬來西亞，得以繼續進口武器，先前各自單獨對抗政府軍及基督教游擊隊的團體，紛紛向摩民解靠攏。米蘇阿里及另一位領袖瑟拉馬（Hashim Salamat）前往利比亞尋求支持，利比亞允諾把先前對傳統摩洛政治領袖的支持，轉移到摩民解這邊，這促進更多戰士加入或與之結盟。[25]

1973 年菲國政府軍發動大規模軍事行動，來剿滅摩洛分離運動者，包括摩民解在內。同時摩民解也整合了內部組織，由包括米蘇阿里在內的 13 位成員組建中央委員會，也建立了摩洛民族軍、最高革命法庭、成員大會等。在利比亞及馬來西亞的軍事專家協助下，摩民解轉型為游擊隊以有效對抗政府軍。馬來西亞特別期望透過軍援摩民解，把問題帶上國際舞臺，由穆斯林世界來給予支持，並有效牽制菲國，使其放棄對沙巴的主權主張。沙巴州緊鄰菲南，當時已成為摩洛難民的庇護所，據說曾高達 20 萬人。[26] 摩民解的年輕世代取得分離運動主導權之後，於 1974 年 4 月 28 日發表宣言，提議為菲南的全體人民建立一個獨立國家：「摩洛民族共和國」（Bangsa Moro Republik）。[27]

三、的黎波里協議

透過諸多穆斯林國家的調停，1976 年 12 月 23 日摩民解與菲國政

---

24 同註2，江炳倫，頁80-81。

25 Noble, Lela Garner. "The Moro National Liberation Front in the Philippines." *Pacific Affairs* 49.3: 405-424. 1976.

26 同註2，江炳倫，頁94-101。

27 同註3，劉青雲，頁127。

府在利比亞簽訂《的黎波里協議》（*Tripoli Agreement*），摩民解同意放棄獨立建國，改設自治區，包括菲南的巴西蘭、蘇祿、巴拉望三省及其他區域，在菲國政府及提議建立的自治區之間，在外交政策、國防、教育、法庭及財政等方面會有所分權。馬可仕總統卻將這項協議交付菲南 13 省實施公投。由於穆斯林僅其中四個省分占優勢，因此 1977 年 4 月 17 日的公投當中，就遭到選民以壓倒性多數否決了全部合為一個自治區的協議。只有少數省分通過了自治協定，分別以第九行政區及第 12 行政區為主體，建立兩個自治區。因此，這場自治區的建立過程並未合乎《的黎波里協議》所擬定的，發展由摩民解所領導的單一且大而統一的自治區。這場公投大致維持了既有狀態，兩個穆斯林區域獲得了某種程度的自治。摩民解對公投結果頗感失望，因而決定中止跟政府的談判，重新制定它們的完全獨立訴求，並回歸游擊隊攻擊模式。[28]

四、摩洛伊斯蘭解放陣線（MILF）

1977 年，瑟拉馬及其他成員從摩民解出走，成立「新摩民解」（New MNLF），後稱「摩洛伊斯蘭解放陣線」（Moro Islamic Liberation Front, MILF，簡稱「摩伊解」）。瑟拉馬譴責米蘇阿里獨裁領導且偏離真正的伊斯蘭目標。據瑟拉馬所說，摩民解並未傾全力建立一個伊斯蘭國度，反而受米蘇阿里的專制性格所擺布，而不願向成員請益。即使說瑟拉馬一向就比米蘇阿里更具宗教熱情，但米蘇阿里決定終止跟政府的會談，瑟拉馬卻不同意，加劇了兩人之間的意識形態差異，並促使摩伊解出走。

其他心懷不滿的摩民解成員在 1978 到 1982 年間出走，包括摩民解

---

[28] Bale, Jeffrey M. "The Abu Sayyaf Group in its Philippine and International Contexts." Unpublished monograph, Middlebury Institute of International Studies at Monterey, date unknown.

副主席及共同創立者阿隆多（Abul Khayr Alonto）在內。這些成員通常會建立自己的群體，其中有些會被認定是摩民解的派系，而非嶄新的獨立組織。有個案例就是由摩民解成員本達多（Dimas Pundato）所創立的「摩民解革新派」（Moro National Liberation Front-Reformist Group, MNLF-RG），後來就解散了。摩民解的派系往往是沿著部落界線而創立；例如，支持本達多的摩民解成員來自馬拉瑙（Maranao）部落。[29]

五、民答那峨穆斯林自治區（ARMM）

在 1976 年依據《的黎波里協定》建立兩個自治區之後，摩洛政治人物及菲國政府致力修訂菲南的自治協定，1989 年柯拉蓉·艾奎諾總統（Corazon Aquino）簽署共和國法令第 6734 條，建立「民答那峨穆斯林自治區」（Autonomous Region of Muslim Mindanao, ARMM）。經過在菲南 13 個省及其中 10 座城市進行公投之後，只有南拉瑙省（馬拉威市〔Marawi City〕除外）、瑪京達瑙省（Maguindanao）、蘇祿省（Sulu）以及塔威塔威省（Tawi-Tawi）同意加入。自治區於 1990 年 11 月 6 日成立，面積約 12,000 平方公里，人口兩百餘萬人，約占菲律賓總人口 4%。[30]

1990 年代早期，有部分摩民解成員是原教旨主義者，對於以世俗方式建立自治區改善摩洛人地位所採取的策略感到失望，於是出走組成「阿布沙耶夫」（Abu Sayyaf Group, ASG）（意指「父親的劍」），運用恐怖攻擊手段，並強調摩洛人分離主義的穆斯林宗教權威應當優於世

---

[29] Noble, Lela Garner. "The Moro National Liberation Front in the Philippines." *Pacific Affairs* 49.3: 405-424. 1976.

[30] United Nations. Uniterms "Autonomous Region of Muslim Mindanao". Archive website: https://web.archive.org/web/20150227200944/http://unterm.un.org/DGAACS/unterm.nsf/8fa942046ff7601c85256983007ca4d8/7098d74184207a3385256b040066f055?OpenDocument，取用日期：2019年4月18日。

俗權威。[31]

1992 年羅慕斯（Fidel Ramos）接任總統後，摩民解有個重大外交突破。菲國政府重啟與摩民解的和談，由國際人士做為調停者，包括伊斯蘭合作組織（Organisation of Islamic Cooperation, OIC）、[32]利比亞總統格達費、以及印尼的蘇哈托政府。在 1992 年到 1996 年間，菲國政府與摩民解簽訂諒解備忘錄及期中協議，達成《最終和平協議》（Final Peace Agreement），又稱為《雅加達和平協議》（Jakarta Peace Agreement），由菲國政府、摩民解以及伊斯蘭合作組織於 1996 年 9 月 2 日簽訂。這項協定落實《的黎波里協議》，終結摩民解的武裝抗爭，在菲南指定一處「和平與發展特區」（Special Zone of Peace and Development），米蘇阿里就在協定簽字後贏得選舉，獲選為自治區首長。[33]

1996 年的協定觸發了摩民解內部的進一步分裂。雖然某些摩民解成員依據協定進入自治區政府及菲律賓軍隊任職，其他人卻認為這項協定根本就是向菲國政府投降，而深感憤怒。不滿的成員指控米蘇阿里貪圖個人的政治利益，而犧牲了摩洛人的福利及獨立。有許多成員集體退出摩民解，轉而加入摩伊解，後者強力譴責這項協定並鼓吹摩洛完全獨立。摩伊解的成員在 1995 年有 8,270 人，從 1996 年協定簽訂後就大幅增加，至 1999 年底已有 15,690 人。[34]這時人們普遍認為摩伊解已取代摩

---

[31] Frake, Charles O., 1998, "Displays of Violence and the Proliferation of Contested Identities among Philippines Muslim", *American Anthropologist* 100 (1): 41-54. pp. 48-49.

[32] 伊斯蘭合作組織係於 1969 年在摩洛哥的一場高峰會議宣告成立，現有 57 個會員國，其中有 53 個會員國以穆斯林為主流社群，建立宗旨在於保護穆斯林的重大利益，並調解關於會員國的爭端或衝突。（OIC 官網檔案網頁 https://web.archive.org/web/20131030064136/http://www.oic-oci.org/oicv2/page/?p_id=52&p_ref=26&lan=en），取用日期：2019 年 4 月 18 日。

[33] Casauay, Angela., "The MNLF, MILF and 2 peace agreements." *Rappler*, 10 September 2013.

[34] Zachary Abuza, *Forging Peace in Southeast Asia: Insurgencies, Peace Processes, and*

民解，成爲摩洛分離主義運動的主導群體。

在 1996 年過後，摩民解的活力降低了。這段期間的主要目標及架構並不清楚，但其所發揮的作用在於政治認同。1996 年協定在一開始曾提供若干優惠條件，包括會有一定數目的摩民解成員加入區域政府，並且爲那些未納編在陸軍或警察的摩民解武裝分子，提供教育及技術訓練。摩民解與力量黨結盟之後，其成員更能在選舉中獲勝，而且成員之間的連結能繼續維持。[35] 摩民解並未解除武裝，雖然一部分已回歸菲律賓社會的摩民解成員，依據政府所提出的購回武器方案（Balik-BARIL）交還武器。大約有一半的摩民解戰士選擇加入菲國警察及陸軍。[36]

六、摩民解分裂與米蘇阿里出走

然而，2000 年代初期，有部分摩民解成員開始感到不滿，將 1996 年的協定視爲欺瞞。有許多摩民解成員相信 2001 年菲律賓爲民答那峨穆斯林自治區所制定的新組織法，開啓了 1996 年協定的第二階段，但這與最終和平協定有關礦業資源權利的規定內容相牴觸。摩民解分裂成幾個新派系，包括在 2001 年建立崛起的「15 執行委員會」（Executive Council of 15, EC-15），以反對某個忠於米蘇阿里且由他所領導的派系。在民答那峨穆斯林自治區 2001 年 11 月的選舉之前，米蘇阿里對於 1996 年協定的實行狀況所感到的不滿，以及他本身逐漸減弱的影響力，導致他在蘇祿及三寶顏（Zamboanga City）發動武裝攻擊。這項攻擊由米蘇阿里所領導的摩民解派系發動，有時稱爲「米蘇阿里出走群」

Reconciliation. p. 73. Roman & Littlefield Publishers. 2016.

[35] May, R.J. "Muslim Mindanao: Four Years After the Peace Agreement." *Southeast Asian Affairs* (2001): 263-275.

[36] Santos, Jr., Soliman M., and Paz Verdades M. Santos. *Primed and Purposeful: Armed Groups and Human Security Efforts in the Philippines.* Geneva: Small Arms Survey, 2010.

（Misuari Breakaway Group, MBG），目的在於中止這場米蘇阿里自認無望獲勝的選舉。在叛變失敗後，米蘇阿里逃到馬來西亞。然而，他遭到逮捕遣送回菲律賓，並判刑入獄。[37]

米蘇阿里失敗後，摩民解的成員阿爾瓦雷斯・伊斯納吉（Alvarez Isnaji）擔任民答那峨穆斯林自治區的代理首長。摩民解的成員帕魯克・哈辛（Parouk S. Hussin）贏得民答那峨穆斯林自治區的第二任首長，任期到 2005 年。同年 2 月及 11 月，米蘇阿里的追隨者發動對蘇祿的攻擊，據稱是與阿布沙耶夫合作。米蘇阿里的火力配備精良的摩民解派系足以跟菲律賓軍方從事正規戰鬥，直接攻擊陸軍據點。2005 年的這些衝突致使超過 8 萬人民從戰火最猛烈區域撤離，其中大多是 7 萬名提前撤離的居民，包括摩民解本身所撤離的平民支持者。[38]

2006 年，摩民解與菲國政府試圖重新修補關係，並致力執行 1996 年和平協議，引進了「蘇祿和平與發展路線圖」（Sulu Road Map for Peace and Development），來規劃發展優先項目。摩民解也開始跟菲律賓警方並肩對抗阿布沙耶夫，這是由美國及聯合國所指名的恐怖組織。[39]

然而，摩民解與菲國政府之間的合作與善意，看來是搖搖欲墜，在和平協定的實行上不斷出現困難。米蘇阿里在監獄待了五年過後，2006 年遭到居家軟禁。在檢察官無法提出充分證據，來證明他跟 2001 年蘇

---

[37] Fonbuena, Carmela. "How to arrest a rebel like Nur Misuari." *Rappler*, 12 October 2013.

[38] Santos, Jr., Soliman M., and Paz Verdades M. Santos. *Primed and Purposeful: Armed Groups and Human Security Efforts in the Philippines*. Geneva: Small Arms Survey, 2010.

[39] "Security Council Committee pursuant to resolutions 1267 (1999) and 1989 (2011) concerning Al-Qaida and associated individuals and entities." United Nations, 26 August 2009.

祿叛變有關聯的情況下，他在 2008 年獲釋。[40]

七、摩伊解取代摩民解與政府協商

摩民解與菲國政府的關係，隨著政府跟摩伊解展開協商而變得複雜，特別是在 2000 年代晚期。有許多摩民解的成員反對摩伊解跟政府的各項協商，這是基於他們本身在 1996 年的最終和平協議，已終結了穆斯林在菲律賓的地位問題。[41]儘管如此，在 2010 年就任的總統艾奎諾三世（Benigno Aquino）的領導下，跟摩伊解的和談進展相當快速。和談主題圍繞在把「民答那峨穆斯林自治區」替代成一個新的自治區，稱為「摩洛民族」（Bangsamoro，又譯「邦薩摩洛」）。在 2012 年 10 月 12 日，摩伊解與菲國政府簽訂《摩洛民族架構協定》（*Framework Agreement on the Bangsamoro*, FAB）。[42]

米蘇阿里及其摩民解追隨者強力反對摩伊解與菲國政府的和談以及所提議的摩洛民族區域，而且在 2013 年 8 月 12 日，米蘇阿里在蘇祿的一場集會當中，片面宣布「摩洛民族共和國」（Bangsamoro Republik）獨立。9 月摩民解的部隊與菲國政府軍在三寶顏交火，並綁架數百人做為人質。聯合國宣布這場戰事是「人道危機」，在三寶顏及巴西蘭兩地共疏遷 128,000 人，將近一萬個家園被毀。[43]這場危機持續到 9 月 28 日，政府宣布平息戰火，摩洛民族共和國告終。[44]雖然政府發出對米蘇阿里

---

40 "Misuari: I am free once again" *ABS-CBN News*. 26 April 2008.

41 Wilson, Jr., Thomas G. "Extending the Autonomous Region in Muslim Mindanao to the Moro Islamic Liberation Front a Catalyst for Peace." Monograph. School of Advanced Military Studies, United States Army Command and General Staff College, 2009.

42 "What is the Comprehensive Agreement on the Bangsamoro?" *Inquirer*, 26 March 2014.

43 "Humanitarian crisis in southern Philippines as violence uproots tens of thousands – UN". *UN News*. 25 September 2013.

44 "Palace: Zamboanga crisis is over." *ABS-CBN News*, 28 September 2013.

的逮捕令，但他設法脫逃。自從 2013 年以來，關於米蘇阿里的藏身處就有許多相互矛盾的報導，但據信他已回到菲南，受到追隨者嚴密保護。[45]

在 2013 年，三寶顏人質危機期間，摩民解有一支由瑟瑪（Muslimin Sema）所領導的派系譴責這場攻擊，並拒絕參與。由於這場攻擊事件之故，據稱摩民解中央委員會在米蘇阿里不在場的情況下，於 2014 年 2 月 10 日決議開除他，這受到國際伊斯蘭合作組織所支持。摩民解中央委員會隨即推舉阿隆多（Abul Khayr Alonto）為主席。[46]

隨著摩伊解與菲國政府有關摩洛民族自治區的和談有所進展，特別是在 2015 年《摩洛民族自治區基本法》（*Basic Law for the Bangsamoro Autonomous Region*, BLBAR）進入菲律賓國會進行審議，摩民解各派系對於如何做出因應有著不同見解。其中由哈辛（Habib Mujahab Hashim）率領的派系「摩民解—伊斯蘭統領議會」（MNLF-Islamic Command Council, MNLF-ICC）出聲反對，但瑟瑪及阿隆多則呼籲支持這項摩洛民族自治區的提議。即使說摩伊解與菲國政府在協商過程當中，大多將摩民解排除在外，依然有某些摩民解成員現身菲律賓國會議場外頭，表達其反對或支持的立場。[47]

八、邁向民答那峨穆斯林摩洛民族自治區（BARMM）

菲國總統杜特蒂（Rodrigo Duterte）於 2018 年 7 月 26 日簽署發布《摩洛民族組織法》（*Bangsamoro Organic Law*），將菲南穆斯林地區

---

[45] "MNLF's Nur Misuar 'very much alive and happy with his 6th wife." *Inquirer*, 22 June 2015.

[46] "MNLF reorganized with Alonto as new chair; Misuari out." *Inquirer*, 17 March 2014.

[47] Navarro, Louie U., "House panel approves Basic Law for the Bangsamoro Autonomous Region." *CNN Philippines*, 21 May 2015.

的自治向前推進一大步。[48] 依據該法的規範，菲國政府舉行兩階段公民投票，決議是否同意批准這項法案，加入未來的「民答那峨穆斯林摩洛民族自治區」（Bangsamoro Autonomous Region in Muslim Mindanao, BARMM）。2019 年 1 月 21 日第一階段公民投票，由巴西蘭省、南拉瑙省、瑪京達瑙省、蘇祿省以及塔威塔威省已納入「民答那峨穆斯林自治區」的公民參與，在 173 萬餘張有效選票當中，獲得 154 萬餘票（88.57%）支持。雖然蘇祿省人民發動分離運動，致使該省反對票過半，但蘇祿省並不會因此被排除在新的自治區架構之外。[49]2 月 6 日舉行第二階段公民投票，由有意加入自治區的城鎮及部落投票，選舉結果，哥打巴托省的 67 個巴連蓋（部落）有 63 個同意，這些同意的巴連蓋都可加入自治區；北拉瑙省的 22 個城鎮有 9 個同意加入，但全體同意票必須過半才會全部加入自治區，因此等同否決這項加入的提議。[50][51]（參閱圖 16）

　　自治區的投票結果確定後，「摩洛民族自治區過渡署」（Bangsamoro Transition Authority, BTA）於 2019 年 2 月 20 日成立，由摩伊解派出 41 人，「總統府和平進程顧問辦公室」（Office of the Presidential Adviser on the Peace Process, OPAPP）派出 39 人共同組成。接著在 2 月 25 日接掌「民答那峨穆斯林自治區」，展開三年的過渡期，預定在 2022 年 6 月 30 日正式成立「民答那峨穆斯林摩洛民族自治區」。總結起來，這個自治區將會包括原先「民答那峨穆斯林自治區」的五個

---

48 "Duterte signs Bangsamoro law", *ABS-CBN News*, 26 July 2018.

49 "ARMM votes yes to BOL, Bangsamoro Autonomous Region." *GMA News Online*, 24 January 2019.

50 Fonbuena, Carmela., "63 out of 67 barangays in Cotabato to join Bangsamoro region." *Rappler*, 8 February 2019.

51 Tomacruz, Sofia., "Lanao del Norte rejects inclusion of towns in Bangsamoro region." *Rappler*, 7 February 2019.

省分（巴西蘭省、南拉瑙省、瑪京達瑙省、蘇祿省及塔威塔威省）、兩個城市（馬拉威市及拉米坦市〔Lamitan〕）、116 個城鎮、2490 個巴連蓋，再加上 2019 年同意加入的哥打巴托省的 63 個巴連蓋。[52]

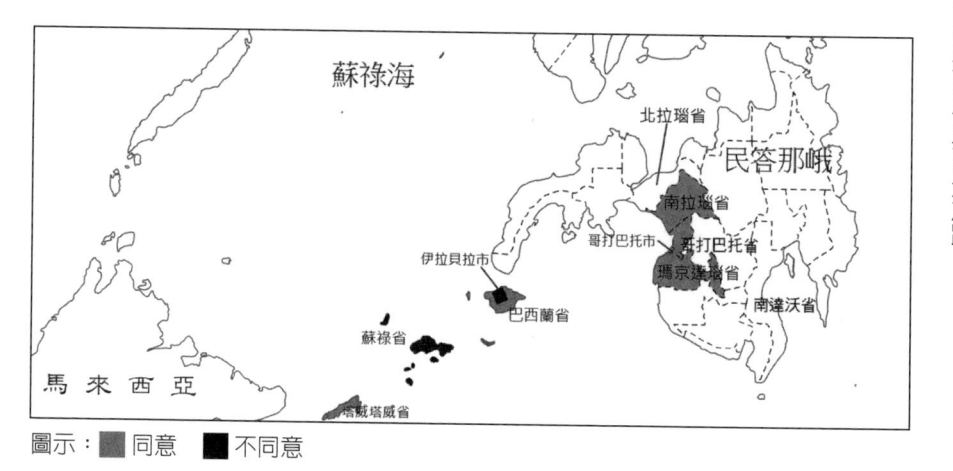

圖示：■ 同意　■ 不同意

圖 16　批准摩洛民族組織法及加入自治區投票地區及結果一覽圖

肆、結語

　　摩洛人歷經了數百年斷斷續續的抗爭，尤其是在 1970 年代之後的武裝對抗爭、派系分裂、平民受難等，終於在 2012 年開始落實「摩洛民族自治區」的法令制定、公投、過渡公署等進程，朝向在 2022 年完成「國中之國」的和平共存而努力。摩洛問題有其殖民歷史、族群衝突、當代國家政治及國際勢力干預等因素，長久以來，中央政府位居北方呂宋島的馬尼拉，多由北方人士出任總統，再加上土地、木材等資源利益而偏袒天主教徒，致使摩洛民族歷經許多苦難。但所幸在國際舞臺

---

[52] Arguillas, Carolyn O., "Bangsamoro Transition Authority to take oath February 20; ARMM to BARMM turnover on February 25" *Minda News*, 18 February 2019.

　　上獲得穆斯林國家直接或間接的協助，得以維持武力以及與政府談判之籌碼。歷經多位總統的努力，逐漸協商出自治區的法令基礎。杜特蒂總統是出身民答那峨的非摩洛人，統治初期雖以強悍出名，但他深知摩洛問題之癥結所在，積極落實民族自治進程。組織法實行至今，獲得摩洛人民大力支持而公投過關成立過渡公署，摩洛民族的正向發展可期。再加上鄰近馬來西亞、印尼等國發展穆斯林文化、經濟的經驗，期望摩洛人民從此昂首闊步，在與菲國北方人民取得同等地位的情況下，政治、經濟及文化方面都獲致穩定茁壯的發展。

當代亞洲民族問題

HAM1

作　　者 — 洪泉湖 主編

包括牛津、陳王琨、沈宗瑞、林維捷、嚴嘉楓、
崔進揆、方天賜、劉堉騰、姜家雄、邱昭憲、
魏中豪、林開忠、藍賢聲、張雅粧

發 行 人 — 楊榮川

總 經 理 — 楊士清

總 編 輯 — 楊秀麗

主　　編 — 侯家嵐

責任編輯 — 侯家嵐、鄭乃甄

文字校對 — 張淑媏

封面設計 — 姚孝慈

出 版 者 — 五南圖書出版股份有限公司

地　　址：106台北市大安區和平東路二段339號4樓

電　　話：(02)2705-5066　　傳　真：(02)2706-6100

網　　址：http://www.wunan.com.tw

電子郵件：wunan@wunan.com.tw

劃撥帳號：01068953

戶　　名：五南圖書出版股份有限公司

法律顧問　林勝安律師事務所　林勝安律師

出版日期　2020年9月初版一刷

定　　價　新臺幣490元

國家圖書館出版品預行編目資料

當代亞洲民族問題／洪泉湖等著. ——初
版.——臺北市：五南, 2020.09
　面；　公分
ISBN 978-986-522-224-6 (平裝)

1.民族問題 2.政治文化 3.文集 4.亞洲

571.1107　　　　　　　109012912

經典永恆・名著常在

五十週年的獻禮——經典名著文庫

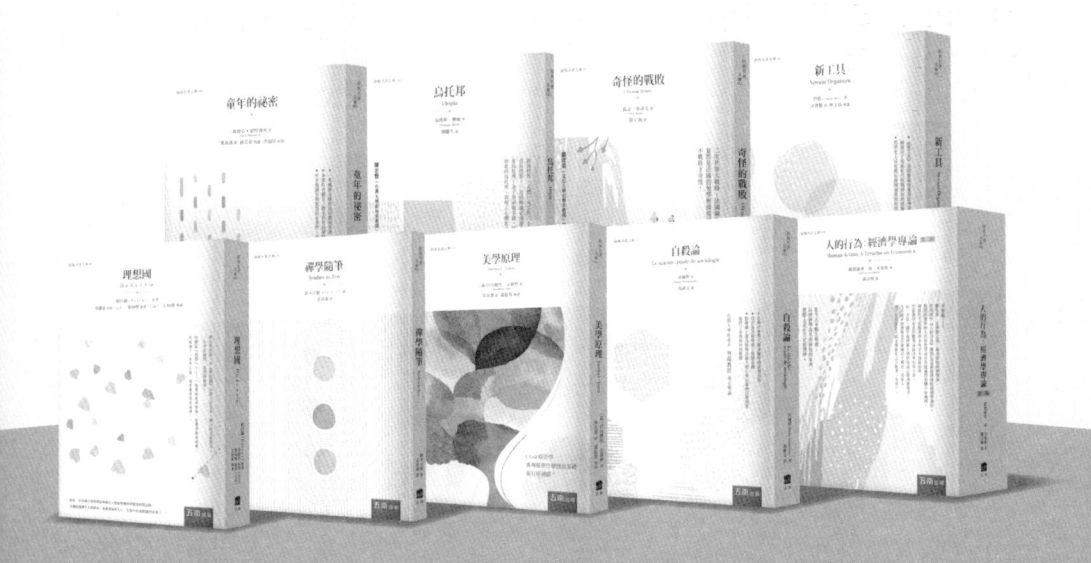

五南，五十年了，半個世紀，人生旅程的一大半，走過來了。

思索著，邁向百年的未來歷程，能為知識界、文化學術界作些什麼？

在速食文化的生態下，有什麼值得讓人雋永品味的？

歷代經典・當今名著，經過時間的洗禮，千錘百鍊，流傳至今，光芒耀人；

不僅使我們能領悟前人的智慧，同時也增深加廣我們思考的深度與視野。

我們決心投入巨資，有計畫的系統梳選，成立「經典名著文庫」，

希望收入古今中外思想性的、充滿睿智與獨見的經典、名著。

這是一項理想性的、永續性的巨大出版工程。

不在意讀者的眾寡，只考慮它的學術價值，力求完整展現先哲思想的軌跡；

為知識界開啟一片智慧之窗，營造一座百花綻放的世界文明公園，

任君遨遊、取菁吸蜜、嘉惠學子！